让 我 们 一 起 追 寻

Hero of the Empire: The Boer War, a Daring Escape and the Making of Winston Churchill

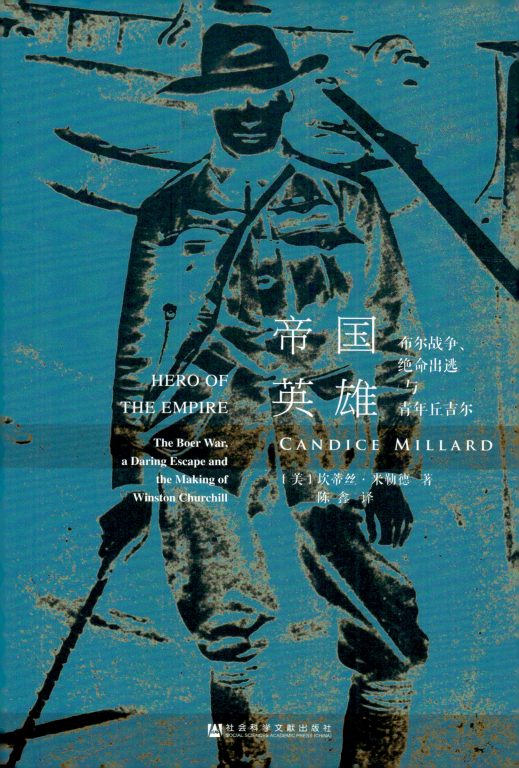

帝国 布尔战争、
绝命出逃
英雄 与
青年丘吉尔

HERO OF
THE EMPIRE

The Boer War,
a Daring Escape and
the Making of
Winston Churchill

Candice Millard

〔美〕坎蒂丝·米勒德 著

陈鑫 译

社会科学文献出版社
SOCIAL SCIENCES ACADEMIC PRESS (CHINA)

..., and I have consequently resolved to escape

...gements I have succeeded in making in

...on with my friends outside are such as

... every confidence But I wish in bari...

...us hastily & unceremoniously to once mo...

... record my appreciation of the kindness

...s been shown me and the other priso...

... by the commandant and by Dr. Gunn...

...y admiration of the chivalrous and

...e character of the Republican forces. ...

... the general question of the war remain...

...ged, but I shall always retain a fee...

... respect for the several classes of the burghe...

...met and, on reaching the British lin...

... set forth a truthful & impartial acc...

...experiences in Pretoria. In conclusion

... to express my obligations to you, a...

... that when this most grievous an...

...ppy war shall have come I an...

... a state of affairs may be created wh...

...preserve at once the national pride...

...Boers and the security of the British...

...ut an final stop to the rivalry

... of both race... Regretting that everyo...

献给凯莉

丘吉尔的逃跑路线，从比勒陀利亚到洛伦索-马贵斯

比勒陀利亚　　　　　　　　　　米德尔堡　　　　　　　　　　下瓦特法尔

战俘押送路线

威特班克，德兰士瓦与德拉瓜湾煤矿

约翰内斯堡

德兰士瓦（南非共和国）

丘吉尔前往前线、遭到囚禁并奔向自由的旅程，
1899年10月至12月

卡拉哈里沙漠

彼得斯堡

德兰士瓦
（南非共和国）

贝专纳

马弗京

比勒陀利亚

约翰内斯堡

战俘押送
路线

德属西南非洲

邓迪

奥兰治河

莱迪史密斯

金伯利

奥兰治自由邦

巴苏陀兰

大布须曼地区

霍普敦

布隆方丹

彼得马里茨堡

详细地图见右

大卡鲁

奥兰治河

大西洋

开普殖民地

邮轮航行路线

东伦敦

开普敦
好望角

斯泰伦博斯

伊丽莎白港

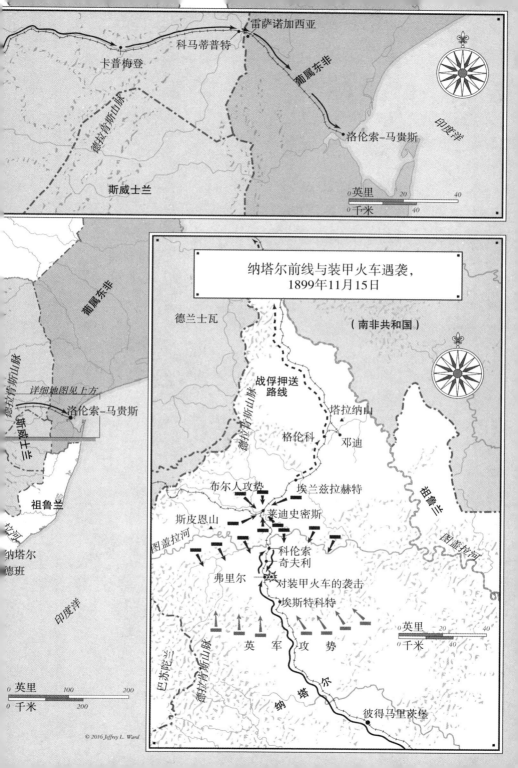

卡普梅登
科马蒂普特
雷萨诺加西亚
葡属东非
洛伦索-马贵斯
印度洋
德拉肯斯山脉
斯威士兰

0 英里   20   40
0 千米   40

葡属东非
德拉肯斯山脉
详细地图见上方
洛伦索-马贵斯
三千岛群
祖鲁兰
拉河
纳塔尔
德班
印度洋

0 英里   100   200
0 千米   200

© 2016 Jeffrey L. Ward

纳塔尔前线与装甲火车遇袭，
1899年11月15日

德兰士瓦
（南非共和国）
德拉肯斯山脉
战俘押送
路线
塔拉纳山
格伦科
邓迪
布尔人攻势
埃兰兹拉赫特
斯皮恩山
莱迪史密斯
图盖拉河
科伦索
奇夫利
弗里尔
对装甲火车的袭击
埃斯特科特
祖鲁兰
图盖拉河
英 军 攻 势
巴苏陀兰
德拉肯斯山脉
纳 塔 尔
彼得马里茨堡

0 英里   20   40
0 千米   40

目　录

序　言

南非的战争还在继续。漆黑的夜空下，温斯顿·丘吉尔静
静地趴在监狱栅栏外，能够清楚地听到看守在另一侧发出的声
音。就在一个小时前，24 岁的他抓住机会，翻越了战俘营庭
院四周高高的瓦楞铁栅栏。但是，现在的他陷入了一个新的困
境。他不能待在原地，因为随时都会被监狱看守或者巡逻兵发
现并射杀，监狱四周就是敌方布尔共和国首都比勒陀利亚灰暗
的街道，经常有巡逻兵。但是，他也不能逃跑。他的生存希望
完全寄托在另外两名仍在战俘营栅栏内的战俘身上。在他隐身
于黑暗之中的漫长时间里，他们始终没有出现。

从成为战俘的那一刻起，丘吉尔就一直梦想着重获自由，
为此，他制订了一个又一个计划，每一个都比前一个更加详
尽。然而，最终真正让他逃出栅栏的计划却不是他自己的。另
外两名英国战俘策划了此次出逃，而且非常勉强地同意带着他
一起走。他们还带了给养，打算靠这些给养支持他们三人穿越
近 300 英里的敌方领土。然而，此时的丘吉尔甚至连爬回监狱
都无能为力，他孤身一人藏在栅栏四周低矮不平的灌木丛中，
对于下一步计划毫无头绪。

*　　　*　　　*

尽管还很年轻，但丘吉尔已经不是第一次亲身经历这种巨

大的危险了。他已经在三块不同的大陆上参与了四场战争，每次战争中都与死神擦肩而过。在古巴，他曾感觉到子弹从脑袋边上呼啸而过。在英属印度，他曾目睹好友被活活砍死。在苏丹的沙漠里，他曾与自己的团走散。就在一个月前，1899 年11 月，也就是布尔战争刚开始的时候，他还在装甲火车遭到灾难性袭击时率领士兵奋起反抗。有好几个人在那次袭击中阵亡，炮弹和震耳欲聋的密集火力把他们炸成了碎片，还有更多的人受重伤，丘吉尔也仅仅是侥幸生还而已。然而，让他感到愤怒和气馁的是，他并没有逃脱追捕。他与另外几十名英国军官和士兵一起被布尔人抓获，成为战俘。这些强悍的殖民者大部分操着荷兰语，已经在南非生活了好几个世纪，他们可不打算束手就擒，任由大英帝国夺取他们的土地。

布尔人意识到他们抓住了伦道夫·丘吉尔勋爵的儿子时，简直兴奋不已。要知道，伦道夫·丘吉尔勋爵可是大英帝国的前财政大臣，是英国贵族体系中等级最高的成员之一。丘吉尔很快就被转移到布尔共和国首都比勒陀利亚的一座战俘营中，与另外 100 多名战俘关押在一起。从那天起，他心里除了逃跑别无他想，迫切地想要重返战争。

英国人原以为布尔战争不过是一次娱乐性质的殖民地战争，但最终他们发现，这场战争比他们预计的要更加艰难和可怕。英国军队是世界上最受人敬畏的一支军队，但他们惊讶地发现，面对非洲大陆——在大部分欧洲人看来，这是理所应当属于他们的一块大陆——上一个鲜为人知的共和国时，他们竟然很难招架得住。英国人从这场战争中吸取的教训几乎已经比其他任何一场战争都要多。他们慢慢意识到，在战争形式上，他们已经进入了一个新的时代。那个属于身穿亮红色外套、英

3

勇无畏的年轻士兵的时代突然结束了，自负的英国军队不得不面对一支看不见的敌军，而敌军的武器如此强大，以至于根本不需要近距离面对对手就能造成巨大杀伤。

在战争结束之前，这场战争还将以另一种同样令人难忘的方式改变大英帝国：它将让一个名叫温斯顿·丘吉尔的年轻人走进英国公众的视野。尽管在此前的历次战争中，丘吉尔曾一次次试图赢得荣耀，但他每次回国都无法带回任何意义重大的军功章，与参战前相比，无论是地位还是知名度都没有太大变化。他相信，布尔战争是他改变这一点的最好机会，他要证明，自己不仅仅是某个名人的儿子。他是特别的，甚至是杰出的，他的人生意义不仅是要为祖国而战，而且是要在未来的某一天领导这个国家。尽管对此深信不疑，但他仍然需要让其他所有人也认同这一点，而在比勒陀利亚的战俘营里，他是无论如何都做不到这一点的。

＊　　　＊　　　＊

在丘吉尔抓住附近看守转身的机会翻到监狱栅栏外面的时候，他还感觉很高兴。如今，他蜷缩着身子跪在栅栏外面的灌木丛里，无助地等着其他人的到来，绝望的感觉每分钟都在增加。最后，他终于听到了一个英国人的声音。丘吉尔意识到那是他的一位同伴，松了一口气。那人低声说："这事儿失败了。"看守起了疑心，所以紧紧盯着他们。他们没法逃出来。那名战俘问丘吉尔："你能爬回来吗？"

两个人都知道这个问题的答案是什么。他们站在栅栏的两侧，一个仍然身陷囹圄，另一个即将重获自由，很明显，丘吉尔已经走到了这一步，不可能在这个时候放弃。他不可能在不被抓住的情况下爬回监狱，而一旦被抓住，他将立刻因为试图逃跑而受到惩罚，很可能被处死。

到达比勒陀利亚后，他一直在思考如何逃出生天，但他唯一没有预想到的情况就是要在没有同伴或者没有任何给养的情况下独自一人穿越敌方领土。他既没有武器，也没有地图、指南针，除了口袋里的几块巧克力以外没有任何食物。他既不会说布尔人的语言，也不会说非洲人的语言。他甚至连个具体的计划都没有，仅有个大致轮廓——他只有一个坚定的信念，那就是自己注定要变得伟大。

第一部分

◄───────►

爱出风头的年轻人

第 1 章　与死亡擦肩而过

从儿时起，丘吉尔就对战争着迷，梦想着能够在战斗中拥 有英勇表现。他曾对弟弟杰克（Jack）倾诉说："我对于依靠个人勇气赢得声望的热情要超过其他任何志向。"[1]

在还是个孩子的时候，他收藏了一支拥有 1500 名玩具士兵的迷你军队，战争游戏一次能玩上好几个小时。他后来写道："从小时候起，我就一直在思考军队和战争，经常在睡梦和白日梦里想象自己第一次身处战火之中会是什么感觉。在年轻时，我觉得听到子弹飞啸而过并且时不时随意玩弄死亡和伤痛一定是一段激动人心的美妙经历。"[2]丘吉尔 1894 年毕业于桑德赫斯特皇家军事学院。在上学期间，他对于参与军事演习无比热衷，唯一的遗憾是"一切都是假的"[3]。

在 19 世纪末的英国，贵族身份不仅意味着身边围绕着帝国权力带来的巨大福利，还意味着需要承担同样巨大的责任。大英帝国的领土覆盖了世界陆地面积的五分之一，大英帝国统治着世界人口的四分之一——超过 4.5 亿人，每一块大陆以及每一个大洋的岛屿上都有大英帝国的子民。它是历史上 规模最大的帝国，轻松超越了曾经不可一世的西班牙帝国，要知道，"日不落帝国"这个令人生畏的名字最早可是用来称呼西班牙的。大英帝国的领土是罗马帝国鼎盛时期的 5 倍，其影响力无与伦比。这种影响力体现在人口、语言、货币甚至是时间上，因为几乎每一个时区的时钟都要根据格林尼治标准时间来校准。

在丘吉尔成年的时候，大英帝国面临的最大威胁已经不再来自其他大国——西班牙、葡萄牙、德国或者法国——而是来自日益增加的殖民地统治重任。尽管英国军队一直是其他国家尊崇、羡慕和畏惧的对象，但是一直以来，这支军队太过分散了，因为它需要竭力维持帝国的完整，在各个大陆和海洋之间来回奔波，镇压从埃及到爱尔兰各个地方的叛乱活动。

对丘吉尔来说，这些分布广泛的冲突提供了一个实现个人荣誉和晋升的诱人机会。在加入英国陆军，并最终成为一名士兵后，尽管随时有可能在战斗中阵亡，但丘吉尔对战争的热情丝毫没有减弱。相反，他在给母亲的信中写道，他十分期待参与战斗，"尽管有风险，但正是这种风险让我感到兴奋"[4]。他希望从这段士兵生涯中获得的不是冒险经历，甚至不是战斗经验，而是一个证明自己的机会。他希望的不仅是参与战斗，而且是要在战斗中赢得关注。

对于像丘吉尔一样身居社会顶层的人来说，这种勇敢无畏的雄心十分罕见，甚至容易引起其他人的反感。他出生在英国贵族家庭，是第 1 代马尔伯勒公爵（Duke of Marlborough）约翰·丘吉尔（John Churchill）的直系子孙，他的父母则是维多利亚女王的长子兼王储威尔士亲王的好友。然而，他对于名望和大众好感度的追求带有更多罗斯福时代——而非维多利亚时代——的印记。他的第一位传记作家亚历山大·麦卡勒姆·斯科特（Alexander MacCallum Scott）在传记中写道："就连不朽的巴纳姆①都比不上丘吉尔，丘吉尔拥有一项卓越天赋，那就是让自己和自己的事情成为全世界讨论的话题。他对自己的宣传就像呼吸一样平常而令人难以察觉。"[5]

在当时的英国社会，男人不仅会因为他们的坚定沉着而受到赞赏，还会因为他们在评价自身成就时所表现出的极度谦虚而受到称赞。在这样的环境里，丘吉尔因为对奖章的不懈追求而饱受抨击。他被称为"自我推销者""年轻而傲慢的家伙"，《每日纪事报》（*Daily Chronicle*）的一名记者甚至称他为"爱出风头的年轻人"[6]。他并非对这些批评一无所知，多年以后，当他面对对手的恶毒攻击而手足无措时，他甚至承认，"被迫记录下人性中那些不那么友善的侧面让人感到十分悲哀。就像是一个有趣而无法理解的巧合一样，这些不友善的事情似乎总是紧紧尾随着我无辜的脚步"[7]。不过，他不打算让这些事情拖延自己的脚步。

丘吉尔知道，军功章是赢得认可、获得成功的最保险、最快捷的渠道，如果幸运的话，或许他还能借此声名鹊起。他写道，这"在任何一个军种都是实现晋升的捷径，是通往崇高荣誉的光彩夺目的大门"[8]。而荣誉又能转变成政治影响力，为他打开一扇大门，通往他一直渴求的那种公众生活，在他看来，这种生活就是他的天定命运。因此，尽管对丘吉尔来说军队本身不是最终目的，但它肯定是实现最终目的的一种十分有效的方式。他所需要的是一场战斗，一场激烈的战斗，一场被人们谈论和铭记的战斗，凭借着过人的勇气和一定的表演技

---

①　菲尼亚斯·泰勒·巴纳姆，著名美国马戏团艺人，十分受人欢迎。"巴纳姆效应"就以他命名。——译者注（本书脚注均为译者注）

巧，他或许能够走到军事舞台的前沿。为了这个目标，他愿意冒一切风险，甚至是冒着生命危险。

*   *   *

丘吉尔在 1895 年见识了真正的战斗。与大多数年轻军官不同，他在休假期间既没有打马球，也没有外出猎狐，而是作为一名军事观察员前往古巴，加入了西班牙陆军的一支战斗纵队，参与镇压了当地人的一次暴动，这次暴动后来成了美西战争（Spanish-American War）的序幕。他正是在古巴开始抽雪茄的，这个习惯保持了一辈子，而且他特别偏爱古巴雪茄。也正是在这里，在 21 岁生日那天，他第一次亲耳听到"子弹撞击血肉的声音"[9]。事实上，他差一点就被一颗子弹击毙。或许是因为命运的变幻无常，这颗子弹在距离他脑袋仅仅一英尺的地方呼啸而过，击毙了他身边的一匹马。不过，他在古巴仅仅是一名观察员，而不是战争的参与者，对丘吉尔来说，只当观察员是远远不够的。

从第二年起，丘吉尔开始真正在英国殖民战争的残酷现实中接受历练，在这一年，他来到了英属印度西北边陲的偏远山区，也就是如今的巴基斯坦，这里一望无际的景色、恶劣的自然条件和伤亡极大的冲突几乎与后来的南非不相上下。对英军来说，很少有哪块土地像印度这颗大英帝国皇冠上的宝石一样难以征服，而在印度境内，没有哪一个地方比普什图族（Pashtun）的部落领地给英国军队造成的伤亡更大。普什图这个民族最著名的就是它卓越的军事素养以及面对外部支配力量时抵抗到底、绝不投降的态度。

事实上，正是普什图人在战斗中无可匹敌的凶悍作风吸引丘吉尔来到印度，来到名为马拉坎（Malakand）的普什图族腹地。丘吉尔于 1896 年 10 月随同他所在的英军第 4 骠骑兵团抵达印度。来的时候，他满心希望自己能够很快参与作战行动。结果恰恰相反，他不得不在班加罗尔度过一个又一个令人失望的月份，以至于他在给母亲的信中烦躁地将班加罗尔描述成一个 "三流的温泉疗养所"[10]。

虽然在印度过着令人难以置信的奢华生活，但这种生活仍然无法打消他的失望情绪。由于不得不自己找住处，丘吉尔和另外两名军官挑选了一栋豪宅。他在给母亲的信中描述说，这栋房子是 "一座刷着粉白灰泥的华丽宫殿，四周还有一个巨大而美丽的花园"[11]。为了支付这栋豪宅的开销，他们不得不把薪水凑在一起。当时，他们的薪水是以银卢比（rupee）支付的，这些银卢比被装在一个 "只有萝卜头那么大"[12]的网兜里送到他们手上。此外，他们还设法从日渐萎缩的家族财富里拿到了一些生活费补贴进去。

与部分军官同僚一样，丘吉尔来自一个爵位很高、地产很多，但除此以外几乎一无所有的家庭。丘吉尔的家族宅邸布莱尼姆宫（Blenheim）与 19 世纪末英格兰的大部分伟大宫殿一样，正处在破产的边缘。第 5 代和第 6 代马尔伯勒公爵生活奢侈、挥霍无度，以至于当丘吉尔的祖父继承爵位和府邸时，他不得不出售土地和部分整个家族最为珍视的财宝。[13]在 1875 年丘吉尔还未满周岁的时候，第 7 代马尔伯勒公爵以 3.6 万多英镑的价格卖掉了 "马尔伯勒宝石"（Marlborough Gems），这是一套五颜六色、精美绝伦的藏品，由 730 多颗精心雕刻的宝石组成。几年后，尽管家人强烈反对，但他还是卖掉了桑德兰图书馆（Sunderland Library），该馆

11

拥有数量众多、历史意义重大的藏书。

为了防止破产，丘吉尔家族采用的最有效的方式是让家族里的公爵们前赴后继地迎娶"美元公主"，即腰缠万贯的女继承人们，她们所在的家族一直渴求能够拥有一个古老而显赫的英国爵位头衔，以改善其美国暴发户的形象。丘吉尔的伯父乔治·斯潘塞－丘吉尔（George Spencer-Churchill）在出轨后，他的第一个妻子与他离了婚，他随后便迎娶了莉莉安·沃伦·哈默斯利（Lillian Warren Hamersley），一位家底殷实的纽约寡妇。他的儿子，第9代马尔伯勒公爵，也顺从地追随他的脚步，在1895年迎娶了一位美元公主，美国铁路大亨的女继承人孔苏埃洛·范德比尔特（Consuelo Vanderbilt）。

尽管家族的财政状况不佳，但丘吉尔已经习惯了奢侈的生活方式，他在印度雇的佣人几乎就能组成一支军队了。丘吉尔曾冷静地对母亲解释说："我们每个人都配有一名'男管家'，负责在餐桌边伺候——处理日常家务并且照管马厩；一名首席更衣男童或者贴身男仆，另外还有一名更衣男童为他提供协助；每一匹马或者马驹都配有一名马夫。除此以外，我们还共同拥有2名园丁、3名扛水工、4名洗衣工和1名门卫。这就是我们的整个大家庭。"[14]

第二年马拉坎山区爆发普什图人暴动时，无聊透顶、躁动不安的丘吉尔正在伦敦休假，流连于世界著名的古德伍德赛马场（Goodwood Racecourse）。这是一个完美无瑕的日子，赛马场的景色如此优美，以至于威尔士亲王将它称作一场"有赛马助兴的花园派对"，而丘吉尔"把我的钱都赢走了"[15]。然而，在获悉发生暴动的消息后，丘吉尔立刻意识到，这就是他一直在等待的机会，他可不打算浪费一秒钟时间，等待别人来邀请他参与其中。

　　在迅速浏览了一遍报纸后，丘吉尔了解到，英军已经组建了一支由三个旅组成的陆军部队前往前线，如果幸运的话，这支部队的指挥官很可能是他母亲的一个朋友：起了一个狄更斯式名字的宾登·布拉德（Bindon Blood）。由于已经预见到局势会发生这种变化，丘吉尔早在一年前就与布拉德建立了友谊，并且从这名少将那里得到一个承诺，那就是他如果能够在印度前线指挥一个兵团，一定会带着丘吉尔一起上前线。

　　对于动用手上的一切关系，丘吉尔从来没有过一丝不安。多年以后，他在议会下议院的一次演讲中承认："我当然不是一个需要被督促的人。事实上，我更像是一个喜欢督促别人的人。"[16]多年以来，他经常寻求美国母亲的帮助，以获得一些重要的军事任命。他的母亲是一位举世闻名的美女，在英国上流社会有许多爱慕者。丘吉尔曾写道："为了我，她没有放过任何一层关系。"[17]

　　丘吉尔冲到最近的电报收发室，给布拉德发了一封电报，提醒他曾经许下的承诺。随后，等不及回复的丘吉尔立刻动身前往印度。他后来写道："如果一名英国骑兵军官要等到命令下达才去投入现役的话，那他可能要等待很久。在意识到这一点后，我在自己所在的兵团请了 6 个星期的假……只希望有朝一日能够凭借自身的军事实力回到部队中。"[18]

　　一直到抵达孟买之前，他都没有收到布拉德的回复。在孟买，他终于等到了一封电报，但电报里的消息有些让人泄气。布拉德在电报中匆忙写道："很困难；没有空缺。可以以记者身份随行；会试着把你安排进来。"[19]不过，丘吉尔不需要什么鼓励。他只需要一个机会。他很快就获得任命，成为《先锋

12

报》（*Pioneer*）和《每日电讯报》（*Daily Telegraph*）的记者，并且仅用了 5 天就乘坐火车穿越 2000 英里的距离，从班加罗尔赶到了马拉坎。

*   *   *

1897 年 9 月 15 日，随着山区中暮色降临、寒夜已至，丘吉尔蜷缩着身子钻进了他在马拉坎坚硬的土壤里挖出的一段临时战壕。战壕是一种至关重要的防御手段，可以防止士兵遭到隐藏在周围山上的狙击手的袭击。但是，丘吉尔的卡其布制服、皮靴和苍白的双手上沾满了干燥的尘土，让他看起来似乎不是在为过夜做准备，而是在把自己埋进简陋的坟墓里。他身上还盖着一个死人的毛毯——这条毛毯是他几周前买的，原本属于一名在这片山区阵亡的英军士兵——这一事实似乎让这幅不吉利的画面变得更加完整。

在丘吉尔目力所及的每一个地方，死亡，或者说即将死亡的威胁，都在从四周兴都库什山脉（Hindu Kush）冰冷而黑暗的山峰向他聚拢而来。他后来写道，马拉坎就像是一个巨大的杯子，他所在的营地伊纳亚特基拉（Inayat Kila）处在杯底，四周锯齿状的山峰巍然耸立。像黑色墙壁一样的巨大山峰包围着他，山上还闪烁着成百上千名普什图族敌人点燃的篝火——这些就是他前来与之作战的"地狱魔鬼"[20]。

裹着头巾、身穿浅色宽松上衣的普什图族战士们蜷伏在夜色中，肩膀上还挎着沉重的弹药带，在夜色中就像隐形了一样让人难以发现。作为阿富汗境内人数最多、最令人生畏的部族，普什图人几百年来所统治的领地不仅是马拉坎，而且是整个兴都库什山脉，这条绵延 500 英里的山脉是中亚和南亚地区的分界线。普什图人熟悉山上每一条雨水冲刷出的裂缝、每一座贫瘠的山丘、每一块布满弹痕的岩石。这是他们的土地，自从这片土地因四年前阿富汗和英属印度的分治而被一分为二后，他们就对大英帝国及其士兵产生了特别的仇恨。就像一句普什图谚语所说的那样："你应该对英国佬见一个杀一个。"

如今，在暴动中，普什图族战士们正准备这么做，他们紧握着经过夸张装饰的长长的步枪，眼睛紧紧盯着任何勇敢地或者说愚蠢地划燃火柴或者把脑袋伸出战壕的家伙。早在普什图人武器的声响划破夜空到达英国人耳边之前，英国士兵就已经能听到身边子弹的声音了，这些子弹在岩石上噼啪作响，时不时地激起一阵尘土，经常还会导致一阵痛苦的尖叫。前一天夜里，普什图人击毙了附近营地的 40 名士兵，命中率高得惊人，其中一名士兵被击中心脏，另一名士兵被击中脑袋，子弹击碎了他的脑壳，让他像块石头一样重重地倒在地上。[21]

比百步穿杨的普什图族狙击手更恐怖的是普什图族战士在近身肉搏战中表现出的凶残本色。对以勇气著称的英国士兵来说，普什图族战士最可怕的是他们似乎完全不在乎自身的安全，更别提是否能幸存了。即使已经毫无获胜希望，即使已经在战场上孤身一人，即使已经被步枪射中、被长矛和刺刀刺中，他们也会拼死一战。丘吉尔满怀敬畏地写道："他们完全不在乎可能受到怎样的伤害，只会一门心思地消灭对手。"

对自身痛苦毫不在意的普什图人在对待敌人时更加残忍无情。他们不仅是在杀人，而且是在屠杀，经常用长长的弯刀将敌人的尸体切成碎块。丘吉尔曾写道："先是侥幸逃生，然后

14

被残忍地肢解，这是在战斗中失利并落入帕坦族（Pathan）战士手中的所有人将要面对的必然命运。"[22]就在几天后，他将亲眼见到被普什图人"切成碎块"的一个朋友的尸体被人抬走，这让他感到既震惊又恶心。[23]

在夜色完全降临后很久，丘吉尔还是无法入睡，他仍在专心地凝视着头顶的繁星，夜色笼罩了他眼前的一切，只能看见营火和偶尔反射出暗淡微光的刺刀。他静静地听着周围的动静，士兵们在战壕里紧张地咳嗽，挪动着身体，期盼着漫漫长夜能够早些结束，他却在思考"天上这些公正无私的星星，它们在伊纳亚特基拉闪耀的光芒与在皮卡迪利广场一样平静"[24]。宾登·布拉德已经下令在第二天早上向山区进发，烧毁那里的住房和庄稼，破坏蓄水池。起床号将于 5 点 30 分吹响，他们知道，普什图人一定会严阵以待地等着他们。

*　　　　*　　　　*

当布拉德所率部队的士兵和军官在 9 月 16 日清晨爬出战壕的时候，没有一个人敢打包票说自己能活到晚上。然而，无论他们内心有着怎样的想法，就算是再想家，或者再留恋相对安全的战壕，他们也别无选择，不得不面对普什图人。在他们之中，只有丘吉尔可以随时转身离开，而他哪儿也不打算去，一心想要参与战斗。

丘吉尔将一块衬垫扣在制服背面以保护脊椎，整理了一下上衣上的锁链肩饰——这是为了抵御刀剑的挥砍——并且调整了一下他的卡其色软木遮阳帽。他知道，身边的许多年轻人当天都会在战场上表现出异乎寻常的英雄气概。他还知道，他们之中很少有人能进入公众的视野，即使真的进入了，也很少有人能被记住。这次军事行动同样关系到他自己的前途，因此，他决心扳回劣势。

布拉德将手下的 1000 名士兵分成三支纵队[25]，丘吉尔迅速决定跟随中央纵队行动，这支孟加拉枪骑兵纵队打算深入谷地，执行破坏任务，这一任务注定将激怒普什图人，并且给丘吉尔足够的机会展示自己的勇气。不过，这支纵队之所以吸引他，还有另一个原因：它是一个骑兵团的一部分，这意味着丘吉尔能够有机会做一件事，这件事尽管会让部队里的所有人震惊不已，但会确保他至少不会被人遗忘。他抓着马鞍的一侧，抬起穿着马裤和长靴等全套真皮护具的腿，翻身坐到了一匹灰色马驹的背上。

丘吉尔是在去往马拉坎的路上买下这匹小马驹的，在那场拍卖会上，他还买下了那条原本属于一名阵亡的年轻士兵的毛毯。他后来对弟弟说，他的计划是"在情况看起来有些危险的时候骑着马四处乱跑，吸引注意力"，希望他的"灰色良马"能够吸引某个人的眼球。[26]尽管它更有可能引起某个普什图族战士的注意，而后者会在其他人有机会赞赏丘吉尔的勇气之前就置他于死地，但他愿意冒这个风险。后来在《哈泼斯杂志》（*Harper's Magazine*）上刊登的一篇文章惊叹地说："这个男孩似乎在刻意地引火上身。他骑着一匹白色马驹，那可是最显眼的目标，无论他的朋友怎样祈祷，都无法让他改变主意，换一匹更安全的坐骑。"[27]

丘吉尔知道，他很容易在眼前的这场战斗中阵亡，但他从来不相信自己会真的在这里死掉。几天前，他在写给母亲的信里说："我相信自己的星象预测，我注定要在这个世界上做一

16

番大事。"[28]事实上，在抵达印度后不久，他就对一名军官同僚说，他不仅打算在不久后离开军队，谋求议会席位，而且还打算有朝一日成为大英帝国的首相。[29]

丘吉尔骑着他的灰色坐骑与骑兵们一同跋涉，就像是一片卡其色和棕色海洋中的一条闪闪发光的鱼。他知道，至少自己不会被人忽略了，这让他感到很满意。

*　　　　*　　　　*

那天早上，在他进入那片笼罩在群山阴影中的山谷时，给他留下最深印象的是无处不在的死寂。骑兵们路过的每个村庄都已经被遗弃，每一片平原都荒无人烟。他们知道，有成千上万的普什图人正看着他们越来越远离营地，但他们既看不到这些普什图人的影子，也听不到这些普什图人的声音。直到丘吉尔拿出望远镜，扫视前一天晚上燃起营火的山峰，他才发现，山谷四周的山坡上分布着一排排穿着白衣的普什图人。

随着骑兵逐渐靠近，这些普什图族战士悄悄转过身去，开始向山上爬。英国人在一个小型墓园前停了下来，翻身下马，再也无法忍受这种紧张情绪的他们开始向山上开枪。对方也立刻给予了回应。阵阵白烟在山上冒了出来，子弹划破空气的声音充斥着整个墓园。在其他人纷纷躲藏在树木和坚固的墓碑背后的时候，丘吉尔感觉到这是一个好时机，在其他军官的目光都在注视着他的时候，他决定坚决不下马。他后来承认说："在其他人无一例外地躺在地上寻找掩护的时候，我骑在我的灰色战马上，一直处在战斗的最前线。这么做或许很愚蠢，但只要有观众在，就不存在什么过于大胆或者过于高尚的行为。

如果没有观众的话，情况就大不相同了。"[30]

这场相对而言较为短暂且几乎没有伤亡的交火似乎让丘吉尔所在部队的其他人忘记了他们在与什么人作战。因此，在紧追普什图人的足迹继续深入山区之前，他们选择再次分散行军。丘吉尔不情愿地把坐骑留在了原地，加入了一支仅有 90 人的小分队，向一座与世隔绝的村落进发。当他们到达这个由几间土坯房构成的小村落时，他们发现，这个村子就像其他所有村子一样，已经被遗弃了。

在爬山的过程中，丘吉尔一度停下来，眯着眼睛透过望远镜扫视附近的山脉和平原，寻找其他小分队的位置。然而，当天早上与他一同离开营地的那些人此时已经完全没有了踪影，这时，他的脑海中突然出现了有关桑德赫斯特皇家军事学院的回忆，尤其是教授们对于"兵力分散"的危险再三提出的警告。他后来写道："时不时能看到土坯房构成的村落和土坯要塞、深深的河道以及波光粼粼的蓄水池，偶尔还能碰到一片庄稼地，或者一片与世隔绝的小树林，但就是没有一支英印混成旅的踪迹。"[31]事实上，整片区域安静得有些不自然，甚至让人感到毛骨悚然，目力所及既没有友军，也没有敌人。

尽管丘吉尔在年轻时花费了大量时间来思考战争，但直到这一刻，他才明白那些不过是些凭空猜想而已。他从未当过刀剑或者刺刀的目标，也不知道杀人是什么样的感受。对于年轻而渴望冒险和机遇的他来说，这一切似乎不过是一场游戏。他后来承认说："这种类型的战争充满了让人着迷的刺激。没有人想要在这里战死。"[32]他终于迎来了一场真正的战斗，这时的他想做的无非是冲锋进去，用自己刚刚成年的稚嫩身体与帝国敌人的刀剑、石块和子弹一较高下。

丘吉尔专心地盯着四周安静而空旷的山丘，似乎他一直在等待的机会可能不会来了。不过，小分队的队长却感觉到了某种异样。他突然意识到，自己和手下"几乎没什么掩护"，很容易受到攻击，因此下令撤退。不过，在他们开始原路返回之前，四周的山丘——用丘吉尔的话说——"突然间焕发生机"[33]。

18

丘吉尔写道："忽然之间，一场黑色悲剧出现了。"[34]就像是从山上的石头里蹦出来的一样，普什图族战士从四面八方的小村寨奔涌而下。大惊失色的英军士兵无论看向哪里，都能看到普什图人丢掉伪装、纵身跃起，发出尖锐刺耳的叫喊声，疯狂地冲向他们。丘吉尔后来回忆道："一千只、两千只、三千只脚从高耸的悬崖峭壁上向我们跑来，白色或蓝色的人影出现在我们眼前，从一个又一个山脊上沿着山坡俯冲下来。"[35]

在丘吉尔完全理解到底发生了什么之前，他身边的年轻人就开始不断死去，他们有的是他的朋友，有的只是普通士兵。这个场景即使在他度过了漫长而又饱经战争的人生之后，仍然令他无法忘怀。多年以后，他写道："有一个人被射穿了胸膛，鲜血喷涌而出，另一个人躺在地上无助地抽搐。负责指挥的英国军官在我背后团团转，他的脸上沾满了血，右眼已经被挖出来了。"普什图人的战吼不时被英国人的高声尖叫所打断，即使是最勇敢的年轻士兵，在被屠戮得面目全非的时候，也会惨叫连连。

丘吉尔转过身来，看到了让他义愤填膺、勃然大怒的一幕，十几个普什图人正在进攻一名受伤的英军士兵。这名士兵的同伴曾试图把他救走，最终却把他丢下，匆忙寻找掩护。[36]一名在丘吉尔看来是部族首领的男子站在这名倒地的士兵身上，拿刀不断地砍他。丘吉尔后来写道："在那一刻，我的脑中别无他念，只想杀了这个人。"[37]他掏出左轮手枪，向混战中的人群开了一枪又一枪。他在给家里的信中写道："这是一件可怕的事。对于那名倒下的士兵，我无能为力。我没有感受到丝毫的兴奋和恐惧。我不敢确定，但我想我打中了四个人。他们倒下得很快。"[38]

在一支小分队赶来支援之前，丘吉尔无法了解那天他到底杀了几个人，或者说他是否真的亲手杀了人。他低下头，看着身边残缺不全的尸体，那些与他相识、相似的人的尸体，他知道，自己不会在这里死去。他注定要活下去，对于这一点，他 19 深信不疑。不仅如此，他还会在人生中完成一些伟大的成就，而且他迫切地想要迈出下一步，实现非凡而灿烂的快速晋升，他对此很有信心。两个月后，在马拉坎的围城战最终结束、普什图人被迫撤退之后，他在班加罗尔用铅笔给母亲写了一封信，安慰说："我亲爱的母亲，对一名哲学家来说，子弹是不值一提的。我认为，上帝在创造了我这么强大的人之后，是不会给我安排这么枯燥的结局的。"[39]

第 2 章　不可磨灭的掌纹

　　虽然丘吉尔相信权力和名望早晚都会到来，但对他来说，仅仅相信是不够的。在 1898 年的新年伊始，他就制定目标，要实现不止一个，而是三个艰巨的目标，他倒要看看，这个世界还敢不敢忽视他。他出版了第一本书，《马拉坎野战军的故事》(*The Story of the Malakand Field Force*)[1]，随后开始谋求去苏丹作战的军事任命，他对每一个愿意听他倾诉的人明确表示，尽管很年轻，但他不仅迫切地想要开始政治生涯，而且明显已经具备了足够的资历。他在从马拉坎回国后不久就对母亲抱怨说："我感觉已经有点受够了那些关于我如何开始政治生涯的建议。如果我不够优秀的话，那么欢迎其他人来取代我……当然——你以前就知道了——我非常相信自己。如果我不相信的话，可能就不是现在这个态度了。"[2]

　　丘吉尔深信，另一场战争，以及另一个展现英雄气概的机会，将对他的政治生涯大有裨益，因此，他动用了包括大英帝国首相在内的一切关系，帮助他赢得了一个派往苏丹的军事任命，英国人正在那里与穆斯林领袖马赫迪的追随者马赫迪派进行角力。甚至在英国驻印陆军批准他的休假请求之前，他就已经动身前往非洲了。在非洲目睹的一切将给他留下不可磨灭的印记。他在第二年出版的著作《河上的战争》(*The River War*)中详细描述了这次战役。即使多年以后，他仍能回忆起那个充满了死亡和残肢断臂的噩梦场景，"只剩三条腿的战马仍在苦苦挣扎，鲜血从身体里喷涌而出，士兵们步履蹒跚……他们的身体被鱼叉洞穿，胳膊和脸被割成碎片，内脏从身体里流出，人们在喘息、在哭喊、在倒下、在不断死去"[3]。丘吉尔本人击中并且可能击毙了六七个人，其中一个人距离他非常近，以至于在他骑着战马疾驰而过的时候，手枪还打到了这个敌人。事实上，虽然英国人最终胜利了，但这场战役的惨烈程度即使对丘吉尔来说都有些无法承受，在他看来，战争终于开始失去了一部分壮丽的光辉。他在喀土穆给母亲写信说："你没办法歌颂这种场面。只有强者才能挺过来。"[4]

尽管丘吉尔在苏丹所目睹的残酷杀戮让他变得清醒，但他对自己和前途的信心从未动摇。相反，他立刻意识到，自己参与了大英帝国最为惨烈的殖民地战役，见证了身边的人要么阵亡，要么受重伤，而他自己不仅活了下来，而且毫发未损。在恩图曼战役中，英军有 500 人死伤，而马赫迪派的伤亡人数高达 2 万人。战役结束仅仅两天后，丘吉尔平静地写道："我没受到任何伤害。我消灭了那些妨害到我的人，然后就晕倒了，但是身体或者心灵没有受到任何困扰。"[5]

丘吉尔相信，不管是什么让他在战场上幸存下来，上帝的眷顾也好，运气也好，他的好运都一直是"笃定的"，他迫不及待地想要尝试一下这种特权。在乘坐火车回家的途中，他沉思着："这些事情到底取决于什么？好运、天意、上帝、魔鬼——随便是什么吧……不管到底是什么——我都不会抱怨。"[6]

他也不会有任何犹豫。在 1898 年即将结束的时候，丘吉尔的军旅生涯也即将走到尽头。尽管他当时债台高筑，也没有接受过任何其他职业的培训，而且所有人都劝诫他不要离开军队，就连他可怕的祖母马尔伯勒公爵夫人以及英国王储威尔士亲王都来劝他，但他依然在新年伊始辞去了英国陆军中的职务。1899 年最初的几周，他给堂兄桑尼·马尔伯勒（Sunny Marlborough）写信说："我已经递交了文件，三个月后，我就不再是一名军人了。"他在信中罕见地承认了对前途的不确定，称他知道自己在冒很大的风险。他写道："放弃军队这根牵引绳，孤身一人面对生活的波涛起伏，所能依靠的只有自己对自己的激励，我心里并非没有疑虑。"[7] 不过，他不需要孤身涉水太久。

22

*　　　　*　　　　*

那一年的 4 月初，在冲刷伦敦鹅卵石街道的春雨还带着寒意的时候，丘吉尔来到下议院的大门前，那是一道镶嵌在威斯敏斯特宫（Palace of Westminster）威严石壁上的宽阔的哥特式拱门。作为世界上辨识度最高的建筑之一，数百英尺高的钟塔[8] 在他眼前巍然耸立，钟塔的倒影在泰晤士河波光粼粼的河面上轻轻摇曳着。这座钟塔仅仅比丘吉尔年长 15 岁，它之所以著名，不仅因为那面巨大的钟盘，还因为它有一只近 14 吨重的大钟，绰号"大本钟"，这个绰号很可能是为了纪念本·康特（Ben Caunt），一名 6 英尺 2 英寸高、200 磅重、不戴手套的拳击选手，他在 1841 年赢得了英格兰重量级拳击冠军头衔。

丘吉尔缓步迈进大本钟的影子之中，他知道，在寂静、阴凉的下议院里，有一个人正在等他，这个人将为他打开通往议员席位的大门。罗伯特·阿斯克罗夫特（Robert Ascroft）是来自英格兰西北部奥尔德姆镇的两名议员之一，他有着日渐灰白的头发、又黑又密的胡须以及俊朗的容貌，看起来不仅比他的年轻访客更加可靠和体面，而且似乎还是旧世界高贵气质的完美体现。他带着丘吉尔穿过昏暗的大厅，沿着狭窄的台阶逐级而下，进入议员专属吸烟室。尽管丘吉尔志气满满，极力推销自己，但阿斯克罗夫特的身上有一种他还不具备的庄重气质，不过，他们两个都希望他用不着这种气质。

　　尽管朝气蓬勃的丘吉尔感到些许局促，不过当他走过沉重的大门，进入吸烟室之后，他就轻松融入了一个大多数英国人无缘得见甚至无法想象的世界。尽管这里是下议院，但有一半以上的议员都来自英国贵族阶层。吸烟室的天花板很高，墙壁上镶嵌着木板，象棋桌摆放得很凌乱，木质扶手椅包裹着昂贵的皮革，上面的黄铜平头钉已经失去了光泽。对于大部分年轻人来说，光是这个房间本身就足够威风了，甚至有些令人畏惧。对丘吉尔而言，至少从名气上来说，这个房间已经是如雷贯耳，他对它就像对自己的童年一样熟悉。尽管这还不是属于他的世界，但在很长时间里，这曾经是他父亲的世界。

23

＊　　　　＊　　　　＊

　　伦道夫·丘吉尔勋爵是第 7 代马尔伯勒公爵才华横溢、天赋异禀且自命不凡的第三个儿子，他有过一段非同寻常的政治生涯，如果考虑到他只活到了 40 岁，他的政治生涯会显得更加突出。他在 1874 年首次赢得议员席位，同一年，他迎娶了一个名叫珍妮·杰罗姆（Jennie Jerome）的美国美女，长子温斯顿也是在那一年出生的。在 26 岁时，他已经成了大英帝国的印度事务大臣。一年后，首相索尔兹伯里勋爵（Lord Salisbury）任命他担任下议院议长兼财政大臣，地位仅次于索尔兹伯里本人。

尽管丘吉尔与父亲的关系从来没能达到他所期望的那种亲密程度，但他一直为伦道夫勋爵的政府职位感到骄傲，并且一直梦想着有一天，即使不能成为受父亲信任的顾问，至少也能在父亲平步青云的政治生涯中成为父亲的助手。丘吉尔多年以后写道："对我来说，他似乎掌握着一切或者说几乎一切值得拥有的事物的钥匙。"[9]他永远也无法忘记儿时与父亲一起走在街上，亲眼见到周围的人纷纷向父亲脱帽行礼的场景。丘吉尔浏览每一份报纸，如饥似渴地阅读每一处提到伦道夫勋爵的名字、引用他的讲话的地方，以及每一个对他表示批评或者崇敬的词语。丘吉尔自豪地回忆道："他说的每一句话，即便是在最不起眼的市场里说过的话，都会在所有报纸上被逐字逐句地报道，每一个短语都会被审视和分析。"[10]少年时，他曾就读于哈罗公学。当时，他反复恳求母亲不要只给他寄父亲的亲笔签名，甚至也要寄她自己的签名，以便他能够送给——也许是卖给——他的同学们。[11]

然而，伦道夫勋爵的职业生涯虽然璀璨夺目，却也十分短暂。一名当代作家称他为"民主的宠儿，一个难以捉摸的天才，他像一颗璀璨的流星一样划过政治的天空，却早早地将自己燃烧殆尽"[12]。以直言不讳、能言善辩著称的他从担任财政大臣伊始就与索尔兹伯里勋爵政府里的许多其他成员产生了公开且无法调和的矛盾。当他的首个预算案被否决时，愤怒的伦道夫给索尔兹伯里写了一封辞职信，自信地认为索尔兹伯里不会接受他的辞呈。令他没想到的是，辞呈被接受了。

多年以后，丘吉尔的母亲仍能生动地回忆起，当她和伦道夫的私人秘书 A. W. 穆尔（A. W. Moore）意识到伦道夫都干了些什么时他们心中的震惊。她曾写道："对伦道夫忠心耿耿的穆尔先生脸色苍白、焦急万分地冲进来，用颤抖的声音对我说：'他把自己从权力顶端丢了下来。'"[13]伦道夫不仅没能东山再起，还在经历了漫长、可怕又痛苦的智力衰退后，于 8 年后死去。

尽管有关伦道夫勋爵的记忆仍然在下议院挥之不去，徘徊在每一缕烟雾、每一份潦草笔记以及每一段小声牢骚之中，不过，如今得到阿斯克罗夫特全部注意的是伦道夫的儿子，温斯顿·丘吉尔。阿斯克罗夫特请他到这里来，是为了问他一个有可能极大影响他们两人政治生涯的问题。奥尔德姆镇将在那年夏天举行一次议员补选，阿斯克罗夫特的同僚詹姆斯·奥斯瓦尔德（James Oswald）已经 60 岁了，一直受到慢性病的困扰，而且经常缺席会议，引起众人的注意。奥斯瓦尔德已经明确表示不会寻求连任。阿斯克罗夫特对丘吉尔说，他"正在寻找一个能够与他一同竞选的搭档"。丘吉尔是否愿意参与这场竞选？

*　　　*　　　*

如今，横亘在丘吉尔与保守党候选人席位之间的唯一障碍就是一场选拔演讲，阿斯克罗夫特建议他赶在竞选活动开始前在奥尔德姆发表一次郑重的演讲。届时，事情就会最终定下来。这是合理且符合惯例的，但对丘吉尔来说，这其中的不确 25

定性几乎让他难以忍受。

　　让丘吉尔正襟危坐地等待被叫到名字接受考验，这简直不符合他的一切本能。迫切地想要做点什么的他决定，虽然对自己的星象预测充满信心，不过窥视一眼神秘的未来以确保星星仍然在闪耀似乎也是应该的。在这个不同寻常的领域，他也有一定的门路。一年前，他的美国姨妈带他去过伦敦西郊温波尔街（Wimpole Street）上的一个神秘小屋，距离郁郁葱葱且呈正圆形的卡文迪什广场（Cavendish Square）只有一个街区。这是夏洛特·罗宾逊夫人（Mrs. Charlotte Robinson）的家——至少暂时是这样——她可能是当时最有名的手相大师。

　　尽管维多利亚时代经常被与科学进步联系在一起——那个时代见证了科学原则的建立，医学的进步，铁路、蒸汽船、电话和无线电的发展，甚至是查尔斯·达尔文的著作《物种起源》的出版——但那也是一个对神秘主义的兴趣和信仰日渐增加的时代。试图窥视未来并且与灵魂世界进行交流被认为是一项严肃的事业，从阿瑟·柯南·道尔爵士到著名杂志《科学美国人》（Scientific American）的编辑，许多人都对此深信不疑，《科学美国人》杂志的编辑们还主办了一场媒体之间的比赛，看哪家媒体能够展示出"令人信服的超自然现象"。甚至连维多利亚女王和她的丈夫阿尔伯特亲王（Prince Albert）都参加过降神会（séance），试图与死去的人对话。在阿尔伯特亲王1861年死于伤寒症后，女王还曾邀请一名13岁的男孩进入温莎城堡，这名男孩声称阿尔伯特亲王在一次家庭降神会上通过他给女王传来了一份讯息。

　　丘吉尔所选择的手相大师罗宾逊夫人之所以声名鹊起，很大程度上是因为她最忠实的客户碰巧也是英国最著名或者说最臭名昭著的作家：奥斯卡·王尔德。罗宾逊夫人曾对已经因为饱受争议的唯一一部小说《道林·格雷的画像》而名声大噪的王尔德说，他会"写出四部戏剧，然后你就会消失。我看不到在那之后的你"[14]。在这一预言之后，王尔德在 1892 年至 1895 年的三年时间里先后撰写了《温德密尔夫人的扇子》（*Lady Windermere's Fan*）、《无足轻重的女人》（*A Woman of No Importance*）、《理想的丈夫》（*An Ideal Husband*）以及《认真的重要性》（*The Importance of Being Earnest*）四部戏剧，全都取得了巨大成功。1895 年 4 月，就在他的最后一部戏剧在伦敦的圣詹姆斯剧院（St. James's Theatre）首演的两个月后，王尔德因为与阿尔弗雷德·道格拉斯勋爵的风流韵事而被逮捕，并被认定犯有"严重猥亵"罪，判处两年苦役。他在出狱三年后去世，正如罗宾逊夫人所预言的那样，他再也没有写过任何戏剧。[15]

在王尔德被定罪后，罗宾逊夫人获得了相当多的权力和声望，使她与即使是最受欢迎的手相大师相比都显得十分突出。她收费极高，当时的一份报纸惊叹地写道，"首次造访需付费 4 几尼①，第二次需付费 2 几尼，如果她写下预言的话，还需付费 10 几尼"[16]，而且她还拒绝出席私人聚会或者提供上门服务，即使是最高贵的客户，也得亲自来见她。她甚至开始写作《不可磨灭的掌纹》（*The Graven Palm*）一书，这本书后来成了当时手相学的标准。

与她对奥斯卡·王尔德的预言不同的是，罗宾逊夫人在温斯顿·丘吉尔白嫩的掌心里看到了一个杰出的未来，以至于她

①　英国旧货币单位，1 几尼相当于 1.05 英镑。

想要在书里描述一番。1899 年 5 月初，就在辞别罗伯特·阿斯克罗夫特、离开下议院吸烟室后不久，丘吉尔给罗宾逊夫人寄去了一张面额 2 英镑 2 先令的支票，很可能是为了支付他的第二次也是最近一次造访。他还在一封标记为"私人信件"的信件中写道，他希望能有机会对她"非凡的手相学造诣"表示感谢。[17]三天后，他再次给她写信，拒绝了她提出的把他的故事写进书里的请求。丘吉尔解释说，他"不希望把我的手相公之于世"，但他同时承认，对于她告诉他的内容印象非常深刻。他心情愉快地写道："我相信，你的预言很可能是正确的。"[18]

＊　　　＊　　　＊

丘吉尔的声名鹊起可能比他——或许还有罗宾逊夫人——预测的还要早。就在丘吉尔把信丢进邮筒的几周后，情况发生了惊人变化，奥尔德姆镇的一名议员突然去世。然而，去世的并不是一直徘徊在死神大门前的年迈体弱的詹姆斯·奥斯瓦尔德，而是他精力充沛、充满领袖气质的搭档罗伯特·阿斯克罗夫特。阿斯克罗夫特于 6 月 12 日突发急性肺炎，很快陷入昏迷。到 18 日时，他的医生已经承认"希望十分渺茫"[19]，而在 19 日，他就去世了。

这时距离选举只有不到一个月的时间，保守党现在需要的不是一名候选人，而是两名。选拔演讲已经被完全遗忘，无论是否准备就绪，丘吉尔都最终成了保守党的候选人之一。当然，在他自己看来，他已经准备得不能再充分了。他已经跃跃欲试。在给母亲的信中，丘吉尔写道："毫无疑问，如果有人能赢得这个席位的话，那一定就是我。"[20]

第 3 章 贵族子弟

在罗伯特·阿斯克罗夫特去世几天后，丘吉尔生平首次来到了奥尔德姆。尽管这座城镇不如伦敦那么光彩照人或者班加罗尔那么神秘莫测，但它非常真实，而且有着它自己的力量。建于中世纪的奥尔德姆在工业革命中从一个土地贫瘠、除了牧羊以外别无所长的不起眼的小村庄摇身一变成为一座纺织业重镇，被公认为是全世界棉纺业之都。在大约 70 年后当地一名历史学家宣称："如果说工业革命让哪个城市坚定而稳固地屹立在世界地图之上的话，那这个城市一定是奥尔德姆。"[1]

不过，丘吉尔来到奥尔德姆只为了一个目的：赢得选举。他将在镇子里最显眼的建筑皇家剧院（Theatre Royal）发表他在奥尔德姆的首次演讲。这个在 20 年前的火灾中被焚毁、后又重建的剧院是一栋四层楼高的红砖建筑，在市中心由鹅卵石铺就的坡度很大的霍塞奇（Horsedge）大街上显得有些格格不入。不过，剧院巨大的正门旁有两根装饰华丽的柱子，大门的拱心石上雕刻着威廉·莎士比亚的半身像，正对着大门的是一间豪华的意大利风格大厅。

在剧院内部，三层由 10 根科林斯石柱支撑的马蹄形观众席正对着舞台。[2]尽管下面两层观众席的装饰十分奢华，但第三层观众席却显得较为低调，而在拱形屋顶上悬挂的巨大吊灯下若隐若现的第四层甚至连座位都没有，只有一些供观众站立的木质台阶。在当晚的活动中，从第一层到第四层，每一排都挤满了人。事实上，人们对这次活动的兴趣如此之大，以至于即使是这间宽敞的大厅，也不足以容纳所有人，有好几百人不得不被拦在门外。

＊　　　　＊　　　　＊

　　丘吉尔活跃在公共舞台上的生活早在几个月前就开始了，当时，他还不是一名政客，就已经首次发表了政治性演讲。[3] 在参观位于伦敦的保守党总部时，他发现了一本带有白色标签的小册子，标签上的文字让他激动不已：演讲者征集。他用一种"小乞丐盯着面包房展示柜的眼神"翻阅这本册子，发现了一个在巴斯的樱草会（Primrose League）① 发表演讲的机会。尽管他已经在一个由四块木板和一排木桶搭成的简陋舞台上发表过那篇演讲，但他立刻就被这次机会的魅力给吸引住了。对丘吉尔来说，生活中很少有什么能够与爬上舞台、站在演讲台后操纵房间里每个人的注意力一样令人激动。

　　尽管十分喜爱公开演讲，但他并不是天生的演讲家。一开始，他患有言语障碍症，这个毛病自从他童年时代起就一直困扰着他。由于没法发出 s 这个音，他不得不一遍遍反复练习这一"s"音比较多的句子："The Spanish ships I cannot see for they are not in sight."在启程前往印度之前，他寻求过家族好友菲利克斯·西蒙爵士（Sir Felix Semon）的帮助，后者是一位著名的喉科专家。西蒙向他保证说，他没有任何生理上的异

---

① 为纪念保守党政治家迪斯累利而成立的一个组织。

常，只要"勤加训练"，就应该能够克服这个问题。[4]

相反，丘吉尔不仅慢慢接受了，而且甚至开始重视这种独 30
特的说话方式。有许多他所敬仰的人，从威尔士亲王到亲王的
密友约翰·帕尔默·布拉巴宗上校，都无法发出 r 音，不过，
正是出于威尔士亲王的缘故，这一缺陷在许多圈子里被视为一
种时尚。后来，丘吉尔还满心羡慕地回忆起，布拉巴宗曾经大
叫道："去伦敦的火车跑哪去了？"（Where is the London
twain?）当被告知那列火车已经开走了之后，他傲慢地提出：
"走了！再叫一列来。"（Gone! Bwing another.）[5]

尽管后来以机智敏锐而著称，但丘吉尔一直对于在受众面
前发表演讲感到不安，除非他已经认真地写好了演讲稿，并且
详尽无遗地排练过了演讲中的每一句话。[6]尽管他的父亲以其长
篇累牍、咄咄逼人、说服力强的即兴演讲而闻名于世，但丘吉
尔却与父亲不同，每一次正式演讲，甚至是简短的讲话，他都
要花上几个小时来准备，而且这种习惯伴随了他的一生。他的
密友、第 1 代伯肯黑德伯爵弗雷德里克·埃德温·史密斯
（Frederick Edwin Smith, 1st Earl of Birkenhead）后来开玩笑说：
"温斯顿把他人生最好的年华都用来创作即兴演讲了。"[7]

然而，无论是他的言语障碍症，还是他用来创作、排练演
讲的漫漫长夜，都没有消磨他对竞选运动的热情，也没有影响
到他对于自己有能力让听众着迷的信心。他在竞选活动伊始给
堂兄桑尼写的信中不自觉地说："个人而言，我在这里非常受
欢迎。我总是能感受到这里巨大的热情。"[8]

丘吉尔没过多久就意识到，自己在讲台上所拥有的不仅是
个人魅力。他不仅是一个天赋异禀的演说家，而且，在仅仅
23 岁的年纪，他就已经清楚地意识到，自己有潜力成为一名

伟大的演说家，甚至有可能是最伟大的演说家之一。他在选举前给一名好友的信中写道："每一次我都在提高，在每一次会议上，我都能意识到自己的力量在成长。"[9]对于未来，他有着异乎寻常的清醒认识。

*　　　*　　　*

在丘吉尔首次在奥尔德姆发表演说的那个夜晚，光线昏暗的剧院里人山人海。在剧院里的众多面孔中，有一个他刚刚认识的人——他的竞选搭档詹姆斯·莫兹利（James Mawdsley）。胡须浓密、头发却渐渐稀疏的莫兹利当时 51 岁，与温斯顿·丘吉尔有着天壤之别。作为 7 个孩子的父亲，莫兹利出生在一个纺织工人家庭，他本人从 9 岁起就在纺织厂工作。莫兹利从一开始就知道作为维多利亚时代英格兰工人阶级的一员意味着什么，而且几十年来一直在政治上十分活跃，曾经担任英国工会联盟（Trades Union Congress）主席，并且自 1878 年起就一直担任纺织工人联合会（Amalgamated Association of Operative Cotton Spinners）秘书长一职。而在 1878 年，丘吉尔才 4 岁。

对于这种古怪搭配感到异常兴奋的媒体开始称丘吉尔和莫兹利为"贵族子弟与社会主义者"，不过这个外号丝毫没有让丘吉尔感到难堪。尽管在他们两人当中只有莫兹利拥有真正的从政经验，但丘吉尔并不羞于为他们的竞选活动做出自己的贡献。他后来写道，莫兹利"对于能够与一名英国古老贵族家庭出身的'贵族子弟'一同竞选感到十分自豪"[10]。不过，毫不意外的是，新闻报纸通常会以不同的方式看待事情。《曼彻斯特晚报》（*Manchester Evening News*）预测说："在整个竞选过程中，我们会看到，作为一个刚刚脱离襁褓的政客，丘吉尔会被顶在前面，以便莫兹利先生能够推着他进入议会。"[11]

不过，皇家剧院里几乎完全由纺织工人组成的听众似乎并不介意他们之中有一个人生轨迹与他们截然不同的年轻人。当第一个演讲的丘吉尔走上讲台时，他赢得了一阵热烈的掌声。他把精心准备的笔记放在面前，开始发表演讲，他的双手要么自信地放在臀部，要么举在空中强调某个观点。[12]他发现，听众不仅愿意听他演讲，而且在他演讲过程中表现得十分热情，参与也很积极。《晨邮报》（*Morning Post*）的一名记者后来写道："在他演讲的整个过程中，听众都在全神贯注地聆听，停顿都是因为听众发自内心地鼓掌，或者兴奋地插话……一个响亮的声音喊道：'这些都是大白话，我们听得懂，我们喜欢！'"[13]

尽管丘吉尔的演讲持续了近一个小时，涵盖了从工人补偿到帝国主义未来的方方面面，还发表了没有海军的英格兰"就像奥尔德姆所有烟囱全部破碎、所有熔炉全部熄灭、所有工厂全部遗弃一样"这样的观点，但观众的兴趣从未减退。他们对这名年轻贵族子弟的热情也丝毫未减。《哈泼斯新月刊杂志》（*Harper's New Monthly Magazine*）的一名撰稿人在第二年写道，丘吉尔有"一种能够吸引民众的神秘力量，他是一个天生的演说家，拥有随心所欲影响民众的能力，他一定会走得很远"[14]。

奥尔德姆的男女老少对此感到真心实意的认同。在那一晚行将结束的时候，奥尔德姆的一名市议员邀请听众"认可温斯顿·斯潘塞-丘吉尔先生是一名属于未来的政治家"。其中一名听众或许从丘吉尔的演讲中听出了罗宾逊夫人在他的掌纹

32

中看到的东西，因而说得更加夸张。他预测："我相信，如果上帝饶他不死的话，他一定会成为未来的英格兰首相。"[15]

*　　　*　　　*

尽管丘吉尔很快就相信了所有有关他的潜力的赞美之词，但他不愿把所有事情都交给运气来决定。因此，在选举日那天，他使用了最强有力的政治武器：他的母亲。

与他的对手、人到中年的阿尔弗雷德·埃莫特（Alfred Emmott）和沃特·朗西曼（Walter Runciman）不同的是，丘吉尔没有妻子来为他的竞选运动摇旗呐喊。不过，他有更好的——一个与众不同、坚强有力的母亲；而且他会毫不犹豫地利用愧疚、奉承或者任何手段来说服她助他一臂之力。他在 7 月 2 日，即选举日的四天前给母亲写信说："朗西曼太太会跟随她丈夫去任何地方，而人们认为这种方式对沃特·朗西曼有很大价值。不仅如此！——不过剩下的得由您自己去补全了。"[16]

33　　　丘吉尔的母亲珍妮身上有很多特质，根据视角的不同，每一样特质都比前一样更吸引人或者更令人震惊，但她从来不会令人厌烦。美貌绝伦的她有着乌黑的亮发和陶瓷般娇嫩的肌肤，据说还有部分美国原住民血统，她的高祖母曾经被一名易洛魁人（Iroquois）强暴。她的一举一动自信而优雅，让每一个见到她的男人都难以抗拒，并且让每一个女人都感到如临大敌。英国驻柏林大使达伯农勋爵（Lord D'Abernon）多年后写道，珍妮"看起来更像是一只豹子，而不是一名女子"。达伯农勋爵第一次见到珍妮是在都柏林，那时她刚刚嫁给伦道夫·

丘吉尔。在回忆她当时的样貌时，他用了一种几乎是毕恭毕敬的语气，将她描述成"一个神秘、轻盈的人物，显得有些与众不同，与周围人相比仿佛有着不同的质地，光彩照人、晶莹透亮、热情四射"[17]。

作为美国资本家兼投机商伦纳德·杰罗姆的女儿，珍妮在布鲁克林度过了幸福的童年，一直到她 15 岁时，她的母亲受够了丈夫三番五次的不忠行为，决定带着三个女儿移居法国。杰罗姆创立了美国赛马俱乐部，并曾短暂地是《纽约时报》的所有人之一。尽管他以夸张、招摇的消费方式而闻名，但他所挣到的财富几乎都被挥霍殆尽，因此能够给女儿提供的嫁妆十分有限。此外，他的名声让许多美国人对他小心提防，英国人则唯恐避之不及。

不过，在伦道夫·丘吉尔第一眼见到珍妮后，这一切对他来说都不重要了。当 19 岁的珍妮穿着一件镶满鲜花的白色薄纱裙、秀发像黑色宝石一样闪亮地出现在皇家游艇"阿里亚德妮"号（HMS Ariadne）的豪华舞厅门口时，伦道夫正在与威尔士亲王交谈。即使尚未轻启朱唇，她就已经赢得了伦道夫以及舞厅里其他所有人的全部注意力。

珍妮不仅了解自己的美貌，也了解美貌所给予她的权力。她把它既当作一件武器，又当作一柄魔杖，时而用来让人心碎，时而用来诱惑那些她看中的人。即使在伦道夫仍然在世的时候，就有过她与别人调情甚至出轨的流言蜚语，在伦道夫去世后，她的身边更是公开聚集了一群有权有势的老年男性，而且让她的两个儿子惊愕的是，连一些英俊的年轻男子也徘徊在她左右。

她与威尔士亲王之间的友谊既长久又亲密，以至于许多人

34

相信，她不仅是他的众多情妇之一，而且是他最喜爱的一个。威尔士亲王本人也是已婚男士，而且风流韵事不少，甚至被人戏称为"爱抚者爱德华"（Edward the Caresser），因此他对于珍妮的众多露水情缘没什么抱怨。事实上，他只斥责过她两次。第一次是在仅仅一年前，当时她与卡里尔·拉姆斯登少校发生风流韵事[18]，后者比她小 14 岁，因为非凡的英俊相貌而被人称作"美人"。在她轰轰烈烈、沸沸扬扬地与拉姆斯登分手后，威尔士亲王在一次前往埃及的途中责备她说："你最好还是跟老朋友待在一起。老朋友是最好的！"[19]

然而，这一次亲王的斥责更加严厉，因为珍妮最新的恋情更加严重，也更加危险。她显然已经下定决心放弃一切——包括亲王的青睐、她自己的名誉和儿子的幸福——与一名潇洒的年轻军官坠入爱河，这名年轻军官不仅对温斯顿而言十分熟悉，而且年纪只比温斯顿大两个星期。

与伦道夫一样，乔治·弗雷德里克·米德尔顿·康沃利斯－威斯特（George Frederick Myddleton Cornwallis-West）也来自一个贵族家庭，经常出没于与威尔士亲王一样的社交圈子。事实上，多年以来，少数几个能够与珍妮争夺亲王青睐的人之一就是乔治的母亲帕齐·康沃利斯－威斯特（Patsy Cornwallis-West）。[20] 曾有传言说，乔治的生父有可能是威尔士亲王。但以上这些都没有增加亲王对珍妮所选伴侣的好感。在得知她与乔治的绯闻后，他傲慢地给她写信说："很明显你又玩起了旧把戏。你让自己被这么多人议论真是可惜——而且要记住，你不是 25 岁了！"[21]

不过，珍妮从来都不在乎别人对她私人生活的看法，就连亲王也不例外，她仍然在继续随心所欲地做她喜欢的事。她曾在给一名好友的信中写道："我猜你可能觉得我很傻。但我不在乎。我过得很快乐。"[22] 即使她已经 45 岁了，但她与伦道夫第一次见到她时一样光彩照人，而温斯顿与她周围的所有年轻男性一样，也情不自禁地爱慕她。丘吉尔曾写道："对我来说，她就像长庚星一样闪耀。我深深地爱着她——但是是在远处。"[23]

多年以来，虽然丘吉尔的母亲有时会让他的日子不好过，但一直给他提供了很大帮助。在丘吉尔的坚持要求下，她利用自身魅力和花言巧语俘获了从剑桥公爵到首相再到威尔士亲王的所有人的心，并且明目张胆地要求他们帮助她的儿子赢得军事任命。[24] 如今，丘吉尔比以往任何时候都更需要她的帮助。他给她写信说："这是一个有进取心的时代。我们必须尽最大的努力去争取。"[25]

尽管珍妮有着叛逆的个性和令人震惊的社交生活，但或许正是由于这些因素，丘吉尔知道，她对任何公共活动来说都有着令人难以抵挡的吸引力，即使是一个年轻政客在一个纺织业城镇进行的竞选运动也不例外。随着选举日期日益临近，他别无他求，只希望母亲能站在他的身边。

*　　　*　　　*

就像去其他任何地方一样，珍妮衣着时髦、自信满满地来到了奥尔德姆。[26] 她全身上下都穿着代表保守党的蓝色，还打着一把同样颜色的小阳伞。她乘坐一辆装饰华丽的马车疾驰进入城镇，马车夫在前方正襟危坐，他的制服上点缀了许多蓝色丝带和玫瑰花结。她无论到了哪里都喜欢转头张望，看起来不像是一名政治候选人的母亲，而更像是一个美国舞台明星，来到这里是为了给一场沉闷的竞选活动播撒一些仙尘的。一名当地记者激动地说："伦道夫·丘吉尔夫人很自然地成为所有人目光聚焦的对象。她在这些满是污垢的古老街道上引发了一阵轰动。"[27]

然而，无论是丘吉尔光彩照人的母亲，还是他自己在讲台上的魅力，都未能改变他在选举日的命运。7 月 6 日那天，奥尔德姆镇成千上万的成年男子涌入市内的投票中心——选民投票率达到"英格兰历史上的最高点"[28]——并且让自由党候选人获得了近 53% 的选票，丘吉尔的票数距离胜利还差 1.3 万张，而莫兹利的差距甚至更大。丘吉尔后来写道，在离开奥尔德姆时，他感觉就像是"一瓶当晚未能成功开启的香槟"[29]。

36

保守党高层不打算给一名刚刚失败的年轻人送上安慰和鼓励之词，即使他是伦道夫·丘吉尔的儿子也不例外。相反，在丘吉尔抵达伦敦时，他恰巧听说，索尔兹伯里勋爵的外甥、三年后成为英国首相的亚瑟·贝尔福（Arthur Balfour）一直在下议院的休息室里谈论他。贝尔福讥笑地说："我以为他是一个前途无量的年轻人，不过看起来，他只是一个大话连篇的年轻人。"[30]

贝尔福的苛责更加坚定了丘吉尔的决心。他没有钱，没有职位，而且，看起来也没有人像他相信自己一样相信他。他唯一确信无疑的是，最终，无论付出何种代价，他都会成功，否则就至死方休。几个月前，他在给母亲的信中写道："如果我不能成功的话，那会是一件多么糟糕的事啊。那会让我心碎的，因为除了雄心壮志以外，我没什么可以依靠的东西。"[31]

第4章 吹响号角

　　如果说丘吉尔在寻找一个避风港，好让他能够暂时忘记自
己的失败，甚至逃避自己的雄心壮志所提出的无止境要求的
话，那么他是不会回到出生地布莱尼姆宫的。在选举结束后，
由于还没有属于自己的家，也没什么真正的计划，他来到了牛
津郡（Oxfordshire）小镇伍德斯托克（Woodstock），他们家族
的宅邸正是坐落于此。布莱尼姆宫占地7公顷，周围环绕着一
片2000公顷的巨大庄园。在他的马车穿过入口两侧的巨型石
柱，行进在庄园的主干道上时，他可以透过车窗看到逐渐进入
眼帘的布莱尼姆宫：一座规模宏大、美轮美奂的巴洛克式宫
殿，用来建造宫殿的是当地出产的乳白色石灰岩，经过时间的
洗礼，这些石灰岩已经变成了光彩夺目的金色。

　　这一景色让近两个世纪以来的无数访客叹为观止。亚历山
大·蒲柏在18世纪初参观过布莱尼姆宫之后写信描述了它的
奢华。而在150多年后，丘吉尔出生在布鲁克林的母亲第一次
见到这栋建筑时，也对它赞叹不已。她后来回忆道："看着湖
泊、桥梁，以及被古老橡树点缀的绵延几英里的宏伟庄园，我
简直找不到合适的语言来表达我的赞美之情。当我们来到巨大
而雄伟的宫殿时……我承认，那一刻，我惊呆了。不过我作为
美国人的骄傲禁止我这么承认。"[1]

　　丘吉尔出生在宫殿一层一个相对简朴的房间里。尽管他从

未在布莱尼姆宫居住过，但他的童年时光中有很长时间都是在这里度过的，那时的他经常在野外打猎、在湖里钓鱼、在宽阔的走廊上赛跑，有时还会与他那个以严厉出名的祖母马尔伯勒公爵夫人嬉戏玩耍，把老人家累得筋疲力尽。在精力旺盛的孙子结束了一次把人累得半死的探望后，公爵夫人给伦道夫写信说："温斯顿今天回学校了。有一件事仅限你知我知，我对此并不感到十分遗憾，因为他实在是太调皮了。"[2]

丘吉尔一直认为布莱尼姆宫——通过它的历史、恢宏气势和让人敬畏的力量——塑造了他，为他注定要成为的那个伟人奠定了基础。他后来写道："我们建造自己的楼宇，然后我们的楼宇又会反过来影响我们。"[3]然而现在，当遭遇失败后的他徜徉在宫殿中，试图写完第二本书的手稿，并且与当前的马尔伯勒公爵、堂兄桑尼无止境地下棋时，布莱尼姆宫的宏伟壮阔似乎不再是他高贵血统的骄傲标志，而更像是一种令人痛苦的提醒，提醒他到目前为止，他都还没有能力实现家族对他的期望。[4]

*　　　*　　　*

当丘吉尔走在布莱尼姆宫宽阔而似乎无止境的走廊上时，他看到的每一样让他赞叹不已、立下雄心壮志的东西都无一例外地与他杰出的祖先、第 1 代马尔伯勒公爵约翰·丘吉尔有关。约翰·丘吉尔的父亲能力平平，但他自己却凭借勇气和智慧赢得了这份庞大的家产。尽管在从詹姆斯二世国王（King James II）——他一度支持这位国王，但后来又帮助推翻他——到奥兰治的威廉（William of Orange）再到安妮女王

（Queen Anne）统治期间，约翰·丘吉尔在几乎每一个统治者那里都有过得宠和失宠的时候，还甚至被关在伦敦塔里过，但他有一项独一无二的技能，使他显得不可或缺：他从未在战场上失利过。丘吉尔 30 多年后在自传中提到约翰·丘吉尔时写道："尽管战争有着无数的偶然事件和令人费解的意外，但他有着近乎机器般的确定性，每次都能取得胜利。他从未以除胜利者以外的身份离开过战场。在离开战场时，他从未尝过败绩；一旦他的指挥之手离开战场，留在他身后的军队就会遭遇灾难。"[5]

39

　　事实上，在西班牙王位继承战争（War of the Spanish Succession）期间，正是因为约翰·丘吉尔在 1704 年的布莱尼姆战役中大胜法国，安妮女王才将伍德斯托克皇家领地作为感谢赐予他，他后来在这片土地上建起了布莱尼姆宫。他后来还被利奥波德皇帝封为神圣罗马帝国的领主，并被赐予了一块土地——位于德国巴伐利亚州的明德尔海姆公国（Principality of Mindelheim）——因为他作为奥格斯堡同盟（the Grand Alliance）陆军总司令取得了可观的功绩。即使是那些憎恨他、嫉妒他的人，也认为他是英格兰最伟大的将军，甚至或许是在拿破仑之前世界上最伟大的将军。

　　在近 200 年后，约翰·丘吉尔的遗产依然如影随形地跟随着他雄心勃勃的年轻后代。如果温斯顿进入布莱尼姆宫大厅（Great Hall）的话，当他的鞋底在大理石地板上发出回声之时，在正上方 67 英尺高的天花板上，他会看到一幅巨大的壁画，描绘了第 1 代马尔伯勒公爵跪在英国女王面前，展示自己为布莱尼姆战役制订计划的场景。如果走进四周墙壁都用翠绿色绸缎覆盖的绿色书房（Green Writing Room）的话，他会看到一块巨大的挂毯，上面极为详尽地描绘了约翰·丘吉尔在布莱尼姆取得的胜利。如果他逃离宫殿，徜徉在一望无际的巨大庄园中，流连于植物园、湖泊和精美绝伦的主题花园——包括意大利花园和玫瑰花园——的话，他可以从几乎任何一个方向上看到胜利纪念柱（Column of Victory），那是一根屹立于平地之上的多立克式石柱，在 134 英尺高的柱子顶端，立着一座身穿罗马将军制服的第 1 代马尔伯勒公爵雕像，两只骄傲的雄鹰站立在他的脚上，他的手上还高举着希腊胜利女神像。

约翰·丘吉尔在布莱尼姆战役时已经 54 岁了，不过温斯顿拒绝将年轻作为自己碌碌无为的借口。他的父亲 25 岁就成了议员，只比现在的他年长一岁。那一年的早些时候，甚至在温斯顿被要求参选议员之前，索尔兹伯里勋爵就已经任命仅比温斯顿大三岁的桑尼担任主计大臣（paymaster general）。事实上，在继承了父亲——他的父亲与温斯顿的父亲一样英年早逝——的头衔和上议院议员席位后，桑尼已经有了 7 年的从政经验。在桑尼获得任命后，丘吉尔曾祝贺他说："你这么年轻就进了财政部，但这是一个属于年轻人的时代，所以，请接受我的敬意，这种敬意不仅是来自一个朋友，还来自即将瓜分世界的我们这一代人。"[6]

尽管丘吉尔认为他的年轻是一个优势，如果浪费的话就太愚蠢了，但布莱尼姆宫无时无刻不在展示的第 1 代马尔伯勒公爵的杰出成就却在时刻提醒他一个惨痛的教训：他跳得太快了。凭借着父亲而非自己的影响力参选议员可以说是丘吉尔做出的一个严重误判。他在印度时曾给母亲写信说："政治游戏是一个很好的游戏。在真正加入这个游戏之前，等待一个好帮手是十分值得的。"[7]这一次，尽管十分迫切地想要重新加入这场游戏，但他决定接受自己的建议，首先让自己变得优秀。他需要的仅仅是一个机会，另一场战争。

＊　　　　＊　　　　＊

　　在夏天结束之前，丘吉尔将不仅能找到那一抹用来东山再起的火花，而且他还会为自己点火。他的灵感既不是来自议会大厦神圣的大厅里，也不是来自布莱尼姆宫宽阔的房间里，而是来自泰晤士河缓慢流动的河水上漂浮的一艘船上。

　　7 月底，丘吉尔受邀参加他的朋友热恩夫人（Lady Jeune）在河畔家中举办的一场晚宴。[8]这是一份没有人会拒绝的邀请，即使是在丘吉尔那个高贵的社会圈子里的人也不例外。尽管热恩夫人的前夫是一名阵亡的上校，现任丈夫是一名法官，但她的名望却并不是来自她两位丈夫的头衔或者成就，而是来自她自己的过人智慧。以思维敏锐、机智过人而闻名的她一直在为当时最为著名的一些社会期刊撰文，还是伦敦最令人敬畏的女主人之一，她的家中经常云集了整个帝国最优秀的头脑。她举办的聚会闻名遐迩、十分频繁，客人名单包括了从托马斯·哈代到罗伯特·布朗宁，再到罗宾逊夫人的忠实客户奥斯卡·王尔德的几乎所有名流，人们梦寐以求着能够成为她客人名单中的一员，那种热情不亚于收到前往白金汉宫的邀请。当时的一名美国作家回忆说："如果能够被引荐给她，就等于是获得了通往诸多社会特权的通行证。正是她在知识界与政界的巨大影响力让她的沙龙显得如此出色。"[9]

　　丘吉尔知道，在参加热恩夫人的聚会时，一定能够见到一些有趣以及可能有用的人。在抵达热恩夫人宅邸后不久，他踏上游艇准备游览泰晤士河，却在此时碰见了约瑟夫·张伯伦，当时的殖民地事务大臣，也是英国最有权势的政客之一，他也许并不对此感到意外，但绝对十分激动。丘吉尔选了一个紧挨着张伯伦的座位，两人很快就开始了畅谈。

如果张伯伦是在一个人满为患的露天剧场发表演说的话，那他是不会找到一个像丘吉尔这么热情洋溢的听众的。丘吉尔后来回忆说："他的谈话本身就像是一堂非常实用的政治教育课。他了解这场游戏的每一个细节、每一个蜿蜒曲折。"[10]张伯伦知道如何斗争，尽管很显然他并不知道应该何时放下武器。他是一名激进的政客，在政治竞争中作风强悍。张伯伦起步于他父亲的制鞋厂，在狭窄的英国等级体系中一路向上攀登，先是成为伯明翰市长，后又进入英国议会。他会认真记下心中所有的怨愤，即使对于那些很久以前就已经不构成威胁的人也是一样。当热恩夫人出人意料地指出，张伯伦过去的一名政敌正坐在他们恰巧经过的河岸边的长椅上时，张伯伦的反应让丘吉尔大为震惊。以举止庄重而闻名，经常因为他仔细梳理的头发、贵族式的长脸以及面颊旁丝带上拖着的闪亮的单片眼镜而遭到讽刺的张伯伦对那位垂垂老矣、不具任何威胁的竞争对手怒目而视并吐了口唾沫，说了句"一捆旧抹布而已！"，然后厌恶地转身离去。[11]

不过，在那个下午，张伯伦和丘吉尔心中最重要的东西并不是过去的恩怨，而是一个新的争议所带来的阴影。战争的传言已经持续多时，这场战争将与大英帝国在近半个世纪以前经历过的克里米亚战争完全不同，或许甚至与一个多世纪以前的美国独立战争相比也极为不同。然而，这场战争并没有在东欧或者北美酝酿，而是在几千英里外的非洲南部，一个难以到达也几乎不可能完全理解的角落酝酿。这也不仅仅是另一场殖民地战争，与当时在世界其他角落进行的数十场殖民地战争相比没有相似之处。这将是一场发生在非洲土地上的欧洲战争，这一前景似乎对大多数英国人而言与其说令人恐惧，不如说令人心动，很少有人希望这场战争能够得以避免，更别提温斯顿·丘吉尔了。

*　　　*　　　*

尽管几个世纪以来，非洲南部一直是大英帝国的巨大兴趣所在，不过近一个时期以来，这种诱惑已经变成了巨大的渴望。由于有着绝佳的地理位置，这一地区一直是英国通往印度的贸易路线中的关键环节，英国商船在驶过非洲西部海岸的突出部，绕过好望角后，可以停下来进行补给，然后再转头向北，沿着非洲东部海岸，绕过非洲之角（Horn of Africa）进入印度洋。英国人已经在非洲大陆的最南端建立了开普殖民地（Cape Colony），在非洲西部建立了塞内加尔殖民地，还在北非的部分地区（阿尔及尔和的黎波里）以及与阿比西尼亚帝国（即如今的埃塞俄比亚）接壤的埃及部分地区建立了殖民地。在很多年里，这些就已经足够了。

然而，就在丘吉尔出生的 7 年前，一切都变了。1867 年，伊拉斯谟·雅各布斯（Erasmus Jacobs）——一个南非农民 15 岁的儿子——据说在他父亲农场里的一棵树下休息的时候，在脚边发现了一颗巨大且闪闪发光的石头。

这颗石头最终被证明是一颗 21.25 克拉的钻石，后来以"尤里卡钻石"（Eureka Diamond）的名字为人们所熟知，这是在南非发现的第一颗钻石。四年后，在距离雅各布斯家不远的

43

地方，在名为约翰尼斯·尼古拉斯（Johannes Nicolaas）和迪德里克·阿诺尔德斯·德比尔（Diederick Arnoldus de Beer）的两兄弟的农场里，更多的钻石被发现了，这一发现最终导致了世界上规模最大的钻石企业南非德比尔斯钻石公司（De Beers S. A.）的成立。

紧接着出现的是黄金。在尤里卡钻石被发现的 20 年后，在威特沃特斯兰德山脊发现了世界上已知储量最大的金矿。[12] 金矿周围大量涌现的狭小而肮脏的营地很快就挤满了淘金者，并且这里最终成长为南非最大、最重要的城市之一：约翰内斯堡。这两大发现共同改变了这一地区的面貌，使之从世界上最贫穷的地区之一摇身一变成为世界上最富裕的地区之一。

常言道，巨大的财富带来巨大的麻烦。用丘吉尔的话说，"黄金国（El Dorado）吸引了……大量鱼龙混杂的人"[13]。数以万计的淘金者来到这片区域，其中绝大多数是英国人。问题在于，在属于英国的殖民地里，既没有发现过黄金，也没有发现过钻石。它们被发现于南非共和国（South African Republic），也被称作德兰士瓦（Transvaal），这个独立国家属于一个由被称作布尔人的荷兰人、德国人和胡格诺教徒后裔组成的群体。

作为一个信仰坚定、崇尚独立的民族，布尔人最希望的就是不被外人打扰。许多人的祖先都是荷兰东印度公司远征队的成员，在 1652 年乘船来到好望角建立了一座航运站，并就此定居。在开普殖民地于 1806 年落入英国人之手后，他们不情愿地接受过英国人的统治，但为时不久。在持续数世纪地蹂躏非洲土著并占领他们的土地后——就像英国清教徒和先行者在北美所做的事情一样——布尔人对于大英帝国在 1833 年宣布废除奴隶制感到怒不可遏。就在两年后，发生了后来被称

作"大迁徙"（Great Trek）的事件，大批被称作"移民先驱" 44
（Voortrekkers）的布尔人离开开普殖民地，跋涉数百英里进入
非洲内陆，最终建立了三个布尔共和国：奥兰治自由邦
（Orange Free State）、纳塔利亚共和国（Republic of Natalia）
即后来的纳塔尔（Natal），以及德兰士瓦。

然而，在布尔人的贫穷结束的同时，他们的独立也结束
了。后来的德兰士瓦共和国总统保罗·克留格尔曾预测说：
"这些黄金会让我们的国家被鲜血浸透。"他是对的，而且他
很清楚黄金所带来的危险。在发现钻石 10 年后，英国就吞并
了德兰士瓦，这一举动激怒了布尔人，并很快导致了德兰士瓦
战争（Transvaal War）——后来被称作第一次布尔战争（First
Boer War）。尽管战争只持续了几个月的时间，从 1880 年底到
1881 年初春，但它在两国的集体记忆里占据了举足轻重的地
位，原因只有一个：大英帝国没有赢。

德兰士瓦战争的转折点出现在马朱巴山之战（Battle of
Majuba Hill），这场战斗并没有以大英帝国的米字旗胜利地插
在布尔人的土地上而告终，而是见证了英国士兵在耻辱的撤退
中四散逃跑的场面。对布尔人来说，那场战斗胜利的日子，2
月 27 日，已经成为一个全国性的假日。而对英国人来说，那
是一段刻骨铭心的往事，一段他们发誓一定要报仇的往事。即
使是当时只有 6 岁的丘吉尔，也渴望复仇。他曾写道："我一
直期盼着我们'为马朱巴复仇'的那一天。"[14]

*　　　*　　　*

丘吉尔现在认为，那一天不仅到来了，而且来得太晚了。

他极力为大英帝国主义的重要性——甚至是它的好处——辩护。多年来他一直在思考南非问题，思考得越多，他就越加确信战争是唯一的答案。两年前，他在一篇题为《我们与布尔人的账》（"Our Account with the Boers"）的论述中写道："现在去恢复我们在南非的威望还为时不晚。帝国军队必须压制布尔人的傲慢行为。不能有任何的折中办法。"[15]

45　　在巡游过泰晤士河后，丘吉尔在热恩夫人家中举行的晚宴上继续了与张伯伦的谈话，他丝毫没有试图掩饰或者甚至是缓和他所秉持的大英帝国应该对布尔人采取强硬立场的看法。他知道，张伯伦与德兰士瓦渊源很深，而且其中没有任何愉快的回忆。张伯伦在德兰士瓦战争期间曾任威廉·格莱斯顿首相（Prime Minister William Gladstone）在下议院的副手，这一经历让他对布尔人充满了毫不掩饰的厌恶之情。在 1895 年底，也就是他担任殖民地事务大臣的第一年，他被卷入了一次针对德兰士瓦发动的思虑不周、一败涂地的进攻。这次进攻由矿业大亨塞西尔·罗兹（Cecil Rhodes）策划，并由张伯伦的亲密好友利安德·斯塔尔·詹姆森（Leander Starr Jameson）指挥，被称作"詹姆森远征"（Jameson Raid），却以詹姆森被抓、罗兹被迫辞去开普殖民地总理职务而告终。罗兹侥幸逃脱了牢狱之灾，而这次突袭以及张伯伦所受到的牵连成为英格兰和南非各家报纸的头版新闻，并且导致张伯伦本人遭到议会的调查。

　　张伯伦连过去受到的一次微小的政治冷落也无法原谅，更别提一次可以摧毁他政治生涯的羞辱性丑闻了，但即便如此，他还是对丘吉尔对战争的热情感到震惊。三年前，在对德兰士瓦的远征发生后，张伯伦就曾在下议院警告说："南非的战争将是最为严峻的战争之一，那将是一场漫长、艰苦、代价高昂的战争，它所留下的纷争余烬我认为几代人的时间可能都不足以扑灭。"[16]在听取了丘吉尔发表的与布尔人作战的激动论述后，张伯伦建议他要抵制那种想要诉诸武力的冲动。他警告说："如果你在冲锋时吹响号角，却发现身后没有人跟随你的话，那么一切都是没用的。"[17]

不过，丘吉尔最不担心的就是寻找追随者的问题。尽管只有 24 岁，但他对于自己打动人心的能力已经十分自信了，而一旦事情牵涉到布尔人，他是不打算就此后退的，尤其是他还能从中获得巨大的好处。他在《我们与布尔人的账》中写道："早晚，在欧洲的支持下，或者说不顾德国人的反对，为了我们的帝国，为了我们的荣誉，为了我们的民族，我们将通过一次正义的进军或者一场蓄意挑起的争端与布尔人作战。"[18]

46

＊　　　＊　　　＊

在热恩夫人的晚宴结束仅仅几周后，丘吉尔站在布莱尼姆宫入口威严的石柱前，不过这一次围绕在他身边的不再仅仅是对第 1 代马尔伯勒公爵的赞颂，还有数百名热情洋溢的听众。他不顾张伯伦的劝诫，主张发动战争。他的机会出现在伍德斯托克保守党协会的年度会议上。[19]那一天，当地举行了盛大的节日庆祝活动，包括在宫殿广场上举行的女子自行车比赛、在花园里举行的挑土豆比赛以及一场以筋疲力尽的挑战者颤颤巍巍地试图穿针引线为结尾的障碍赛等。下午 6 点，在夏天的太阳落山前很久，协会成员就聚集在布莱尼姆宫宽阔的石阶上，聆听第 9 代马尔伯勒公爵以及他的两个表亲的讲话：较为平静的黑发男子是艾弗·格斯特（Ivor Guest），伦道夫·丘吉尔的姐姐科妮莉娅夫人（Lady Cornelia）的儿子；与格斯特截然不同、一头金发、雄浑有力的是温斯顿·丘吉尔。

在桑尼草草结束了欢迎词后，温斯顿抢在拥有浓密卷曲胡须的艾弗·格斯特发表简短讲话前走到台上。他的听众正耐心地在 8 月炙热的空气中站立着，而他没有浪费丝毫的时间，立刻直奔那个在他看来将对帝国的未来——甚至是他自己的未来——产生最大影响的主题：南非。他的讲话中没有丝毫谨慎的论调。相反，参加活动的记者越来越警惕地发现，他是在毫无顾忌地擂响战鼓。

《曼彻斯特晚报》的一名记者这样描写丘吉尔："或许是受到家族创始人、那位伟大的战士的影响，他有一种战争倾向。他说，现在的局势不可能在不爆发战争的情况下无休止地继续下去，而且他不确定战争的前景究竟是非常糟糕，还是应该令人焦虑。"[20]丘吉尔提醒全神贯注的听众，毕竟英国是一个"非常强大的国家"，而布尔人则是"一个渺小而悲哀的民族"。[21]

尽管丘吉尔的听众无一不被他的演讲所打动，为他的笑话而开怀，为他充满活力的宣言而欢呼，但人群中的许多记者都被他的论述所蕴含的力量所震惊，并且对他的说服力感到深深的忧虑。一名记者抱怨地说："如果他鼓动张伯伦的政治支持者像骑士一样参加战争，不管战争可能造成的痛苦和折磨，仅仅因为他们知道我们很强大而布尔人很弱小，那他就是在做一件应当受到谴责的事情。"这名记者还猜测，丘吉尔就像他最著名的那位祖先一样，动机并不单纯。他写道："第 1 代马尔伯勒公爵之所以带来了如此伟大的一场战役，很可能是因为他希望这次他确信能取得的胜利能够重树他的名望。"他接着写道，幸运的是，"在一个更加开明的时代"，丘吉尔的激进观点"在年轻贵族阶层之外找不到支持者"。[22]

不过，这名记者的最后这句话错得不能再错了。绝非丘吉尔一人才怀有报复布尔人的愿望。而且，在这个问题上，也不存在什么阶级上的区别。事实上，英国人民似乎并不是在被人引领着加入战争的，而是在引领这场冲锋。他们仍能感受到马朱巴山之战带来的刺痛，而且大部分人从未经历过他们所谓的真正战争——一场欧洲人后裔之间的"文明战争"——而这种想法令人十分激动。随着夏天渐渐远去，英格兰对南非的兴趣及其对于可能发生战争的兴奋日渐高涨。丘吉尔多年以后对此仍然记忆犹新："气氛渐渐变得越来越紧张，群情激奋，到处都是暴风雨将至的征兆。"[23]

＊　　　　＊　　　　＊

远在几千英里之外的南非也感受到了即将到来的暴风雨。然而，那里的气氛并不是兴奋，而是一种可怕的坚毅。数千名涌入德兰士瓦的英国人如今不仅要求从该国的财富中获得属于他们的那一份，还要求获得平等投票权，并且在政府中拥有发言权。与此同时，大英帝国开始在德兰士瓦的边境线上集结军队，并且要求获得非洲南部的大片新领土。与它在1806年拿破仑战争期间占领开普殖民地，以及在1843年吞并前纳塔利亚布尔共和国时一样，它开始从西方、北方和东南方包围德兰士瓦，并且有效地切断了它的海上通道。

最终，在10月9日，深感恐惧和愤怒的布尔人向大英帝国发出了最后通牒：要么撤退，要么就准备开战。这份从德兰士瓦首都比勒陀利亚通过电报发往伦敦的最后通牒说："我国政府要求贵方必须在 1899 年 10 月 11 日下午 5 点前做出立即和肯定的答复。我方还要进一步说明，如果在此之前我方未能如愿收到满意答复，就将不得不遗憾地把女王陛下的政府所采取的行为视为正式宣战。"[24]

英国人任由最后通牒的最后期限过去，除了一声嘲笑外，什么表示也没有。在 10 月 11 日下午 3 点，也就是最后期限的两个小时前，英女王派驻比勒陀利亚的代表威廉·科宁厄姆·格林（William Conyngham Greene）收到了一份来自伦敦的电报，格林立即将这份电报交给了德兰士瓦总统保罗·克留格尔和他的陆军大臣路易斯·德苏扎（Louis de Souza）。在读完这份驳斥了德兰士瓦政府的说法并拒绝接受其要求的电报后，克留格尔这个有着宽阔、冷峻面庞和灰色胡须的壮硕男人一言不发地坐了很久，几乎空荡荡的房间里充满了沉重的寂静。最后，他点了点头，简单地说了一句："就这样吧。"德苏扎的夫人玛丽在当晚的日记中写道："我们如今已经是背水一战。只有上帝知道最后的结局。"[25]

丘吉尔得偿所愿。英国即将走向一场战争，血腥、战乱的20 世纪即将开始。多年以后，作为一个见证了一场世界大战的恐怖，并即将经历另一场世界大战的人，丘吉尔在回顾这一瞬间时写道："和平的时代结束了。未来将不缺少战争。对所有人来说都有足够多的战争。是的，足够多，还有剩。"[26]

第二部分

←———→

进入非洲

第5章 "常胜利，沐荣光"

宣战三天后，如今成了一名记者的丘吉尔正在英国南部海岸的南安普顿港奋力地在拥挤的人群中穿行，试图登上他的船，"达诺塔城堡"号（Dunottar Castle）。被称作帝国门户的南安普顿自从中世纪以来就一直是一座重要港口。1620 年，"五月花"号（Mayflower）和它的姐妹船"婆婆纳"号（Speedwell）正是从这里起航前往新世界的。而在几年后，"泰坦尼克"号皇家邮轮也会从这里起航前往美国。然而，南安普顿最为著名的一点在于，自从 1415 年亨利五世（Henry V）从这里启程同法国人打了阿金库尔战役（Battle of Agincourt）开始，英格兰一直都是从这里把年轻人派往战场的。

尽管在自阿金库尔战役以来的近 500 年时间里，英格兰参与了无数的冲突，但南安普顿已经很久没有在战争开始时见到如此狂热的场景了。从那天清晨起，港口上就挤满了成千上万的民众，屏息等待新任命的驻南非英军总司令雷德弗斯·布勒爵士（Sir Redvers Buller）的到来。[1]事实上，在他们来到港口后很久，布勒才刚刚抵达伦敦的滑铁卢火车站（Waterloo Station），那天下午的早些时候，他在那里出席了威尔士亲王主持的盛大的送行仪式。[2]此时的南安普顿已经挤满了热情洋溢的狂欢者，男人们的丝质帽子在湿润的海风中闪闪发光，女士们长裙及地，裙摆已经沾上了顽固的黑色污渍，与此同时，大腹便便的威尔士亲王拍了拍布勒的后背，轻声说道："再见；再见！祝你好运！"

当布勒与众不同的五车厢专列——它的内部用鲜黄色丝绸装饰着——最终于下午 3 点 47 分抵达港口的时候，宣布他到来的雄厚而悠扬的汽笛声立刻就被人群震耳欲聋的欢呼声所淹没。[3]那些在漫长的等待中不得不坐在包装箱和废纸盒上或者在港口污秽不堪的地上席地而坐的人跳了起来，开始激动地欢呼。[4]海关大楼与船只之间绑着的一根用来将乘客与围观者隔离开的绳索已经紧绷到快要断裂了。[5]警察们也狼狈不堪，他们用皮带扎紧的上衣如今已经变得皱巴巴、脏兮兮的，头盔也仅靠着颚带勉强地挂在脖子上，但他们仍在竭力维持秩序。

在布勒本人出现时，即便是最孤注一掷的努力也无法有效地控制人群。尽管布勒为了应付初秋的阵阵凉风而裹得严严实实，但他无比巨大的脑袋上戴的毛毡圆顶硬礼帽以及宽阔的肩膀上披着的一件——就像一名记者轻蔑地说的那样——"不太新的"深灰色外套让他绝对不会被认错。[6]如果说他在用藏在浓密胡子下的温和微笑面对人群时看起来更像是一个彬彬有礼的农民，而不是世界上最可怕的军队的一名总司令的话，那么这正是他受人爱戴的原因。当他在从拥挤的人群中辟出的狭窄通道上穿行，沿着"达诺塔城堡"号的梯子拾级而上时，欢呼声也越来越热烈，港口里充盈着成千上万的民众欢欣鼓舞的声音。

"达诺塔城堡"号有 420 英尺长，排水量达 5500 吨，是三天前从泰晤士河抵达这里的。[7]尽管它已有 10 年船龄，但最近刚被翻修过，女士休息室被改造成了一间宽阔的特等客舱，专供布勒使用。更重要的是，这艘船的速度非常快。"达诺塔城堡"号的航速可以达到每小时 16 节，这一速度将南安普顿

与开普敦之间的平均航行时间从一个半月大幅缩短到仅仅两周 55
左右。[8]

即便如此，航行时间对丘吉尔来说仍然太过漫长。对几乎
每一个仰望它的人来说，拥有巨大坚固的桅杆、倾斜的帆缆和
曲线优美的船头的"达诺塔城堡"号都是美丽的化身。但对
丘吉尔来说，那是一个会让他的胃翻江倒海的景象。年轻时，
在飞机发明前，他已经有过多次乘船横跨大洋的经历，经常在
英格兰、印度、非洲和北美之间穿梭，而被迫在船上待的每一
分钟都让他痛恨无比。他没有一次不严重晕船。在从印度返回
伦敦后，他在给母亲的信中写道，即使是穿越英吉利海峡，也
"比受鞭刑更痛苦"，让他"受尽折磨"。[9]

丘吉尔永远也无法消除对海上旅行的痛恨。多年以后，他
引用塞缪尔·约翰逊的话将坐船比喻成蹲监狱，而且"还要
额外冒着被淹死的风险"[10]。尽管他非常痛恨接下来两周的海
上生活，但他仍然坚定地站在队伍里，神情严肃地登上了船。
他知道，无论在"达诺塔城堡"号上会受到怎样的折磨，战
争都在另一边等待着他。

*　　　　*　　　　*

下午 6 点，随着最后一声"还有人要下船吗！"飘荡在空
中，丘吉尔在船上默默地注视着记者和摄影师狂奔下跳板，码
头上拥挤的人群大声呼喊着最后的道别。[11]布勒站在船长甲板
上，向下面一张张仰望的面孔挥手告别，"达诺塔城堡"号脱
离系绳，呼喊声开始慢慢减弱。[12]取代呼喊的是渐渐响起的女
声，她们高唱着《天佑女王》（"God Save the Queen"）。随后，

男人们也加入了合唱，唱词庄重而有力——"常胜利，沐荣光；孚民望，心欢畅；治国家，王运长"（Send her victorious, happy and glorious, long to reign over us）。歌声跟随着船只飘扬入海，而船上的乘客"回望着迅速隐没在黄昏中的海岸"，丘吉尔如是写道，"思考着他们是否能以及何时能平安回来"[13]。

56

即使是从来没有产生过特别的怀旧情绪，如今一心想要离开英格兰、将过去一年破灭的梦想抛在身后的丘吉尔，也随身带了几件纯粹具有情感价值的物品。在他外表装饰着一只金色小鸟的手工缝制的棕色皮夹里，紧挨着深绿色丝质衬里的地方塞了四张素描画。[14]其中一张是丘吉尔母亲的肖像，纤细的脖子和完美的弓形嘴唇看起来既骄傲又年轻。另外三张素描画属于另一名更为年轻的女性。她看起来纤弱娇美，有着大眼睛和厚眼皮，脸上带着安静思考的表情。她的名字叫帕米拉·普洛登（Pamela Plowden），是丘吉尔生命中的初恋。

他是三年前在印度认识她的，那时他刚刚到达班加罗尔不久。他紧张地给母亲写信说："我昨天认识了帕米拉·普洛登小姐。我必须说，她是我见过的最美丽的女孩。"[15]尽管帕米拉出生在印度，而且她的父亲特雷弗·约翰·奇切利·奇切利-普洛登爵士（Sir Trevor John Chichele Chichele-Plowden）是印度殖民政府的一名官员，但她直到此前不久才返回印度次大陆。5 年前，在她母亲被毒蛇咬伤致死后，她的父亲再度娶妻，帕米拉因此搬到伦敦居住了一小段时间，在那里，她的美貌和智慧吸引了许多人的关注。即使是尖酸刻薄的亚瑟·贝尔福——这位未来的首相在丘吉尔遭受失败后对他非常蔑视——也把她称作"伦敦社交圈里最闪耀的明星"[16]。对此，温斯顿深表赞同。

在印度时，他会抓住一切机会去见帕米拉。他曾经数次与她的家人共进晚餐，甚至骑着大象与她一起巡游过海德拉巴。他在给母亲的信中解释说："你是不敢走路的。当地人会对欧洲人吐口水——这种行为会引起报复，进而引发骚乱。"[17]

回到伦敦后，帕米拉和温斯顿的关系进一步加深。他邀请她前来布莱尼姆宫，一起徜徉在庄园辽阔的土地上。当时，还在撰写自己第二本书《河上的战争》的他让她阅读了前两个章节，并给她留下了"深刻印象"，这让他感到十分满意。[18]他甚至曾希望帕米拉能够帮助他的母亲为他在奥尔德姆做竞选宣传。在得知她无法——或者说不愿——前往那座沙尘漫天的工业城市后，他给她写信说："我非常理解你不能来，邀请你来或许是个错误——但我仍然感到很遗憾。"[19]为了补偿帕米拉的缺席，丘吉尔随身带了一个她送的护身符，希望能够给他带来好运。[20]

没过多久，丘吉尔就无可救药地陷入了爱河。每个人都能看到迹象，或许只有帕米拉是个例外，她拥有众多的爱慕者，已经习惯了被人热情地追求。一年前，丘吉尔在一封写给她的信中生气地质问："为什么你会说我没有爱一个人的能力。请消灭这样的想法。我爱一个人时的狂热胜过其他所有人。而且我会始终如一。我可不是只有一小时热度的变幻无常的花花公子。我的爱既深沉又热烈。没有什么能够改变它。"[21]在宣战前的那个月，帕米拉去了德国，让温斯顿感到怅然若失。他向母亲承认说："没有她，我感到很孤独。我越了解她，她就越让我感到惊讶。没有人能够像我一样理解她。"[22]

然而，珍妮觉得，她也非常了解帕米拉。8 月底，她向温斯顿透露了她与雷弗尔斯托克男爵（Baron Revelstoke）进行的一次对话，雷弗尔斯托克男爵对她说，帕米拉伤了他兄弟的心，而且毁了他兄弟的职业生涯。丘吉尔立刻跳出来为她辩护，坚称"尽管没有疯狂地爱上"男爵的兄弟，但帕米拉"十分尊重他的忠诚"，甚至原本有可能嫁给他。随后，他耸耸肩说："现在，她爱的是我。"[23]

两天后，珍妮听说了另一则有关帕米拉的令人担忧的传言，这次是来自一个更加亲密的消息源：那个当时正与她热恋的年轻人，乔治·康沃利斯－威斯特。乔治在夏末时分给她写信说："杰克［温斯顿的弟弟］昨晚与我共进晚餐，对我敞开心扉地谈论了帕米拉小姐。他平常话不多，因此我对于他的信任感到很高兴。他对她评价不高，事实上，他很讨厌她。他说，她就是一个讨厌的骗子，用对待温斯顿的态度对待另外三个男人。他跟我说，她和温斯顿一同游览布莱尼姆宫的样子就像是已经订婚了一样，事实上，有好几个人都问起来他们是不是真的订婚了。对于温斯顿，我感到很遗憾，我不认为他跟她在一起会幸福。我实在不能理解她。她显然非常聪明，但是聪明得让人觉得可疑。"[24]

不过，在听取别人建议，尤其是听取乔治的建议方面，丘吉尔跟他母亲一样固执。他桀骜不驯地决心要自己来决定应该去往哪个方向，做些什么事，或者爱什么人。不过，这个问题就像他生命中的其他一切问题一样，暂时被搁置在了一边。战争的号角已经吹响，没有什么能够占据他的注意力，即便是帕米拉也不例外。

* * *

丘吉尔已经不再是一名士兵了，不过他仍是一名作家，而且是一名非常优秀的作家。正是这项技能帮助他赢得了一张前往南非的船票，一个接近战争的借口。在战争的可能性日渐增加的时候，一些实力最为雄厚的伦敦出版商开始召集他们最优秀的驻外记者，并且在全市范围内寻找新记者。在英国竞争最为激烈的新闻媒体之中，有一个名字被一次又一次地提起：温斯顿·丘吉尔。

实际上，在布尔人发出最后通牒之前，对丘吉尔的争夺就已经开始了。早在 9 月 18 日，在战争显得不可避免的近一个月前，丘吉尔就收到了一封来自阿尔弗雷德·哈姆斯沃思爵士（Sir Alfred Harmsworth）的电报。[25] 哈姆斯沃思创办了联合报业公司（Amalgamated Press），当时世界上最大的期刊帝国，而且是英国最受欢迎的两份报纸——《每日邮报》（Daily Mail）和《每日镜报》（Daily Mirror）——的老板。他希望丘吉尔能够为他工作，担任驻南非记者，他愿意为此支付丰厚的酬劳。

然而，丘吉尔毕竟是丘吉尔，他相信自己能够有更好的去处，因此会毫不犹豫地掌握事情的主动权。他一收到哈姆斯沃思的电报，就转身给一个名叫奥利弗·博斯威克（Oliver Borthwick）的人发了一封电报，后者是《晨邮报》的编辑。[26] 59
作为一份以国际时事报道而闻名的倍受尊重的报纸，《晨邮报》以其拥有最优秀的记者而自豪，记者的背景甚至性别对该报而言都完全不重要。近 20 年前，博斯威克的父亲、看起来非常像一个身穿三件套西服的圣诞老人的阿尔杰农（Algernon）因为雇用了史上首位女战地记者弗洛伦斯·迪克西夫人（Lady Florence Dixie）来报道第一次布尔战争而引起轰动。博斯威克在收到丘吉尔的电报后立刻做出回复，承诺前四个月给他支付薪酬 1000 英镑（相当于现在的约 15 万美元），"一次付清"，在那之后每个月 200 英镑。[27]这个出价不仅让哈姆斯沃思的出价相形见绌，而且将让丘吉尔成为整个英格兰薪水最高的战地记者。

考虑到记者行业的竞争之激烈，新闻出版商对丘吉尔的争夺就显得尤为令人印象深刻。参与报道这场战争的记者不仅人数比此前任何一场战争都要多，而且其中涌现了许多日后十分有名的文学家。[28]为《每日邮报》抢到战争中最后一个独家新闻的埃德加·华莱士（Edgar Wallace）将在日后写出数百篇短篇小说、十几部戏剧和 175 本书，其中的许多作品都广受欢迎，以至于他的出版商声称，当时在整个英格兰有四分之一的书都是他写的。[29]

在战争中担任南非当地报纸《友人报》（Friend）战地记者的鲁德亚德·吉卜林当时已经家喻户晓。他在 5 年前发表了《丛林之书》（The Jungle Book），还在不久后受引发布尔战争的一系列事件的启发，写出了最有名的诗作之一《假如》（"If"），这首诗呈现了英语中最著名的一些格言警句："假如举世仓皇失措，人人怪你，而你能保持冷静……儿啊，你将是个男子汉。"后来，受总是在寻找机会的哈姆斯沃思的委托，吉卜林写了《健忘的乞丐》（"The Absent-Minded Beggar"）一诗，并借此为英军士兵募集了 25 万英镑（相当于现在的 3000 多万美元）。[30]哈姆斯沃思用这首诗的题目命名了一枚纪念章，并且请阿瑟·沙利文爵士为他谱曲，制作出的唱片每一份卖 1 先令，其中就有 2 便士被捐给《每日邮报》设立的"吉卜林诗歌战争基金"（Kipling Poem War Fund）。

这场战争还吸引了一位从事过医生职业的十分自负的作

家，他创造出了文学史上最著名的侦探之一——甚至可以说没有"之一"。阿瑟·柯南·道尔于 12 年前在《比顿圣诞年刊》（*Beeton's Christmas Annual*）上发表了第一篇讲述夏洛克·福尔摩斯的故事，《血字的研究》（"A Study in Scarlet"）。这个故事以及随后在《海滨》（*Strand*）杂志上连载的夏洛克·福尔摩斯系列推理小说广受欢迎，这让他得以放弃医生的工作，转而开始全职从事写作。他打算以医生的身份前往南非，在布隆方丹（Bloemfontein）的兰曼医院（Langman Hospital）从事志愿服务，不过，他最后写出了有关这场战争的最著名的历史著述之一：《伟大的布尔战争》（*The Great Boer War*）。

尽管战场上到处都是优秀甚至是传奇性的作家，但博斯威克在选择丘吉尔时十分清醒。他曾经招募丘吉尔来报道苏丹的战争，丘吉尔发回的报道后来变成了《河上的战争》一书，他还知道，丘吉尔在报道中不仅坚持不懈，而且勇敢无畏，甚至到了有些胆大妄为的程度。除此以外，丘吉尔的作品一直被称赞为"极其优秀"[31]，受到了包括首相和阿瑟·柯南·道尔在内所有人的赞赏。事实上，柯南·道尔后来还把丘吉尔称作"在世的最伟大的英国散文大师"[32]。

无论怎么谦逊，丘吉尔都无法否认这一点。正如他对母亲说的那样，他一直"对我的笔有信心"[33]。他的著作所取得的成功——《每日邮报》将他的最新著作称作"一个不可思议的典范"[34]——更是增强了他已经十分强大的自信。丘吉尔不是一个粗制滥造的职业文人，他自己很清楚这一点。他曾经清醒地写道："我的文学天赋不是我凭空想象出来的。"[35]

丘吉尔知道，战地记者的工作是他能找到的最危险的工作之一，不过，虽然他愿意拿自己的生命在南非冒险，但他可不希望看到自己在那里过得不舒服。在采购战争装备时，他没有光顾军队供应商店或偏僻小巷里的折扣商店，而是光顾了伦敦最有名、消费最高的商业区"邦德街"。[36]丘吉尔在那里购买了他眼中的战争必备物品。在著名的 W. 卡拉汉眼镜店（W. Callaghan & Co.），他选择了一套铜质指南针和一个带有猪皮衬里的鞍皮皮包，花费了，或者说承诺花费——这是君子之间的交易，因此款项将在未来的某个不确定的时间支付——3 英镑 15 先令 6 便士，相当于今天的 500 美元。[37]不过，这份账单与他在伦道夫·佩恩父子商店（Randolf Payne & Sons）的账单相比简直是小巫见大巫，他在这里订购了一批令人眼花缭乱的葡萄酒、烈性酒和利口酒：1889 年产的艾伊淡葡萄酒、淡波特酒、法国苦艾酒和 1866 年产的白兰地，每种 6 瓶；8 瓶圣埃米利永葡萄酒；还有 18 瓶 10 年窖藏的苏格兰威士忌和一打"罗斯"牌柠檬汁利口酒。最后这个订单花费了超过 27 英镑（大约相当于今天的 4000 美元），已经被打包好直接送到了"达诺塔城堡"号上。

尽管没什么闲钱，但丘吉尔从来没有想过不带自己的贴身男仆托马斯·沃尔登（Thomas Walden）一同出行。曾经服侍过伦道夫·丘吉尔的沃尔登已经作为一名二等兵加入了英国军队，将成为丘吉尔的勤务兵。大多数军官都有自己的勤务兵，负责为他们熨烫制服，向下级传递命令，但很少有军官会带着经过专业训练的贴身男仆，像沃尔登一样一辈子只跟着一个贵族家庭游历世界。

不过，在"达诺塔城堡"号上的所有人中，从厨师到司令，对即将要从事的工作谁都不像丘吉尔那么严肃认真。尽管才出发几天，他就已经饱受晕船的折磨，但他不打算让翻滚的

海洋成为拦路虎。[38]一旦能够晃晃悠悠地爬上甲板，他就立刻
前去寻找布勒将军。

*　　　*　　　*

　　通常可以在甲板上找到布勒，他穿着一件黑色西服，戴着
一顶鸭舌帽，坐在一把摇摇晃晃的柳条椅上。[39]丘吉尔写道，
在他看来，将军似乎"非常和蔼可亲"，也自然"对我非常有 62
好感"。[40]与此同时，布勒是一个众所周知很难接近的人。过于
沉默寡言的他在一场谈话中更多的时间是用来嘟囔和点头，而
不是用来说话。丘吉尔写道，布勒"是一个典型的英国人。
他看起来不动声色。话不多，无论说什么都语焉不详"[41]。

　　幸运的是，丘吉尔有足够多的东西要说，而且在包括战争
在内的任何话题上，他愿意分享的见解比将军及其所有幕僚加
起来都要多。虽然他们正在驶向一场已经开始的战争，但布勒
和他的手下似乎没有丝毫的紧迫感。丘吉尔惊叹地说："时间
在战争中发挥重要作用的想法似乎完全消失了。这艘平静的船
上萦绕着绝对的安详氛围……布勒每天都会用斯芬克斯式的平
静态度在甲板上散步。"[42]

　　早在登上"达诺塔城堡"号之前，丘吉尔就已经遇到过
了这种不急不慢的态度，这种态度在英国政府的最高级别官员
中最为明显。在出发的几天前，他到殖民地事务大臣约瑟夫·
张伯伦位于王子花园（Prince's Gardens）的家中登门拜访。由
于夏天在泰晤士河上的对话让张伯伦对他产生了很好的印象，
张伯伦同意为他写一份可以在南非使用的推荐信，并且递给他
一支雪茄，与他在花园里徜徉，一边抽雪茄一边讨论即将到来

的布尔战争。最后，张伯伦邀请这个年轻人与他一起坐车去陆军部。在 15 分钟的车程中，张伯伦向丘吉尔坦承，等到现在才出发前往南非的布勒正在冒一个很大的风险，很可能错过整场战争。张伯伦警告说，布勒"可能太迟了，应该明智一些，早点出发的"[43]。

张伯伦不是唯一一认为战争会迅速结束的人。大多数英国人都信心满满地认为，战争在年底前就会结束，正好赶上在享受圣诞布丁的时候回味他们的胜利。唯一的意外在于，软弱而渺小的布尔人竟然胆敢挑战大英帝国。当布尔人发出最后通牒的时候，英国媒体立刻将其斥为一种"昏了头的行为"，一个"不切实际的屁"。[44]

在丘吉尔看来，"达诺塔城堡"号上的人似乎对他们即将面临的战争完全无动于衷。在懒洋洋地观看一群飞鱼追赶船只，或者讨论举行化装舞会的好处时——有人指出，化装舞会"既健康又有趣"，其他人则抱怨说那"很无聊"[45]——他们唯一的担心是，有可能会错过战斗的机会。丘吉尔写道："英国最优秀的一些军官就在船上，而他们完全不能理解像布尔人那样的'业余'部队怎么可能给军纪严明的职业士兵留下任何印象。"[46]他们十分确信布勒会夷平所有布尔人，因此给他取了"蒸汽压路机"（Steamroller）这一绰号。[47]即使是现在，他们的敌人就已经在面对一整个步兵旅、一个骑兵团和两个炮兵连了，这还只是其中一个战区的情况，更别提布勒缺席的时候负责指挥的人是整个英国军队中战功最为卓著、经验最为丰富的军官之一，威廉·佩恩·西蒙斯准将。[48]

丘吉尔现在心里矛盾重重，一方面，他担心自己会错过战争，而这场战争是他重新获得政治基础的最好机会；另一方面，他又担心布尔人的准备可能比英国人认为的更加充分，能力也更强。他在船上给母亲的信中写道："很明显，将军认为在他抵达那里之前，不会发生什么重要的事情。但我觉得到时情况会失控。"[49]

在"达诺塔城堡"号上的其他乘客都懒洋洋地躺在甲板长椅上，或者参与体育竞赛，"激烈地来回"奔跑的时候[50]，丘吉尔经常显得似乎是在通过纯粹的意念力量催促船只走得更快一些。《曼彻斯特卫报》（*Manchester Guardian*）记者约翰·布莱克·阿特金斯（John Black Atkins）饶有兴趣地写道，丘吉尔要么是神情失落地在甲板上踱步，"'直着脖子'……跌倒，就像布朗宁想象的拿破仑一样"，要么就一动不动地坐着，就像是在冥思一样。阿特金斯写道，丘吉尔只有手在动，"一会儿握拳，一会儿松拳，不像是因为紧张，更像是在帮助自己解开某个思想上的结"[51]。

不过，不管丘吉尔怎样看待布勒，布勒在涉及布尔人的问题上都不曾心存幻想。尽管他希望能够在战斗开始之前赶到战场，但他很确定的是，当战争真正开始的时候，英格兰会发现自己置身于一场此前从未见过的战争中。布勒很了解南非，而且他对布尔人的了解也胜过英军里的其他任何军官。事实上，当陆军部情报局的成员匆忙搜集一切有关布尔共和国的资料，将其装订成两册并寄给他的时候，他不屑一顾地把它原封不动地寄了回去，上面还贴了一张便笺，不耐烦地提醒他们，他已经"知道了关于南非的一切"[52]。

20 年前，在祖鲁战争（Anglo-Zulu War）期间，布勒曾经与布尔人并肩作战，而不是与他们为敌。他在那场战争中因为自己的英勇作风获得了英军的最高奖赏：维多利亚十字勋章。

64

他知道，他的成功在很大程度上要归功于一次次不知疲倦、无所畏惧地与他并肩作战的布尔人。正如英国陆军大臣亨利·兰斯多恩（Henry Lansdowne）最初轻蔑地说的那样，布勒"在替布尔人说话"[53]，与英军之中的几乎其他所有人形成鲜明对比的是，他公开对布尔人的勇气和技巧表示了赞赏。

不过，布勒与丘吉尔一样，也被困在海上，任由其他人来掌管这场战争。更糟糕的是，目前负责指挥的人，佩恩·西蒙斯和乔治·怀特将军（General George White），可能是最不应该担任这一职务的人。曾在阿富汗赢得维多利亚十字勋章的怀特从来没有在南非打过仗。《每日电讯报》的一名记者写道："在乔治·怀特爵士被任命为驻纳塔尔的英军司令后，陆军的吃惊程度不亚于文官政府。在军队俱乐部和食堂里，人们似乎理所当然地认为，派往开普殖民地的部队的司令应该是有过南非作战经验的人。"[54]佩恩·西蒙斯了解南非，但他对布尔人没有任何的尊重或者兴趣。伦敦《泰晤士报》记者利奥·埃默里（Leo Amery）写道："无论怎样估计布尔人的战斗素养，W. 佩恩·西蒙斯爵士给出的评分永远是最低的。"[55]

尽管佩恩·西蒙斯和怀特手上只有 1.2 万名士兵，而且已经被人数是他们四倍多的布尔人包围，但他们对于自己在布勒抵达前会难以抵挡住敌军的攻势没有丝毫担心。怀特在从南安普顿启程的一天前若无其事地对一个朋友说："个人而言，我不认为会发生什么激烈的战斗。"[56]

第6章 "我们已经做得够多了"

　　无论在英军的想象中，当开战的消息传遍德兰士瓦最偏僻
的角落时，那个国家会出现怎样的恐慌浪潮，真实的情况都大
相径庭。在发出最后通牒之前的几天，布尔人并没有在疯狂备
战，也没有匆忙搜集地图或者集合人员、给养和弹药。对他们
而言，完全没有这个必要。无论是他们自己还是他们的先辈，
都无时无刻不在为战斗做着准备。对绝大部分布尔人来说，一
旦战争显得迫在眉睫，他们就没什么别的事好做了，唯有出发
前往前线。

　　在遍布非洲南部数百英里土地的无数座与世隔绝的农场
里，从德拉肯斯山脉（Drakensberg Mountains）到海费尔德
（Highveld）的广阔高原，每一个年龄在 16 岁到 60 岁的布尔
男人和男孩，以及许多不到 16 岁和已过 60 岁的男性，都在纷
纷出发共赴战争。他们没有参军的必要，因为根本就不存在所
谓的常备军，他们也没有寻找制服的必要，因为根本就没有制
服。只有士兵才需要穿制服，而布尔人顽固地认为，他们不是
士兵，士兵这个词是对他们的深深侮辱。他们只把自己称作市
民，或者自由民。

　　在奔赴前线的时候，一个典型的布尔人会身穿平日里穿的
衣服——一双自家缝制的鞋子、一条紧绷的斜纹厚绒布裤子，
以及一顶用来防晒遮雨的宽边帽子，所有这些都是单调的灰色

和棕色。他有可能佩戴的唯一装饰会被附加在帽子上，要么是一面绣上去的德兰士瓦袖珍国旗，要么是一条拴在帽子卷边上的猫鼬尾巴——毛茸茸的尾巴顶端带有一抹黑色——为的是向传统致敬。[1]

随着他慢慢走出门去，他的妻子或者母亲会给他递上一个帆布袋，里面装上了够他生存几周时间的食物。他已经习惯了仅靠少量干粮——咖啡豆、黑面包和干肉条等——维生。干肉条是一种牛肉或者斑马肉、长颈鹿肉等肉类与醋和香料的混合物腌制而成的风干肉条。他有可能会在肩上挎上一根宽宽的弹药带，在口袋里塞上一本《圣经》，骑上战马，回头看一眼家人，然后转身离去。

到 10 月初，已经有成千上万的布尔人涌入了德兰士瓦首都比勒陀利亚。这个建于约翰内斯堡北部温暖而肥沃的峡谷中的小镇距离东部海岸约 350 英里，与其说是一个熙熙攘攘的政治权力中心，不如说是一个寂静的前哨站。尽管在宽阔的街道两头都建有宏伟的政府大楼，但大多数街道都是土路，路边还流淌着小溪。德兰士瓦总统保罗·克留格尔的家门口有两头威严的石狮为他站岗，这是来自英国矿业大亨巴尼·巴纳托（Barney Barnato）的慷慨馈赠，但克留格尔的夫人，也就是德兰士瓦的第一夫人，经常被人看到在大门前挤牛奶。[2]

随着战争的开始，这个寂静的小镇迅速发生了变化。每天都有火车满载着自由民从共和国的各个角落来到这里；成百上千名胡须浓密的男子在镇子上闲逛，他们显然不太习惯，也不太适应来到除他们自己农场以外的任何地方；拥挤的马群在街道上扬起阵阵尘土，一直到每样东西和每个人都覆盖了一层红色的灰尘。在最后通牒最后期限的前一天——那一天恰好也是克留格尔的生日——这个小镇甚至做了一件非常不符合布尔人特点的事情：它举办了一场阅兵式。

布尔人的总司令皮特·朱伯特（Piet Joubert）曾经带领他们在 20 年前战胜了英军，如今的他安静而略显尴尬地站着，他的手下在简陋的阅兵大典上一个接一个骑着马从他身边经过。即使是德尼斯·雷茨——也就是负责撰写最后通牒的德兰士瓦国务秘书（secretary of state）弗朗西斯·威廉·雷茨（Francis William Reitz）17 岁的儿子——都能看出来，这些人严重缺乏一致性，甚至都没有任何明显的阅兵计划。他写道，尽管"一个个突击队员列队经过的场面十分壮观，但每个人都会按照自己对敬礼的理解来举起帽子或者步枪"[3]。

如果英军目睹了这一场面的话，肯定会嘲笑布尔人不是任何传统军事强国的对手。不过，布尔人手中的步枪应该能够引起他们的注意，并且让他们再也笑不出来。由于习惯了在殖民地战争中对阵那些只有少数老式猎枪的敌人，英国陆军部想当然地认为，布尔人最多配备有英国人在第一次布尔战争时用过的过时的马提尼 – 亨利步枪（Martini-Henry carbine）。在这一点上，他们简直大错特错。

多年以来，为了保持战备程度，布尔人一直在做一件事，那就是囤积武器。近四年前，塞西尔·罗兹为占领德兰士瓦而发动的"詹姆森远征"以灾难性的失败收场。自那以后，克留格尔一直在派人去欧洲各国购买世界上威力最大、最现代化的武器。布尔人尤其囤积了大量德国毛瑟枪（German Mauser），这种带弹匣的步枪不仅比英军自 1888 年以来大量使用的李 – 恩菲尔德步枪（Lee-Enfield）更轻，而且装弹速度更快。[4]单单在 1895 年，布尔人就购买了 1 万支步枪和约 1200 万发子弹，储存在比勒陀利亚的一个港口里。[5]第二年，陆军大臣路易斯·德苏扎又去欧洲买了更多的枪支弹药。[6]

枪好，用枪的人甚至更好。即使是英国人也不得不勉强承认，在射击方面，谁也不可能与布尔人相匹敌。对于布尔人而言，无论是猎杀前来劫掠他们牛羊并且威胁他们家人的狮子，还是与非洲土著作战，他们的生命每天都取决于射击的速度和准确性。丘吉尔写道，他们是"史上最优秀的一群步枪骑兵，也是自从蒙古人出现以来能力最强的马上战士"[7]。

他们还有着坚定的胜利决心。他们感觉自己别无选择。尽管在布尔人到来之前，非洲南部地区已经有了数百万年的人类定居史，但他们认为，这片土地是他们与生俱来的权利，不啻上帝馈赠的礼物。他们十分肯定，如果战败，那么接下来发生的悲剧将不仅会毁灭他们，而且，用克留格尔的话说，会"让整个人类震惊"[8]。

*　　*　　*

在德兰士瓦的自由民们以别具一格的敬礼方式列队经过朱伯特的那天，在德兰士瓦有着灰色胡须和严峻面容的议会成员之中，有一个人显得尤为突出。近 6 英尺高的路易斯·博塔（Louis Botha）有着宽阔的肩膀、强健的身躯、深色的头发、精心修剪的山羊胡和蓝色的眼睛，看起来就像用他的家乡纳塔尔厚重的黏土雕刻而成的一样。尽管只有 37 岁，但在一群以长者为尊的人里，他已经是德兰士瓦议会中一名倍受尊敬的成员，不过，为了参战，他即将放弃自己的议员资格。

在他身边的人群里，没有人是比路易斯·博塔更加纯粹的布尔人，他的家族故事就是一部布尔人的创业奋斗史。他的家族历史可以追溯到欧洲人最早在非洲南部殖民的那段时光，也就是数百名在 1685 年离开法国、前往南非的胡格诺教徒身上。[9]这些人之所以要离开法国，是因为在那一年，南特敕令被废除，使得他们的宗教信仰与所有非天主教宗教信仰一道被认定为非法。在驶离法国的其中一艘船上，有一个姓博泰（Botés）或者博特（Bottes）或者甚至有可能是博德（Bodes）的男子。没有人确切地知道他姓什么，因为在抵达好望角后不久，他就把姓改成了博塔。胡格诺教徒对于自己被逐出法国愤怒不已，以至于在抵达非洲后，他们拒绝使用法语，这一禁令还延伸到了他们自己的法语名字上。[10]

　　博塔和其他胡格诺教徒很快就加入了荷兰人的队伍，并且共同夺取了这片地区的控制权。他们从桌湾（Table Bay）逐渐扩张到桌山（Table Mountain）脚下，开始饲养牛羊，并且在肥沃的土地上种植包括谷物和葡萄在内的一切作物。他们所配备的枪支和马匹在好望角的土著人——桑族人（San）和科伊科伊族人（KhoiKhoi）——眼里都是从未见过的，凭借着这些枪支、马匹和他们从欧洲带来的毁灭性疾病，他们很快就消灭了大部分土著人。

　　等到 17 世纪末英国人开始对好望角提出领土要求时，荷兰人、胡格诺教徒以及一部分德国移民，已经从流亡在外的分离族群演变成了一个全新的族群——既不是欧洲人，也不是非洲人，而是布尔人。《泰晤士报》的一名记者写道："他们的生活方式、习惯……甚至是性格，都发生了巨大的变化。"[11]布尔人甚至发展出了自己的语言，即南非荷兰语（Afrikaans），这种语言将荷兰语与从法语、葡萄牙语到科伊科伊语的一切东

70

西融合在一起。"布尔"（boer）这个词本身在荷兰语中意为"农民"，但布尔人很快就在需要的时候创造出了很多新词，从 kopje（小山）到 veld（草原），再到 voortrekker（开拓者），不一而足。

19 世纪初，就在英国人把好望角变成大英帝国的永久财产后不久，博塔家族的两代人——菲利普·鲁道夫·博塔和他的两个儿子——加入了"大迁徙"的队伍。为了逃离英国人的统治，他们脱离开普殖民地自谋生路，乘坐着由公牛拉动的马车排成密集的队伍浩浩荡荡地缓慢行进，这一场面与同时期在北美发生的西部大迁徙几乎没什么不同。事实上，与美国的先驱者们一样，布尔人开拓者们所穿越的辽阔大陆不仅不为外界所知，而且还居住着大量土著人，这些土著人将在未来几十年里与他们发生血腥冲突。然而，布尔人面临的不是切诺基人（Cherokee）或易洛魁人，而是世界上最强大的战斗民族之一祖鲁人（Zulu），以及未来诞生了纳尔逊·曼德拉的科萨人（Xhosa）。

尽管许多先驱者都定居在了被布尔人称作"大卡鲁"（Great Karoo）[12]的辽阔沙漠中零星分布的草场，但博塔家族一直在沿着东部海岸的边缘前行，穿越沙漠进入草原地带，并且蜿蜒曲折地朝着纳塔利亚共和国前进。在港口城市德班（Durban）和彼得马里茨堡（Pietermaritzburg）大约中间的位置，距离海岸线约50英里的地方，菲利普·鲁道夫·博塔和他的儿子们最终停了下来，建立了一座农场，并且在镇子上帮忙修建了一座火车站，这个小镇后来发展成了博塔斯希尔（Botha's Hill）。[13]

没过多久，博塔家族就抛弃了所有法国人的痕迹，甚至忘记了仅仅几代人以前他们还是法国人的事实。尽管纳塔尔在1862 年菲利普·鲁道夫的孙子路易斯出生时已经落入了英国人之手，但这个家族一直过着一种隐居、独立的布尔人生活。他们对非洲以外的任何土地都没有任何兴趣，无法忍受任何人或组织对他们生活的干预，除了仅剩的两个布尔共和国——德兰士瓦和奥兰治自由邦——的鲜艳粗条纹旗帜以外，他们不对任何旗帜效忠。

　　尽管从严格意义上来说，路易斯·博塔生来就是一个英国公民，但他有着最为传统的布尔人童年。他在距离德班大约100 英里的格雷敦（Greytown）一个与世隔绝的农场里长大，家里一共有 13 个孩子，只在一座德国教会学校和一个旅行教师那里接受过短短几年的正规教育。[14] 然而，他能够熟练运用好几门语言，包括祖鲁语和索托语（Sotho），他对这两种语言的熟悉程度甚至更甚于英语。而且，刚能端得起步枪，他就学会了射击。

　　与大多数布尔人一样，博塔的家人生命中大部分时间都用在了战争上，尽管方式有所不同。他的母亲在还是个孩子的时候，会和她的祖母藏起来，疯狂地制造子弹，而她们的家人则拼命地试图抵御祖鲁人的进攻。博塔的父亲经常与附近的祖鲁人发生冲突，这些祖鲁人在抵御布尔人对他们土地的入侵时经常会来焚烧布尔人的农舍。路易斯本人不仅曾经与祖鲁人打过仗，还曾经与他们并肩作战过。1884 年，当他年仅 22 岁时，他组织并率领一群布尔人帮助祖鲁人的王储迪尼祖鲁（Dinuzulu）在其父王死后击败竞争对手夺取王位，并因此获得了大片土地。[15]

　　事实上，在那次战争中，博塔差一点就被杀了，而且不是

72

被迪尼祖鲁的对手，而是被自己人干掉。在白天独自一人骑马穿越迪尼祖鲁的领地、为其他人设置路标后，博塔找到了一间废弃的小屋，打算在此过夜。半夜时分，他被一阵喊叫声吵醒。透过窗户向洒满月光的草原上望去，他惊骇地发现，自己已经被祖鲁人包围了，这些祖鲁人手上拿着投掷长矛，声调一致地呼喊着："我们来杀白人！"博塔从窗口探身出去，用祖鲁语大喊道："你们是谁？"对方回应说："我们是迪尼祖鲁的战士。"博塔喊道："但我是你们这边的！"呼喊声立刻停止了，祖鲁人放下了手中的武器。博塔从小屋里走出，在月光下站在这些不久前还打算杀了他的祖鲁人面前，随后，祖鲁人开始欢呼，把他称作朋友和战友。[16]

或许是因为漫长的战斗经历，博塔并不喜欢杀人。当与英国人的紧张局势开始升温的时候，他曾经希望战争能够避免。[17]他甚至是德兰士瓦议会中投票反对向英格兰发出最后通牒的少数几个人之一。[18]然而，最后他得出结论，如果他的人民想要获得和平，首先必须得进行战争。博塔在对德兰士瓦议会发表的一次语气严肃的演讲中说："为了维护和平，德兰士瓦已经竭尽所能。但我认为我们已经做得够多了。"[19]

73　　　10月12日，最后通牒最后期限过去后的第一天，布尔人从比勒陀利亚东南方蜂拥而出，像决堤的洪水一样冲向纳塔尔，印度洋沿岸那个曾经属于他们、如今被英国占据的殖民地。天上下着瓢泼大雨，凛冽的冷风从山上吹来，虽然大部分布尔人既没有帐篷也没有大衣，但他们毫不在意。[20]多年以后，当德尼斯·雷茨不再是个孩子的时候，他回忆道："只要是眼睛能够看到的地方，平原上到处都是骑手、枪支和牛群，所有人都在坚定地走向前线。这一场景令人动容，我永远也不会忘记曾经与这群伟大的人共赴战争。"[21]

　　第二天，布尔人穿越了纳塔尔的边界，开始了战争，其突然性让英国军队胆战心惊。尽管博塔曾经寄希望于和平，但他是第一批冲出首都的人马之一。他带着一小队人马脱离大部队，抓获了战争中的第一批英军战俘（6 名震惊不已、没有做出任何抵抗的边境警察），随后，他在刚过布法罗河（Buffalo River）的地方重新回到突击队中（突击队是布尔人的一个战斗单元）。他们与其他突击队会合的时候，已经有了 8000 人的兵力，所有人都在以不可阻挡之势冲向东边的煤矿小镇邓迪（Dundee），英军指挥将领威廉·佩恩·西蒙斯爵士在那里的塔拉纳山（Talana Hill）上建立了他的营地。[22]

　　在纳塔尔，佩恩·西蒙斯和他的搭档乔治·怀特将军都对数万名正在从四面八方包围他们的布尔人满不在乎，甚至决定分散他们已经十分捉襟见肘的军队。在他们手下的约 1.2 万人中，约 8000 人跟随怀特前往西北方向的英军要塞莱迪史密斯（Ladysmith），另外 4000 人跟随佩恩·西蒙斯进一步往北，前往邓迪。这两座城镇都位于图盖拉河（Tugela River）的北侧，而布勒曾经反复警告他们不要越过这条河。

　　在路过的每一个城镇，怀特都能看到荒凉的土地，感受到紧张的氛围。等他抵达莱迪史密斯的时候，他很快意识到自己犯了一个严重的错误。他痛苦地给妻子写信说："再见了，亲爱的老伴。我们应该在南非多派驻 2 万名士兵的。"[23] 然而，佩恩·西蒙斯仍然坚持认为没什么好担心的，并且自信地率领他的小股部队穿过莱迪史密斯进一步北上，前往邓迪，他打算在那里建立营地。

　　在邓迪，佩恩·西蒙斯管理部队的方式跟他在印度是如出

74

一辙。[24]他在部队食堂里举办晚宴，好让他的军官带上夫人一起参加，他还鼓励手下穿上红绿相间的军礼服，并且愉快地讨论在比勒陀利亚举行圣诞节晚宴的计划。即使在他的侦察兵提醒他布尔人已经开始向邓迪进军后，佩恩·西蒙斯仍然嘲笑地说，不管布尔人有多少，都没有哪支布尔人突击队胆敢袭击一支英国军队。他冷静地对手下情绪激动的军官说："我感到非常安全。我坚决反对撤退。"[25]

10月20日凌晨5点，在经历了一场瓢泼大雨后，英国人自信地认为，这么大的雨肯定会遏止任何人爬上营地周围的山丘，可就在这时，一发炮弹瞬间划破了寂静的空气。[26]就在佩恩·西蒙斯正准备坐下吃早餐时，第二发炮弹在营地的帐篷之间炸响，距离他自己的帐篷仅有几码远。[27]对布尔人的鲁莽行为感到怒不可遏的他点了一支烟，开始发号施令，命令手下向塔拉纳山开火。[28]

对于博塔和他的突击队来说，从佩恩·西蒙斯注意到的那座山上看下去，正在从一个帐篷跑到另一个帐篷、慌忙发动反击的英国军队是一个非常简单的活靶子。不过，没有哪个人比佩恩·西蒙斯本人更加显眼了，他坚持要求自己的副官待在他身边，手上拿着一面鲜红色的信号旗。[29]几分钟内，英军营地附近的几乎每一寸土地——用一名英军士兵的话说——"都在子弹的撞击下跳了起来，山丘与树木之间以及岩石之间回荡着来自不停开火的毛瑟枪的巨大声响，似乎还融合了其他所有声响，形成了一声漫长而可怕的咆哮"[30]。

在这场杀戮的过程中，佩恩·西蒙斯拒绝寻找掩护，甚至拒绝采取最低程度的防御措施。他愤怒地爬上阻碍部队前进的一截矮墙，穿过遍布英军尸体的地面，从手下的视野中消失。

几分钟后，他面孔扭曲而苍白地来到副官身边，简洁扼要地告诉副官说，自己被击中了腹部，"伤势很严重，活不成了"[31]。

相比于拥有 18 门大炮的佩恩·西蒙斯，只有 3 门大炮的布尔人没法继续进攻下去，最终不得不撤退。但他们已经实现了此行的目的——击碎敌人的信心。随着博塔的突击队员渐渐消失在远方，淅淅沥沥的小雨冲刷了他们在泥泞草原上留下的痕迹。他们给英军造成了 500 多人伤亡，其中就包括正在医疗帐篷里躺着等死的佩恩·西蒙斯。他的副指挥詹姆斯·尤尔准将匆忙下令部队将一切能带走的东西都带上，然后向南逃往莱迪史密斯。两天后，占领邓迪的一名布尔人指挥官会发现已经死去的佩恩·西蒙斯，他将摘下帽子，看着这位阵亡军官的遗体被缝入一面英国国旗中，葬在当地一座英格兰教会教堂的院子里。[32]

10 月 26 日，在塔拉纳山之战的近一周后，尤尔和他的5000 名手下在经历了筋疲力尽、痛苦万分的行军后终于抵达莱迪史密斯。然而，他们很快得知，自己并不比布尔人跑得快。英国人不仅在不到 20 英里外发生的埃兰兹拉赫特战役中又有 300 名士兵伤亡，而且乔治·怀特的部队已经被完全包围了。更糟糕的是，部署在莱迪史密斯周围的布尔人部队不止8000 人，而是 2 万人之多。

就像在邓迪时那样，路易斯·博塔正在一座能够俯瞰莱迪史密斯的山上，已经为开始战斗做好了准备。不过，这一次的开火命令将不再来自突击队队长、他的好友兼导师卢卡斯·迈耶（Lucas Meyer），而是来自博塔自己。在抵达莱迪史密斯后不久，迈耶就病了，博塔很快就被挑选担任指挥官，这让他成为战争中最年轻的布尔指挥官。在战争中跟随布尔人报道战况的爱尔兰记者兼活动家迈克尔·达维特（Michael Davitt）在描

76　写博塔时写道："凭借着清晰的思路和勇猛的行动，他已经赢得了周围所有人的信任，他此次被晋升为指挥官受到了极大的欢迎，在更加热情的年轻布尔人中尤其如此。"[33]

莱迪史密斯之战只持续了一天时间，但它给英国人带来了毁灭性的后果。战斗开始于 10 月 30 日清晨，等到那天晚上战斗结束时，英国人已经损失了 1200 人，占莱迪史密斯总兵力的十分之一。或许最令人震惊的是，英国军队被迫撤退回城内，而且他们如今发现自己正在遭遇围城，水源已经被切断，铁路线和电报线路也已经被破坏，剩下的唯一希望是雷德弗斯·布勒爵士，而这时的他甚至还没有抵达开普敦。

战斗结束后，博塔并没有停下来进行庆祝，甚至都没有休息。他留下几千人来守卫莱迪史密斯，然后就和朱伯特一起把注意力转向了一个名为埃斯特科特（Estcourt）的小镇，这座小镇位于 40 英里外的南方，一支兵力约有 2 万人的英国军队据说在开普敦下船后正在前往那里。如今莱迪史密斯正在被围攻，埃斯特科特已经成为战争新的前线。

博塔对这一地区非常了解。他就出生在附近，而且是在绵延几百英里的繁茂草原上赶着牛群长大的。此外，英国人对埃斯特科特及其周围地区几乎一无所知，对于当地可能存在的战术机会或者危险也完全不了解。等到布勒的人马赶到纳塔尔时，他们已经因为长途跋涉而筋疲力尽，在陌生的新环境中茫然失措，并且对于敌人最近给他们造成的损失感到震惊不已，要知道，仅仅在几天前，他们还认为这些敌人根本配不上与大英帝国的军队作战。他们之中大部分人仍然拒绝承认战争不会在圣诞节前结束，而此时的布尔人已经下定决心要向他们证明，这些新来的家伙所要面临的血腥和苦难才刚刚开始。

第 7 章　最黑暗的日子

10 月 29 日，就在莱迪史密斯之战的前一天，"达诺塔城堡"号上的乘客在漫漫旅途行将结束之际，终于在地平线上看到了另一艘船。那是一艘巨大的蒸汽船，"澳大拉西亚人"号（Australasian），正搭载着士兵离开南非。丘吉尔激动地写道，船上的人"应该会带着消息"[1]。随着两艘船的距离越来越近，迫切想要了解战争消息的人们蜂拥来到甲板，手上拿着在船上学会使用的单筒望远镜、双筒望远镜和照相机，扒在栏杆上。甚至连布勒都来到下层甲板，拿起他的战地望远镜凝视着对面的船只。[2]

在两艘船靠近至 200 码以内的时候，"澳大拉西亚人"号上的船员们用三声沙哑的欢呼表示敬意。[3]然而，接下来发生的事情让"达诺塔城堡"号上的乘客们感受到了一阵电击般的震动。《曼彻斯特卫报》记者阿特金斯后来写道："这是我们所有人能够记起，或者可能经历的令人印象最为深刻的一次海上相遇。"[4]

由于距离太远，听不见说话的声音，在"澳大拉西亚人"号驶过的时候，船员们在横索的梯绳上挂了一块长长的黑板，黑板上用白色粉笔写了几个大字：

布尔人被击退

三场战斗
佩恩·西蒙斯战死

丘吉尔身边的人倒抽了一口气，不约而同地从船舷倒退了一步。战斗已经开始了，而且战况很激烈。丘吉尔写道："到底，我们还是坚守住了。"[5]但佩恩·西蒙斯的死所带来的震惊仍然在船上回荡。如果连这个在印度"从没遭遇过厄运"、他的手下甚至是殿后部队都总是能"平安返回营地"的将军都倒在了布尔人的枪下，那还有多少人要遭遇跟他一样的命运呢？

这艘船迅速在视野中消失了，同时也带走了许多问题的答案。表述自己的看法时从来都直言不讳的丘吉尔公开抱怨说："只要花上 10 分钟，就能让那艘船停下来，然后得到适当的情报。"[6]不过，布勒"带着他标志性的冷静态度"冷淡地回应道："急躁是年轻人的弱点。我们很快就能知道已经发生的一切。"尽管连一名士兵都不是，更别提是一个总司令了，但丘吉尔仍然"不知悔改、心有疑虑"。

第二天，"达诺塔城堡"号终于抵达开普敦的桌湾，在这艘船等待被拖入港口的时候，丘吉尔焦虑地看到一艘拖船紧挨着大船航行，然后有一个人从拖船上爬了上来。用丘吉尔的话说，他不是随便什么人，而是一个"知情者"[7]。从两周前离开南安普顿开始，丘吉尔就一直在等待这一时刻，他决心从那个人身上获取一切信息。

急躁的不止丘吉尔一个。被近 300 名士兵和记者包围的男子几乎是被追赶着穿越涂油地板的，随后，他攀上了通往上层轻甲板的梯子。他快速爬上台阶，选择了中间的一级台阶，然后坐了下来。直到这时，他才开始用一种"兴奋中带着奇怪颤抖"的声音讲述他的故事。

　　听众们一动不动地站着，聆听着这名男子描述一场又一场布尔人和英国人之间的大战，唯一的例外是莱迪史密斯之战，因为这场战斗在他讲故事的时候还在进行中。[8] 最后，在听完了"双方都顽强而光荣地作战，任何一方都没有取得胜利"的故事后，听众里的一名男子问出了所有人心中的问题。他说："跟我们说说损失吧。有谁战死了？有谁受伤了？"

　　丘吉尔后来回忆说，这是一份长得令人震惊的名单，一份"世界上最优秀军官组成的名单"[9]。随着朋友、老师、父亲、兄弟的名字被大声念出，急切地聚集在梯子下方的人们开始一个个转身跑开，不想让其他士兵看到他们流泪的样子。丘吉尔自己就熟识名单上的好几个人——"他们要么长眠于坚硬的土壤下，要么就在彼得马里茨堡和德班的医院里接受治疗"——有一个名字让他感到尤为心痛：艾尔默·霍尔丹（Aylmer Haldane）。

　　丘吉尔是在几年前认识霍尔丹的，当时，他正在试图说服时任驻印英军总司令威廉·洛克哈特爵士（Sir William Lockhart）允许他参与西北前线的战斗。[10] 丘吉尔记得，作为洛克哈特的副官，霍尔丹一开始"一点也不热情"，但出于某种丘吉尔无法理解的原因，霍尔丹的态度突然就发生了180度的转弯。丘吉尔后来写道："我不记得我到底说了什么，也不记得我到底是怎么陈述自己的理由的，但我肯定不止一次说中要害。因为就在我陪着他在砾石小径上来回走了大约半个小时以后，霍尔丹上尉说：'好吧，我去问问总司令，看看他怎么说。'"丘吉尔继续来回踱步了一会儿，直到霍尔丹回来告诉

79

他，洛克哈特已经决定在自己的参谋部中增加一个值班军官的名额，而丘吉尔将填补这个空缺。

在那次见面后，丘吉尔每天清晨都会和霍尔丹一起散步，两个年轻人很快就建立了友谊。尽管丘吉尔认为霍尔丹是一个"聪明、大胆、细致认真、胸怀大志的同伴"，但他仍然对于霍尔丹不仅愿意帮他，而且还竭尽全力为他打开大门、扫清障碍感到困惑不已。丘吉尔在获得洛克哈特的任命后给母亲写信说："我感觉我的这一妙计所取得的成功从某种程度上说是我赢得的。但我获得了将军的副官霍尔丹上尉的大力协助。我之前从来没有见过这个人，也不知道他为什么会支持我的立场——而且他热情得让人觉得很奇怪。"[11]

尽管心存狐疑，但丘吉尔仍毫不犹豫地利用了这一有利形势，并且要求霍尔丹给予他一切权力范围内的优待。在出发前往苏丹后不久，他在给霍尔丹的信中写道："凭借我［在印度］遭遇艰难和危险时所表现出的英勇无畏，我有资格获得一枚奖章和两个拥抱。我强烈希望在面对这里的德尔维希人（Dervish）时胸前能够别上那枚勋表。那会让他们停滞不前……如果你能帮我一个忙，大大地增加我的愉快和感激之情，请给我写一封信，确切告诉我奖章何时能够寄出，并且在信封里装上一小枚勋表。"[12]

尽管在这中间的那一年里，丘吉尔和霍尔丹都在各个国家和大陆之间频繁往来，而且丘吉尔也已经离开军队参与政治竞选，但他们仍然在保持联系。丘吉尔给霍尔丹寄了一本《河上的战争》，并且已经计划好要与他再次相会——"我们不久后就会见面。要么在皮卡迪利广场，要么在金字塔下。"[13]——甚至还把他介绍给自己的母亲认识。但是，丘吉尔已经习惯了周围人对他傲慢的自尊和过于明显的雄心壮志感到反感，甚至想要毁坏他决心攀爬的阶梯，因此他仍然不理解为什么霍尔丹愿意不求任何回报地帮助他。对他来说，唯一说得通的答案是他自身履历的力量。他在写给母亲的信中猜测说："我觉得，我的声誉——无论究竟如何——一定让他很感兴趣。当然，你得毁了这封信，不能给任何人看……否则我有可能被当成傻瓜，以及忘恩负义的人。"[14]

丘吉尔此前已经知道霍尔丹在非洲，但直到那一刻，他都不知道任何更多的消息。即使他的朋友还没有"长眠于坚硬的土壤下"，丘吉尔也不太可能去见霍尔丹，更没办法仰仗霍尔丹的帮助，尽管他目前比以往任何时候都需要帮忙。作为一名非战斗人员，他不隶属于任何作战部队，而且除了《晨邮报》记者身份和来自张伯伦的推荐信外，没有任何官方身份，因此，他将很难去到任何接近前线的地方，而他正打算想办法去那里。这场战争正迅速演变成一场不仅会让报纸大卖，而且会让普通人成长为英雄，让英雄成长为议员的战争。

*　　　*　　　*

然而，第二天早上，当船只终于在开普敦靠岸后，丘吉尔立刻意识到，如果跟随布勒，他没办法迅速去到任何地方。他在军事生涯早期就已经熟知，尽管"战争的画面传播得很快"[15]，但英国军队却并非如此。在布勒抵达开普敦的盛况之中——港口炮台以雷鸣般的开火致以敬意，街道旁挤满了欢呼的人群，两侧的房屋都挂满了彩旗——英国军队这台行动迟缓、负担沉重的机器很难摆脱长途航行带来的懒散氛围，重新焕发生机。[16]

　　即使对已经习惯了将兵力分散在帝国最偏远角落的英格兰来说，要想在一个距离本土 7000 英里远的地方进行一场战争也并非易事。仅仅在 1899 年 10 月，包括"达诺塔城堡"号上与丘吉尔在一起的人在内，大英帝国总共向非洲南部派遣了近 3 万名士兵和军官。[17] 到 1900 年 3 月底之前，将有超过 16 万人从大不列颠或者北爱尔兰出发——平均每天 1000 多人。而且这还只是士兵。

　　相比于仅凭人、马、毛瑟枪就能作战，而且能够随时从一个战场转移到另一个战场、灵活性令人震惊的布尔人，大英帝国的军队就像是在以龟速行进，拖累他们的是数量庞大的各种辎重。一艘接一艘的船离开了南安普顿，船舱里装满了成千上万的枪支——包括卡宾枪、手枪和配有长刺刀的步枪——以及体积巨大的大炮，从因其所发射的 15 磅重炮弹而得名的 15 磅炮，到发射装满火药的铸铁炮弹的短炮管榴弹炮，可谓无所不包。[18] 船上还装有数以十万计的水壶和肥皂、成千上万的帐篷和马车，以及成百上千的野营烧水壶。

　　对英军来说，连为士兵准备军装都是一项费时费力的复杂任务。或许对布尔人来说，有衣服穿就很幸运了，但女王陛下的军队却有着最新式的防雨装备，保护他们免受南非夏季暴雨的侵袭。英国服装商人托马斯·博柏利（Thomas Burberry）开发了一种名为"华达呢"的新布料，这种经过化学处理的毛料不仅能够防雨，而且不容易被撕裂。参与布尔战争的士兵是第一批身穿由这种布料制成的上衣的人，他们将这种上衣称作"博柏利雨衣"。15 年后，博柏利将为参加第一次世界大战的士兵设计另一款外套，这种外套的肩膀上将配有肩带，用来佩戴肩章，腰带上将配有铜质 D 型环，用来悬挂佩剑和手榴弹。

82

由于大多数人是在战壕中作战时穿着这种外套的，因此它被称作"战壕风衣"（trench coat）。

英国军队已经不再穿着他们著名的红色外套了，这种外套已经在经过谨慎考虑后被抛弃，换成了卡其色外套。不过，对布尔人来说，即使是这种卡其色制服也显得十分花哨，甚至有些滑稽。英国军官通常都戴着高高的木质遮阳帽，为他们的眼睛遮挡阳光，但这种遮阳帽既热又不舒服，而且是布尔狙击手的完美目标。英军士兵的卡其色上衣上交叉绑着皮带和背带（有的是棕色，有的是白色，有的是黑色，取决于他们隶属于哪支部队），上面挂着从帆布包到弹药袋再到塞着白镴瓶塞的圆形木质水罐（这种水罐是疾病的完美温床）的一切东西。来自苏格兰高地的士兵甚至还穿着褶裥短裙，不过他们被要求在外面裹上一条卡其色围裙。他们还很快学会了给裸露的腿穿上厚厚的长筒袜，以保护他们免受南非太阳的炙烤。

当德尼斯·雷茨的突击队在尤尔疯狂撤退后进入邓迪时，雷茨简直被英国人留下来的大量给养给惊呆了，这些夸张的奢侈品他和他的战友们连想都不敢想，更别提希望能够配发了。"我知道我们的人的食物极为简单、装备十分简陋，因此，看到英国人在战场上携带的数不清的东西时，我都惊呆了。奢侈的食物、舒适的营床和睡袋堆成了山，营地里甚至还有一座健身房，还有大量多得说不过来的东西。"[19]

为了运送这些给养，英国军队购买了价值 64.5 万英镑的骡子和公牛，而且是在几周前刚刚订购的。[20]为了运送英国军队，他们不得不将数十万匹马运到南非，这些马匹有的来自英格兰，有的来自欧洲、北美、南美和澳大利亚的邓迪。海上旅途对马匹来说甚至比对丘吉尔而言更为痛苦。为了让它们在上船的过

83

程中保持镇定、不要乱踢，它们的"体重被保持在很低的水平"，在上船前几个小时就被禁止摄入任何食物和水。[21]驯马师让这些马匹在船上一直穿着马蹄铁，不仅是为了让它们在海上随着船只晃动在畜栏里打滑的时候有更大的机会能保持直立，而且还为了让它们在船只刚靠岸的时候就能被人骑乘，就像以往一样。那些在长途旅行中幸存下来的马匹没有任何在战后活着回家的希望。[22]事实上，在布尔战争期间，南非马匹的平均寿命仅为6周时间。大多数马匹都是因为子弹、疾病、过度劳累或者饥饿而死，偶尔在围城期间，士兵们会吃马匹，这些士兵会把它们的肉煮成糊糊，然后像牛肉汤一样喝掉。

开普敦的人群兴奋地看着布勒的爱尔兰战马——一匹名为"比芬"（Biffin）的6岁白面栗色马，以及一匹名为"艾恩芒格"（Ironmonger）、额头上有一颗白色星星的深色枣红马——被先后从"达诺塔城堡"号里运出来，戴上宽阔的皮质马具，然后在一个完全混乱的场景中被缓缓放下。[23]布勒本人已经乘坐一辆敞篷马车在欢呼人群的追赶下疾驰而过，去和开普殖民地总督阿尔弗雷德·米尔纳爵士（Sir Alfred Milner）召开紧急会议，他的身后留下了令人震惊的大量工作需要完成。

84　　　　与朴素无华、注重实用性的比勒陀利亚截然相反，开普敦处处闪耀着现代生活的光芒。布勒的马车嘎吱嘎吱地行进在宽阔的砖石路面上，街道两侧排列着装饰华丽的多层建筑，他的身边到处都是电动汽车的轰鸣声和疾驰而过的有轨电车的电铃声。[24]对几周前就已经抵达这里的《每日邮报》记者乔治·沃灵顿·斯蒂文斯（George Warrington Steevens）来说，开普敦不像一个非洲城市，甚至不像一个英国城市，而像不同大陆和文化的混合物。他写道："它似乎是半个美国西部与一点点印度味道的结合。丹佛加一点点德里。"[25]

然而，当布勒抵达米尔纳宅邸的时候，大英帝国在战争面前表现出的冷静光辉迅速消失了。最近在战场上遭受的惊人损失犹如一道电击，让政府大厦这栋拥有一间崭新宴会厅的乔治亚式大楼成了一个紧张、忙乱的地方。愁眉苦脸的政府职员们在宽阔的中央楼梯上急匆匆地跑上跑下，胳膊里夹着满满的文件，疲惫不堪的脸上眉头紧锁。

在抵达开普敦后不久的一天晚上，丘吉尔凭借着约瑟夫·张伯伦的推荐信受邀来到政府大厦参加晚宴。他自信地用胳膊肘挤出一条路，加入了米尔纳与布勒的谈话。他对总督的殖民政策提出抨击，然后把注意力转向总司令，开始就总司令应该如何指挥战役提出建议。以直言不讳而闻名的布勒对丘吉尔说："不要当一个年轻的混蛋。"[26]

然而，米尔纳已经十分绝望了，愿意听取任何人的建议。在挑起这场战争方面，他所做的或许比任何人都要多，一直在大声强调布尔人能够被轻易击败。如今，被来自纳塔尔的消息所击垮的他担心开普殖民地有可能成为下一个落入布尔人之手的地方。丘吉尔在几天后给母亲的信中写道："阿尔弗雷德·米尔纳爵士对我说，整个开普殖民地都在'叛乱的边缘颤抖'。"[27]米尔纳本人也在日记中痛苦地承认道："情况看起来极其黑暗……是最黑暗的日子。"

尽管纳塔尔急需布勒的帮助，但布勒必须得等如今在海洋上的船只带着更多的士兵和给养前来与他会合。然而，丘吉尔不打算在开普敦坐冷板凳。他有另一个计划。

他与《曼彻斯特卫报》记者阿特金斯偷偷溜进城里，了解到有一条铁路线通往开普殖民地东部海岸的港口城市东伦敦

85

（East London），在那里，他可以乘坐一艘英国邮轮前往印度洋海岸的纳塔尔。[28]光是乘坐火车的旅途就有 700 英里长，所经之地没有任何防御措施，大部分都与布尔人的领地毗邻。一旦到达目前被围攻的殖民地纳塔尔，他就得以极快的速度赶在布尔人将莱迪史密斯完全包围之前赶到那里。

当其他记者听说这个孤注一掷的危险计划后，他们决心自己想办法离开开普殖民地。[29]不过，丘吉尔和阿特金斯的火车将是最后离开的。丘吉尔决心比他们所有人都要走得更快、更远。他最终会成功做到这一点，不过，他精心设计的人生即将严重脱轨。

第8章 乱石荒草之地

在丘吉尔沉沉睡去的时候，他所乘坐的列车迅速向东驶去，沿着光滑的铁轨疾驰向前，带着他远离开普敦，去往一个与他第一次在"达诺塔城堡"号上见到的绿意盎然、变化多端的地貌截然不同的地方。被他抛在身后的不仅有开普敦背后宽阔、平顶的桌山，还有开普褶皱带（Cape Fold Belt），这是一系列由砂岩和页岩构成的山脊，像一道蜿蜒的城墙沿着海岸线延伸。

在南非突出部的边缘有一条低矮、狭长的海岸线。然而，深入内陆不到100英里的距离，就能看到一条高低起伏的山脉，在有些地方，山峰高度甚至能达到一万英尺。大部分山脊都属于大陡崖（Great Escarpment）的一部分，大陡崖形成于约两亿年前，也就是由现在的南美、非洲、马达加斯加、阿拉伯地区、印度、澳大利亚和南极洲组成的超级大陆冈瓦纳古陆（Gondwanaland）发生断裂的时候。不过，开普褶皱带的形成时间甚至比那还要早，大约是在冈瓦纳古陆发生断裂的一亿年前。

在这些山峰的环绕下，有一片广阔无垠的高原，高原上有一片辽阔的半沙漠地区，被称作大卡鲁。与将地球上最富饶、最湿润的地区亚马逊盆地同最干燥的地区阿塔卡马沙漠分隔开的南美安第斯山脉类似，开普褶皱带的山脉不仅将光彩照人的开普敦与大卡鲁分隔开，而且这些山脉本身也是造成两者差异如此巨大的原因。当来自大西洋的冷空气与山脉发生碰撞时，冷空气被迫爬升到海拔数千英尺的地方，并在那里与来自印度洋的暖空气相遇。正是这种碰撞造就了著名的"桌布"景观，也就是经常在桌山山顶上出现的絮状云。也正是这种碰撞，为山脉南麓带来了大量降雨，但留给北侧的降雨量却所剩无几。

醒来后，丘吉尔向列车车窗外望去，初升的太阳照亮了连绵数英里、似乎没有止境也没有任何变化的沙漠。[1] 几周前刚刚穿越过大卡鲁的乔治·沃灵顿·斯蒂文斯在写给《每日邮报》的报道中为这片棕色、贫瘠的地区进行了辩护。他强调："只有那些无法离开绿色的眼睛才会看不出卡鲁的美。其他每一种颜色都在和谐共存——黄褐色的沙子、银灰色的灌木丛、像石南花一样的深红色花簇、黑色的岩石、深褐色的小石子、远处的紫色山脉，以及地平线上蓝色的城垛。"[2] 然而，丘吉尔完全体会不到卡鲁奇妙的色彩和乐趣。他在自己的车厢里字迹潦草地在一篇报道里写道："这一景色会让大多数生机勃勃的灵魂感到压抑。为什么会有这样一片令人抑郁的乱石荒草之地存在？"[3]

尽管在第二天，最终逃离大卡鲁让他感到些许宽慰，但在抵达东伦敦，见到那艘将带他北上前往纳塔尔的邮轮后，丘吉尔却对另一次海上之旅没有任何期待。他的担心是有道理的。他将要乘坐的船仅有 150 吨的排水量，完全不适合印度洋，尤其是在雨季。船只在海洋上遭遇了一场后来被丘吉尔称作"可怕的南极风暴"的风暴，海水波涛汹涌，小小的邮轮"不断上下左右地摇晃，时而弹起、时而跌落，有时甚至几乎要翻了过去，却又再次纠正了过来……一个小时又一个小时，先是一个无止境的下午，然后是一个更加漫长的傍晚，以及一个似乎永恒的夜晚"[4]。

88

　　当清晨终于来临时，丘吉尔已经从"我这种人能够忍受的最可怕的晕船症"[5]中渐渐恢复过来了，正在小心翼翼地走上甲板，观察眼前掠过的海岸线。他在这一地区的印度洋沿岸看到的景色给他带来了一阵帝国主义的狂热，这种狂热即使对丘吉尔来说也十分极端，像大卡鲁这样的地方是不可能在他作为英国人的心中激起这样的情感的。他在文字中对富饶的南非东部海岸极尽称赞："这里有大片肥沃的土地和充沛的雨水。温和的阳光温暖了土壤中的生命。凉爽的清风让这里的居民神清气爽。宜人的气候刺激了欧洲人的活力……自然万物都在微笑，这里终于有了一块白人能够统治和繁衍生息的土地。"[6]

　　尽管丘吉尔脑海中将在南非统治和繁衍生息的白人肯定不是布尔人，但这些荷兰人的后裔在第一眼看到纳塔尔时也曾有过与丘吉尔一样的渴望，认为这片土地是他们的应许之地。从战争早期开始，布尔人和英国人都对自身事业的正义性和敌人的卑劣性产生了不可动摇的信仰。然而他们双方都没有想过——或者说即使想到了，也根本不在乎——这片他们正在争夺的土地其实并不属于他们任何一方。

*　　　*　　　*

　　当第一批荷兰船只在 17 世纪中叶抵达好望角的时候，南非并不是一片被人遗忘的土地，至少不像 30 年前英国清教徒定居普利茅斯①时的北美大陆一样任人随意争夺。与北美不同

---

　　①　位于美国马萨诸塞州。

的是，人类在非洲大陆的定居历史不是几千年，而是已有数百万年。

来到南非的首批现代人是桑族人，他们在这里居住了数万年后，科伊科伊族也不期而至。在科伊科伊族出现几万年后，荷兰人才第一次出现。然而，荷兰人只花了不到 100 年的时间就对桑族人和科伊科伊族人造成了毁灭性的破坏，以至于到 1750 年时，在距离桌湾 250 英里的范围内，已经几乎没有这两个部落的任何痕迹了。

由于占领开普殖民地的速度如此之快，在继续向非洲内陆推进的过程中，荷兰人相信他们能够轻松征服路上遇到的任何部落。他们所不知道的是，在他们从南部海岸向北扩张，不断夺取土地、牲畜和奴隶的过程中，还有另一个强大的移民族群也在从非洲大陆的中心向南扩张。这个被称作 "班图"（Bantu）——意为 "人民" 或者人——的族群是一个由数百个语言十分相近的部族（包括整个非洲最为强大、最令人畏惧的两个部族，科萨族和祖鲁族）构成的族群。

班图人身材魁梧、强健有力，对待桑族和科伊科伊族的残忍程度不亚于布尔人，更重要的是，他们不是处于石器时代的非洲人。他们有着庞大的人口，自己会种植庄稼，而且在荷兰人看来最为重要的是，他们知道如何打造铁质工具和武器。人们普遍认为，班图族是从如今属于尼日利亚和喀麦隆的那片地区来到非洲南部的。5000 年前，他们开始了后来所谓的 "班图扩张"（Bantu Expansion），这一规模浩大的移民过程稳步向南推进，跨越了数千英里的非洲中部土地和变化多端的地貌，从非洲中部广阔的热带雨林——其面积仅次于亚马逊——到卡拉哈里沙漠（Kalahari Desert），再到东部的大湖（Great Lakes）①　和南部的大草原。

　　布尔人和班图人对非洲南部进行的稳步和似乎无懈可击的征服，一个从南往北，一个从北往南，到 18 世纪 70 年代突然中止，因为双方在大鱼河（Great Fish River）河畔最终面对面相遇了。除了偶尔见到几个遭遇船难的绝望水手以外几乎从未见过白人的班图人在见到布尔人时的震惊程度几乎与布尔人不相上下。最初，双方都很谨慎，保持了一段时间的相对和平。过了 10 年，双方才爆发全面战争，但战争一旦开始，似乎就永远不会结束。光是边疆战争（Frontier Wars），即布尔人与最大的班图人部族科萨族爆发的 9 次血腥战役，就持续了近一个世纪的时间。

　　然而，尽管科萨族十分强悍，但他们不是布尔人——以及后来的英国人——在非洲遇到的最可怕的对手。这一殊荣属于祖鲁人。作为恩古尼族（Nguni）——一个在科萨族向南继续前行时向东部移民的班图族部落——一个无足轻重的分支，这个部族最初的人口不超过 200 人。祖鲁人之所以能够摇身一变，成为一个强大的，可能是南非这片土地上被记载次数最多的部族，依靠的是一个人不可阻挡和令人恐惧的崛起，一个名叫沙卡（Shaka）的年轻战士。

90

＊　　　＊　　　＊

　　从很多方面来说，沙卡既创造了祖鲁民族，也几乎毁了它。[7]尽管他是作为一名战功卓著、冷酷无情的战士崛起成为领

---

　　①　东非大裂谷和裂谷周围一系列湖泊的总称。

袖的，但是真正改变祖鲁部族的是他卓越的军事策略。他对军队进行了完全改组，建立了一套军团体制，将士兵按年龄分隔开，并且安排他们居住在不同的村子里，过着禁欲的生活。他被认为是著名的"牛角"战斗阵型的发明者，在这一阵型里，敌人会被作为牛胸的主力军牢牢困住，而作为牛角的辅助部队则从两翼包抄；在"牛胸"背后，还驻守着一支被称作牛腰的预备队，用来确保没人能够活着逃出去。

沙卡还重新设计了最重要的祖鲁人武器：细木柄标枪。[8]他将这种脆弱的投掷标枪改造成了一种更重的突刺长棍，上面还带有宽阔的刀片和截短的刀柄。这种新式武器很快就以"伊克尔瓦"（iKlwa）的名字为人们所熟知，这个名字模拟了它在从人身体里拔出来的时候发出的声音。在把敌人钉在他的伊克尔瓦上后，饱尝鲜血和胜利的沙卡会大喊"Ngadla！"——意为"我已吃完！"

沙卡不仅改变了祖鲁人的作战方式，还改变了他们的本性。恐惧是他的首要武器，而且他不仅把这种武器用在敌人身上，还用在自己人身上。他对他的战士进行残忍训练，强迫他们光脚在荆棘上跳舞，从早到晚地演习，直到他们因为筋疲力尽而瘫倒在地为止。他要求他们在一天内行走50多英里。只需一时兴起，他就可以将一整个兵团活埋，或者命令他们一个接一个走过悬崖，以显示他们的忠心。他曾经因为手下在他面前打喷嚏或者样子让他讨厌就下令处死。

沙卡对其人民的控制十分彻底，以至于尽管他所下达的处死命令通常要拖延几天才会执行，而且总是以他能想象到的最为痛苦的方式执行，但很少有受害者会试图逃离自己的恐怖命运。一个年少时曾与父亲一起在非洲狩猎，并且亲眼看见过祖鲁人执行死刑的英国人回忆说："受害者身上没有任何用来捆绑的脚镣或者绳子，他完全可以选择是逃生还是留下来面对死亡……许多人就站在那里，以一种难以想象的坚定面对自己的命运。"[9]

沙卡最后在 1828 年被刺杀身亡，他同父异母的兄弟用他发明的武器伊克尔瓦结束了他的恐怖统治。尽管他统治祖鲁人的时间只有短短的 12 年，但他给这个部族留下的印记与历史上最为传奇的领导人——包括成吉思汗、拿破仑以及未来的丘吉尔——一样不可磨灭。对布尔人，以及与祖鲁人发生冲突的任何人来说，沙卡给这一部族带来的影响在他死后很久都可以感受得到。

英国人也已经与祖鲁人交过手，而且差一点就被击败，以至于震惊不已的维多利亚女王曾经问道："这些祖鲁人到底是谁？"但布尔人却一直与祖鲁人比邻而居、顽强作战，并且以一种英国人无法理解的方式学习他们。通过与祖鲁人的血腥冲突，布尔人淬炼了他们的军事策略。他们学会了没有任何欧洲人了解的战斗技巧，而且打算用从沙卡身上学到的一切来一劳永逸地摆脱英国人。

*　　　*　　　*

尽管祖鲁人和布尔人之间最著名的一场战斗发生在沙卡遇刺的 10 年后，但是他的军事智慧仍然在这场战斗中留下了鲜明印记，而战斗所带来的巨大苦难也是他的遗产。此外，这场战斗的发源地正是 1899 年丘吉尔挺进纳塔尔的旅程行将结束的地方：一个名为埃斯特科特，如今已经基本被废弃的小镇。

92

　　埃斯特科特地处一片辽阔的绿色草原上，四周环绕着低矮的山丘，位于莱迪史密斯以南仅仅 40 英里处，对于英国人来说，这是一个为遭到围攻的莱迪史密斯进行防御的绝佳地点。对于幅员辽阔的大英帝国来说，这可能是一个被人遗忘的偏僻村庄。但对布尔人来说，这个小镇所处的土地有着神圣的含义。

　　60 年前，埃斯特科特及其周边地区发生了一场惨绝人寰的屠杀，有约 500 名开拓者和科伊科伊族劳工被丁冈（Dingane）——也就是刺杀沙卡并且夺取他王位的同父异母兄弟——杀害。不到一年后，一群布尔人在路易斯·博塔祖父的好友安德里斯·比勒陀利乌斯（Andries Pretorius）的带领下进行报复，在恩科姆河（Ncome River）河畔与祖鲁人形成对峙。由 1.2 万名战士组成的祖鲁大军像恐怖的潮水一样来到战场，一边发出阵阵喊叫和嘘声，一边挥舞他们的伊克尔瓦，并且以沙卡的牛角阵型包围了布尔人。尽管布尔人只有不到 500 人的兵力，但他们都配备有步枪和加农炮。等到那一天结束的时候，有大约 3000 名祖鲁人倒下。事实上，这场杀戮如此惨烈，以至于连河水都被祖鲁人的鲜血染红，布尔人后来把这条河的名字从恩科姆河改成了血河（Blood River）。

　　在血河之战结束后，布尔人占领了纳塔尔南部的大部分土地，包括埃斯特科特。以博塔家族为代表的许多家族很快迁居于此，并且建立了绵延数千公顷的农场。仅仅 5 年后，英国人就蜂拥而入，吞并了纳塔利亚共和国，并且迫使大部分不愿接受英国统治的布尔人离开。

　　就像半个多世纪前对待祖鲁人那样，如今的布尔人回来算账了。这一次，他们的军队可不止几百人，而是由成千上万的士兵组成。他们在埃斯特科特和莱迪史密斯附近扎营，并且隐身在两者之间的山丘中。全副武装的他们因为最近的胜利而满面红光，心中义愤填膺，焦躁地等待着下一场战斗的开始。

93

＊　　　　＊　　　　＊

在他的船抵达纳塔尔东部印度洋沿岸港口城市德班后，丘吉尔被迫放弃了对这块充满机遇的美好土地的白日梦，并且痛苦地记起了"纳塔尔正在遭到布尔人侵略和掠夺这一可怕事实"。在他和阿特金斯焦急地等待日出的时候，丘吉尔心中想的只有一件事：战争的消息。然而，当清晨终于降临时，他所听到的消息恰恰是他所担心的：处在他们西北方仅仅 125 英里处的莱迪史密斯已经被进击的布尔人给切断了道路，没人能够出来或者进去。他已经以极快的速度穿越了环境极端的非洲南部，在前往纳塔尔的比赛中轻松胜过了布勒和他的手下以及其他记者，但他仍然不够快。他失望地写道："我太迟了，大门已经关上。"[10]

尽管既愤怒又疲惫，但丘吉尔决心继续向前。他写道："'尽可能远、尽可能快'必须成为战地记者的座右铭。"[11]他在一列前往内陆的邮政专列上找到了一个位置，再次开始穿越崇山峻岭，这次是沿着一条蜿蜒的铁路线前往西北方向，"这条铁路线的弯曲程度会让国内的工程师感到恐惧"。终于，在 11 月 6 日，他所乘坐的列车停靠在了埃斯特科特的火车站，这里已经成了战争新的前线。

埃斯特科特的大部分英军士兵对于这片他们草率地搭起帐篷和放置行李的土地背后的血染历史知之甚少，而且也完全不在乎。不过，他们非常清楚，布尔人现在正在周围的山丘上观察他们。连布尔人自己都对埃斯特科特与莱迪史密斯之间分布的自由民数量之多感到震惊。与博塔一同离开比勒陀利亚的年轻人德尼斯·雷茨在一天晚上从邓迪抵达这一地区后写道："在我不断靠近的过程中，我能看到山丘上出现了成千上万的篝火。突击队员的营地绵延数英里。"[12]

与敌军形成鲜明对比的是，埃斯特科特的英国军队规模如此之小，以至于他们几乎没有任何希望能够保卫自己，更别提冲入莱迪史密斯解救那里的怀特及其手下了。由于布勒尚未抵达，这里只有两个营的英军——已经打了一仗，而且刚刚从莱迪史密斯成功逃出的都柏林皇家火枪团（Royal Dublin Fusiliers）以及帝国轻骑兵团（Imperial Light Horse）的一个中队。[13]来自纳塔尔的 300 名志愿兵也刚刚抵达，他们还带了 25 名自行车兵和 1 门架在巨大辐条轮上的 9 磅炮。即使加上这些，埃斯特科特也只有不到 2300 人，其中仅有不到 300 人有坐骑。[14]在和丘吉尔一起清点完新家的物资后，阿特金斯不安地写道："敌人就趴在我们的门前。这个地方很难守得住。"[15]

每个英军士兵都知道，问题不是布尔人会不会进攻埃斯特科特，而是何时发动进攻。他们所不能理解的是，为什么这些突击队员还没有对弱小的英军发动攻势，要知道，他们的增援兵力每天都有可能到来。其中一名士兵后来写道："这是一段令人紧张的等待，每个人都在猜想，最先到来的究竟是一名布尔人突击队员，还是一支英军增援部队。确切的消息很少，各种流言到处乱飞。"[16]布尔人冲下山丘，或者突然将枪口从莱迪史密斯转向埃斯特科特的场面并不难想象。丘吉尔实事求是地写道："我们活着，就是在等待遭到进攻。"[17]

第三部分
◄—————►

机　会

第9章 死亡陷阱

因为错过了进入莱迪史密斯的机会，丘吉尔对自己糟糕的
运气怨愤不已，但这不是他第一次在战争中迟到。不到一年
前，在经过四处游说获得前往苏丹的军事任命后，他匆忙来到
非洲，却发现许诺给他的职位已经被分配给了另一个人。让丘
吉尔对这次错过机会尤为愤怒的是，他原本要率领的这支部队
是要率先发动对德尔维希人的进攻的。顶替他的罗伯特·格伦
费尔少尉（Second Lieutenant Robert Grenfell）对此感到兴奋不
已。在听到这一消息后，他在给家人的信中写道："真想不到
我这么幸运。我得到了原本属于温斯顿的部队，我们将首先发
起进攻。"[1] 就在写完这封信后不久，格伦费尔耀武扬威地走入
战场，却连同许多手下一道被屠戮殆尽。多年以后，在回想起
格伦费尔和原本可能属于他的命运时，丘吉尔写道："我们的
生命里永远都存在运气的成分。但我们没办法一直看清运气的
运作模式。"

现在的丘吉尔还太过年轻，看不懂他生命中运气的运作模
式，但他肯定无法想象困在埃斯特科特有任何好处或者令人兴
奋的地方。他愤愤不平地委身于这个"微不足道的小镇"，神
情疲惫地接受了他的新家。[2] 他郁闷地写道，它"有着破旧而不
起眼的外表"[3]。镇子上有少数几家商店，但这些商店都位于
"简陋的棚屋里"，而且自从战争爆发以来，已经几乎被废弃

了。埃斯特科特唯一的街道两边排列着用岩石和瓦楞铁搭成的低矮房屋，丘吉尔还能看到一些房子"向乡下延伸过去"。除此以外，在西北方布尔人战线的方向，除了平坦的绿色草原和一些低矮的山丘以外，几乎一无所有。在镇子的西南方，他能看到德拉肯斯山脉雾气笼罩的蓝色山峰，"德拉肯斯"这个词在南非荷兰语里的意思是"龙之山"。

丘吉尔从火车上把行李拖下来，然后在火车站附近寻找落脚的地方，大部分人都在这里扎营。他在一个供列车车厢进行挂钩和脱钩操作的转轨三角地带找到了一顶空置的钟形帐篷，于是决定暂时就在这里安家。由于帐篷数量不足，他不得不挑选了另外两名记者作为室友，与他共用一顶帐篷，这两名记者分别是与他一起穿越大卡鲁的阿特金斯和一个名叫利奥·埃默里（Leo Amery）的伦敦《泰晤士报》年轻记者。

尽管从理论上说，阿特金斯是他的竞争对手，但他很喜欢阿特金斯。他十分欣赏阿特金斯的剑桥大学教育背景，以及仅仅28岁已经报道了多场战争［包括美西战争（Spanish-American War）和两年前的希土战争（Greco-Turkish War）］的经历。丘吉尔在给母亲的信中写道，阿特金斯"极为聪明，也成就卓著"[4]。不过，他对这位新朋友最喜欢的一点或许是，阿特金斯似乎对他十分感兴趣，也愿意听他谈论自己。

在阿特金斯看来，丘吉尔不仅有趣，而且有极大的吸引力。在此之前，阿特金斯只见过一个像丘吉尔一样的人，那还是在美西战争期间的古巴，他曾在那里与西奥多·罗斯福共进午餐。这名年轻的记者目睹了莽骑兵（Rough Riders）——一支由罗斯福将牛仔、大学体育特长生和执法人员捏合在一起的鱼龙混杂的军队——是如何热情地聚拢在罗斯福周围，唯他马首是瞻的。阿特金斯后来写道："那就像是一场大型会议，罗斯福既是主讲人，也是会议主席。" 在分别前，三年后即将成为美国历史上最年轻总统的罗斯福将阿特金斯拽到一边，告诉阿特金斯说："据他所知，他是唯一一完成了在沿着斜坡向上冲锋时用左轮手枪击毙了一名西班牙人'这一壮举'的军官。" 习惯了英国军队近乎极端的谨慎和谦逊的阿特金斯对于罗斯福露骨的自我推销感到十分惊讶，但他并没有因此而感到反感。事实上，他认为罗斯福的诚实令人耳目一新。阿特金斯写道："我注意到他在说这番话时所表现出的质朴，就像是一个人正在真诚地记录一个有趣的事实。很少有英国军官会提及这种事，但罗斯福绝不是在吹嘘自己。"[5]

　　在丘吉尔罗列自己的成就，并且概述自己的大胆计划时，阿特金斯也不认为丘吉尔是在简单地自吹自擂。相反，他觉得丘吉尔就像罗斯福一样，或许是在阐述真相。在阿特金斯看来，丘吉尔是一个"非常不寻常的年轻人"，在他们共同居住、工作的过程中，阿特金斯一直在用一个历史学家而非记者的视角研究他。[6]阿特金斯后来写道："当有可能获得一个像他父亲伦道夫勋爵一样的政治生涯的前景让他感到兴奋的时候，他的眼中会迸发出别样的光彩，让他像是几乎变了一个人一样。我以前从来没有见到过这种雄心壮志，丝毫不加掩饰，坦率地以自我为中心，极力展示它令人兴奋之处，并且要求获得他人的支持。"[7]

　　然而，很少有人认同阿特金斯对丘吉尔的公开称赞。尽管丘吉尔知名度很高，而且还被广泛认为正在进军议会，甚至是唐宁街 10 号，但他太过傲慢和自负，不被众人喜欢。即使是困在莱迪史密斯的乔治·怀特爵士也觉得丘吉尔很讨人烦，尽管他毫不怀疑这个勇敢的年轻人会在英国政坛迅速崛起。仅仅

99

几个月后，他将冷淡地对另一名军官说："我不喜欢这个家伙。但他有一天将成为英格兰的首相。"[8]

＊　　　＊　　　＊

100　　　　即使在丘吉尔自己的帐篷里，也有一个人对他不太感冒。尽管阿特金斯对丘吉尔评价很高，但利奥·埃默里却对他产生了一种明显不太正面的看法。身材瘦削、戴着眼镜的埃默里毕业于牛津大学，他认识丘吉尔比阿特金斯早得多。事实上，两人早在 11 年前就在哈罗公学相识了，当时，丘吉尔只有 13 岁，而埃默里比他年长一岁。两人友情的开端不太顺利。

在丘吉尔看见埃默里站在一个被学生戏称为"潜水器"（Ducker）的室外大型游泳池边上时，他入学刚刚一个月的时间。[9] 与很多男孩子一样，丘吉尔大部分时间里都在试图把其他孩子推进游泳池，因此，他看到瘦小的埃默里时，就想当然地觉得自己赢定了。他悄无声息地从背后接近猎物，突然用脚猛踹埃默里的背，并在最后一刻"出于人道"抓住埃默里的毛巾，"以便它不会被弄湿"。丘吉尔多年以后回忆说："我惊讶地看到一张愤怒的面孔从水里出现，这个明显有着巨大力量的人用有力的蝶泳游到岸边。我赶紧逃跑，但是没能跑掉。追逐者像一阵风一样迅速地制服了我，恶狠狠地抓住我并且把我丢进了泳池里最深的区域。"当丘吉尔从泳池里爬出来时，他的身边很快聚拢了其他男孩子，他们幸灾乐祸地说出了他的罪行的严重程度。他们说："你活该。你知道自己做了什么吗？那可是埃默里，预科生。他是学院学生会长，健身房的明星，还入选了校足球队。"

埃默里也没有忘了这件事。他说不好究竟是自己"被一个红头发、长着雀斑的淘气鬼……侮辱了人格"[10]，还是丘吉尔第二天向他做出的弄巧成拙的道歉更让他生气。丘吉尔第二天向他解释说，之所以把他推进水池，是因为他很矮小。丘吉尔尴尬地想要对自己的话进行补救，于是说："我的父亲也很矮小，但他是一个伟大的人。"

能够在埃斯特科特见到埃默里，丘吉尔感到很高兴，因为他觉得他们终于可以"第一次以平等和兄弟般的关系相见了"[11]。不过，对埃默里来说，他们可远远算不上平等。尽管丘吉尔是薪水最高的记者，但埃默里相信自己才是整个南非最资深的记者。首先，他是在为伦敦的《泰晤士报》工作，这是世界上最受人敬仰的报纸。已经有一个多世纪历史的《泰晤士报》是世界上第一份名字中带有"Times"这个单词的报纸，激励了几乎所有拥有相似名字的报纸，包括近 50 年后创办的《印度时报》（*Times of India*）和再过 13 年创办的《纽约时报》（*New York Times*）。埃默里不仅是《泰晤士报》的记者，还是该报战地新闻部门的负责人。他后来吹嘘道："我手下有一个十分强大的团队，有大约 20 名报道员负责报道整个战争情况。由于《泰晤士报》的突出地位，我发现自己虽然只有 25 岁，但已经是南非媒体的首席代表了。"[12]

尽管埃默里和丘吉尔在家庭背景、早期教育、雄心壮志和自我认识方面都有着很多相似之处，但这两名年轻人有一个很大的不同：丘吉尔有一种幽默感，即使对于自己的自负他也能开玩笑。阿特金斯后来写道，丘吉尔会"嘲笑自己的光荣梦想"，有"一种顽童般的机智。就好像是他的体内突然点亮了一盏灯，透过他的眼睛向外散发出光芒……整张被照亮的脸都在微笑"[13]。而埃默里却既敏感又高傲。

*　　　　*　　　　*

尽管埃默里、丘吉尔和阿特金斯都迫切地想要参与战争，但在埃斯特科特，他们不是唯一感到失望的人。一直处在紧张和危险之中的英国士兵爱莫能助地望着莱迪史密斯的方向，感受到的不仅是无助，还有无能。找到一个能够睡觉的地方就已经足够困难了，只有在运气非常好的时候，才能偶尔找到一个在狭小的帆布浴盆里洗澡的机会。[14] 干净的水源十分稀缺，以至于这将成为布勒在整个战争期间最艰巨的挑战之一。仅仅几个月后，水源问题将在埃斯特科特以西仅仅 300 英里外的布隆方丹导致一场伤寒症疫情，造成数千名英国士兵死亡。

食物储备倒是更为充足，但是一直到布勒和他的马车抵达之前，这些食物几乎难以下咽。营地里有一栋昏暗的铁皮房被士兵们用作食堂，但在他们从一个镇子向另一个镇子行军，或者外出侦察的时候，他们除了腌牛肉罐头和一些硬得像石头一样的配给饼干以外几乎没什么可以吃的东西，而这些配给饼干本身对士兵来说就是危险所在，因为几乎所有士兵的牙都不太好。[15] 他们甚至偶尔还不得不吃一种名叫"约翰斯顿液体牛肉"（Johnston's Fluid Beef）的东西，一般是从铁质或者由纤维板制成的管状物里挤出来食用。[16] 这种经过处理的肉酱与新鲜牛肉相去甚远，非常不受欢迎，以至于剩下来的物资甚至在 20 年后还被配发给参加第一次世界大战的英军士兵。

虽然又脏、又累、又饿，但待在埃斯特科特的人知道，他们的境况比起身处莱迪史密斯的人来说还是要好得多。布尔人希望那些侥幸没有被他们杀死的人能够因为饥饿而死。在埃斯特科特四周的山丘上，英军士兵们能够听到布尔人的大炮朝着

102

莱迪史密斯开火的声音，看到大炮开火时迸发出的光亮和白色烟雾。[17]他们还能看到怀特孤注一掷地试图隔着布尔人的封锁线与埃斯特科特的援军取得联系。

尽管这位遭到重重包围的英国将军严重缺少武器和给养，但他的确有很多新奇的战场技术来向外界发出求救信号。在埃斯特科特，丘吉尔能够看到怀特利用日光仪通过光线和镜子发出的摩尔斯电码。[17]怀特还能使用一个建立在莱迪史密斯和德班之间的信鸽站。建立这个信鸽站的人是皇家工兵部队（Royal Engineers）的哈萨德上校，《柯里尔周刊》（*Collier's Weekly*）的一篇文章向读者保证说，此人"花费多年时间研究信鸽文化，正是为了应对此类紧急事件"[18]。

怀特为逃离莱迪史密斯——即使只为了一个人、数小时——而发明的最有创意、最为雅致的物体或许要算一只氢气球。这只气球主要用作侦察，里面有一个狭小的篮子，只能容纳一个人、一副双筒望远镜、一副单筒望远镜、一个指南针和发信设备。丘吉尔偶尔能够看到它，就像是一个"棕色的斑点飘浮在遥远的山上……清晰可见"[19]。不幸的是，布尔人也能看到它，而且他们只要能看到，就会竭尽全力把它打下来。此时正与怀特一同被困在莱迪史密斯的乔治·沃灵顿·斯蒂文斯写道，事实上，布尔人的 12 磅山地炮"最喜爱的目标似乎是气球"[20]。

103

*　　　　*　　　　*

在布勒抵达前，埃斯特科特的人们能够做的最多也就是观察布尔人的行动，而这件事本身就是一项几乎不可能完成的任务。每一天，他们都会派骑兵外出 10 英里到 15 英里，寻找神出鬼没的敌人。英国人只有 300 匹马，但即便如此，也很难保证这些马能够得到很好的饲养和照顾，免受疾病侵袭。纳塔尔志愿兵带来的 25 辆自行车稍微有用一些，但也有它们自己的问题。从近 30 年前的普法战争起就被用于军事目的的自行车非常轻便快捷，易于拆卸、运输和重新组装。[21]它们无须喂养，也不会死去。但是，它们有可能——而且经常会——在崎岖干燥的草原上爆胎。在真实战斗中，它们简直比没用还没用，因为它们既不能承受步枪的后坐力，也不能在骑手挥剑的时候自动保持平衡。

然而，毫无疑问的是，埃斯特科特的士兵手中最不受欢迎的侦察手段是他们的装甲火车。理论上说，这些火车应该非常有用。它们可以迅速将人员和装备运到任何急需的地方，并且整个南非地区蜿蜒分布着数千英里的铁路线，而布尔人一直不愿摧毁这些铁路线。这些火车的设计还十分巧妙，机车不在车头的位置，而是被夹在两节装甲车厢之间。如果车头遭到袭击，或者铁路线遭到破坏，机车可以很快从受损车厢上脱钩，自由地拖动剩下的列车回到安全地带。在这场战争的晚些时候，英国人会用笨重的绳子将部分装甲机车一圈一圈裹起来。这种装甲机车被戏称为"毛茸茸的玛丽"（Hairy Marys），看起来就像是沿着铁轨隆隆前行的巨大猛犸象，不过对于保护机车免受小型武器的射击，这一招很管用。

问题在于，囿于显眼而毫无变化的铁路线，这些行动迟缓的火车对布尔人的突袭来说是非常容易得手的目标。丘吉尔写道："没有什么比一列装甲火车看起来更加令人生畏和印象深刻。但也没有什么更加脆弱和无助。"[22]布尔人需要做的只不过是藏在铁轨边，等待一列满载士兵和武器的火车缓慢地驶过。

在战争开始时，英国在南非拥有 13 列装甲火车。等到丘吉尔抵达开普敦时，英军已经被布尔人夺走了 2 列火车。事实上，用丘吉尔的话说，让布尔人获得"旗开得胜优势"的第一个战争行为就是他们在约翰内斯堡以西的马弗京（Mafeking）附近夺取了一列装甲火车。[23]第二列火车是在仅仅几周后被夺取的。在那次事件中，只有火车司机侥幸逃脱，不过他也在袭击中失去了四根手指。其他的人都被抓作战俘，据说，负责指挥的军官"严重低估了他们所面临的风险"[24]。

如果说乘坐任何一列装甲火车都是坏主意的话，那么乘坐埃斯特科特的装甲火车简直就是发疯。那里的士兵公开将它称作"威尔逊的死亡陷阱"[25]，把这种极端危险的运输工具的罪责都推给了时任第三海军大臣（Third Naval Lord）兼海军审计官（Controller of the Navy）的阿瑟·威尔逊（Arthur Wilson），他在 17 年前的英埃战争期间临时拼凑了一列装甲火车。然而，那列火车至少还是一列合格的装甲火车。埃斯特科特的那列火车很难配得上"装甲火车"这个名号。阿特金斯写道："那根本不是一列装甲火车。它只不过是由隶属于纳塔尔政府铁路局的普通机车和普通铁质无盖货车组成，起保护作用的只有四周的平轧铁板；铁板上为步枪留出了射击孔。"整列火车没有活板门，也没有为炮口定制的开口，连顶盖都没有。阿特金斯惊叹地写道："要想进出列车，人们必须得从铁板上爬过去。看着一个矮小、笨拙的人被同伴从里面推上来，然后愚蠢地靠着自己的肚子在墙上蠕动，再从 7 英尺高的地方跳下或者爬下来到地面，实在是一件有趣的事情。"不难想象，如果火车发生大火的话会是怎样的灾难场面，里面的人将不得不进行"缓慢而痛苦的杂技表演以逃脱牢笼"[26]。

　　这趟列车还像时钟一样准时。如果是一列伦敦通勤列车的话，那么这种特质可能还会让人赞赏，但在战争中，这就是一场灾难。埃斯特科特的一名军官写道："日复一日，通常在同一时刻，这列装甲火车……会像往常一样在无人护送的情况下穿越前沿哨所，冒着烟、喘着气，向拥有千里眼、顺风耳的布尔人宣告它的到来。"[27] 尽管用阿特金斯的话说，每天早上看着它离开车站是"我们在埃斯特科特的生活中最主要的乐趣"[28]，但等待它回来的过程却一直是普遍焦虑的源头，最不焦虑的是那些早前一天已经被迫坐过它的人。一名军官后来回忆说："乘员们从四周的铁板上爬下来时，简直是如释重负，他们相互庆祝，至少在一段时间里，不会再轮到他们乘坐这台奄奄一息的战争机器了。"[29]

　　尽管丘吉尔很清楚乘坐装甲火车的危险，但他已经决心要离开埃斯特科特，到距离莱迪史密斯尽可能近的地方去看看，因此，就在抵达埃斯特科特几天后，他把手枪塞进腰带，然后爬上了装甲火车。之所以做出这一决定，部分动机在于埃默里也要去，而丘吉尔不打算让这个《泰晤士报》记者兼室友看到一些他看不到的战争场面。不过，即使埃默里不去，几乎可以肯定丘吉尔也会去。错过机会可不是他的性格，尤其是这个机会有可能让他获得优势，而且有可能让他陷入危险。他写道，一个男人"应该不惜一切代价去往前线。因为在每50个表示愿意参军的人里……只有1个人是认真的，会不怕麻烦、甘冒风险去往前线"[30]。

106　　装甲火车有着某种让人感到浪漫和兴奋的诡异特质，对于一个像丘吉尔一样无比热爱对军事力量的惊人展示的人来说尤为如此。这与刺刀上反射着阳光、手套白得刺眼的士兵和军官们列队走过伦敦街头接受检阅的场面——他曾经对此赞不绝口——相去甚远，但它具有一种只能在偏远土地上找到的奇特气场。丘吉尔在埃斯特科特写道："一列装甲火车！这个名字本身听起来就很怪异。一列伪装成游侠骑士的火车；身穿骑兵服饰的文明代言人。即使莫利先生穿上兰斯洛特爵士的衣服，也不会显得更加不和谐。"[31]

*　　　*　　　*

丘吉尔和埃默里乘坐的那趟列车于 11 月 8 日下午 1 点从埃斯特科特驶出，咣唧咣唧地沿着去往莱迪史密斯的铁路线行驶。尽管他们在路上经常停下来询问当地人，并且与他们的侦察兵进行了联系，但这列火车还是相对快速地穿过了空旷的平原，直到抵达一个名叫奇夫利（Chieveley）的小镇。从那里开始，他们就不得不显著放慢了速度。丘吉尔写道："越过奇夫利以后，就有必要进行更加谨慎的观察了。"[32]火车沿着铁轨一码一码地缓步前进。车上的人用野外望远镜和单筒望远镜仔细观察地平线，如果遇到桥梁或者涵洞的话，他们会停下来，爬出去仔细检查，然后才继续他们极度缓慢的行进。

当最终抵达莱迪史密斯以南不到 13 英里的村庄科伦索（Colenso）时，他们被眼前的景象惊呆了。这座小镇的英国人此前已经被迫撤走，整个镇子遭到了掠夺和彻底遗弃。有好几栋房子都被焚毁。原有居民的财产在街上散落得到处都是，在一条街的正中，还躺着一匹显然已经死去一段时间的马。马四脚朝天地躺在地上，肚子鼓得很大。在返回的路上，他们经过了一些懒洋洋地躺在地上的断裂的电报线、被揉成一团的电报

107 以及一处中断的铁轨，整个铁轨都被拽起，随意丢在路堤上。但他们没有看见一个布尔人。[33]

当他们那天晚上撤退返回到埃斯特科特的时候，士兵们在敞篷车厢里伸了伸懒腰，手上烟头冒出的烟雾很快就消失在筋疲力尽的机车扬起的阵阵黑烟里，他们对于能够活着回来感到如释重负。[34]对丘吉尔和埃默里来说，这趟旅程不仅极为冒险，而且是对时间的巨大浪费。埃默里厌恶地写道，这趟火车"在峡谷深处笨重地前行时什么也看不到，它的烟雾在几英里外就宣示了它的存在，而且在面对那些想要拆除火车背后铁轨的敌人时具有让人绝望的劣势"[35]。

尽管这趟乘坐装甲火车的旅程削弱了埃默里对埃斯特科特的指挥官的尊重，但它显著地改善了他对丘吉尔的看法。在这个漫长而危险的日子里，这个"红头发、长着雀斑的淘气鬼"所展现出来的只有勇气和决心。他们缓缓爬出所乘坐的车厢，并且立下誓言，尽管在这场战争中有很多种死去的方式，但这是他们最后一次冒着生命危险坐上装甲火车。[36]

第 10 章　遗憾与失策

在抵达埃斯特科特不久后的一天晚上，丘吉尔、埃默里与
阿特金斯在小镇唯一的街道上走着，这时，丘吉尔看到了一个
他从未期待会在这里见到，或者说以为也许再也见不到的人。[1]
由于天上只有稀疏的星光，地上也只有营火和偶尔出现的提灯
能够照亮泥泞的道路，因此，一开始很难看清那个人到底是
谁。不过，随着他越走越近，他的样子开始变得越来越清楚。
他有着深色头发、浓密而认真打理的胡须以及笔直的腰板。毫
无疑问，站在丘吉尔眼前的这个人是艾尔默·霍尔丹。

丘吉尔上一次听到有关霍尔丹的消息还是在"达诺塔城
堡"号上，当时，他朋友的名字在第一批战争伤亡名单上被
念了出来。如今霍尔丹就在这里，若无其事地走在埃斯特科特
的街道上，活生生的，虽然可能并不是完好无恙，但是看起来
还不错。很快，丘吉尔就清楚地认识到，到目前为止，霍尔丹
在南非度过的时光比他自己要有趣得多。

霍尔丹比丘吉尔早一个月启程前往南非，很快就置身于战
争最开始的几场战斗中。10 月 21 日，也就是佩恩·西蒙斯受
到致命伤的第二天，在发生于莱迪史密斯和邓迪之间的埃兰兹
拉赫特战役中，霍尔丹被步枪子弹击中。在那场战斗中，有
70% 的英军士官或死或伤，因此，他能捡回一条命实属万幸。
他腿部受伤，手术进行得很匆忙，因为他急于赶上自己的部

队，即当时已经撤回莱迪史密斯的戈登高地兵团（Gordon Highlanders）的一个营。霍尔丹的腿尚未痊愈，因此他明显有点瘸，虽然只是暂时的。此外，他还像丘吉尔一样，被困在了埃斯特科特。直到与自己人会合之前，他负责指挥都柏林火枪兵团的一部分士兵。[2]

对于能够见到在鬼门关走了一遭的老朋友，丘吉尔感到很高兴，但他也不禁羡慕起霍尔丹的战斗经验和在战争中的地位来。与过去同为军队一员时不同，丘吉尔如今只是一名记者，一个只能在周围盘旋的观察者，而霍尔丹却是一个真正的参与者。丘吉尔几年前从马拉坎回国后曾写道："我从来没有怀疑过［电报线的］哪一端才是应该待的地方。比起接受新闻而言，制造新闻更有意思；做一个参与者比做一个评论者更有意思。"[3]

*　　　*　　　*

尽管丘吉尔此前在接近战争方面运气不佳，但在 11 月 14 日，战争似乎终于来找他了。那天上午 11 点，就在他那次装甲火车之旅的不到一周后，一门警戒炮的震耳炮声震动了整个埃斯特科特。那门炮一直被放在营地大门前距离炮兵阵地 100 步远的地方，目的是警告而不是杀死其他人，但突然响起的爆炸声与正在朝莱迪史密斯开火的布尔人野战炮一样令人震惊和恐惧。即使在经历了持续数周的紧张等待，以及无休止地讨论敌人会何时以及会如何进攻后，人们仍然很难相信布尔人终于来了。

在最初的震惊过后，士兵们没有浪费一秒钟时间，立刻起身组织防御。阿特金斯写道："转瞬间，整个营地就像活了一样。士兵们迅速把腰带扣好，背带挎过肩膀，头盔戴在脑袋上，拼命地扎紧绑腿。"[4] 由于上级还在 60 英里外的彼得马里茨堡，查尔斯·隆上校（Colonel Charles Long）不得不暂代指挥职责，他很快就与参谋们一起走到小镇唯一的街道中央，焦急地用他的野战望远镜望向前方，而就在此时，他身边的风雨越来越大，天空变得阴沉，凛冽的风雨抽打着帆布帐篷松动的边缘。除了低矮山丘上的模糊人影以外，隆几乎什么也看不见，这些人影因为距离远和薄雾而有些难以辨认，但是布尔人就在那里，点缀着地平线，预示着会在任何时候向英军士兵冲过来。

　　自行车侦察兵带回了布尔人进攻的消息，他们把步枪挎在背上或者用宽阔的皮带捆在坐垫下面，尽可能快地踩着踏板，单薄的自行车上已经沾满了厚厚的泥土。前一天，有一个新的营——西约克郡兵团（West Yorkshires）的一个营——来到这里巩固小镇的防御，而在那天早上，彼得马里茨堡派了三门大炮过来，其中有两门长长的 12 磅舰炮和一门 9 磅炮。[5] 不过，士兵们丝毫没有幻想过自己能够突然具备与对面几万名布尔人旗鼓相当的实力。他们绝望地想要做任何事来应对威胁，但似乎任何人，尤其是隆，都不知道究竟该做什么。埃默里写道："除了村子里的一小部分地方，整个营地都笼罩了一层紧张得令人窒息的不稳定气息。布尔人巡逻兵的出现……导致营地里出现了令人紧张的犹豫不决，让那些用心观察的人感到沮丧，对那些认真思考战役前景的人来说，也充满了不祥之兆。"[6]

　　隆似乎既无法做出决定，又对如果犯错可能造成的后果恐惧不已，因此几乎没有展现出一个冷静、自信的指挥官的形象。上一刻，他可能还坚定地认为无论面临多么严峻的兵力劣势，手下都会坚守阵地，下一刻，他可能就已经在火急火燎地下令所有人收拾行李准备撤退了。埃默里写道："一瞬间的信心就能让帐篷在已经被倾盆大雨变成沼泽的地面上再次搭起。而一团沮丧的疑云再次飘过，白色帐篷就会再次收起，打包行李的工作再次继续。"[7] 他们周围的拉绳都已经被松开，一分钟前还像一顶坚挺的白色印第安帐篷一样直立的钟形帐篷如今已经垮在了地上，侧面的帆布像风帆一样在潮湿的风中飘动。[8]

大多数士兵都被派去与布尔人正面交锋——包括霍尔丹的都柏林火枪兵团、边防兵团、西约克郡兵团以及骑兵部队等。他们以安静的射击队列在草原上展开，等待敌人的到来。雨水从他们高耸的头盔上不停滴下来，潮湿的地面让他们的卡其色上衣显得颜色更暗，似乎还深入到他们的每一根骨头里。尽管紧张又痛苦，但他们这时至少已经对瓢泼大雨不再陌生了。在非洲南部的高地草原，夏季就等同于雨季，很少有哪一天这些人不被猛烈的午后雷暴雨侵袭的，暴雨不仅让他们被淋得湿透，而且经常让他们生病。乔治·沃灵顿·斯蒂文斯在描写英军士兵在南非的可怜处境时说："天哪，可怜的汤米。他浑身湿透，打着喷嚏，眼泪鼻涕直流，既透着勇敢，又透着悲惨。"[9]

士兵们还非常容易受到闪电的袭击，这些闪电划过天空，就像是信仰坚定的布尔人相信会来保佑他们的上帝之指一样。一名英军士兵后来回忆说："我看到一道闪电从高高的天空朝我直奔而来。随后，在我看来，它就像是径直朝着我的脑袋劈下来一样。闪电像是圆形的，颜色是粉色的。我的头顶遭受了一记重击，就像是被大锤打了一样。"[10] 在另一起事件中，有四个人在帐篷里睡觉时遭到闪电袭击。一名记者后来写道："电流似乎穿过了这几个人的腿，从屁股的位置穿出去，造成了严

重的烧伤。"最后，在整场战争中，共有 86 名英军士兵遭到
闪电袭击，其中很多人都没能幸存。[11]

降雨是如此频繁和剧烈，以至于干燥而灰尘漫天的草原变
成了一片泥泞的海洋，而士兵们则几乎变成了怪物。被称作绑
腿（puttee）——这个词源于印度语单词 patti，意为"绷
带"——的长布条上沾满了泥土，这让他们的腿变得异常重，
在太阳底下会渐渐变得僵硬开裂，无论是哪种情况，都会让他
们几乎无法行走。斯蒂文斯写道："至于靴子，你只能从士兵
们双脚周围层次分明的泥球来判断他们还穿着靴子。从他们卡
其色上衣的裂缝里能够看到白色皮肤；但是如果光看他们脏兮
兮的双手和脑袋，你可能会认为他们一半是红色人种，一半是
黑色人种……只有眼睛还保持着原样——天蓝色、目光坚定、
冷酷、明亮，透露着不可征服的色彩，毫无疑问是属于英国人
的眼睛。"[12]

然而，在山中待了几个小时后，士兵们回来了，没什么迹
象显示他们在那里经历的时光和痛苦。只有机动步兵与敌人发
生了遭遇，即使是这样，他们也只是与大约 100 名布尔人互射
了"30 发无害的子弹"，阿特金斯嫌弃地写道。当他筋疲力
尽、神情沮丧、浑身湿透地回到埃斯特科特时，整个营地里到
处都是既不兴奋也不放松，而是有些"坐立不安"的人。他
写道："整个营地弥漫着一股犹豫不决的气氛，而犹豫不决往
往与士气消沉是密不可分的。"[13]

那天晚上，丘吉尔邀请隆同他和阿特金斯共进晚餐，隆曾
经与他一起在苏丹服役，并且曾经在恩图曼战役中负责指挥炮
兵部队。尽管仍然大雨如注，但隆仍然下令手下不许支帐篷，
直接在地上睡觉，这样他们就能随时做好准备，一声令下就能

撤退。这些记者是少数几个获准保留帐篷的人，他们与隆坐在一起，隆一边喝丘吉尔的酒，一边谈论布尔人对埃斯特科特的进军，双手不断地搓着，显示出痛苦且——对丘吉尔来说——令人恼怒的犹豫不决。在帐篷背后，他们能够听到沉重的金属撞击声，以及士兵们为大炮装填弹药时发出的咕哝声，士兵们此前已经被告知第二天即将进行全镇疏散，现在正在为此做准备。

最后，丘吉尔再也无法忍受隆那紧张的犹豫不决，突然开始插话。阿特金斯后来写道，丘吉尔"用一种毫不客气的信心对上校说话，我既感到羡慕，又感到有些不妥"，但丘吉尔还是向上校提出了他的看法。尽管丘吉尔比隆年轻得多，经验也不像隆那么丰富，甚至都不是军队的一员，但这并没有让他有丝毫的犹豫。阿特金斯写道："他对于权威没有多少尊重，也对上级没什么敬畏，他把他们当成同龄人，甚至是比自己更年轻的人来说话。"14

丘吉尔对隆说：你应该留在埃斯特科特。布尔人的总司令朱伯特很谨慎，不太可能现在就采取行动。他们的阵地很安全，因为它处在图盖拉河的南岸，那是一个等待布勒到来的好地方。如果离开埃斯特科特，领着布尔人前往彼得马里茨堡，将是"一个遗憾和失策"15。

当隆最终说出晚安的时候，无论是丘吉尔还是阿特金斯，都不知道丘吉尔的话是否对他产生了任何影响。不过，就在他走出视野后不久，半个小时前就已经停止的金属撞击声突然又开始响了起来。这几名记者冲出帐篷，欣慰地看着刚刚结束装备打包的士兵们又开始进行烦琐而痛苦的拆包过程。阿特金斯写道："这只能有一个解释，那就是我们将留在埃斯特科特。"

丘吉尔微笑地看着他的朋友，得意扬扬地说："我做到了!"
思考了一秒钟后，他用一种让阿特金斯感到惊讶的慷慨姿态
说："是我们做到了。"[16]

*　　　*　　　*

正如阿特金斯后来写的那样："应该不再有撤退，不再有
痛苦的夜行军，不再有军事上的耻辱。"[17]然而，隆意识到，那
天已经出现了一个个人的耻辱：他自己的。他不合时宜地暴露
了一名英国指挥官的弱点，因此，他孤注一掷地想要纠正这一
印象，无论以什么为代价。他毅然决然地宣布"在离开埃斯
特科特之前'自己将保持怎样的态度'"，他誓言，"如果布尔
人第二天就想打仗"，那么他已经做好了战斗的准备。

那天夜里晚些时候，午夜前不久，丘吉尔的老朋友艾尔默·
霍尔丹惊讶地发现他营里一个名叫汤姆·弗兰克兰（Tom
Frankland）的年轻军官给他带来了一封来自上校的口信。[18]弗兰克
兰对他说，他被要求立刻到旅指挥部报到，接受一项任务。与丘
吉尔不同，霍尔丹并不认识隆。事实上，他甚至从未见过隆，但
他能够猜到为什么上校会召他前去。该轮到他来指挥装甲火车了。

霍尔丹"带着惴惴不安的心情"走向隆的帐篷。尽管他早
就准备好拿自己的性命冒险，但他不愿把手下士兵的性命交到
一个明显不知道自己在做什么的人手上。霍尔丹写道："如果他
对于火车所在的这个国家有任何的了解，他肯定会修改如此不
恰当的命令。在距离铁路线很近的地方可能早已隐藏了敌方大
炮，敌人将在那里毫无预警地进行射击。"然而，正如霍尔丹猜
测的一样，他一走进隆的临时办公室，上校就告诉他，他将在第

114

二天清晨乘坐装甲火车外出，"就好像是在给他什么好处一样"[19]。

霍尔丹低头走出隆的帐篷，既愤怒又无奈，这时，他抬头看见丘吉尔正与一群记者站在一起，"四处徘徊，想要打听到一些消息"[20]。他语气坚定地把他的任务告诉了丘吉尔，丝毫没有试图假装他赞同指挥官的决定。[21]他后来写道："根本不需要我指出就能知道，只要一个人骑着马就能完成他所指派的任务。这简直是荒唐透顶。"[22]霍尔丹说，隆做出了一个灾难性的决定，很可能以悲剧收场。不过，他对丘吉尔说，如果丘吉尔愿意冒险的话，很欢迎丘吉尔一同随行，似乎完全忽略了另外两名记者的存在。

在第一次乘坐过装甲火车后，丘吉尔尝试了能够想到的其他所有方法来从莱迪史密斯获得消息。他甚至试图雇用一名向导来带领他进入这个被围困的小镇。当有消息说，丘吉尔愿意给任何足够勇敢或者足够疯狂、愿意考验一下布尔人的人支付酬劳时，纳塔尔卡宾枪兵团里一个名叫帕克·格雷（Park Gray）的年轻士兵决定接受这项工作，他在成长过程中一直热衷于在埃斯特科特和莱迪史密斯之间进行狩猎，被广泛认为是一名神枪手。格雷多年后写道："当我去找他时，他正坐在一顶帐篷里，他给我留下的印象是一个孤独而年轻的英国人，非常年轻。他有着许多南非女孩都会嫉妒的肤色，尽管比我大四岁，但他看起来只有十七八岁的样子。在我告诉他来找他的目的之后，他变得充满了活力。"然而，格雷的指挥官在这趟冒险开始前就及时制止了格雷。他对格雷说，他"不会让任何一个人带领一名该死的战地记者进入莱迪史密斯"，更别提他手下最好的步枪手。[23]

格雷后来回忆说，丘吉尔"在听到我告诉他的这个消息后非常失望"[24]。他既无聊又失望，而且，正如他后来承认的那样，"急切地想要找些麻烦"[25]。当他看到霍尔丹离开隆的帐篷时，即使是装甲火车也开始看起来十分吸引人。即使这不是一个好主意，至少也是一个有趣的主意。丘吉尔后来写道："我二话不说地接受了这一邀请。"[26]

＊　　　＊　　　＊

丘吉尔那个虽然游历广泛但也长期受苦的贴身男仆托马斯·沃尔登在第二天凌晨 4 点半把他叫醒，这时已经下起了雨。埃默里虽然已经决定违背自己的最佳判断，陪丘吉尔再次登上那趟列车，但他看了一眼帐篷的门帘，发现大雨正咚咚地敲击着帆布表面，因此，他在睡袋里一动不动。尽管火车预定于早上 6 点出发，但在所有离开埃斯特科特的行程中，它从未真正在 8 点钟以前出发过。埃默里在闭上眼睛重新入睡之前对丘吉尔喃喃地说："花上两个小时站在 300 码外的铁路岔道上被雨淋湿没有任何意义。"[27]

已经起床并且准备出发的丘吉尔决定跑到铁道边，确认一下火车是否会准时离开。离开前，丘吉尔叫醒了阿特金斯，问他是否愿意一起去。尽管阿特金斯与丘吉尔一样渴望获得来自莱迪史密斯的消息，但他还是拒绝了这一邀请。他说，他的工作是从英国的视角讲述战争故事，如果他被布尔人抓了的话，编辑会"把一切都怪在他身上"。在认真听完后，丘吉尔严肃地对阿特金斯说，尽管他对这种说法表示赞同，也知道他自己的理由完全没有逻辑，但他有"一种感觉，一种直觉，如果我去的话，会发生一些事情的"[28]。

116

那列火车在昏暗的晨曦中看起来比原本的样子更加威严和坚固，当丘吉尔靠近它时，他惊讶地发现，车辆已经整装待发了。想要赶紧把任务执行完的霍尔丹坚持要求提前出发。已经没有时间回去找埃默里或者改变主意了。

在快速评估局势后，丘吉尔与霍尔丹一道爬上了火车的第一节车厢，在这里，他将有最好的观察视角。[29]已经在车厢里的是一门一天前从彼得马里茨堡运来的 7 磅炮和四名来自皇家海军"鞑靼"号驱逐舰（HMS Tartar）的水手，他们将负责在需要的时候操作这门大炮。在他们身后，在铁轨上延伸过去的是为数不多的车厢和一大群人。它们分别是另一节装甲车厢、带有宽嘴黑烟囱和狭小煤水车的机车、另外两节装甲车厢，最后还有一节矮围挡的普通车厢，里面装有很多工具和材料，用来在铁路线被破坏时对其进行修理。

当士兵们试图爬上装甲车厢时，他们有一些犹豫并遇到了一些困难，但当他们知道自己不仅很容易受到攻击，而且在攀爬高高的铁板时还是众人嘲笑的对象时，他们立马加快了速度。[30]霍尔丹的都柏林火枪兵团用尽全力抓着车厢侧边，纵身翻越了第一节车厢的顶端，他们卷好的毛毯挂在他们背上交叉着的吊袜带上。然而，他们的人数太多了，车厢里塞不下，因此，有一个小分队不得不走到后面，爬进机车后面的一节装甲车厢里，与德班轻步兵团的一个连和一小群平民挤在一起。他们还带了几名铁路工人和一名电报员随行，这名电报员带了一个小型设备，目的是让霍尔丹可以在沿线路过的车站使用电报线向隆传回讯息。

117　　几分钟后，火车从车站里缓缓驶出，大雨无情地打在挤在敞篷车厢里的高耸的卡其色头盔上。作为布勒参谋中的一员以及霍雷肖·基奇纳中将（Lieutenant General Horatio Kitchener）的幼弟，沃克·基奇纳上校在旁边站着，震惊地看着这一幕。直到那天早上他都还不知道，在前一天已经在距离埃斯特科特如此近的地方发现了布尔人的情况下，隆还打算把火车派出去。基奇纳找到隆，直言不讳地说，他估计再也见不到这些消失在远方的人了。他对隆说："把这列火车派出去，就等于让火车上的人去送死。"[31]

第11章　落入虎口

　　最开始的 14 英里，丘吉尔什么也没看见，除了在他眼前展开的辽阔而似乎空无一人的草原。他写道："在纳塔尔辽阔起伏的土地上，没有任何敌人的迹象，甚至没有任何生命或者物体运动的迹象。"[1]对习惯了沼泽和森林、田野和牧场的欧洲人来说，这片辽阔的土地除了平坦、灌木丛生的地形以外似乎没有什么变化。倒是有一些小山丘，但是它们非但没有缓和单调的景观，似乎还加剧了这种单调性。一名布尔战争时期的历史学家写道："如果只能把草原比作海洋的话，那么小山丘……就像从热带群岛海域蓦然升起的一座与世隔绝的小岛。"[2]不过，尽管看起来似乎单调得几乎让人昏睡，但这片草原上其实有成千上万个敌人可以隐藏的地方，包括山丘和山谷、凹地和偏僻角落等，事实上，他们的确正隐藏在那里。

　　与英国人截然不同的是，布尔人对于隐藏自己丝毫不感到羞耻。相反，对他们来说，拿着上帝赐予他们的生命去冒险，仅仅是为了追求所谓的个人荣耀，或者用他们敌人的话说，为了满足某种无法理解的英国式虚荣心，才是真正的耻辱。对他们来说，战争并不是一次令人兴奋的冒险，而是冷酷无情、无法逃避的毕生事业。埃默里写道，布尔人"以一种有条不紊的方式在杀人，就像是在杀危险的野兽一样，在他们看来，死在敌人手中比死在狮子口中并不更加令人感到光荣"[3]。

布尔人对草原的里里外外都非常了解，熟悉这里的每一条河、每一个山丘、每一块巨石和每一片树丛，他们会利用一切可能的遮蔽物来尽可能接近敌人而不被发现。当地面上没有自然地貌来遮蔽他们时，他们会自己制造遮蔽物。[4]他们会利用石堆来建造矮墙，作为小型遮蔽物。他们会挖掘又深又长的战壕，有些战壕的长度甚至达到 30 英里，他们还会用草叶和树枝来伪装自己，其技术之高超，即使对于一名处在步枪射程内的英国狙击手来说，他们都像是无缝融入了周围景色一样。

在他们简朴的皮质背包里，还有一样几乎可以确保他们隐身性的东西，即使是开枪之后也是如此，那就是无烟火药。炸药的发明人阿尔弗雷德·诺贝尔在 12 年前为一种无烟火药申请了专利，这种火药让战争发生了巨大变化，让追踪狙击手变成了一项几乎不可能完成的任务。这种发明所产生的影响如此巨大，以至于一年后，在意外看到他自己的讣告后——令他震惊的是，讣告的标题为"贩卖死亡的商人死了"——这位瑞典发明家决定设立诺贝尔奖。

与几乎生来就是神枪手的布尔人不同，这对英国人来说完全就是一个全新的世界。他们对于一个人躲藏在远处进行射击——而不是站在一目了然的战斗阵型中射击——感到十分陌生，甚至连"sniper"（狙击手）这个词对他们来说都是新的。这个词最早诞生在印度，那里的火枪手在射术足够娴熟，能够击中一种名为"snipe"（沙锥鸟）的鸟后，就会被称作"sniper"，这种鸟之所以很难射中，是因为它身形很小，而且飞行轨迹变化无常。就在几年前，丘吉尔本人首次在出版作品，也就是他的著作《马拉坎野战军的故事》中使用了这个词。这个词对他来说如此之陌生，以至于他每次写到它，都会加上引号。

然而，英国人丝毫不赞赏布尔人游击战术的有效性，反而嘲笑他们的无耻和胆小。南非的一名英国侨民在写给纳塔尔一份当地报纸的信中轻蔑地说："布尔人唯一的作战方式……就是趴在石头后面，像跳羚一样瞄准射击他们的敌人，自己却被保护得好好的。毫无疑问，这是一种明智的作战方式，但完全让我们钦佩不起来。"[5]一名真正的士兵不会像动物一样藏在树丛里。他会站在开阔地，像一个男人一样面对死亡。

对英国人来说，战争中最重要的是浪漫和勇气。他们最喜欢的莫过于一套精心熨烫的制服、一块练兵场和一条笔直的战线。在一年时间里，英国士兵最多只会花2个月来进行真正的战斗训练，另外10个月都用来列队行军、整理制服、服侍他们的军官，对军官来说，他们既是厨子，又是贴身男仆、勤杂工和园丁。埃默里写道："真正的战争被故意忽略了。没有人在真正为战争做准备，没有人清楚地认识到，战争是军队存在的唯一目的和目标。取而代之的是……一种模糊的自信，认为英国人的好运和勇气始终会在由神秘莫测的外交政策导致的任何战争中让他们无往不胜。"[6]

取代战斗训练的是对人格和勇气的强调，这种强调如此之极端，以至于几乎容不下其他任何东西。尤其是英国的军官们，他们不仅被要求要英勇无畏，而且还要展示出对自身安危的完全无视，这种作战方式常常会导致他们过早死亡，尽管这种死亡常常广受赞颂。佩恩·西蒙斯将军远不是唯一因为拒绝寻找掩护而阵亡的英国军官。所罗门·普拉杰（Solomon Plaatje），一名南非土生土长的知识分子、记者兼政治家，在观察了战争中英国军队的表现后写道："这些经验丰富的士兵从来不关心子弹以多快的速度在身边飞过。他们在枪林弹雨中坚定前行，比我们在大雨中行进更加无所顾忌。"[7]

随着世界的改变，战争也在发生着变化，即使是英国军队也不得不进行一些调整，但这些调整却让他们很难接受。最为痛苦的变化是取消了原有的鲜红色上衣，正是这种上衣，让他们获得了"红衫兵"（redcoat）的骂名。这种红色上衣最初是具备实用性的，让他们能够在无烟火药发明前的硝烟弥漫的战场上迅速找到彼此，英国人从他们的传统制服中还获得了巨大的自豪感，因此十分讨厌新式制服。他们不仅不得不穿着色泽沉闷、平淡无奇的卡其色上衣——卡其（khaki）这个词源于乌尔都语（Urdu），意为"灰尘"——还被禁止佩戴闪亮的勋章，并且被下令将他们的佩剑、剑柄和剑鞘也涂上卡其色。他们抱怨说，这种新制服让他们看起来与其说像军官，不如说像公交车司机。

不过，无论他们喜欢与否，在一场接一场的战斗中，英国人都在从布尔人那里吸取经验教训。他们开始认识到融入周围环境、做到安静和迅速，甚至低头躲避的优势所在。乔治·沃灵顿·斯蒂文斯在莱迪史密斯写道："这场围攻战结束后，这支部队将成为世界上最优秀的部队。我们每天都在从布尔人身上吸取经验教训。我们正在逐渐熟悉这场游戏，学习如何自己玩这场游戏……只有被枪射中才能教会人们寻找掩护的本领。"[8]

*　　　*　　　*

就算是穿了卡其色的制服，也给佩剑涂上了卡其色，装甲火车上的人们仍然不得不痛苦地意识到，他们对任何人而言都是一目了然，更别提对布尔人了。在平坦的地貌和乱石密布的小山丘的映衬下，这列火车显得尤为突出，用丘吉尔的话说，看起来就像"一条长长的蛇，在斑点密布的两侧伸出了许多支步枪"[9]。火车沿着铁轨发出巨大的声响，空中拖着一条长长的烟雾，布尔人如果看到的话，一定会以为英国人是在向他们发信号，告诉他们应该向哪里发动进攻。埃默里写道："很难找到比这个死亡陷阱更好的目标了。"[10]

事实上，路易斯·博塔就站在不远处的一座小山丘上，身边还有约3000人和4门野战炮，他静静地听着这列比平常到得略早的火车沿着众所周知的路线前往科伦索。就在丘吉尔过去两周一直想方设法试图靠近莱迪史密斯的同时，博塔也在一步步逼近埃斯特科特。似乎他们注定要在中间某个地方相会。

如果博塔能够随心所欲地行事的话，他们早就相遇了，但是他和所有布尔自由民一样，都遭到了朱伯特的阻拦。尽管这位和蔼、年迈的总司令因为在近20年前第一次布尔战争中的英勇卓越表现而倍受尊崇，但他对和平的期盼以及始终坚持的理念还是引起了许多布尔人的非议，他坚持认为，虽然他们是被迫参战的，但应该以最大限度的同情心和修养来约束自己的行为。

朱伯特甚至禁止他的手下袭击撤退中的英国军队，他认为利用敌人的不幸是错误的行为。在一次胜利后，让手下军官大为失望的是，朱伯特禁止他们跟踪撤退的英国军队，这些英军最终在没有受到什么阻挠的情况下到达了莱迪史密斯，也就是怀特的保护之下。当被问及为什么不让手下结束那项开始得如此成功的作战任务时，朱伯特引用了一句著名的荷兰谚语作为回应："当上帝伸出一根手指，不要抓住整只手。"[11]

即使是深受朱伯特信任和赞赏的博塔也很难让他相信，如果布尔人想要击败英国人，就不能仅仅是防守自己的土地。他们必须发动进攻。最后，在博塔持续数周的不懈施压下，朱伯特终于同意他深入纳塔尔，并且带上所需的人马和武器，让英国人领教一下与布尔人作战到底意味着什么。

＊　　　＊　　　＊

装甲火车的行动十分缓慢，花了大约一个小时才抵达第一个车站弗里尔（Frere），这是一个规模不大的定居点，有一座铁桥跨越布洛乌克兰茨河（Blaauwkrantz River）。到了这里，霍尔丹已经准备掉头回去了。尽管他们还没有见到任何布尔人，但距离图盖拉河越近，这种情况就越有可能发生改变。

然而，不知为何，他知道自己还会继续往前走。尽管霍尔丹是火车上的指挥官，但他身边有另一个人，这个人对于这趟旅途的目标以及他们应当冒的风险的看法比他的看法更加有力，更加诱惑人。霍尔丹后来写道："如果我当时是独自一人，身边没有我冲劲十足的年轻朋友丘吉尔的话……我也许会在把自己送入虎口之前再三考虑。但我被他的激情所打动，偏离了应有的审慎态度。"[12]

尽管霍尔丹不太情愿，但火车还是继续缓缓前行，经过弗里尔，前往下一个车站，一个名叫奇夫利的微不足道的前哨站，除了一个月台和一个电报站以外什么都没有。就在驶入车站前，丘吉尔和霍尔丹在远处看到了他们既害怕又期待的一个景象：清清楚楚的布尔人方阵。丘吉尔写道："一座狭长的山上分布了一排黑色斑点，显示出我们的前进将会遭遇麻烦。"[13]布尔人还在一英里外，但可以看到他们大约有 100 个人，还带着一群拉着车的公牛，毫无疑问，车上装载的是野战炮。丘吉尔还发现，他们正在向南移动。他写道："他们肯定是布尔人，肯定已经在我们身后了。他们会对铁路线做什么呢？"[14]

＊　　　　＊　　　　＊

丘吉尔和霍尔丹不知道布尔人有什么企图。但他们知道，这些布尔自由民不仅可以在隐藏自己时让敌方几乎完全看不见，还可以在需要的时候以极快的速度行动。每一个布尔人都有一匹马，而这匹马对草原的熟悉和适应程度不亚于它的主人。在不得不下马步行的时候，英国的骑兵部队会留下一名士兵来照看马匹，而布尔人的马匹则会自己停留在原地，直到主人回来。[15]尽管布尔人也对他们的马匹予取予求，经常在一天内骑着它们穿行 60 英里，但他们总是确保这些马匹的负重很轻。一名英国骑兵和他的装备总重很少轻于 400 磅，而一名只携带一个马鞍、一杆步枪、一床毛毯和少许食物的布尔人的重量只有一名英国骑兵的一半。

布尔人与英国士兵的差别同双方马匹的差别一样大。事实上，博塔带领的很多人在英国人眼里可能都算不上是一名士兵。他们之中的很多人尽管有着娴熟的技巧，能够熟练使用步枪、驾驭马匹，也对这一地区有着深入的了解，但达不到加入英国军队的标准。在战争中跟随布尔人进行报道的美国记者霍华德·希莱加斯（Howard Hillegas）写道："布尔人的军队里有些人只有一条胳膊，有些人只有一条腿，还有些人只有一只眼睛。有些人甚至几乎全盲，还有一些人如果能听到步枪的开火声的话，可能都会感到欣喜若狂。"[16]

布尔人没有办法享受那种奢侈，拒绝那些想要参战的人，即使可以拒绝，他们也从来没有想过要这么做。他们都是自由人——可以自由地拒绝命令，在战斗白热化的阶段做出自己的决定，而且无论他们身体状况良好或者有恙、四肢健全或者严重残缺，都能自由决定是否参战。不管身体状况如何，他们都能够进行射击，并且像其他任何人一样杀死一名英军士兵。

　　一越过奇夫利向南行进，布尔人就开始将计划付诸实施，而此时的装甲火车仍在继续向北而行。他们的草帽在雨中垂了下来，雨水不断从草帽上流下来。他们的动作很快，他们小心翼翼地藏在横亘在他们与前往奇夫利的铁路线之间的小山丘背后。大约在距离弗里尔 1.5 英里的地方，有一个长长的斜坡，这个斜坡不仅很陡，而且在距离底部很近的地方有一个急弯。事实上，这个斜坡的坡度如此之陡，转弯幅度如此之大，以至于铁轨上不得不装上一根导轨，以防止列车在转弯过快的时候脱轨。不过，博塔的计划正是要让这列火车脱轨。他命令手下找到尽可能多的石块，指挥他们在导轨和铁轨之间填满石块，以让火车在下山转弯的时候在石块上发生侧滑，并且像他希望的那样脱轨。[17]

　　唯一不受他们控制的因素是火车的运行速度。不过，博塔不是那种喜欢听天由命的人。一旦石块在导轨上铺好，他就下令手下把大炮架到铁轨两侧的山丘上。当火车到达陡坡顶端的时候，他们将用一阵枪林弹雨招呼过去，火车司机会采取一切办法逃离，而他只有一条路可走：尽可能快地向山下疾驰而去。

　　在工作结束的时候，雨仍然在下，不过布尔人不在乎这个。他们伸直身子躺在湿漉漉的草地上，拉低草帽，拿出烟斗。他们静静地吸着烟，耐心地等待猎物的归来。[18]

125

第 12 章　阴森而邪恶的死神

126　　　火车缓缓停进奇夫利车站，霍尔丹的脑海里还在回想着一英里外看到的布尔人，这时，他的沉思突然被身边的电报员打断，后者给他递来了一份隆发来的电报。电报上写着："留在弗里尔进行观察，保护你的安全撤退通道。要记住，奇夫利车站昨晚被敌人占领了。"[1] 霍尔丹不记得布尔人前一天晚上来过奇夫利，因为隆——或许是无意，或许是已经下定决心要派出这列装甲火车——在他离开埃斯特科特前没有告诉他这一信息。不过，刚一抵达奇夫利，霍尔丹自己就能看出来布尔人来过这里。他写道："火车站的每一样东西都显示出遭到过敌人来访的迹象。"[2]

　　霍尔丹命令电报员把他们刚刚看到的东西报告给隆，并且告诉他他们即将返回弗里尔。[3] 紧接着，霍尔丹爬回到火车上。他向前倾了倾身子，按了一个按钮——这是与机车进行交流的唯一方式——向司机发信号，告诉他应该返回了。机车开始向反方向前进，霍尔丹和丘吉尔感觉到火车开始向埃斯特科特的方向颠簸地开动了，他们所在的这节车厢如今成了火车的最后一节，而不是第一节车厢。

127　　　霍尔丹知道，他此前见到的布尔人很可能就在前方等着，但除了时刻保持警惕以外，他此刻什么也做不了。当火车抵达距离弗里尔不远的一处山脊时，他发现左侧隆起的地貌阻挡了他的视线，因此按下按钮，告诉司机停车。[4]霍尔丹知道自己的腿伤使他没办法轻松爬上车厢高高的铁板，因此他把望远镜递给丘吉尔，叫丘吉尔去前方侦察。丘吉尔毫不犹豫地爬出了车厢，攀上了最近的一座山丘。他拿起望远镜放在眼前向前方望去，雨水让镜片变得模糊不清。只离开了几分钟，他就听到了霍尔丹尖锐的哨声，这是在匆忙提醒他要赶快回到火车上。

丘吉尔翻身进入敞开的车厢，双脚刚刚接触到地面，就有一枚炮弹从头顶飞过，差点打中他。当炮弹在他们身边不远处重重地砸在地上时，每个人都意识到，这肯定是一门砰砰炮（pom-pom）。美国发明家希拉姆·马克沁（Hiram Maxim）设计的这种大炮由于在发射时会发出类似咳嗽的声音而被戏称为"砰砰炮"，这是一种新式自动机关炮，炮弹虽然只有一磅重，但是能以每分钟 60 发的惊人速度持续射击。英国军队认为"砰砰炮"既不实用，效果也不好，因此拒绝使用，但它很快成了布尔人最喜欢的武器，因为这种炮非常轻便，易于移动，非常适合他们的游击战风格。乔治·沃灵顿·斯蒂文斯几周前就曾在一篇新闻报道中警告过他的英国同胞："这种恶毒的野兽总是隐藏在茂密的树丛里伺机待发，它将在那里向毫无防备的对手发射一连串炮弹。"[5]英国人很快就为自己的决定后悔不已，并且将在战争的晚些时候向南非运送 50 门砰砰炮。然而，此时此刻，他们一门也没有，而博塔却有两门砰砰炮直直地指向这列装甲火车。

霍尔丹匆忙按下按钮，告诉司机开始下山，随后他站稳身子，感受到列车开始加速时带来的让人欣慰的推力。[6]他后来写道，"随着速度越来越快"，他感到"相当振奋"。[7]丘吉尔站在货车尾部的一个箱子上，以便让他的脑袋和肩膀能够探出侧边

128

的铁板，得以很好地观察周围的地貌。[8]这时，他突然看到附近山丘上有一小群布尔人。几秒钟后，他看到另外的一些东西。"三个轮子的东西"，毫无疑问是野战炮，出现在他们眼前。片刻之后，亮得晃眼的黄色光芒就布满了天空，快速闪耀了10 次到 12 次。随后，又有两次闪光出现，这次光亮更大，紧接着还有一团巨大的白色烟雾"像一颗流星一样突然出现"。那是一枚开花弹，这是丘吉尔第一次见到，他后来写道，"几乎也是最后一次见到"[9]。

炮弹的轰鸣声仍在继续，接二连三的炮弹划过头顶，然后爆炸成一片蓝白相间的烟雾，就在这时，布尔人的狙击手也加入了战斗。丘吉尔从盒子上跳了下来，站到霍尔丹边上，他可以清楚地听到步枪子弹打在货车的铁皮围挡上的撞击声，就像是在马口铁罐头里炸爆米花一样。一名英国记者在莱迪史密斯写道，"当一切该说的都说完了之后，没有什么比步枪的开火声更能让人热血沸腾的了"，它"让人的心脏疯狂跳动"。[10]水手们匆忙将他们的重炮调转方向，面向敌人。丘吉尔的心顿时沉了下去，因为他发现，这个他几分钟前还以为会让布尔人"大吃一惊"的唯一的秘密武器不过是一个"过时的玩具"。[11]

火车的速度越来越快，它孤注一掷地冲下山坡，想要逃离布尔人的追赶，这时，一个念头划过丘吉尔的脑海，他突然惊讶而肯定地认识到：这是一个诡计。[12]他们正在冲向一个陷阱，唯一能够拯救他们的办法不是加速，而是减速。就在他转身向霍尔丹建议，找个人弯腰躲避子弹，跑到机车去告诉司机减速的时候，车厢突然发生了一阵巨大的晃动，所有人都摔倒在了地上。

　　　　　*　　　　　*　　　　　*

　　在霍尔丹躺在地上，因为爆炸的影响而恍惚不已，仍在努 129
力集中精神的时候，丘吉尔已经跳起身，自愿提出去侦察一下
发生了什么。他从货车侧边爬出去，落在地上，然后开始朝着
机车的方向跑去，子弹就在他的身边嗖嗖地飞过，头顶不时还
有炮弹飞过，发出深沉而刺耳的声音。

　　丘吉尔看到的第一件事是，火车不仅被击中了，而且已经
支离破碎。[13]博塔的计划产生的效果比他希望的还要好。第一
节车厢在撞上石块的那一刻，就被弹飞到了半空，整个翻了过
来，落在山脚下，造成车厢里的铁路工人或死或重伤。紧随其
后的那节装甲车厢沿着铁轨滑行了20码，随后发生侧翻，使
数十名士兵被抛到地面上，他们躺在地上或死或伤，都不得不
面临布尔人的枪林弹雨。处于机车前面的第三节车厢不知怎地
保持了直立，但它发生了扭曲变形，前半部分脱轨，后半部分
留在铁轨上，挡住了剩余火车的去路。

　　就在丘吉尔刚刚经过机车的时候，另一枚炮弹似乎就在他
的头顶发生爆炸，弹片飞得到处都是。感到害怕的火车司机从
驾驶室跳了出来，跑向倾覆的货车车厢，绝望地想要寻找掩
护。他的面庞因为愤怒而扭曲，他的脸被一块炮弹碎片划开了
一道很深的口子，正在流血。他向丘吉尔发泄了他的愤怒。丘
吉尔后来在回忆这名火车司机的话时说："他是一个平民。他
们以为他拿着薪水是来干什么的？难道是被炮弹炸死吗？他不
是这样的人。他不会再待哪怕一分钟。"[14]

　　丘吉尔意识到他们可能会失去司机，也就是唯一知道如何
挪动这列装甲火车剩余部分的人，因此，他说出了自己能想到

的唯一有可能说服司机回到机车里的话。他向司机保证："没有人在同一天被击中过两次。"丘吉尔还说，如果他爬回驾驶室并且履行自己的职责的话，他将因为"杰出的英勇行为而受到嘉奖"。这是一个难得的机会，一个每个英国人，无论是士兵还是平民，都十分渴求的机会，而且它可能再也不会出

130 现。令人惊讶的是，在认真听完丘吉尔的话后，司机拿颤抖的手抹了一把脸，擦掉血迹，然后爬回了驾驶室。丘吉尔写道："在那之后，他听从了我给他下达的每一道命令。"15

　　尽管很明显，他们已经没有办法再拯救前三节货车车厢了，但如果他们能够把机车当作锤子，把面前的车厢撞下铁轨，或许还能有机会逃脱。第三节货车车厢被卡在了旁边的第二节车厢和机车之间，但铁轨本身似乎完好无损，而且有足够的人还毫发未伤地活着，这给了他们一丝希望，尽管希望十分渺茫。丘吉尔写道，"这种安排给了我们平安回去的最好机会"，尽管"局面看起来相当无望"。16

　　丘吉尔突然转身跑向他自己的车厢，通过其中一个狭小的射击孔对霍尔丹大喊，解释了目前的情况和他制订的计划。17尽管丘吉尔给自己安排的是一个军事角色，但霍尔丹立刻就同意了这一计划。霍尔丹写道："我对他很了解，因此意识到，他不是一个能够在危急形势下冷眼旁观的人。"18他还知道，如果有任何人能够解救机车的话，那么一定是丘吉尔。与此同时，霍尔丹对他的朋友说，他会尽可能干扰布尔人的注意力。

　　即使是躲在装甲车厢里，霍尔丹和他的手下所面临的危险也一点都不亚于丘吉尔。尽管理论上说，四周的铁板应该能够保护他们抵御布尔人的猛攻，但他们很清楚，这些铁板所提供的保护不过是假象而已。丘吉尔本人也承认："任何一枚直接

命中的炮弹都会把它像纸片一样洞穿，炸死所有人。外面似乎还要安全一些。"[19]

就像是要验证这个理论一样，在丘吉尔离开后不久，一发炮弹击中了车厢，干净利落地洞穿了一侧铁板，几乎没有受到任何阻碍。[20]出于某种不可思议的幸运，它一直到穿过另一侧铁板之后都没有发生爆炸，不过，这只是命中车厢的许多炮弹中的第一枚。此后又有三枚炮弹洞穿了装甲，还有几枚炮弹在车厢外爆炸，每一次都造成了巨大的震荡，以至于所有人都被震倒在地。他们用野战炮发射了三枚炮弹来向布尔人的开火发起还击，但在发射第四枚炮弹之前，另一枚布尔人的炮弹直接命中他们的野战炮，使它连同被撞击成碎片的底座一起完全摔到车厢外面。颤抖而害怕的英军士兵艰难地守护着自己的阵地。霍尔丹承认："要想让车上的洞不断有人来修补，需要的不仅仅是口头上的劝说那么简单。我感觉，每一刻都可能是我们的尽头。"[21]

131

*　　　*　　　*

敌人很快就从三面包围了失事的火车，加强了攻势，车里的人则在疯狂地寻找掩护。[22]在接下来的一个小时里，丘吉尔时而沿着火车来回奔跑，试图将它解救出来，时而站在开阔地，给惊慌失措的司机下达指令，始终处在战斗的最前沿。如果铁路工人没有或死或逃的话，如果他们的工具没有散落在草原上——有的落在树丛里，有的滚入沙坑中——的话，他的工作可能会轻松一些。在现有情况下，清理铁路线将是最为艰巨的工作之一，而在丘吉尔的心中，这也是他年轻生命里最为刺激的时刻之一。他起身迎接挑战，就像是一直在等待这样一场灾难一样——从很多方面来说，他确实一直在等待。两年前，在印度时，他给母亲写信说：“我对我自己十分了解，知道我性格里俗气和阴暗的一面。但如果说在哪个情况下我不会对自己感到羞耻的话，那就是在战场上。”[23]

尽管丘吉尔得到过多种评价——机会主义者、自吹自擂、狂妄自大——但没有人质疑过他的勇气。阿特金斯后来这样描写丘吉尔：“温斯顿就像一根强有力的金属线，即使被拉直，也总是会反弹回去。他在攻击、敌意和轻蔑中成长。他靠兴奋感活着……他感受到的失望越大，就会越拼命地去奋斗；阻碍越大，胜利就越大。”[24]

此刻的丘吉尔被呼啸而过的炮弹和震耳欲聋的爆炸声所包围，身边到处都是或死或伤的英军士兵，战场上弥漫着绝望和几乎肯定会失败的氛围。但他的眼中闪着光，脸颊因为兴奋而通红，他开始大声发号施令。他们需要做的第一件事是解开第二节车厢和第三节车厢之间的钩子，然后把一半处在铁轨上、一半处在铁轨下的第三节车厢往后拽，直到它被完全推下铁轨为止。这项工作似乎非常简单，但实际上并非如此。尽管装甲车厢在抵挡炮弹方面用处不大，但它们却重得让人无计可施，为了拖动这个重物，机车的轮子在铁轨上不停地打滑、空转，发出尖锐的声音，他们尝试了好几次，才让车厢倒退了足够远，好让丘吉尔去寻找志愿者。他提出要 20 个人，最后得到了 9 个，但也已经足够了。他们共同努力，在机车的帮助下，在持续不断的枪林弹雨中，终于把车厢推下了铁轨。

这是一个令人激动的胜利时刻，但紧接着，很快他们就感到完全难以置信。尽管煤水车通过了脱轨的车厢，但是比煤水车要宽上 6 英寸的机车却过不去。丘吉尔后来写道："这是我一生中最为苦涩的一次失望。"[25] 只差几英寸——机车的底板卡在了前面车厢的边缘上——每一次他们试图将机车推得更远，它都会与倾覆的第二节车厢卡得更紧。他们又试了一次，这次是用人力来推机车，尽管他们毫无遮蔽地站在布尔人的枪林弹雨中，冒了巨大的风险，但仍然没能取得任何进展。

由于担心推得太过会让机车也脱轨，从而摧毁一切希望，因此丘吉尔反复要求司机谨慎行事。然而，布尔人如今已经知道了英国人正在试图做什么，因此加强了火力，把大部分弹药都倾泻在机车上。突然间，一枚炮弹直接砸在机车上，导致它燃起大火。正处在既兴奋又恐惧的状态的火车司机反应迅速地给水蒸气加压。丘吉尔写道："突然出现了一阵刺耳的破裂声。机车晃了一下，停了下来，然后再次前进，一直到它在一声猛烈的巨响下突破了卡住的地方，接下来，我们与驻地之间就只剩下一条平滑的铁路线了。"[26]

后来，丘吉尔会以一种快乐和胜利的心情回忆起这一险象环生、千钧一发的时刻。他后来写道，永远也忘不了"那种对于注定将遭到毁灭的期待、那种对自身无能为力的认识，以及希望与绝望的来回转换。仅仅四英寸的扭曲钢铁，就能决定到底是危险、被俘、耻辱，还是安全、自由和胜利"[27]。尽管在使机车也成功通过脱轨车厢之后，后一种结果如今似乎变得可能——无论希望有多渺茫——但他们仍然面临着几乎无法逃脱的不利形势。

133

＊　　　　＊　　　　＊

最直接的问题是，在试图清理铁轨的过程中有人把机车与最后一节车厢之间的钩子给解开了。在他们费尽千辛万苦将机车向前挪动之后，要是再冒险把机车推回去跟最后一节车厢重新连接，就太过危险了。霍尔丹和他的手下必须放弃自己的阵地。

爬出伤痕累累的货车车厢后，霍尔丹在看到机车时简直惊呆了。这个铁皮盒子正燃起熊熊大火，所有方向上都在往外喷着蒸汽[28]，但这是他们仅有的东西了。他们得把伤兵搬运到机车的内部和顶上，那些还能走的人将不得不试图跟随机车奔跑，把它当作一面盾牌，直到抵达半英里外的弗里尔。

霍尔丹大声呼喊弗兰克兰，那个前一天晚上把他叫去隆的帐篷的年轻人，命令弗兰克兰去叫上其他士兵。他们一起将尽可能多的人塞进了机车和煤水车里。这台大机器很快就看起来像是披了一层卡其布一样，每一处空间都挤满了伤兵。丘吉尔写道，他们"有的站在驾驶室里，有的躺在煤水车上，还有的倚靠在排障器上。与此同时，炮弹还在不断落在潮湿的地面上，激起一阵白色的烟雾；不断在头顶上爆炸，发出令人恐惧的声响；或者直接砸在机车以及其他车厢的钢铁残骸上"[29]。

炮弹爆炸的声响震耳欲聋，闪亮的火光在灰暗的晨曦下看起来简直就像超自然现象。一枚炮弹击中了机车底板，不仅距离丘吉尔的脸只有一码远，而且迸发出如此耀眼的黄色闪光，以至于他对自己仍然活着感到十分惊讶。另一枚炮弹击中了煤水车，使得黑色的煤灰弥漫在空气中。随后，让丘吉尔感到恐惧的是，第三枚炮弹击中了都柏林火枪兵团一名年轻二等兵的胳膊，这名二等兵当时就站在他的旁边。他多年以后仍然没能忘记这段恐怖的记忆，他写道："整条胳膊都被撞得粉碎，变成了一团糨糊——骨头、肌肉、血液和制服全都混在一起。最底下悬着一只毫发无损的手掌，但立刻就肿胀成了正常的三倍大。"[30]

在一片混乱之中，霍尔丹爬上了机车的台阶，小心翼翼地倚靠在边缘，从而给里面更多的伤兵留出空间。但是，里面的伤兵们挤得如此之紧，以至于他面前的一个人突然一个趔趄，踩在了他的手指上。他条件反射式地拿开手，却失去了平衡，在再次站稳之前，他向后摔下了机车，摔在了潮湿的地面上。等到他匆忙站起身时，一切都太晚了。机车已经走得太远，他什么也做不了，只能看着它越走越远。他后来写道："不管我怎么喊叫，都不可能让司机停下来。我当时强烈地祈祷，希望有一颗子弹往我这里飞来，结束这一切。"[31]

＊　　　　＊　　　　＊

决心不让敌人逃走的布尔人如今将所有火力瞄准了机车。丘吉尔无助地看着那些紧挨着火车奔跑、绝望地想要利用火车作掩护的士兵开始在枪林弹雨中一个个突然倒在地上，就像小鸟从空中落下一样。丘吉尔写道："有好几个人发出尖叫——这在战争中十分罕见——并且大声呼救。"[32]随着士兵们要么因为受伤，要么因为疲劳而渐渐落后，处于完全没有保护的境地，丘吉尔不得不对司机大喊，叫他慢下来。然而，即使他们一路只是在龟速爬行，他也知道他们没办法很好地保护这些士兵，杀戮还是会继续下去，没什么好转。

形势变得如此难以为继，以至于最后，让丘吉尔愤怒的是，一名受伤的士兵从口袋里拿出了白手绢，开始挥舞，这是一个明白无误的投降信号。尽管在英国军队里，投降被认为是

135

比死亡更加糟糕的命运，但这场战争中已经出现了多得异乎寻常的投降士兵，让英国公众大为震惊。斯蒂文斯两周前在听说莱迪史密斯外围发生的尼科尔森山脊之战中有英军投降后写道："耻辱！整个营地的奇耻大辱！他们所有人都让英格兰蒙羞！不是因为她而蒙羞——绝不会这样！——而是让她蒙羞！"[33]

丘吉尔本人也经常对大量出现的投降事件进行严厉抨击。事实上，就在两天前，他还给一个身为高级军官的朋友写信说："这场战争出现了太多投降事件。"[34]阿特金斯后来回忆说，丘吉尔和霍尔丹在埃斯特科特时有很多夜晚都在"大声抱怨这次战役里被抓作战俘的人数之多"[35]。

然而，就如同他眼睁睁地看着他们被杀戮而无能为力一样，丘吉尔也无法阻止他们投降。布尔人一看到白手绢，就立刻停止了射击，并且开始以汹涌之势向他们冲来。[36]许多英国士兵都不知道他们之中已经有人举起了白旗，还在继续作战，这时，布尔人开始对他们大喊，要求他们要么放下武器，要么等着被击毙。丘吉尔注意到，弗兰克兰尤为勇敢，他脸上带着微笑，一直鼓励其他士兵不要丧失信心。

在机车最终抵达弗里尔的时候，大多数人都已经要么死要么重伤要么被活捉了。丘吉尔冲出驾驶室，跳到地面上，计划跑回去帮助霍尔丹和其他活着走完这段路的士兵。然而，弄清楚自己该怎么办后，他很快意识到，其他人已经投降了，而此时的他已经孤身一人。站在铁道边的一条浅沟里，他抬头看见有两个人正向他走来。由于他们没有穿制服，因此他一开始还以为他们是铁路工人，但随后，他突然意识到自己错了。他们是布尔人。丘吉尔后来写道，"他们身材高大，动作敏捷，穿着深色衣服，头上的帽子被暴雨打得都耷拉了下来"，距离他只有 100 码远。[37]

出于本能，丘吉尔转身开始沿着铁轨飞奔而去，他能感觉到布尔人的子弹从身边嗖嗖地飞过，每一颗子弹都奇迹般地与他擦身而过。他跳进沟里，但很快意识到沟太浅了，没法提供任何保护。就在他匆忙爬上堤岸的时候，他感觉到有更多的子弹飞过，就像是"空中飘过的两个柔软的飞吻"。在堤岸顶端附近，随着一颗子弹在他身边激起一阵尘土，他的手被划伤了。

丘吉尔心情沮丧地趴着，眼睁睁地看着一个布尔人向他飞奔而来。他写道："如果有一把枪的话，我就能轻易把他干掉。我从来不知道有什么白旗，子弹已经让我变成了野蛮人。"他伸手去掏自己的手枪，脑海中生动地浮现出了年轻英国官兵们血肉模糊的尸体。他看着正在向他冲来的这个胡子拉碴的邪恶男子，心里想着："至少把这个干掉。"然而，他的手指刚触碰到他通常放着毛瑟手枪的皮带，一阵不祥的感觉就向他袭来。它不在那儿。他把它落在了机车里。

一个布尔人向他越走越近，步枪指着他，时刻准备着在他做出任何逃跑动作时进行射击。丘吉尔死死地盯着这个布尔人。丘吉尔知道，自己已经没有选择了。要么被杀死，要么被活捉。他写道："死神就站在我的面前，这个阴森而邪恶的死神，但是他没有带他好心的同伴——'机会'一起来。"[38]投降的想法让他感到厌恶，但在这个充满了愤怒、失望和绝望的时刻，他想到了自己长期研究和敬仰的拿破仑的一句话："当孤身一人、赤手空拳的时候，即使是投降也是可以被赦免的。"[39]于是，丘吉尔站在这个俘获他的人面前，把双手举在了空中。[40]

第四部分

←———→

战　俘

第 13 章　投降、服从、忍耐

仍然在埃斯特科特的帐篷里呼呼大睡的埃默里和阿特金斯突然被一阵枪炮声惊醒。他们跳起身，挣扎着爬出睡袋，低头走出帆布门帘，冲向出现烟火和爆炸的地方。雨仍然下得很大，地面也变得十分湿滑泥泞、一片狼藉，尽管他们仍在走一步、滑一步地赶往战场，但距离有 5 英里远，他们几乎不可能得到任何有用的信息。

在埃斯特科特外两英里远的地方，他们看到了一个不堪入目的景象。[1] 只看了一眼，他们就知道了装甲火车的命运。颠簸着向他们驶来的是破损不堪、还在燃烧的机车和煤水车，上面挤满了仍在流血的经历过炮火洗礼的士兵。他们逐渐走近这个阿特金斯所谓的"灾难象征"，试图弄清楚到底发生了什么。由于距离尚远，机车上的士兵们能做的不过是一些笨拙而惊恐的动作，绝望地指着后面被他们遗弃在铁轨上的烧焦了的列车残骸，列车已经破损殆尽而且还在燃烧。当他们最终走到能够听到对方声音的距离时，这些返回的士兵所谈论的大部分都与那个几个小时前刚刚愉快地离开还在帐篷中熟睡的埃默里和阿特金斯的男人有关。埃默里写道："他们对丘吉尔的英勇表现大加赞赏。"不过，这些人却说不清他们的这位朋友是否还活着。[2]

这两名记者匆忙向前，穿越几英里的贫瘠草原，终于碰到了正在独自一人蹒跚地向埃斯特科特走去的铁路工人。他的蓝色眼睛里布满血丝，他"结结巴巴地说着话"，简要告诉了他们他所知道的一切。在费劲地说了半天炮弹、子弹和布尔人后，他最后倒吸一口气说道，他从未见过"或者听过任何这样的事情"[3]。

埃默里和阿特金斯继续向前深入，已经可以亲眼看见火车残骸了，就在不远的地方，还能看到一群战俘在布尔人的带领下正在远去。他们看着那支神情肃穆的队伍逐渐消失在地平线上，不知道谁在那支队伍里，谁又长眠于草原上。阿特金斯在那天晚上的报道中写道："我真诚地希望丘吉尔平安无事。"他不相信如此前途无量的一个年轻人会这么快死去。"但我又有些担心上帝太喜欢这个 24 岁的年轻人了，他……就像是一位学者和一名士兵，甚至是一名无畏的士兵的罕见结合。"[4]

*　　　　　*　　　　　*

丘吉尔走在湿润的草原上，俘获他的人骑着马走在他的身边，沾满泥的靴子有节奏地在他肩膀旁边敲击着马腹。这时的丘吉尔所能想到的只有这种处境带来的几乎无法忍受的羞耻感。他后来写道："所有的军事荣誉、所有的自由精神都必须被放在一边。这些或许可以被带进坟墓，但肯定不能被带进战俘营。"[5]就在几分钟前，他还处在与布尔人平起平坐的地位上，是一个为了祖国和荣誉而战的勇敢且坚定的男人。如今，他成了他们的囚犯，而且他将被迫"投降、服从、忍耐"。

他对自己愤怒不已，也在反复琢磨如果自己没有忘记带枪的话，情况会有什么不同，后来丘吉尔突然意识到，尽管他把毛瑟枪留在了机车上，但身上还带着弹药。两个坚硬而沉重的弹匣，各有 10 发子弹，分别放在卡其色外套的两个胸前内袋里，正撞击着他的胸口。他意识到，对于一个刚刚被俘虏的人来说，如果被发现身上还带着弹药的话，将会非常危险，于是他悄悄把手伸到口袋里，偷偷把一个弹匣拿在手上，然后丢在了潮湿的地面上，没有发出一丝声响。不过，就在准备丢掉第二个弹匣的时候，他身边的布尔人在马上敏锐地看到了他，并且要求他说出手上拿的是什么。丘吉尔脑子转得很快，假装自己也不知道这是什么。他问道："这是什么？我刚捡起来的。"布尔人把弹匣拿到手上，看了看，什么也没说就扔掉了。[6]

没走多远，这两个人就找到了博塔手下其他的突击队员，他们也都抓到了俘虏。在沮丧地站在雨中的近 60 个人里，丘吉尔看到了霍尔丹和弗兰克兰的面孔。作为一名热情的年轻中尉，弗兰克兰与布尔人进行了顽强的作战。霍尔丹和弗兰克兰是在弗里尔的铁桥上一起被俘的，霍尔丹一直在那里试图防止更多的人举手投降。他对于自己的战地望远镜被一个"强壮的布尔人"夺走感到怒不可遏，这个布尔人刚把他俘获，就试图从他手中抢走望远镜。霍尔丹一直紧抓着不放，直到另一名布尔人用英语警告他说："最好让他拿走，不然他会开枪打你的。"[7]

在经历了激烈的战斗以及为解救机车和躲避追捕而拼尽全力后，精疲力竭的丘吉尔倒在了地上。他很快意识到，身边不仅有布尔人和英国战俘，还有一些伤势十分严重的士兵，他们不可能活着到达霍尔丹想象中等待着他们的"深邃而可怕的地牢"[8]。尽管他能听到将死之人发出的喘息和呻吟声，而他自己也只是侥幸逃脱了与他们相同的命运，但他心中充满的不是

141

感激，而是失落。他将被关在一座监狱里，而战争将在没有他的情况下继续进行，他感到，这一切都是无用的牺牲。他写道："我试图回去寻找连队，却没有帮到任何人，只是让我自己与这场激动人心的战争以及它在冒险和晋升方面提供的无限可能绝缘了。"[9]

丘吉尔抬起头，看着远方受损严重的机车吭哧吭哧地带着伤兵开往埃斯特科特。他想，"从这一片废墟中，至少救出了一些东西"，或许"还挽救了一些荣誉"。[10]然而，想到由于他的行为，一些人能够逃脱与他一样的命运，这一丝安慰简直一点作用也没有。他坐在泥泞的地上，身边都是布尔人，未来的命运已经完全脱离了自己的掌控，他"茫然地沉思着美德所带来的酸楚奖赏"[11]。

战俘们都被集合了起来——丘吉尔后来写道："就像牲口一样！这是我一生中最大的耻辱！"[12]——数百名布尔人两个或三个并排地从山上走下来，队列似乎没有尽头。在他们最终全部集合在草原上后，布尔人用好奇的眼神看着他们的英国对手，这时，有个声音大声说"voorwärts"，这在南非荷兰语中是"前进"的意思。疲劳又失落的英国俘虏们不得不站起身，排成一条不整齐的队列，开始向北方比勒陀利亚的方向长途跋涉。

在布尔人带着他们北上的过程中，丘吉尔对于这些他曾认为十分落后，甚至有些野蛮的人表现出的素质感到惊讶。其中一名布尔人用流利的英语说道："你们不需要走很快，慢慢走。"[13]另一名布尔人注意到丘吉尔的帽子丢了，没办法阻挡雨水流进眼睛里，于是丢给他一顶帽子，这顶帽子显然曾经属于都柏林火枪兵团的一名士兵。究竟这顶帽子像他的一样是在战斗中丢失的，还是从一名阵亡士兵的脑袋上摘下来的，丘吉尔不得而知，但他仍然对此十分感激。

他们稳步向山中进发，丘吉尔如今已经能够亲眼看到埃斯特科特里的人几周以来一直盲目但本能地知道的一个事实——他们被敌人包围了。数千名布尔人像幽灵一样慢慢出现在他面前，盯着这队缓缓经过的俘虏。丘吉尔写道："在倾盆大雨笼罩下的每一个山丘背后，都驻扎着大量骑兵，他们以一种杂乱却有序的方式排列着。我看到的显然不止 3000 人，而且我还没有看到全部。"[14]

他们最后终于抵达了总司令的营地，战俘们被命令站成一排等候，这时，丘吉尔说话了。他自信地对最近的布尔人说，他要求直接与朱伯特见面。他说："我是一名新闻记者，你们不应该把我当作战俘扣留。"[15]然而，在急切地想要逃离被囚禁的命运时，丘吉尔忘记了一个关键的细节：在袭击过程中，他的行动被布尔人尽收眼底，而且他们知道，即使他真的是一个平民，他也表现得像一名作战人员。

这些人曾经亲眼看见丘吉尔努力解救机车，因此他对于自己被俘嚷嚷着提出的抗议不仅无济于事，而且让他处在十分危险的境地。丘吉尔后来写道："一名穿着半套制服的平民积极参与战斗，并且发挥了重要作用，即使他自己从头到尾没有开过一枪，也可以被临时军事法庭判处立即枪决。"[16]在 30 年前的普法战争中，任何一名被发现携带枪支的非战斗人员都被立即处决了，而在 20 年后的第一次世界大战中，也出现了同样的行事原则。丘吉尔后来承认："在第一次世界大战中，没有一支军队在这种事情上浪费超过 10 分钟时间。"他们会迅速把这种人枪毙，然后就此了结。

让他意外的是，他非但没有像他预想的那样被拖到朱伯特的帐篷，反而突然被从战俘的队列中拎了出来，并且被命令自己站在一边。一名民兵队长拿走了他的证件，这份证件揭示了一个重要而且——对丘吉尔而言——十分危险的信息：他的姓氏。丘吉尔后来说，那是一个"在德兰士瓦知名度比受欢迎程度更高的姓氏"[17]。

*　　　*　　　*

1891 年，丘吉尔的父亲伦道夫曾在开普殖民地总理塞西尔·罗兹的邀请下前往南非。这时的伦道夫已经开始出现心理退化的症状，这一病情将在四年后导致他的死亡。伦道夫希望这趟旅行能够改善他的病情，或许甚至能够让他东山再起——他的政治生涯是被他荒唐地亲手摧毁掉的。他在身边带了如今跟随温斯顿的托马斯·沃尔登，还在临行前签了一份合同，担任《每日画报》（_Daily Graphic_）的记者，温斯顿后来也曾负责为这份报纸报道美西战争的序幕。

伦道夫的报道本应是简单反映他的冒险经历，并且描述这片颇具异域风情的土地，但实际上却比他儿子后来的新闻报道更具争议性。从来不会用委婉语的他在南非的三个月里将几乎每一个不幸出现在他文章里的人都给辱骂了一遍。他甚至还攻击过他那个高贵的社会阶层中的女性。他曾造访一家钻石矿场，并且看到"在地下深处开采钻石有多么危险，而这只是为了满足富裕阶层的喜好，一枚小小的钻石只是用来满足女性的虚荣心"。于是，让他的英国读者感到憎恨和愤怒的是，伦道夫"无情地得出结论，无论男人的祖先是什么，女人一定是猿猴的后裔"[18]。

布尔人从任何方面来说都无法达到伦道夫那严苛的标准，因此难逃他的刻薄批评。尽管他比谁都有资格批评布尔人对待非洲土著的方式，但他的批评不仅限于侵犯人权方面，还涉及了在他看来布尔人的不卫生、懒惰和完全而固执的无知。[19]伦道夫曾嘲笑道："布尔农民……完全没有受过任何教育，他们的天真和无知简直让人难以想象，他们的妻子、儿子和女儿也完全无动于衷地与他们一样无知，而且他们还对于自己的孩子会长成跟他们一样无知、野蛮和落后的人感到非常骄傲。"[20]

不久后，有关这位前财政大臣撰写了骇人听闻的无礼文章的消息就在伦敦的每一家商店和酒馆不胫而走。英国媒体的反应十分迅速而无情。《评论回顾》（*Review of Reviews*）杂志的一名记者回击道："伦道夫·丘吉尔勋爵在他的时代扮演了许多角色，但即使是在那次让他作为下议院议长的政治生涯提前结束的著名事件中……他也没有像他从南非传回的报道那样在公众面前表现出如此不得体的不负责任态度。就算还需要更多证据，这些报道也已经足以说明，伦道夫·丘吉尔勋爵不可能是男人的领袖。"[21]

伦道夫很清楚自己所引起的反感，以及他的报道在南非和英格兰所产生的影响。然而，就像他叛逆的妻子一样，他对于其他人的看法没有任何兴趣，也毫不在意，不管这些看法对他的政治生涯和个人声誉——更别提对英国与德兰士瓦的关系——有多么大的破坏性。他在给珍妮的信中愉快地写道："我在这里给《每日画报》写了第 6 篇报道，再次严厉申斥了这些布尔人。我能想象，他们看到我是怎么写他们的时候，肯

145

定会愤怒至极。"[22]

　　然而，当时只有 16 岁的温斯顿却十分在意其他人是如何谈论他父亲的，因此他对于报纸上攻击他父亲的言论非常愤怒。他在哈罗公学给父亲写信说："你肯定无法想象你引起了多大的怒火。所有的报纸都在怒骂不止……《标准报》（Standard）援引了《发言人》周刊（Speaker）上的话，言辞尤其激烈。文章说——不过我还是不要用这些恶狗的狂吠来烦你了。"[23]几个月后，他再次给父亲写信，仍然在愤怒地为父亲辩护，不过由于伦道夫的文章引起的反感和愤怒越来越大，他开始担心父亲的安全。他写道："我听说可怕的布尔人对你感到怒不可遏。我觉得你还是等到回来以后再'骂那些乞丐'比较明智。"[24]

＊　　　　＊　　　　＊

　　丘吉尔感到，毫无疑问，在如今这些盯着他看的人里，即使不是全部，也是大部分都听说过仅仅 8 年前他父亲的那次南非之行，以及他父亲对布尔人的那些中伤之词。在丘吉尔被与其他战俘分开，并且受到布尔人的密切关注后，他开始感到"一种痛苦的焦虑"。他竭力地思考每一个布尔人可能提出的问题的答案，并且不得不开始考虑他会被处决的可能性。他想："如果我不久后就被突然告知大限已至的话，会保持什么样的表现？"[25]

　　一刻钟后，民兵队长拿着他的证件回来，除了粗鲁地命令他加入其他战俘的队列之外什么也没说。对于自己不会被处决，丘吉尔感到一阵欣慰。然而，他也无法重获自由。尽管就在不久前，他还在担心自己的性命安危，但如今的丘吉尔忍不住再次对自己的被俘提出抗议。附近一名祖籍苏格兰的布尔人嘲笑他说："喔，我们可不是每天都能逮到一个勋爵的儿子。"[26] 其他人也迸发出一阵大笑，他们向丘吉尔保证，他可以被允许在监狱里踢足球，但他们也同时明确表示，他们会特别留意这位年轻的英国贵族。

＊　　　　＊　　　　＊

在经历了没有食物、没有水、天上的雨势也没有丝毫减退的 10 英里行军后，战俘们终于抵达了饱受蹂躏的小镇科伦索。他们被带到了火车站附近的一间由瓦楞铁制成的棚屋内，丘吉尔在第一次乘坐装甲火车来到这里时见过这个屋子，但当时他丝毫没有想过自己不久后会被关押在这里。他一步步深入这间小屋，听到脚下发出了干燥纸张碎裂的声音，他低头看去，发现地板上铺满了老式的铁路表格簿和记账簿的纸张，沾满污渍的本子被撕成一张一张地铺在地上，足足有至少四英寸厚。在他头顶的橡架天花板上有一个脏兮兮的天窗，雨点不断打在上面，发出沉闷的声响。

布尔人在外面为战俘们准备好了晚餐。棚屋的门终于打开，战俘们被叫出去吃晚饭。在他们面前堆着两堆篝火，篝火附近摆着一头显然几分钟前刚被宰杀的公牛。战俘们从牛身上扯下鲜血淋漓的肉条，将肉穿在细长木条上，放在火上烤着吃，让人感觉有点像食人族，但是他们实在太饿了，根本不在乎这些。布尔人站在他们周围，静静地看着。

丘吉尔和两名布尔人攀谈起来。他后来写道，他们"祖

147 上是英国人，出生在非洲，自愿成为布尔人"[27]。尽管他们与他在战争为何发起和谁会最后获胜的问题上存在分歧，但在战俘们结束晚餐的时候，他们已经把丘吉尔当成朋友了。其中一个布尔人甚至把自己当成斗篷一样穿着的毛毯——他的脑袋从毛毯中间的一个洞里伸出来——脱下，递给了丘吉尔。

虽然已经吃饱喝足，还裹着布尔人的毛毯，但丘吉尔那天晚上还是无法入眠。他陷入了一种阴沉、忧郁的情绪之中。随着自由的丧失，他生平第一次失去了对生命的掌控。他再也无法掌握自己的命运，引领自己的未来。由于甚至连最基本的选择都无法由自己来做出——例如去哪里，待多久，吃什么——他感到自己从年少时起就最为显著的一部分人格被剥夺了。他后来写道："似乎我对生活的热爱已经消失了，我带着一种近乎羡慕的心情想起了我在战斗中看到的一名士兵，他一动不动地躺在路堤上，平静地接受死亡的哲学。"[28]

霍尔丹对于自己无法迸发出重获自由所需的力气和决心也感到既失望又泄气。对霍尔丹来说，寻找逃脱的方法不仅能给予他重拾荣誉、重返战争的最大希望，而且也是他作为一名军官的职责所在。近 20 年前，在第一次布尔战争期间，英国试图通过《陆军刑法》（Army Act）来对军事法律进行改革和现代化改造。霍尔丹不记得有关战俘义务的具体条文，但他记得，这项法律的意思是："如果任何军官在被俘期间发现了逃脱的机会而没有采取努力，将会受到惩罚。"[29]

问题在于，没有人告诉这些年轻人，在极端绝望和危险的情况下，他们如何才能完成这一壮举。在昏暗的铁皮棚屋里，霍尔丹能够感受到这一问题沉重地压在他的肩上。疲劳又沮丧的他抬头看着椽架天花板，仔细地研究那个乌黑的天窗。他想，他可以想办法爬上橡架，打破天窗，爬到屋顶上然后跳到地面。地面上会有看守，但他们并非分布在建筑的所有方向上，而且在黑夜和瓢泼大雨中，逃脱是可能的，尽管肯定要冒着生命危险。

　　尽管霍尔丹十分渴望自由，但是他感到极度疲惫和苦恼，因此没有勇气在那天晚上进行尝试。他后来会万般懊悔地意识到，被俘的第一个夜晚是他最好的逃脱机会。他后来写道："我认为，要想实施逃脱，就不能浪费任何时间，这是一个基本事实。因为被押送深入敌境的距离每增加一英里，防备逃脱的警戒程度就会增加一分。"[30]

　　第二天早上，断断续续睡了几个小时的丘吉尔醒来了。他听着其他人的鼾声，看着清晨的第一缕阳光透过头顶的天窗照到棚屋里来。他躺在杂乱的地板上，瞬间，对于他身处哪里以及为何会身处这里的记忆就向他袭来，让他感到一阵厌恶，而他当前的现实境遇则"像一记耳光打在他的脸上"。不过，随之恢复的还有他铁一般的决心。他确实是一名战俘，但是，他想，战俘是可以逃跑的。

　　在霍尔丹望着头顶寻找办法的时候，丘吉尔却在向下看去，盯着覆盖鞋子的垃圾。或许他不需要去任何地方。也许他需要做的只是待在这里，藏起来，直到其他人被带走。他想："为什么不躺在这堆垃圾下面，直到其他战俘和押送者都一起走远呢？他们会清点人数吗？他们会在意吗？"[31]然而，就像霍尔丹一样，丘吉尔的犹豫造成了这一计划的失败。在他还在思考这一策略的可行性的时候，屋子的门打开了，一名看守命令他们全都出去。

　　早餐是昨晚吃剩的那头牛——这头牛在第二天甚至更加不

堪入目——和一摊雨水。早餐完毕后不久，他们继续行军。丘吉尔写道，他们是一群"脏兮兮的不断漂泊的可怜战俘，但在昨天还是女王陛下的士兵"。前一天的大雨已经停了，天空变得晴朗，但他们需要涉水通过的小水沟如今已经变成了一条宽阔且水流很急的小河，而且他们也没有东西可以抵挡南非无情的烈日。比湿漉漉的双脚和闷热的天气更让丘吉尔难以忍受的是周围看管他的人持续不断的注视，那是一种"令人恼火的蔑视和令人更加恼火的怜悯"[32]。

那天晚些时候，随着他们与莱迪史密斯的距离越来越近，他们看到了一个经常在埃斯特科特周围的山丘上看到的景象：怀特将军孤零零的气球。[33]这个气球飘浮在这个遭到围困的小镇上空，它那用肠衣——小牛肠道的外层薄膜，传统上用于制作金箔——制成的表面反射着阳光，对这些战俘来说就像是在提醒他们自己所遭遇的灾难。就在几天前，他们还曾经对困在莱迪史密斯的人表达过怜悯之情。如今，那些士兵的命运似乎比他们自己要好多了。丘吉尔写道："遭到重重包围的莱迪史密斯尽管炮弹横飞、苍蝇丛生、疾病流行、肮脏不堪，但对我来说仍然是一个充满荣耀的天堂。"[34]

那天晚上，布尔人在一座高大山峰的隐蔽处扎营，营地四周都是低矮、起伏的山丘。他们把车辆排成方形，就像美国的开拓者们把车辆围成圆形，以保护自己免受攻击一样。在方形内部，他们支起了各式各样的帐篷，与英军那种统一的白色坚固帐篷截然不同。随后，他们让战俘们在他们面前集合起来。

由于距离比勒陀利亚越来越近，他们决定，是时候把战俘们分为两组了。他们跟这些衣衫褴褛的战俘说话，要求知道战俘之中谁是军官，谁是普通士兵。丘吉尔再次面临抉择。作为一名平民，他可以选择其中的任何一组。然而，作为一名前军官，他自然而然地偏向于军官这一组，而且霍尔丹也将在这一组中。他最终选择与军官们待在一起，不过到了晚上，他就为这一决定后悔不已。

　　一走进帐篷，透过三角形的门帘看着摇曳的篝火和坐在帐篷外、腿上放着枪的布尔人，丘吉尔就立刻意识到了自己的错误所在。[35]莱迪史密斯距离这里只有 15 英里远。如果他能够神不知鬼不觉地溜过那几辆车，就能在天亮前抵达那里。然而，由于身处军官帐篷，他不可能在不被人发现的情况下走出一英寸远。帐篷外站着四名守卫，两人站在前方，两人站在后方。他能听到他们拉动毛瑟枪枪栓的声音，而且，让他失望的是，他还看到他们在夜里会定期换岗。此外，与霍尔丹曾经考虑逃跑的前一天夜里不同的是，那天的月亮又圆又亮，照亮了霍尔丹能够藏身的每个灌木丛和洼地。霍尔丹写道："我不禁感到后悔不已，24 个小时前的那个机会已经不复存在。"[36]

150

＊　　　　＊　　　　＊

　　第二天一大早，他们开始向埃兰兹拉赫特进发，那是一个处在莱迪史密斯和邓迪之间的火车站，也是不到一个月前霍尔丹在战斗中负伤的地方，不久后将成为他们长途跋涉的终点。他们在草原上又度过了一夜，随后，在 11 月 18 日的早上，也就是他们被俘的三天后，他们走进了埃兰兹拉赫特，已经有一列火车在车站里等着他们。

　　在安排最后一段旅程的过程中，布尔人把身着制服的战俘们集中安排在行李室里，由于不知道该拿丘吉尔怎么办，于是他们把他关在了售票室里。一个名叫库岑坎普（Keuzenkamp）的布尔人后来写道："看着售票室售票窗口的铜质栏杆，我感觉售票室就像一间牢房一样。"看到丘吉尔被关在那里之后，路易斯·博塔命令库岑坎普在门口守着。在外面，库岑坎普可以听到丘吉尔在狭小的房间里不断地来回踱步。[37]

当离开的时刻终于到来时，前一天晚上就已经与军官分开的普通士兵们被直接带到了六七节封闭车厢里，而军官们则被安排在了一节头等车厢。在丘吉尔、霍尔丹和弗兰克兰爬进车厢坐下后不久，车门再次打开，有一个人将在经历了饥肠辘辘的长途跋涉后的他们看来似乎是特别丰盛的食物——包括四个马口铁罐头（其中两个是羊肉罐头，两个是鱼肉罐头）、好几根长条面包、六罐果酱和一大罐茶叶——搬进了车厢。丘吉尔写道："读者应该会相信，我们丝毫没有客套，而是立刻扑向食物，吃了三天来第一顿令人满意的大餐。"[38]

在他们吃饭的过程中，一群人迅速聚集在他们的车窗外。饥肠辘辘的丘吉尔将这群人完全忽略了，直到有一个自称是医生的人要求他伸出手来。他的手在他被俘前被一枚子弹擦伤，伤口不大，但由于在三天的跋涉中没有得到任何清洗和护理，伤口已经开始化脓。丘吉尔写道："在月台上那些糙汉子的满意笑容的包围中，他很快用熟练的手法给我打了绷带。"[39]

在车厢里，这几个战俘身边又增加了一个新成员，一个强壮勇猛的年轻人，名叫亚当·布罗基（Adam Brockie）。布罗基是一名爱尔兰军士长，并不是一名军官，因此按理说应该待在其他车厢里。丘吉尔和霍尔丹知道这个秘密，但既为他的安全，也为自己的利益考虑，他们决定保守这个秘密。布罗基既聪明过人又足智多谋，而且，他们觉得他一定能起到很大作用。

　　布罗基是一名不同寻常的年轻人。他的母亲在他很小的时候就去世了，而他本人在仅仅 14 岁时就在都柏林加入英军服役。他成年后大部分时间都待在南非，而且还在四年前参加了詹姆森远征行动，这场行动让约瑟夫·张伯伦倍感耻辱，还差点让塞西尔·罗兹蹲了牢房。如今，他也像另外几个人一样成了战俘，但他是在对布尔人进行了长期而有效的考验并且多次成功躲避他们的追捕后才被俘获的。

　　事实上，布罗基设法完成了丘吉尔只能在梦中完成的壮举。同样驻扎在埃斯特科特的布罗基提出请求，希望作为一名侦察兵跟随詹姆斯·沃尔夫 – 莫里将军（General James Wolfe-Murray）的参谋部行动。[40] 11 月 4 日，就在火车脱轨的 11 天前，三名被沃尔夫 – 莫里派往莱迪史密斯给怀特传递讯息的祖鲁人被布尔人抓住了。在听到这一消息后，布罗基问将军，能否由他来试一试。布罗基后来写道："他跟我说，我肯定过不去的。我说，长官，不尝试就不会胜利……于是他把信件递给了我。"[41] 在埃斯特科特与莱迪史密斯之间长达 40 多英里的路程中，至少有 1 英里布罗基是用双手和膝盖在地上爬着走的，但他成功抵达了目的地而没有被抓到。倍感震惊的怀特还问他是否觉得自己能够返回埃斯特科特。[42] 布罗基不仅成功回去了，而且他在布尔人眼皮底下溜过的能力如此之强，以至于沃尔夫 – 莫里又派他执行了 4 次任务。直到第 6 次他才被捉住。

　　在被抓住后被问到军衔时，此前已经从帽子和上衣上摘掉军团徽章的布罗基声称自己是纳塔尔卡宾枪兵团的一名中

152

尉。[43]他敢肯定，如果俘获他的人知道他的真实身份，并且知道他参加过詹姆森远征的话，肯定会毫不犹豫地将他枪毙的。在军官们乘坐的头等车厢内，布罗基的战俘同僚们同意"保守这个谎言"[44]。这个小团体中的新成员不仅聪明又勇敢，而且对这片土地十分熟悉，还能流利使用荷兰语和祖鲁语。丘吉尔后来写道："我们认为他就是我们需要的那个人。"[45]

火车快速地朝着北方，也就是比勒陀利亚的方向行进，先后经过了佩恩·西蒙斯阵亡的塔拉纳山和英军在 20 年前的第一次布尔战争中遭遇耻辱失败的马朱巴山，车厢里的四名英国战俘心里除了逃跑其他什么也不想。在觉得两名守卫没有在听的时候，他们就会低声讨论，试图制订逃跑计划。[46]不过，他们不可能知道会有什么在比勒陀利亚等待着他们。

很快就恢复了对生活的渴望的丘吉尔觉得，不可能就这样等待时机。甚至还在火车车厢里，他就开始持续不断地观察这节车厢，寻找可能的逃跑路线。[47]有那么一瞬间，他甚至考虑过在火车穿过一条长长的隧道时爬出车窗。不过，一名守卫或许猜到了他的想法，于是站在摇晃的车厢地面上保持住平衡，然后伸手把两扇车窗都关了起来。随后，他直直地盯着丘吉尔，打开了毛瑟枪的后膛，向丘吉尔展示里面满满的子弹，并且明确表示在必要的情况下，他会毫不犹豫地开枪。尽管布尔人对于自己优待战俘的做法十分自豪，但他们可不打算弄丢任何一个战俘，尤其是这一个。

第 14 章 "遗憾地通知您"

11 月 18 日，就在自己的儿子以战俘身份抵达比勒陀利亚的那天，伦道夫·丘吉尔夫人在伦敦举办了那一年最为盛大的社交活动之一。作为预定将于下个月启程前往南非的医疗船"缅因"号（Maine）的改造筹款委员会主席，她设计了一场极尽奢华的聚会，即使是伦敦这座已经对上流社会习以为常的城市，也对这场聚会感到震惊。聚会的场地选在克拉里奇酒店（Claridge's），但这家传奇酒店每天呈现出的华丽外表还不足以让丘吉尔夫人满意。一名报道这场聚会的《每日邮报》记者写道，尽管克拉里奇酒店"一直被称作国王与王子的度假胜地，但这场盛大聚会的准备过程简直称得上是帝王级的"[1]。

那天下午，就在珍妮的客人们走入酒店的时候，整个大堂都飘荡着悠扬而欢快的风笛声，演奏者是苏格兰近卫团（Scots Guards）的一支军乐队，他们身穿活力四射的红色礼服，在酒店宽阔的中央楼梯上整齐地排列着，身边还簇拥着棕榈树盆栽和众多五颜六色的花朵。在被引领进入酒店后，客人们会发现，为了那天下午的活动，有着高耸的天花板和嵌满装饰板的墙壁的宴会大厅已经被改造成了一间宏伟的音乐会大厅。大厅的一端架起了一个巨大的舞台，舞台上方有两面巨大的旗帜——不仅有一面英国的米字旗，而且让部分客人感到惊讶、另一部分客人感到愤怒的是，还有一面丘吉尔夫人祖国的星条旗。大厅的其他地方摆满了排列讲究的桌子，每张桌子上都摆着一个插着黄色和粉色菊花的花瓶，完美地搭配了吊灯的色彩，大厅的吊灯在感到眼花缭乱的来宾们身上投射出柔软的金色光芒。[2]

尽管珍妮将这次活动称作一场"品茶音乐会"，但它仍然是带有她鲜明特点的聚会，这意味着现场将不仅有可供出售的茶饮。那名《每日邮报》记者写道："身着精美礼服的靓丽女性轻盈地来回穿梭，侍候每一个新来的宾客。在这间帝王般的大厅里，宾客们花钱尤其大方。"[3]这些宾客购买了很多东西，从酒类（包括紧邻大厅的"美国酒吧"出售的一种以"缅因"命名的烈性酒）到香烟［总部位于美国弗吉尼亚州的帕斯夸利香烟财团（Pasquali Cigarette Syndicate）捐赠了 500 箱香烟］，再到用白色牛皮纸装订的纪念册等，不一而足。纪念册的封面上印着一位女性的画像，这位女性不光这间大厅，而且整座城市的任何人一眼就能认出。这张由维多利亚时代最著名的肖像画家约翰·辛格·萨金特（John Singer Sargent）绘制的粉笔素描画描绘了一位有着深色卷发、厚眼皮和性感嘴唇的女子，她正是今天的女主人。

萨金特的素描画确实令人陶醉，这将是珍妮的客人当天能够一睹她芳容的唯一机会。她认识或者认为值得认识的所有人都来了，这个星光闪耀的宾客群里包括了英国社会最为知名和最有权势的成员。大厅里挤满了人，包括与身穿深红色礼服、头戴时髦的窄边黑帽的马尔伯勒公爵夫人一同抵达的威尔士亲王，以及曾经为 19 世纪最著名的两部音乐剧［《皮纳福号军舰》（*H. M. S. Pinafore*）和《潘赞斯的海盗》（*The Pirates of Penzance*）］谱曲的阿瑟·萨利文爵士。[4]只有丘吉尔夫人本人哪里也见不到。

　　两天前，珍妮在伦敦家中收到了一封电报。电报的开头是每一个有儿子参战的母亲都最怕见到的几个词。电报上写道："遗憾地通知您，温斯顿·丘吉尔先生被布尔人俘虏了。"尽管这封电报的作者、丘吉尔在《晨邮报》的编辑奥利弗·博斯威克设法向珍妮保证，温斯顿"进行了英勇抗争"，但他没办法告诉她更多东西。谁也没办法知道更多。她的小儿子杰克是第一个读到这封电报的人，他很快就给母亲写信，希望能够消除她的恐惧。他告诉她说："丘吉尔没有受伤。不要害怕。等你回家的时候我会在这里。"5

　　等到在克拉里奇酒店举办义卖会的那天，有关装甲火车遭到袭击的消息已经出现在伦敦的每一家报纸上。身在南非的布勒将那天早上派出装甲火车的决定称作一种"令人难以置信的愚蠢行为"的例证。不过，在伦敦，人们对袭击本身的兴趣要远远小于对丘吉尔在袭击过程中的英勇表现的兴趣。他不仅已经成为这座城市的讨论话题，而且成了众人一致颂扬和赞美的对象，虽然丘吉尔一直认为自己有资格得到这种待遇，但此前从未真正得到过。

　　那些奋力扒在火车头上回到埃斯特科特的伤兵逢人便说起温斯顿·丘吉尔的英雄行为。事实上，就在发生袭击的那一天，铁道工人们曾要求铁路督察给那名指挥解救火车头的报社记者写一封感谢信，正是因为他，他们才能成功逃脱，他很可能是救了他们一命。这封被英格兰各大报纸转载的感谢信写道："今天上午随同装甲火车出征的铁道工人要求我向您表达他们对温斯顿·丘吉尔先生表现出的冷静和勇气的敬意。我们所有人无不对丘吉尔先生大加赞赏，对于他被抓为俘虏，我感

155

到很遗憾。我恭敬地请求您向一个如此勇敢的人表达这些铁路工人的敬意。"[6]

丘吉尔的英勇表现不仅在每一篇有关火车遇袭的报道中被提及，而且还是报道的核心内容，通常也是报道的大标题。《约克郡晚报》（*Yorkshire Evening Post*）的头条新闻没有对5名士兵阵亡、近60人被抓为战俘这一事实发表评论，反而引人注目地写道："丘吉尔先生的英勇表现"[7]。《标准报》报道称："温斯顿·丘吉尔先生据说在战斗中表现出了极大的冷静和勇气。"[8]《每日新闻》（*Daily News*）写道，他"频繁地重整部队，并且勇敢无畏地将自己暴露在前线"[9]。《每日电讯报》对读者说，这位"拥有大好前途的年轻人"不仅帮助解救了列车，还"勇敢地帮助背负伤员"。

丘吉尔自己的东家《晨邮报》自然也不会让这一机会白白浪费，该报大胆地报道了它的战地记者在战场的英勇表现。在珍妮的义卖会那天，该报的头条新闻标题是"被俘的本报记者"，紧接着出现的是字体略小的副标题："温斯顿·丘吉尔先生的英勇表现"。该报还引用了其他报纸对这次袭击的报道，包括首先尝试招募丘吉尔的《每日邮报》。《每日邮报》指出："现代战地记者工作的危险性可以突出体现在《晨邮报》杰出的年轻特派记者温斯顿·丘吉尔先生被俘这件事上。"[10]

对丘吉尔政治生涯的讨论也复苏了，已经有人开始预测，他如果活着离开南非的话，很可能会取得巨大的成功。《诺丁汉晚报》（*Nottingham Evening Post*）写道："我们希望他能够平安返回英格兰，代表保守党在奥尔德姆参与竞选，我们相信他一定能成功。"[11]阿特金斯也不出意外地对此表示赞同，他在

《曼彻斯特卫报》上预测说，他的这位朋友兼记者同行将胜利地重返政坛。他写道："如果丘吉尔能够熬过这段危险岁月的话，这就是他通往议会的道路。"[12]

对丘吉尔的称赞如此响亮而普遍，以至于有一份报纸感到有必要指出一个其他报纸在兴奋之中似乎忘记的事实：他并不是军队的一员。《环球报》（*Globe*）的一份社论不满地写道："对于温斯顿·丘吉尔先生被俘，我们感到很遗憾，对于他表现出的世代相传的勇气，我们也毫不怀疑。"随后，该报表达了一种极大的怨言："但是我们抗议这些新闻报道将他——一个记者，因此仅仅是一个旁观者——描绘成一个'重整'部队、呼吁他们'当个男人'的人，却丝毫不提及那些真正当值军官的做法。从这样一篇报道中，我们可能会以为，丘吉尔先生承担了战斗的指挥工作，而真正的指挥官却在战斗过程中无所事事。"[13]

即使是在珍妮奢侈的筹款活动上，人们谈论的话题也不是"缅因"号，甚至不是这场战争，而是年轻的丘吉尔。《约克先驱报》（*York Herald*）报道称："每个人都自然而然地在讨论温斯顿·丘吉尔先生所取得的成就。"[14]不过，也正是在这里，争议已经开始出现。丘吉尔夫人是否会利用她的关系来试图解救她的儿子，就像她过去利用自己的关系将他送往战场一样？一名记者写道："这种对于利用社会影响力来解救丘吉尔而不是那些没有贵族背景的战俘的讨论是最应该被摒弃的。"

157

*　　　*　　　*

待在家中的珍妮生平第一次不是因为自身的功绩而是因为

儿子的功绩被置于聚光灯下，她突然发现，自己不再是崇拜、指责或者嫉妒的对象，而成了怜悯的对象。她被众多信件和电报所淹没，这些信件和电报中既有对她儿子被俘向她表达的慰问，也有对他英勇表现的赞赏。其中一封信来自托马斯·沃尔登，也就是她丈夫过去的贴身男仆，如今是她儿子的贴身男仆。在温斯顿被俘后，沃尔登加入了皇家轻骑兵团（Imperial Light Horse），以便能够继续留在南非，他希望能够等到丘吉尔获释的那一天。他在给珍妮的信中写道："我去到装甲火车那里，见到了头部被弹片划伤的火车司机。他告诉了我有关温斯顿先生的一切。他说，军队里没有一个比丘吉尔更勇敢的绅士。"[15]《每日新闻周刊》（*Daily News Weekly*）的编辑显然也对此表示认同，他在给丘吉尔夫人的信中问道，她是否愿意为一幅描绘"WSC①的英勇表现"的素描画撰写一段文字说明，他打算把这张素描画发表在该刊物上。[16]

不过，珍妮唯一在意的一封信来自她的年轻恋人，乔治·康沃利斯-威斯特。作为苏格兰近卫团的一名军官，乔治此时也身处南非，而且一听说温斯顿被俘就给珍妮写了信。他在奥兰治河营地（Orange River Camp）给她写信说："看到今天报纸上说的温斯顿被俘的消息，我感到非常难过。我希望他不久后能够作为非战斗人员获得释放，不要出什么事——我可怜的爱人，你该有多焦虑啊。我真希望能够帮到你。"[17]

如果要丘吉尔能够称心如意的话，乔治应该尽可能地远离他母亲。在离开英格兰之前，丘吉尔就已经知道，这名时髦的年轻军官想要和珍妮结婚，而且，尽管有些保留意见，但她也

---

① 即温斯顿·斯潘塞-丘吉尔。

在认真地考虑这个想法。她在给一个朋友的信中轻松地写道：
"当然，激情不会永远持续下去，但为什么不去抓住能够抓住
的东西呢？"[18]想到自己的母亲可能与一个不仅与自己岁数差不
多，而且——正如珍妮后来的一位传记作者所写的那样——
"脑子有点不灵光"的男子结婚，丘吉尔感到十分痛苦，而且
他从来没有掩饰过自己在这个问题上的感受。[19]他曾对她说：
"我讨厌你结婚的想法。"[20]

最近几个月，乔治与丘吉尔的关系不怎么亲密，因为他已
经开始采取一种严厉继父的姿态。丘吉尔登上"达诺塔城堡"
号的几天前碰到了他，随后，他向珍妮汇报了这次会面，言语
中表现出了一种长辈式的失望。乔治写道："别告诉他是我说
的，但他看起来就像是一个年轻的异见牧师，帽子戴得歪歪斜
斜，而且还反着戴，黑色上衣和领带看起来旧得可怕。他是个
好小伙，但是——非常不整洁。"[21]

丘吉尔唯一的希望在于，他不是唯一试图阻止他母亲与乔
治结婚的人。乔治的家人也在竭尽所能地阻止这段关系。在徒
劳地试图阻止乔治与珍妮来往，并且还把乔治介绍给其他更合
适的女性后，乔治的父亲在绝望中寻求在他看来丘吉尔夫人唯
一可能听得进去话的人的帮助：她的长子。温斯顿知道即使是
他也没有希望改变母亲的想法，因此给乔治写了一封信。乔治
后来给珍妮写信说，"我不能告诉你他都说了什么，因为他不
让我透露一个字"，但是"他的论证非常有力"。[22]

丘吉尔还有另一个盟友：威尔士亲王。威尔士亲王不仅斥
责过珍妮，还曾警告乔治说，他正在犯下一个可怕的错误。那
年夏天，亲王在他的皇家游艇"不列颠尼亚"号（HMY
Britannia）上把乔治拽到一边，敦促乔治重新考虑与一个比自

159

己大这么多的女性结婚的决定。[23]他还曾给珍妮写信，严厉地要求她不要继续"挑逗"乔治。愤怒的珍妮在回信中提醒亲王，他们所讨论的是她的生活，而不是他自己的。他则在给她的回信中写道："能够与你保持四分之一个世纪的友谊是我的荣幸。因此，你为什么认为，仅仅因为我强烈地表达了对你即将走入的婚姻的惋惜之情，你就有必要给我写一封如此无礼的信呢？"[24]

家人和朋友逼得越紧，珍妮就越加愤怒和倔强，乔治的相思病也就越加严重。他将珍妮称作"我亲爱的小姐"，誓言没有她就活不下去，而且"如果可能的话会越来越"爱她。[25]然而，丘吉尔仍然抱有希望，觉得婚礼不会发生。他在启程前往南非前不久给母亲的信中写道："归根结底，我不相信你会结婚。我觉得，家庭的压力会把乔治压垮的。"[26]

*　　　　*　　　　*

当然，她与乔治之间的关系所遭到的反对只是让她更加坚定了与他结婚的决心。事实上，她希望能够在不久后就与他团聚。尽管珍妮此前没有打算与"缅因"号一同前往南非，不过现在她开始改主意了。在全身心投入筹款活动（光是克拉里奇酒店的这次活动就募集了 1500 英镑，相当于现在的约 20万美元）的同时，她暂时忘记了对温斯顿的担心。她后来写道："如果不是要为'缅因'号来回奔忙，我都不知道自己要怎么熬过那段时光。"[27]不过，她同时意识到，这艘船对她来说还有一个用处。如果她也一道踏上旅途的话，也许能够在南非见到乔治。[28]

　　凭借着珍妮和她的委员会筹措的资金，这趟前往南非的旅途无须像以往那么麻烦。这艘由美国商人伯纳德·贝克（Bernard Baker）捐赠的船曾被用于为巴纳姆和贝利马戏团（Barnum & Bailey Circus）运送牲畜和幼年大象等各种东西，因此不仅需要进行清洗，还迫切需要进行几乎是彻底的改造。[29]在皇家海军的帮助下，筹款委员会计划在船上添加两层甲板和电子照明设备，并且在整艘船上铺上印度橡胶制成的地板。船上将有 5 间病房、200 多个床铺，以及电风扇、电冰箱等设备，还有一间配备了现代 X 光设备的手术室。

　　不过，按照珍妮的想法，还有一些或许不属于医疗目的的改造需要进行。从她父亲位于布鲁克林的四层楼房，到布莱尼姆宫，一生都习惯了奢侈生活的她不打算挤在"缅因"号上某间狭小、简陋的舱室内。最终，她的房间看起来更像第 5 大道上的一间公寓，而不是一艘医疗船上的舱室。[30]在巨大的丝质枕头、紧缚的厚重窗帘和植物盆栽的簇拥下，房间里摆放着多得惊人的家具，从带有华丽雕纹的高衣柜——衣柜的旁边有一张窄窄的折叠桌——到放着精致软垫的沙发，再到一张巨大的木质柱脚桌，不一而足，柱脚桌上满满地摆放了时钟、相框、茶盘和一个玻璃水瓶。一名护士抱怨说，这个房间"装饰得就像一名女子的闺房，到处都是……奢侈品"[31]。

　　比她奢侈的舱室引起更大争议的是，珍妮公开拒绝在船上照顾任何宗教情绪。与儿子一样，丘吉尔夫人对宗教组织兴味索然，对宗教的排场甚至更加不耐烦。尽管她十分乐于帮助女王陛下军队中的士兵和军官，但她绝对不会让自己委身于宗教狂热的严肃世界里。一名愤怒的南非记者写道，在启程前，珍妮"将每一份宗教性的文字——包括宣传手册、《圣经》、期刊、传单等——都拿到甲板上，全部丢到了海里，送去给鱼类进行道德教化了"[32]。

    不久后，丘吉尔夫人就将启程前往南非，她将身穿一件由她自己设计的尤为时髦的护士制服，包括一件蕾丝边衬衫以及一条宽边腰带，以突显她纤细的腰身。[33]不过，当她抵达南非时，她既见不到恋人——乔治没有牺牲在布尔人子弹的下，却倒在了日晒之下，在她启程之前就因病退役回国了——也见不到儿子。就在珍妮开始监督打包行李和装饰舱室等工作的时候，丘吉尔即将开始自己作为战俘的生活。这将被证明是一个令人倍感陌生与不安的时期，他后来写道，他对这个时期的憎恨"要甚于我对整个人生中其他任何时期"[34]。

第 15 章　亡者之城

当列车驶入比勒陀利亚的时候，丘吉尔听到车厢的大门终
于被打开了。他走出车厢，爬上泥土堆成的站台，在阳光下眨
了眨眼睛，看到车站周围已经聚集了很多人。自从战争开始以
来，他第一次感觉到了对敌人的仇恨。他写道："单纯而英勇
的布尔自由民在前线勇敢作战……即使得不到同情，也已经赢
得了尊重。但在比勒陀利亚，一切都既小气又可鄙。"[1]丘吉尔
站在人群中空出的一个小空间里，双手背在身后，脸上带着鄙
夷的表情，用愤怒而斥责的目光盯着比勒陀利亚的民众。他后
来写道："丑陋的女人们打着鲜亮的阳伞，流浪汉和衣衫褴褛
的人随处可见，臃肿的自由民们太过肥胖，以至于无法在前线
骑马。"他轻蔑地回忆起这些布尔人推推搡搡地都想挤到前排
来以便更好地看清这些战俘的画面，"还有来自各个族裔的虚
伪、圆滑的官员们——有红脸庞、翘鼻子的荷兰人，也有油光
满面的葡萄牙混血儿"[2]他瞧着他们期盼、好奇的面庞，对于
自己成为他们的俘虏感到气愤不已。

战俘们按照命令原地等待，在仲夏阳光的炙烤下不自在地
挪动着双脚，时不时地踢一下平整开阔的泥土路面上的石子。
难以找到一块阴凉地的霍尔丹不得不拉低帽子，遮住眼睛。他
从帽子边缘偷偷看了一眼其他战俘——他们仍然被分成军官和
士兵两组——突然看见了一个他认识的人，纳塔尔卡宾枪兵

团，也就是布罗基声称自己在里面担任中尉的那支部队的一名军官。由于担心这个人会不小心说破他们的秘密，霍尔丹把他叫过来，迅速解释了一下当前的情况。[3]不过，尽管霍尔丹试图保护这名年轻的军士长，但他依然失望地看到布罗基被带走，并被要求与士兵们站在一起。几分钟后，一名身材魁梧的布尔人警官，也就是头戴白盔的南非共和国警察部队（Zuid-Afrikaansche Republiek Politie, ZARPs）的一员，把另一个人——温斯顿·丘吉尔——给单独拎了出来。

正在愤怒沉思的丘吉尔被吓了一跳，抬头看着这位警官，后者则像盯着一个"犯错的警察"一样死死盯着他，拿手拍在他的肩膀上。[4]这位警官咆哮着说，丘吉尔不是一名军官，因此要求他"去跟普通士兵站在一起"。丘吉尔此前在听到这些下级士兵有说有笑地从火车车厢里出来时就已经一肚子火，于是趁着这个机会冲到他们中间，纠正他们的行为。就像是一名指挥官一样，他严厉地要求他们"做一个严肃的人，关心自己为之奋斗的事业"，他对他们的反应非常满意。[5]盯着这些安静、庄重地站在他面前的士兵，思考内容从来没有偏离过逃跑的丘吉尔突然产生了一个想法。他后来写道："当我看到……我在他们之中拥有多么大的影响力时，我似乎感觉到，如果有2000 名战俘的话，某一天也许能做成一些事情。"

在丘吉尔对自己在士兵中的影响力暗自庆祝的时候，霍尔丹冒着危险与那名把丘吉尔带走的"魁梧、面恶的警官"发生了争执。霍尔丹写道："我向这个自命不凡的小官僚提出了抗议，向他指出，战地记者应该被当成军官。"不过，他犯了一个错误，他把丘吉尔的真实身份也告诉了这个人，一时间忘记了布尔人对贵族的态度与英国人有着天壤之别。那名警官对霍尔丹大吼道："我们不认识，也不在乎你们的贵族老爷和夫人。"随后他就走开了。[6]

在"围观群众充分满足了自己的爱国好奇心"的大约20分钟后，战俘们被命令继续前进。当第一批英国战俘几周前被带到比勒陀利亚时，他们被迫走了一条漫长而曲折的路才从火车站来到战俘营，正如霍尔丹后来所了解的那样，"他们是供当地居民观赏的战利品"[7]。布尔人对他们的俘虏感到失望不已，强烈抱怨说，俘虏们没有穿着著名的红色上衣。从那时起，这些战俘就被直接带到战俘营了。

俘虏们在这一过程中只经过了两条沙子铺成的交叉街道，不过这足以让他们看清这座城市的部分面貌。尽管非常愤怒，而且内心不甚服气，但他们不得不承认，布尔人的首都虽然狭小、落后，灰尘也惊人地大，但仍然有它独特的魅力。即使是丘吉尔那个对在南非的所见所闻没什么好话的父亲，也对比勒陀利亚存有良好的印象，并且写道，这是"一个漂亮的地方，比德兰士瓦的其他任何城市都要更具吸引力"[8]。地处土壤肥沃的绿色山谷，四周被低矮的山丘环绕，山上还点缀着一丛一丛的含羞草，正如利奥·埃默里后来所写的那样，这座首都"虽然炙热，但确实是一个吸引人的小镇"[9]。

比勒陀利亚位于开普敦以北近1000英里处，距离英国控制的南非东海岸约有400英里，到此时为止，还没怎么受到战争的波及。在最后通牒的最后期限过去，成千上万的布尔自由民勇猛、坚定地涌出这座城市之后，比勒陀利亚就"被废弃了"，埃默里写道，"就像一座亡者之城"[10]。除了南非共和国警察部队外，城市里大部分人都是妇女和儿童。布尔女性经常在红土路面上拖着她们长长的裙子，聚集在张贴着战争快讯的公告牌前，寻找有关她们的丈夫、父亲或兄弟的消息。她们还经常驾驶牛车在泥土路面上颠簸地来回穿梭，用生皮鞭抽打出的噼啪声打破这座城市不自然的宁静。唯一的例外是比勒陀利亚两家规模最大的酒店——格兰德酒店（Grand）和德兰士瓦酒店（Transvaal），这两家酒店都住满了男人，不过在他们之中，几乎没有一个布尔人。美国记者霍华德·希莱加斯在描写酒店住客时写道："雇佣兵、红十字代表团、访客、记者、承包商……走廊里能够听到几乎每一种语言，唯独没有南非荷兰语。"[11]

在城市里，无论是在公共广场上、在商店里还是在道路两旁朴实无华的房屋中，战争似乎显得如此遥远，以至于有时很难让人相信战争正在进行。希莱加斯写道："当大炮在前线咆哮的时候，比勒陀利亚似乎连回声都听不到。"[12]对城市里勉力维持生活的居民来说，每天能够证明战争正在自己的国家里进行的证据是布尔男性几乎难以忽略的缺席以及英国战俘的存在。

*　　　　*　　　　*

对霍尔丹来说，走向战俘营的这段路程尽管十分耻辱，但至少还有些用处。他走在泥土路面上，打量着这座城市，搜集一切未来可能有用的信息。他指出："整座城市的布局十分方正，城市边缘几乎是完全朝着正南和正北、正东和正西的方向延伸。对于那些可能想要朝着某个特殊方向出城的人来说，这是一个比较大的有利条件。"[13]霍尔丹还注意到，这座城市"被电灯照得灯火通明"，这一现代社会的便捷好处是在仅仅 7 年前被引入比勒陀利亚的。

在行进途中，霍尔丹利用机会不仅研究了城市布局，还再次试图将丘吉尔挽救回来。[14]尽管他所找的那个名叫汉斯·马兰（Hans Malan）的警官在他看来似乎是一个"看起来更加凶恶的人"[15]，比抓走丘吉尔的那名警官还要可怕，不过，这名警官显然是部队里更为资深的成员。或许是因为同意霍尔丹的看法，不过更有可能是因为丘吉尔的名字和家族地位让他很感兴趣，马兰不久后走到丘吉尔身边，命令丘吉尔回到军官的队伍里。

尽管丘吉尔对于能够回到霍尔丹的身边感到很高兴，但他对马兰的印象与他的朋友一样糟糕。在丘吉尔看来，这名警官"看起来像一个可怕的生物"[16]，这个第一印象随着时间的流逝只会得到强化。事实上，没过多久，马兰就会被他称作"可憎的马兰"[17]。他是一名粗暴、残忍、喜欢嘲弄战俘的看守，同时也极为危险，因为他是德兰士瓦总统克留格尔的外孙。

在丘吉尔加入军官队伍后不久，两支队伍就被引向了不同的方向，这在他们被俘以来还是第一次。对士兵们来说，他们的最终目的地将是一个 1.5 英里外的赛马场，这座赛马场被带刺铁丝网围了起来，改造成了一座户外战俘营。正如约翰内斯堡的《标准与深度新闻》（*Standard and Diggers' News*）的一名编辑所写的那样，尽管"赛马场上的生活并不是完全痛苦的"，但这个容纳了约 2000 名英国战俘的营地在居住、食物、卫生条件和医疗保障方面比军官战俘营要差得多。[18]这种恶劣的条件让战俘们愤怒不已，并且决心以几乎任何方式进行逃脱，丘吉尔很快就会希望将这一情况为自己所用。

在目睹手下消失在远方后，军官们转过一个街角，突然发现眼前出现了一栋巨大的红砖砂石建筑：他们的战俘营。这栋

166

国立示范学校（Staats Model School）的大楼屹立在斯金纳大街与范德瓦尔特大街的街角，占地约一公顷，比这座朴素小城的大部分建筑都要精致。这栋三年前刚刚建成、此前一直被用作教师培训学院的大楼是由荷兰建筑师西策·维尔达（Sytze Wierda）按照新荷兰文艺复兴（Neo-Dutch Renaissance）的风格设计的。它有着高耸的屋顶，中心位置设计了一排穹顶，每一侧都有狭长的窗户，在建筑的正面还有一个又高又窄的拱门，两侧有一条嵌入式走廊。

与建筑的精美形成鲜明对比的是新近增加的战争设施。在走廊前 10 英尺的地方竖起了一道及胸高的铁栅栏，围住了建筑的整个西侧和南侧。北侧和东侧则被一道大约 6.5 英尺高的瓦楞铁板包围。[19] 9 名面容冷峻的南非警察时刻在建筑内外巡逻，紧紧地抓着他们的哨子和李 – 梅特福步枪（Lee-Metford）在泥土地上踱步。[20]

来到国立示范学校后，他们注意到的第一件事——除了铁栅栏和步枪以外——就是那条走廊，那里已经聚集了很多战俘。[21] 这些胡子拉碴的战俘有很多还穿着卡其色制服，他们用胳膊肘倚靠在栏杆上，看着新来的人逐渐接近。丘吉尔很快就会了解到，这座战俘营已经容纳了约 50 名英国军官，他们大部分都是在两周前，也就是"达诺塔城堡"号进入桌湾那天的尼科尔森山脊之战中被俘的。事实上，霍尔丹认识其中的几个人，他在埃兰兹拉赫特受伤前，曾经与他们一起作战过。其他一些人是在邓迪被俘的，那是战争爆发的第一天。

一走进大门，丘吉尔和队伍里的军官们就立刻被其他战俘围了起来。他们大声喊道："喂！你们怎么样？他们在哪儿抓到你们的？布勒的攻势有什么最新消息？"这种欢迎仪式是每个新战俘的必经之路，在此后的几个月里还会重复很多遍，整个战俘营很快就填满了原有人数两倍的战俘，而里面的战俘们则变得越来越迫切地想要知道战争的消息。第18轻骑兵团的被俘军官查尔斯·伯内特（Charles Burnett）在日记中写道："所有人在走进我们的战俘营大门时都会被大伙围住。这种过分之举或许是可以原谅的，因为我们对当时的处境感到十分痛苦。要是我们能够让生命中的一小段时光重演的话……我们绝对不会允许这种情况再次发生，让我们——有时十分轻易地——落入如此境地，被困在国立示范学校。"[22]

此时的丘吉尔因为长途跋涉而疲惫不已，而且还对战俘营的景象心生厌恶，因此只想尽早远离其他战俘。他们十分古怪甚至有些疯狂的欢迎仪式让他想起了"私立学校的新生经历的那种欢迎仪式，或者在我看来，就像是地狱里的新来者经历的欢迎仪式"[23]。一找到机会，他就从人群中逃了出来，走到建筑内部，这里现在是他的新家。

走过大门，丘吉尔发现自己身处一条长长的阴凉走廊中，走廊几乎贯穿整栋建筑。走廊的两侧排列着6间宿舍，两端各有一个较大的房间，其中一个被用作餐厅，另一个则被用作健身房。[24]所有新来的战俘都被分配到了同一间宿舍里，即西侧第二间。这个小群体包括丘吉尔、霍尔丹、弗兰克兰，以及——让所有人感到宽慰的是——布罗基，他也回到了军官的队伍里，很可能是因为霍尔丹替他说了情。

尽管这四个人很庆幸他们仍然在一起，但他们还远远没有接受自己的命运。一进入房间，他们就开始进行细致的搜索，努力寻找任何能够帮助他们的东西——墙上的洞、被遗忘的工具、松动的窗框等。丘吉尔写道："除了自由我们别无所想。

168

从早到晚，我们都绞尽脑汁地寻找逃脱的方法。"[25]

＊　　　＊　　　＊

尽管丘吉尔和他的室友们下定决心要逃离国立示范学校，但他们很快发现，那里的生活并不像他们从其他士兵那里听到的流言蜚语所描述的那样恐怖和残忍。布尔人迫切地想要向世人证明他们并不是英国人描述的那类野蛮人，因此不管是在战场上还是在战俘营里，他们都极力试图消除那种错误的看法。尽管在战争中，他们并不总是遵守刚刚签署的《日内瓦公约》（Geneva Convention），有时会将炮弹打在插着 12 英尺高的红十字旗帜的战地医院里，不过当破坏成为既成事实的时候，他们会对死者和濒死之人表现出意料之外的同情心。[26]

在佩恩·西蒙斯阵亡后，朱伯特给他的遗孀写了一封信以表同情。[27]在此时仍在进行的围攻莱迪史密斯期间，朱伯特允许每天有一列满载伤病员的火车离开这座小镇，并且要求布尔人用对待自己人的态度对待英国伤兵。然而，让人惊讶的是，布尔自由民们所展示出的同情心甚至比他们心软的指挥官更加强烈。在尼科尔森山脊之战结束后，《每日邮报》记者乔治·沃灵顿·斯蒂文斯对布尔人对待战俘的友善态度惊叹不已。他写道，他们"拿自己瓶子里的水给战俘喝，从自己的马鞍上拿下毯子给伤兵盖上，自己却在光秃秃的草原上睡觉"[28]。

尽管布尔人展示出了强烈的同情心，但由于伦道夫·丘吉尔这类人的长期鼓动，将他们描绘成蓬头垢面、缺乏教养的乡巴佬的做法仍然在继续。自尊心受损的布尔人感到怒不可遏，对即使是最轻微的傲慢态度也深恶痛绝。不过，在他们之中有一个人，即使是最为养尊处优、受过最好教育的英国人也比不上。用利奥·埃默里的话说，他是一个"有着愤怒的蓝色眼睛、身材瘦削、发型精致的年轻人"[29]，他的名字叫扬·史末资（Jan Smuts），时任德兰士瓦国家检察官。史末资在他父亲位于开普殖民地的农场长大，原本是要成为一名放牧人的，但他的人生在他 12 岁时发生了戏剧性转折，因为他的哥哥在那一年不幸去世。由于布尔人的传统是只让长子接受教育，因此史末资哥哥的死意味着他能够去上学了，而命运的这一突然变化最终让他进入了开普敦东部的维多利亚学院（Victoria College），随后，在获得奖学金之后，他又前往剑桥大学基督学院求学。多年以后，基督学院院长、曾荣获诺贝尔奖的化学家亚历山大·托德（Alexander Todd）说，在这座学院 500 年的历史中，只有三名学生可以真正称得上杰出，这个人数稀少的群体包括约翰·弥尔顿、查尔斯·达尔文和扬·史末资。甚至连阿尔伯特·爱因斯坦都对史末资印象深刻，坚称世界上只有少数几个人能够理解他的相对论，而史末资就是其中之一。[30]

布尔人决心向英国人证明，他们像史末资一样也是受过教育的人，因此给予了他们的战俘几乎闻所未闻的活动自由。战俘们被允许接受探视、购买报纸，并且如果他们与自己的勤务兵一同被俘的话，还可以享受勤务兵的伺候。事实上，当时就有 10 名勤务兵住在国立示范学校背后院子里的帐篷中，如果托马斯·沃尔登三天前跟丘吉尔一起走上那列装甲火车的话，他肯定会愿意在那里扎营的。

军官们甚至被允许在一张巨大而详尽的纳塔尔和德兰士瓦地图上绘制战争进程。这些在军事学院接受过严格的制图训练

170

的军官全靠自己画出了这幅地图，比例尺达到 1 英尺比 5 英里，占据了整个房间的大半面墙，这个房间就位于丘吉尔所在房间的对面。战俘营里的一名艺术家，很可能是颇具天赋的汤姆·弗兰克兰，还画了一幅大约 6 英尺高的骷髅像，骷髅的一条胳膊伸展着，手指指向地图的方向，而在地图的上方写着几个令人满怀希望的文字："南非战争 1899 ~ 1900"[31]。

尽管国立示范学校里的食物十分充足，甚至经常比布尔人在战场上吃的还要好，不过战俘们还是被允许在比勒陀利亚一个商店老板——博斯霍夫先生（Mr. Boshof）那里自行购买额外的食物。他们能买到几乎任何买得起的东西，从香烟到瓶装啤酒，甚至是衣服，不一而足。尽管在进入战俘营时，每一名军官都配发了一套床上用品、毛巾和一套新衣服，但丘吉尔还是立刻就订购了一套花呢西服，西服是"较深的中性色，与政府配发的服装越不像越好"[32]。他还希望能买到一顶帽子，但在这个问题上，布尔人终于画了一道红线。据他后来回忆，布尔人问他说："我要帽子有什么用？如果我想要在庭院里散步的话，我有很多头盔可以用。"

尽管丘吉尔承认他是"最幸运的那种战俘"，但是从他举手投降的那一刻起，他对自己被俘的憎恨程度连他自己都感到惊讶。他不仅急切地想要返回战场，而且一想到自己处于另一个人的支配之下，就感到无法忍受。当他还在军队中时，接受上级的命令对他来说就已经足够困难了。服从一名在他看来只不过是穴居人的布尔人看守的命令并接受其奇思怪想，简直令人无法忍受。他后来在试图描述这种绝望感时写道："你在敌人的掌控之下。你的生命全靠他的人性在维系，你的日常饮食全靠他的同情心在提供。你必须遵守他的命令，去他要你去的地方，待在你被吩咐待的地方，等着随时供他消遣，耐心地控制自己的灵魂。"[33]战俘营十分温暖、干燥、安全、干净，食物充足，甚至还有一些奢侈设施，但如果能够回到炎热、多雨、肮脏和危险的战场上，丘吉尔会不假思索地放弃这些。他愤怒而焦躁地写道："战争正在进行，重大的事件正在发生，行动和冒险的好机会正在慢慢溜走。"

时间正在流逝，即使还很年轻，丘吉尔也能感受到他的生命在慢慢溜走。他在 11 月 30 日给他母亲的老朋友、美国政治家伯克·科克兰（Bourke Cockran）的信中写道："我今天 25 岁了。一想到剩下的时间没多少了，我就十分痛苦。"[34]

丘吉尔如此痛恨自己被囚禁的命运，以至于他在余生中都无法忘怀这段经历。他多年之后写道："回望那段时光，我始终能感到对囚犯和战俘的深刻同情。我难以想象对一个人，尤其是一个受过教育的人来说，经年累月地被囚禁在一座现代监狱里是什么样的感受。每一天都与前一天完全一样，身后留下了被浪费的生命的灰烬，前方还有被束缚的漫长岁月。"[35]在自己遭到囚禁的 10 年后，丘吉尔被任命为内政大臣，负责管理英国的监狱系统，此时的他对囚犯们显得格外同情，尤其是那些被判终身监禁的囚犯。在他看来，那是一种比死刑还要悲惨的命运。他努力确保这些终身监禁的囚犯能够阅读书籍、进行锻炼，甚至享受偶尔的娱乐活动，"从而在合理范围内尽可能减少他们必须忍受的虽然是罪有应得的苦难"。

丘吉尔强烈认为，自己被囚禁的命运不仅令人难以忍受，而且非常不公正。尽管仅仅几天前，他还曾因为身为平民参与战斗而担心遭到迅速处决，但是等他抵达比勒陀利亚时，他已经完全不在乎这一仍然存在的威胁了。一走进国立示范学校，他就开始再次要求获释，持续不断地提醒每一个愿意听他诉说的人，他不是作战人员，只是一名记者。

172　　事实上，就在丘吉尔抵达战俘营的那一天，他就找到铅笔和纸张，写了一系列信件，所有信件的目的不仅在于解释他目前的处境，而且还在于阐明他立刻获释的理由。对《晨邮报》，他只发了一封电报。电报上说："15 日于弗里尔被俘，无武器，关押于比勒陀利亚，敦促释放。"[36]对于一直是他个人志向最坚定、最有效的支持者的母亲，他写了一封较长的信。他实事求是地说："亲爱的妈妈，用一句话来解释，我在弗里尔的一列装甲火车上被俘。"随后，他提出了自己的观点："当时我没有携带武器，而且还拥有作为媒体记者的完整证件，因此我不认为他们会长期拘留我。"他很清楚布尔人会在信件寄出前先读一遍，因此小心翼翼地对俘虏他的人进行了称赞。他写道："他们一直给予媒体记者很好的待遇，在马朱巴山之战后，《晨邮报》记者在仅仅被关押几天之后就被释放。你不需要有任何焦虑情绪，但我相信你一定会竭尽所能确保我获释的。"[37]

甚至在给他在印度时就爱上的美貌年轻女子帕米拉·普洛登写信时，丘吉尔都忍不住利用机会来陈述他的理由。他说："这不是一个很令人满意的写信之所，尽管它的名字以字母 P 开头。"他安慰身处数千英里之外、被许多追求者包围的帕米拉说："看着这里新奇而优美的景色，我经常想到你。"随后他插入了一句话，这句话显然更多是说给阅读这封信的布尔人，而不是一个伦敦社交名媛听的。他提醒他的读者说："我预计自己将得到释放，因为我在被俘时没有携带任何武器，而且拥有完整的记者证件。"[38]

不过，丘吉尔那天所写的最重要的一封信是写给一个名叫路易斯·德苏扎的人的，即德兰士瓦陆军大臣。德苏扎是一个沉默寡言、思虑周全的人，在战争爆发后被任命为战俘委员会主席，他不仅在当天就了解了针对装甲火车的袭击，还知道温斯顿·丘吉尔在战斗中被抓为俘虏。[39]他的妻子玛丽在 11 月 15 日的日记中写道："自由民们在埃斯特科特附近夺取了一列装甲火车，抓了 56 个俘虏，其中包括温斯顿·丘吉尔，已故的伦道夫·丘吉尔的儿子。"[40]德苏扎很清楚丘吉尔的地位和家庭背景，而且知道他的被俘对德兰士瓦意味着什么。

丘吉尔认为，德苏扎也许有权释放他，或者至少愿意代表他来据理力争。因此，他认真而详尽地阐述了他的观点，他希望能够具有说服力。

173

1899 年 11 月 18 日

比勒陀利亚

阁下：

1. 15 日，在纳塔尔弗里尔，我作为《晨邮报》的特派记者跟随英国军队进行采访时被南非共和国的部队俘房，并且与其他战俘一道被转运到这里。

2. 我有幸向您提出一个请求，那就是我应该被释放，并获准通过任何方便的渠道返回英军前线。为了支持这一请求，我恭敬地希望陆军大臣阁下注意到以下几个事实：

a. 我在英军投降后立刻出示了我作为特派记者的证件，并且提出将这些证件转交给有关当局。这一请求已经获得应允。

　　b. 我没有携带武器。

　　c. 我的身份已经查明。

　　3. 我希望表明的是，从战斗现场到这座城市，我接触到的许多南非共和国军官与自由民都对我表现出了极大的关心和好意。

我是阁下您忠实的仆人

温斯顿·斯潘塞－丘吉尔

伦敦《晨邮报》特派记者

174　　丘吉尔不打算让少数无关紧要的事实阻碍他重获自由。没有人需要知道，被俘时他之所以没有带武器，唯一的原因是他在跳下火车帮助伤兵时把手枪落在了火车上。在后来写给德苏扎的另一封信中，他甚至更进一步，否认自己在解救机车的过程中发挥了任何作用。他言之凿凿地对陆军大臣说："我始终固守自己作为媒体记者的角色，在装甲火车的防御过程中没有发挥任何作用，也没有携带武器。我已听说，有人宣称我在这次防御中发挥了积极作用。我要否认这一点，尽管在暴露在德兰士瓦部队炮火下的一个半小时里，我自然而然地竭尽所能逃离了这一如此危险的境地，从而挽救了自己的生命。"[41]

　　正在搜寻任何可用的武器，并且愿意采取任何策略的丘吉尔甚至把目光投向了他所知的布尔人的阿喀琉斯之踵：他们受伤的自尊。他们希望获得尊重，不仅是来自大英帝国的尊重，还有来自欧洲和北美大国的尊重，他们希望这其中的许多国家能够在战争中支持他们。丘吉尔给德苏扎写信道："在我作为战俘被囚禁期间，我的情况无疑引起了国外的大量关注，我的获释将受到全世界媒体的广泛欢迎，会被认为是一次符合国际行为准则的高尚行为。如果我继续作为战俘被关押，肯定会让欧洲和美洲认为这是源于以下事实，那就是由于我十分出名，因此被当作了某种人质；这会引起批评甚至是嘲讽。"[42]

　　布尔人完全不吃他这一套。在丘吉尔抵达比勒陀利亚的第二天发出的一份电报中，德兰士瓦军队总司令警告国务秘书弗朗西斯·雷茨说，他们的贵族战俘并不像他自己声称的那样是一个无辜的记者。朱伯特写道："我知道丘吉尔勋爵的儿子坚称自己只是一名新闻记者，因此希望能够获得被释放的优待。"然而，他已经从领导那次袭击的路易斯·博塔那里得到了袭击过程的完整记录，还阅读了报纸上对丘吉尔在装甲火车的防御过程中表现出的英勇无畏和发挥的关键作用进行的热情洋溢的描述。朱伯特敦促雷茨说，丘吉尔"必须被当作战争中的威胁来进行关押和看管；否则，他会对我们造成很大伤害。简而言之，在战争期间，他不能被释放"[43]。

　　这封电报花了三天时间才送到雷茨的手上。不过，在 11 月 21 日，国务秘书不仅收到了这份电报，还在电报上附加了他自己的一段批注。他写道："政府将完全照办。"[44]

175

第 16 章　黑色星期

　　　从她位于斯金纳大街的房子里，玛丽·德苏扎，也就是德兰士瓦陆军大臣的妻子，几乎能够看到那座战俘营。它就在四个街区之外的地方，而且她对通往那里的路线非常熟悉。她的丈夫几乎每天都要走那条路。

　　玛丽一生都保持着写日记的习惯，在宣战前 13 天，她刚刚开始写一本新的日记。本能地，她知道未来将出现可怕的事情，她的家人尤其会遇到危险。她在 10 月 30 日——也就是英国无动于衷地让最后通牒的最后期限过去的那一天——写道："战争！多么可怕的一件事。为的又是什么？"[1]

　　在新战俘抵达比勒陀利亚的第二天，路易斯·德苏扎去国立示范学校探望了他们。由于对战俘的待遇十分在意，他将战俘营看作自身职责的重要组成部分。然而，11 月 19 日，他在那里待的时间如此之长，以至于他的妻子在那晚的日记里把他晚归的事情写了进去。[2]

　　一见到德苏扎，丘吉尔就知道自己已经找到了要找的人。陆军大臣不仅愿意聆听他的故事，还对这位年轻记者深表同情，并且尽其所能地帮助他。随着丘吉尔被关押的时间从以天计算变成以星期计算，德苏扎对他而言变得越来越不可或缺。德苏扎给他带来战争的消息，安排他与高级官员见面，好让他能够在监狱里为自己的获释而陈情，甚至时不时给他带来水果篮，其中许多水果篮里还藏了威士忌，这可是一种被禁止的礼物，而德苏扎有时还会把酒藏在燕尾服里带进来。[3]

与德苏扎形成鲜明对比的是，直接负责管理战俘营的那个人对丘吉尔，或者说对在他看守下的任何人都没有什么兴趣。战俘营的典狱官——守卫部队指挥官（commandant van de wacht）——名叫 R. W. L. 奥珀曼（R. W. L. Opperman），丘吉尔后来满怀厌恶地写道，他"肥得连行军打仗都干不了"[4]。不过，他仍然是布尔人战争事业的狂热支持者，而且，用一名战俘的话说，是一个"对英国人深恶痛绝的人"[5]。奥珀曼的助手扬·许宁博士（Dr. Jan Gunning）对英国军官们则较为礼貌一些，并且深受他们的喜爱，不过他对于战俘营的管理没什么发言权，因此对丘吉尔来说潜在价值不大。许宁也有自己的问题。在和平年代，他曾担任国家博物馆馆长一职，他十分珍视这一职位，但也曾因此惹上麻烦。在开战前，塞西尔·罗兹，也就是那个可以算得上是德兰士瓦人最为痛恨的人，曾经为许宁的面子工程——一个将在比勒陀利亚建造的动物园——赠送了一头狮子，他感到无法抗拒这一礼物，最终还是收下了。[6]许宁紧张地对丘吉尔吐露说，克留格尔发现这件事之后，这位德兰士瓦总统大发雷霆，"用最为严厉的言辞"训斥了他。

丘吉尔唯一能够指望会充满同情地听他讲述的人只有德苏扎。这位陆军大臣不仅关心战俘，而且似乎还有着比大多数布尔人都要广阔的视野。丘吉尔写道，他是"一个个头不高但眼光很长远的人，曾经去过欧洲，对于英国与德兰士瓦之间的相对实力有着清晰的认识"[7]。德苏扎三年前采办武器时去过欧洲，当时他担任总司令部的第一秘书，尽管如此，他和朱伯特一样都一直深信战争或许可以避免。[8]当最终结局到来时，他整个人都垮了。他的妻子在9月底的日记中写道："路易斯简直担心得都要死了。朱伯特将军告诉德苏扎说，他已经在今晚放弃了所有对于和平的希望。"[9]这时距离布尔人发出最后通牒只剩下几周时间。

178

然而，尽管德苏扎非常关心丘吉尔，但他能够提供的帮助十分有限。虽然他在德兰士瓦政府里担任重要职位，但他本人的根基一直都不稳固。自从战争开始以来，他在比勒陀利亚的地位变得越来越岌岌可危。

作为一名议员，德苏扎是一个异类。他的家族不是从荷兰或者法国，而是从葡萄牙来到德兰士瓦的。19世纪初，他的祖父母从里斯本移居印度小邦果阿（Goa），并在那里生下了他的父亲马里亚诺·路易斯（Mariano Luis）。据家族史记载，正是在那里，除他父亲以外的所有家庭成员都死于一场传染病。到19世纪中叶，马里亚诺·路易斯作为孤儿来到了葡属东非，也就是如今的莫桑比克（Mozambique），位于印度洋沿岸。在设法来到德兰士瓦后，他遇见并娶了楚伊·朱伯特（Trui Joubert），她是一名移民先驱的女儿，同时也是如今的总司令皮特·朱伯特的远房表亲。

作为马里亚诺·路易斯和楚伊的长子，路易斯·德苏扎的身体里流淌着德兰士瓦最古老的移民先驱家族之一的血液，但他仍然看起来像个葡萄牙人。矮小、瘦弱、黑发且皮肤黝黑的他，在比勒陀利亚街道上比比皆是的白皮肤、粉脸颊的荷兰人中看起来十分显眼。此外，与他的葡萄牙祖父一样，他也是一名天主教徒，这一宗教流派在笃信加尔文主义①的布尔人看来几乎可以算是在亵渎神明。事实上，一直到 1858 年，任何不属于荷兰改革宗教会的人甚至都无法在德兰士瓦获得公民资格，更别提担任政府职位了。

在布尔人看来，德苏扎还有一个不利因素：他娶了一个英国人的女儿。尽管玛丽·德苏扎是在德班出生的，距离路易斯·博塔成长的地方并不远，但在她的许多邻居看来，她的英国属性丝毫不亚于英国女王。如今，他们正在与大英帝国交战，德苏扎一家人受到了更加强烈的怀疑。连克留格尔都不完全信任他们，曾在一次议会会议上问路易斯，他的妻子到底是不是英国人。[10]

德苏扎不仅对战俘们心怀同情，还对那些长久居住在德兰士瓦的英国公民感到十分同情，但这一事实无助于他的处境。虽然对所谓的"外乡人"或者说"外国人"（uitlander）来说，生活从来都不轻松，但随着布尔人和英国人越来越剑拔弩张，他们的生活变得越来越艰难。最后，9 月 27 日，议会通过了一项宣言，命令所有英国公民在战争期间离开该国领土。尽管玛丽已经预见到了这一点，但在战争开始后不久，当她看到英国公民被塞进拥挤的牲畜货车赶出这座城市的时候，她仍然被惊呆了。[11]

许多英国人都来找德苏扎寻求建议和帮助。玛丽在日记里坦承："他对于这些外乡人担心极了。"[12]不过，德苏扎也无能为力，无论对他们来说还是对他自己来说都是如此。甚至连丘吉尔都能理解，他的这位新朋友不得不"非常谨慎"[13]。

179

---

① 加尔文主义，又称"归正神学"或"改革宗神学"，是 16 世纪法国宗教改革家、神学家约翰·加尔文毕生的许多主张和实践及其教派其他人的主张和实践的统称。

*　　　*　　　*

　　尽管处境十分危险，但德苏扎仍然在持续探望国立示范学校里的战俘们，而且在那里的大部分时间都和战俘营中最麻烦的战俘待在一起。[14]大约在丘吉尔抵达比勒陀利亚的一个半星期后，德苏扎来到了他的宿舍，发现这位年轻朋友正站在画在墙上的那幅地图前。丘吉尔在地图上贴了红色和绿色的纸片，以表示不同的纵队，并试图借此画出战争的进程。这一天，他又有新的信息要添加到他的拼贴画上。

　　前一天，丘吉尔有一个意外的收获。站在走廊上、靠在栏杆边的丘吉尔注意到一个长着红色八字胡的男人在街上快速地走着，两只苏格兰牧羊犬紧跟着他。来到比勒陀利亚后，丘吉尔学会了仔细观察镇子上的人。尽管有些人看起来正如霍尔丹所写的那样"就好像很乐于透过栏杆向我们开枪"[15]，但还是有一些人向这些战俘展示出了同情，甚至是出手相助的愿望，即使这会让他们自己身陷巨大的危险。事实上，随着时间的流逝，为了能够与战俘们取得联系，同情者们所采取的行动也越来越煞费苦心，有人曾用手杖敲击出摩尔斯电码，与住在国立示范学校街对面的两名年轻女子传递信息，并且用走廊上的白旗来发信号。

　　那名八字胡男子渐渐接近丘吉尔，步调没有丝毫改变。不过，就在将要经过的时候，他说了一句话，让丘吉尔的精神立刻高涨起来。他低声说道："梅休因（Methuen）在贝尔蒙特（Belmont）把布尔人打得落花流水。"保罗·梅休因是负责指挥英军第1师的将军，梅休因的胜利让丘吉尔精神百倍，并且让他相信，战争形势终于要出现扭转了。丘吉尔写道："那一夜，空气似乎更加凉爽，庭院也似乎比以往更大了。"[16]

　　第二天，当德苏扎走进他房间的时候，他急切地想要与德苏扎讨论战争的这一新进展。他问德苏扎："梅休因情况如何？他在贝尔蒙特击败了你们。现在他应该已经穿过默德（Modder）了。再过几天，他就能替金伯利（Kimberley）解围了。"[17]不过，德苏扎看起来似乎毫不关心。他耸了耸肩，没有问丘吉尔是从哪里得到这个消息的，只是简单地回答说："谁能说得好呢？"然后，他把手指放在地图上，说道："这里有一个叫作肖尔茨山脊（Sholz Nek）的阵地，皮耶·克龙涅（Piet Cronje）在那里驻守。我们认为梅休因肯定过不去。"

　　事实证明，德苏扎是对的。不过，真正的原因与其说与梅休因和克龙涅有关，不如说与朱伯特和博塔有关。就在德苏扎和丘吉尔站在国立示范学校的手绘地图前说话的几天前，皮耶·朱伯特的战马绊了一跤，把他摔了下来。[18]朱伯特的伤势很严重，他不得不乘坐封闭马车返回比勒陀利亚，再加上布尔人在贝尔蒙特遭受了耻辱的失败，博塔最终被任命为指挥官。他的晋升在几个月后被确定下来，因为朱伯特因腹膜炎撒手人寰了。

　　朱伯特的死给德苏扎带来巨大打击，后者将在朱伯特的葬礼上担任抬棺人，并且在三个月后去世，与朱伯特在地下相见。[19]但是，朱伯特的死让博塔得到了解脱。形势的这一突然变化意味着，自从战争以来博塔第一次不受到约束。就在从马上摔下的几天前，朱伯特曾命令他的这位积极的年轻将领从埃斯特科特撤退，而博塔在装甲火车脱轨后已经多次成功袭击那里的英国军队。起初，博塔拒绝服从这一命令，但是当朱伯特威胁说要取消他的指挥权后，他屈服了。随着朱伯特的离去，终于没有人会告诉他不许做什么，拖他的后腿了。博塔知道，

181

如果由他来做主的话，他能够在战争中稳步推进，让傲慢的英国人见识一下布尔人有什么能耐。

在博塔接过指挥权的一个多星期后，英国人恐惧地发现自己遭受了一个接一个的失败，这一系列令人震惊的失利后来被称作"黑色星期"。第一次打击出现在 12 月 10 日的斯托姆贝赫之战（Battle of Stormberg），尽管英国军队约有 3000 人，布尔人只有不到 2000 人，但战斗的结果是近 700 名英国人阵亡或被俘。[20] 第二天，梅休因在马赫斯方丹之战（Battle of Magersfontein）中败给了克龙涅和传奇式的布尔将军科斯·德拉雷（Koos de la Rey），布尔人将这次战役称作肖尔茨山脊之战，英国人在战斗中损失了近 1000 名士兵。

没过多久，黑色星期的消息就传到了伦敦，引起的反应不仅是震惊，而且是彻底的手足无措。这毕竟是"英国人的世纪"，当时没有一个在世的英国人还能记得他们的帝国有任何时候不是世界舞台上的主宰。但是，在 1899 年 12 月，却传来了他们在布尔人的手上遭遇灾难性失败的消息，而布尔人曾经被他们不屑一顾地认为是无足轻重、天真单纯的对手。一个令人恐惧的想法向英国人的心头袭来：这个世纪的最后一个月是否标志着大英帝国末日的起点？对于在过去 100 年里做了 63 年女王的维多利亚女王来说，这个问题甚至连提都不能提。她对当时的下议院议长亚瑟·贝尔福说："请理解，这栋屋子里没有人感到沮丧。我们对于失败的可能性没有任何兴趣；这种可能性完全不存在。"[21]

*　　　*　　　*

对身处国立示范学校的人们来说，黑色星期的消息所带来的打击令人尤为痛苦。他们已经学会了要对守卫们得意扬扬的言辞或者对在拥有明显偏向性的布尔人报纸上读到的内容留个心眼，但是，他们再也无法欺骗自己说，战争进行得很顺利。丘吉尔后来写道："我们在比勒陀利亚听到的所有消息都来自布尔人，这些消息都遭到了可笑的夸大和扭曲。不过，无论一个人怎样地怀疑和贬损这些故事，它们都会给人留下深刻印象。连续一个月接受这些垃圾信息会让人的心智变得脆弱。我们这些可怜的战俘已经失去了信心。"[22]

　　自然，守卫们在战争进程中得到了巨大的满足，并且很少错过就"英国人遭受的残酷杀戮和可耻溃败"嘲弄战俘们的机会。[23]即使在最好的时候，这些如今负责看守战俘营的布尔人也算不上什么绅士。如今，由于远离战争，而且身边围绕着的虽然是战俘，但至少都是刚刚从战场上下来的人，所以他们被自己的耻辱感所窒息，很少能够控制住愤怒情绪。阿德里安·霍夫迈尔（Adrian Hofmeyr）是一名来自开普殖民地的牧师，他之所以被抓为战俘，是因为他同情英国人。他如此憎恨国立示范学校的守卫，以至于他后来在著作《我的被俘故事》（*The Story of My Captivity*）中花了一整个章节的篇幅来详细描述他们的恶劣行为。他写道，这些警察"是你在一天的行军中能够遇到的最残忍的人，很少有例外"[24]。

　　战俘们不是守卫们唯一的发泄目标。由于知道自己正被德苏扎严密注视着，所以虽然这些警察会时不时地刺激和嘲弄手下管教的战俘，但很少实施肢体暴力。然而，在面对比勒陀利亚的黑人和混血居民，尤其是那些不小心从国立示范学校旁边经过的人时，他们的愤怒就会得到完整而无节制的展现。霍夫

183　迈尔写道："当我们无能为力地看着这种南非警察式的流氓行径时，我们简直怒火中烧！可怜的家伙！他不知道这条街不够宽阔，根本不足以容纳南非警察陛下和他自己同时存在，因此，他带着德兰士瓦每一个黑人都会有的急于认错的样子赶忙走开了，直到过了那条界线——那条不允许他跨过，并且迫使他不得不绕行一个街区的绳子。"[25]

　　不过，要论行为恶劣，哪个看守都比不上汉斯·马兰。丘吉尔和霍尔丹没过多久就完成了对克留格尔这个外孙的初步评估。关于马兰，丘吉尔写道："一个邪恶而讨厌的畜生。他的个人勇气更适合用来羞辱比勒陀利亚的战俘，而不是在前线杀敌。"[26]丘吉尔对他的鄙视并非孤例。战俘们听说，尽管马兰与克留格尔的关系很近，但他曾经因为怯懦而在议会里被公开嘲笑。甚至连玛丽·德苏扎在听说了他对待非洲土著的残忍行径后也对他极度反感。她在日记中写道："他不是人，就是个畜生！噢，要是我能发言，或者有权力就好了！"[27]

　　尽管马兰不想让自己置身于危险之中，也不想与任何有能力自卫的人作战，但他一直是战争的高声支持者。用《标准与深度新闻》编辑约翰·巴特里（John Buttery）的话说，作为路政部门总监，马兰"在议会秘密会议中发挥了巨大影响，这些会议讨论的对象是那些公开呼吁和平的议员，以及有必要恐吓和胁迫谁来加入他们的战争团体"。巴特里写道，马兰经常"在议员们进出时强迫他们听他说话，而且毫不掩饰他的野蛮态度"[28]。

　　许多军官都觉得马兰非常可怕，因此极力避免遇到他，不过丘吉尔却觉得很难就这么吞下他的不断嘲弄而不加反击。有一天，当马兰变得让人尤为难以忍受的时候，丘吉尔突然向他发起了反击。丘吉尔提醒这位守卫，在战争中，任何一方都有可能最终获胜，随后问他，"在对待战俘的行为方面让自己显得独树一帜"是不是真的明智。丘吉尔盯着马兰说，如果英国人获得战争胜利的话，英国政府可能会拿几个布尔人开刀以儆效尤。这种暗示很显然让马兰感到紧张，丘吉尔后来写道："这个魁梧而恶心的男人肥大的脸一会儿白一会儿红。后来他再也没有接近过我。"[29]

184

　　然而，随着战争的继续，马兰成了他们最不需要担心的问题。让他们感到极为惊恐的是，他们很快发现，负责管理战俘营的典狱长奥珀曼完全控制不住他反复无常的情绪。如果布尔人获胜，他就会心情愉悦。如果布尔人失败，用丘吉尔的话说，他看起来就像"一张痛苦的画像"[30]。奥珀曼的情绪与战争结果的关系如此之紧密，以至于他经常对战俘们说，如果布尔人战败的话，他将"为保卫首都而死"。尽管这些军官战俘对于奥珀曼的命运毫不在乎，但是他们听到他说，在死于荣耀之前，他会先射杀自己的妻子和孩子，因而对他感到十分厌恶。

　　在奥珀曼说要杀害自己家人的时候，他的上级，也就是那些真正负责指挥战争的人，开始重新考虑战俘的命运。在丘吉尔抵达比勒陀利亚的一天前，英国人俘虏了一个名叫内森·马克斯（Nathan Marks）的人，他被指控是一名布尔间谍。马克斯乔装成救护车司机，带着一名伤者潜入英军防线。被发现后，他承认自己之所以被派到这里，是为了探查布尔人的炮弹是否像英国炮弹一样造成了巨大破坏。布尔人获悉马克斯被俘后，不仅极力否认他是一名间谍，还威胁说，如果他遭遇任何不测，就将发动报复。[31]

德兰士瓦国务秘书雷茨向开普殖民地总督阿尔弗雷德·米尔纳明确表达了他的意图。雷茨向米尔纳保证说，如果马克斯被处决，布尔人将"处死 6 名如今被关押在比勒陀利亚的英国军官"[32]。尽管国立示范学校的战俘们仍然会衣食无忧，而且能够在守卫向他们宣泄怒气时得到保护，但他们知道，说不定哪一天，他们的性命就无法得到保障了。

* * *

185   在雷茨向米尔纳发出威胁后不久，他来到比勒陀利亚视察国立示范学校，看望命悬一线的战俘们。从被俘那天起，丘吉尔就一直提出要见雷茨，有鉴于此，国务秘书决定满足他的这个愿望。雷茨的儿子德尼斯——他曾在开战当天与博塔一起骑马离开比勒陀利亚——碰巧也在首都，于是陪着父亲从办公室走到战俘营。他们二人走进建筑内，经过多名守卫，最后来到了一个大房间，他们在房间里看到了正在与其他战俘"玩游戏"（很可能是在下象棋）的丘吉尔。

德尼斯已经知道了丘吉尔到底是谁，他的父亲也是如此。雷茨不仅阅读了朱伯特发来的敦促他拒绝释放这位记者的电报，还收到了好几份其他有关丘吉尔的愤怒投诉。一名曾与博塔一起参与袭击装甲火车的布尔将领在 11 月 28 日给雷茨写信说："我看到报纸上传言说，丘吉尔勋爵的儿子……将在不久后被政府释放。如果这个人被释放的话，那其他任何战俘都可以。他在指挥士兵破坏我方军事行动方面发挥了最为积极的作用……因此，他必须得到与其他任何战俘一样的对待，如果需要的话，甚至要更加警觉地加以看守。"[33]雷茨甚至收到了一封来自一个名叫达尼·西伦（Danie Theron）的人的信，此人目睹了丘吉尔被俘的全过程，请求国务秘书一定要确保他被继续关押。西伦写道："根据《人民之声》（Volkstem）和《标准与深度新闻》的消息，丘吉尔如今宣称他没有参与过战斗。这简直是一派胡言；当司号员奥斯特伊岑（Oosthuizen）警告他必须投降的时候，他仍然不愿站住不动，连奥斯特伊岑用枪指着他，他也不照办。在我看来，他是我们手上最危险的战俘之一。"[34]

抬起头一看到雷茨，丘吉尔立刻就开始为他的获释发表已经排练过很多遍的长篇大论。不过，与德苏扎不同的是，雷茨不是那么容易就能被说服的。在丘吉尔强调自己只是一名战地记者、不是作战人员后，雷茨提醒他说，他身上曾经带着一把毛瑟枪。丘吉尔回答说，在苏丹，所有记者都会携带自卫武器。不过，这一番比较产生了相反的效果。它非但没有改变雷茨的想法，反而激怒了他。他强硬地对丘吉尔说，布尔人"没有杀害非战斗人员的习惯"。最后，丘吉尔只是成功说服了雷茨将他所写的几篇文章带走，他希望国务秘书能够将这些文章寄给《晨邮报》。[35]

丘吉尔的最后希望是布尔人与英国人之间正在讨论的战俘交换计划。他在 11 月 30 日给布勒的军事秘书弗雷德里克·斯托普福德（Frederick Stopford）写信说："除非我能作为一名军官被交换，否则我会两头落空。祈祷你能尽全力帮我。"[36]然而，此时仍然在弥留之际的朱伯特坚决拒绝让他走。他在 12 月 10 日，也就是斯托姆贝赫之战那天写道："我同意交换战俘的提议，但坚决反对将丘吉尔纳入

186

其中。"[37]

　　最后，丘吉尔放弃了。他意识到，布尔人是不会心甘情愿让他走的。他写道："在 12 月的第一个星期，一听说朱伯特的这个决定，我就下定决心要逃跑了。"[38]

第 17 章　一个绝望而大胆的计划

丘吉尔开始日落后在庭院里来回踱步。每天傍晚，他都会看着太阳在俯瞰战俘营的一座小山上的堡垒背后缓缓落下，这标志着"又一个痛苦日子"的结束。随后，他开始沿着一条战俘们十分熟悉的路绕着大楼转圈，战俘们很早以前就已经估算出，绕 9 圈就是 1 英里。[1]他偷偷从看守身边溜过，小心翼翼地观察他们，轻蔑地看着他们"肮脏、邋遢"的制服，然后愤恨地盯着围墙。他后来写道："被困在这么狭窄的空间里，栏杆和铁丝网围着你，武装看守守着你，你会有一种持续不断的耻辱感。"[2]他的头脑跟随双脚沿着同样的道路走了一遍又一遍，一直在思考着一定有某种办法"能够帮助我重获自由，不管是用蛮力还是用欺诈，用钢铁还是用金子"[3]。

对于逃跑的强烈渴望绝不仅限于丘吉尔一个人。自从有了囚犯和守卫，人们就一直在尝试各种办法来逃脱，不管是攀爬还是挖洞，贿赂还是蛮力，无所不用其极。结果，如果一名囚犯完全没有希望挣脱镣铐的话，他很可能会发疯。在丘吉尔不停地绕着国立示范学校踱步的 20 年后，一个名叫阿道夫·维舍尔（Adolf Vischer）的瑞士医生写了一本名叫《铁丝网综合征：战俘心理研究》（*Barbed Wire Disease：A Psychological Study* *of the Prisoner of War*）的书。维舍尔在一战期间访问了多座战俘营，以研究被俘造成的心理影响。他在书中指出，遭到长期关押的人几乎无一例外地都患上了他所谓的"铁丝网综合征"。

维舍尔写道："他们很难把注意力集中在某个特定目标上；他们的生活方式变得动荡，所有行为都显示出焦躁不安的情绪。所有人都对形势有着令人沮丧的展望和悲观的看法……许多人还格外多疑。"[4]尽管受影响最重的那些人通常都是已经被囚禁了几个月或者几年的战俘，但所有战俘都在某种程度上患上了这种疾病。维舍尔写道："与那些知道自己刑期长短、能够每天做记号的罪犯不同，这些战俘一直处在彻底的不确定状态。"[5]

在布尔战争中，自然是既有英国战俘也有布尔战俘，他们都对逃跑有着深深的执念——尽管对他们来说，逃跑几乎是不可能的。英国人最初将战俘关押在停靠于西蒙斯湾（Simon's Bay）的驳船上，与开普敦近在咫尺。不久后，英国人又把他们转移到了距离非洲海岸1200英里的一座火山岛——圣赫勒拿岛（St. Helena）——上。[6]尽管从许多方面说，圣赫勒拿岛都是一座完美的监狱——周围环绕着几千平方英里的海域，岛屿周边悬崖峭壁林立，很少有地方能够停靠船只——但仍然出现过几次逃跑尝试，其中一次还牵涉到克留格尔的另一个外孙，P. 埃洛夫少校（P. Eloff）。不过，这些尝试没有一次是成功的。[7]

事实上，在圣赫勒拿岛的历史上，有过一长串失败的逃跑尝试，其中许多都围绕该岛最著名的囚犯、法国皇帝拿破仑·波拿巴展开。在1815年的拿破仑战争后，他一直被囚禁于此。在拿破仑身处圣赫勒拿岛的6年痛苦时光里，出现过几十次营救他的行动，但在任何一个计划成功之前，他就死了。据说是服毒而死，不过更有可能是死于胃癌。[8]

在走进国立示范学校的大门后，丘吉尔很快就表现出了维舍尔所描述的那种特质。他躁动不安、十分易怒。即使是对他来说最自然的活动也突然变成了一种煎熬。他后来回忆道："我没办法写作，墨水好像已经在笔里蒸发了一样。我没有任何耐心去阅读。"[9]以前经常能一坐下来就把一整本书读完的丘吉尔如今在一个月里甚至连两本书都读不完。他写道："这两本书都无法满足我暴躁的期待。"他还对其他战俘没有任何兴趣，也对他们没什么耐心，尤其是在他们吹口哨的时候，这是他尤为讨厌的一种行为。霍尔丹写道："毫无疑问，他感觉这种轻松愉快的行为与处于敌人魔掌之中的人不相称。"[10]

丘吉尔不会允许任何事情来干扰他实现压倒一切、费尽心力的目标——逃跑。随着他不断地夜里绕着院子踱步、白天研究建筑结构，他的计划开始成型。当然，那肯定不是一个普通的计划，而是一个十分详尽、分多个步骤进行的策略，既复杂又大胆。用丘吉尔自己的话说，它是"一个绝望而大胆的计划"[11]。

* * *

每天，从丘吉尔在铁架床上醒来、走到比宿舍更为凉爽的宽阔走廊起，一直到晚上爬上铁架床为止，他一直在构思他的计划。只要有时间，他就会搜集更多信息和情报，以给予他新的想法，或者帮助他提炼计划。虽然他对这座战俘营进行了细致的研究，但没有哪个方面比那些南非共和国警察更让他感兴趣。

尽管丘吉尔对于这些负责看守他的人没有丝毫的尊重，但他很清楚，他们非常危险。他还知道，阻碍他获得自由的真正障碍是这些警察，而不是环绕战俘营的围墙。他写道："没有哪道墙像活的围墙一样难以穿透。"[12] 约 40 名南非共和国警察负责看守国立示范学校，但同一时刻只有 10 人值守。另外 30 人左右要么在比勒陀利亚漫无目的地闲逛，要么就在战俘营附近百无聊赖地待着，既无趣又烦躁，还十分愤怒。丘吉尔希望，他们能够很容易就被分散注意力。

190　　丘吉尔知道，夜晚是这些警察最脆弱的时候。不当值的约 30 名警察会在四方形院子一角的帐篷里睡觉。在盖上毯子之前，他们大多数人都会脱掉靴子、皮带甚至是衣服，然后把步枪和弹药带绕着帐篷支柱摆成一堆。通常情况下会有一名警察站岗执勤，但丘吉尔注意到，有时候，通常是在换岗的过程中，他们没有任何保护。他写道："因此，在夜里有那么一段时间，这 30 个呼呼大睡的人……根本不像他们以为的那么安全，因为就在 50 码远的地方，有 60 名意志坚定、身手矫健的英国军官。"[13]

虽然丘吉尔承认，要想制服那 10 个醒着且全副武装的警察会更加困难，但他连这个部分也计划好了。国立示范学校有一个健身房，里面有"足够多的"哑铃。丘吉尔认为，这些哑铃可以用来发动袭击。他写道："谁能说藏身在黑暗中、手上拿着哑铃、内心孤注一掷而且知道自己需要做什么的三个人就敌不过一个虽然全副武装但是毫无戒备之心、对情况一无所知的人呢？"[14]

丘吉尔的计划并不止于国立示范学校。他没有忘记还在赛马场受苦的士兵们。偶尔，那些与布尔看守或者英国军官发生冲突的勤务兵会被来自赛马场的其他人替换，而新来的勤务兵则会带来比勒陀利亚另一个战俘营里的消息。从这些汇报中，军官们了解到，士兵们非常痛苦，时刻准备进行反击。丘吉尔写道："他们的生活单调乏味，给养短缺，住宿条件简陋。他们饥肠辘辘、怨愤满满。"[15]事实上，赛马场的条件极为糟糕，以至于一小群对英国人抱有同情态度的布尔人秘密设立了一个基金，为战俘募集资金购买食品和药品。[16]赛马场只有大约 120 名南非共和国警察，有两挺机关枪，但他们要看守的是大约 2000 名英军士兵。丘吉尔觉得，只需要"有人带头，就能让他们起身反抗他们的看守"[17]。

　　丘吉尔把他的计划告诉了几个军官，很轻易地就说服他们加入了进来。尽管他是战俘营里最年轻的几个人之一，而且还是个平民，但他是一个非常有说服力的演说家。几个月后，一名记者这样描写丘吉尔："他的演讲非常出色，声音清晰洪亮，非常自信。"[18]即使是在煽动赛马场的叛乱时，士兵们也愿意接受他的领导。不过，在那之后，丘吉尔的计划发生了一次突然而惊人的变化，带上了一层几乎是痴人说梦的色彩。在他脑海中，这一计划不仅是要实现逃脱，而且是要完成一番"伟大而浪漫的事业"。

　　即使在多年后，丘吉尔在写到这一计划时也带有一种近乎狂热的兴奋之情，在描述计划的每个阶段时会激动地用"下一步是什么？"或者"接下来做什么？"进行强调。在他看来，计划的最终阶段不仅是要获得自由，而且是要全面接管德兰士瓦的首都，当然，这需要绑架德兰士瓦总统。他相信，如果他的计划能够完全开展的话，将给布尔人造成重创，突然而决定性地结束这场战争。他写道："这将是多么伟大的军事壮举啊！克留格尔总统和他所领导的政府将成为我们手中的战俘。

或许凭借着手上的这些牌，我们能够通过谈判实现荣耀的和平，用一个友好而公平的安排来结束斗争，拯救那些正在行军打仗的军队。这是一个伟大的梦想。"[19]

事实上，这个计划太伟大、太炫目、太戏剧性了——总的来说，就是太过头了。在了解了这名年轻记者过于雄心勃勃的计划以及他为这一计划而招募的人手后，战俘营中的一些高级军官迅速制止了这一切。丘吉尔感到很失望，仍然坚持己见。他不服气地写道："谁能说这件事是可能还是不可能呢？在当前形势下，不试试怎么知道。"[20]

*　　　　*　　　　*

尽管他们否定了丘吉尔占领比勒陀利亚、一举击败布尔人的想法，但即使是战俘营中最理智的军官也知道，从国立示范学校逃跑是可能的。事实上，已经有人成功了。12 月 7 日，也就是黑色星期的三天前，有两名勤务兵在其他战俘吃晚餐时翻过围墙逃走了。[21]霍尔丹注意到，在晚餐时分，"看守的警惕有所放松"。或许是感到难堪，或许是担心受罚，看守们没有向上级吐露有关这次越狱事件的半个字。这两个人少有人认识，也不会有人很快想起他们来。不过，他们不久后就被抓住了。在被抓时，他们没能逃离比勒陀利亚太远。最后，他们被关到了一座布尔人的监狱里，没有被送回战俘营。

霍尔丹写道："这两个人的逃脱让人感觉不应再浪费时间了。"[22]在丘吉尔向其他军官灌输他的想法，并且将自己的计划变得更加复杂、更加雄心勃勃、更加庞大的同时，霍尔丹也在与布罗基密谋。没过多久，他们就制订了一个他们有信心一定能够成功的计划。天生足智多谋、熟练掌握荷兰语和祖鲁语的布罗基正是霍尔丹需要的那个人。与霍尔丹一样，布罗基对于戏剧效果没什么耐心。他也没有兴趣去给任何人留下深刻印象。他只想迅速而悄无声息地逃出去，而且他肯定不想一边逃跑一边还大肆炫耀。[23]

与丘吉尔庞大、复杂的计划相比，霍尔丹和布罗基的计划非常简单。与那两名在 12 月初逃跑的勤务兵一样，他们打算翻越战俘营庭院背后的一排铁栅栏。问题在于，因为有人成功逃跑而倍感羞辱的看守提高了警惕，而且如果有任何借口，会更加愿意开枪射击。霍尔丹曾试图贿赂其中一名较为友善的看守，提出给他 100 英镑，让他"故意朝另一边看"，不过，虽然这名看守对霍尔丹感到很同情，但——霍尔丹后来失望地写道——"他没法被收买"。这名警察还向霍尔丹指出，他的企图是徒劳的。霍尔丹写道："他说，即使我能逃出这栋大楼，我也没法逃离这个国家，到处都是巡逻兵和其他防范措施来防止战俘逃跑。不管怎样，他右手边和左手边的看守总会看到我的，而且绝对不会睁一只眼闭一只眼。"[24]

除此以外，即使在晚上，战俘营的庭院也会被灯光照亮。丘吉尔写道："整个庭院都被高高立柱上的电灯照得透亮。"[25] 在战俘们发现连接电灯的电线穿过了他们所在的宿舍后，一名曾经接受过电工训练的战俘坚持认为他可以"随时把电线剪断，让整个地方变得一片漆黑"[26]。他们甚至还设法测试了这一想法，在一天晚上造成所有电灯瞬间熄灭，随后又迅速让灯光恢复。

不过，霍尔丹和布罗基可不想参加任何有可能引起注意或者需要复杂调度和额外人手的计划。就他们的目标而言，他们

193

也不需要整个营区都一片漆黑，只要一个角落就行了。尽管防止战俘逃跑的灯位于四方形庭院的中心，照亮了几乎整个营区，但霍尔丹注意到，东边有一小段围墙处在阴影之中。他发现，"只有一名守卫有可能看到翻墙的人，如果他转过身去，什么也没听到的话，那他的眼睛肯定也什么都看不到"[27]。

他们知道，要想翻墙，既需要技巧也需要运气。不过这还只是他们全部旅程的开始。即使成功逃脱南非共和国警察的看守，他们距离最终目的地——葡属东非——也非常遥远，那片地方位于比勒陀利亚正东，是非洲的印度洋沿岸地区，如今被称作莫桑比克。作为世界上第一个全球性帝国葡萄牙帝国的领土，葡属东非是德兰士瓦最近的邻邦，距离比勒陀利亚只有不到 300 英里，在布尔战争中保持中立。不过，要想到达那里，霍尔丹和布罗基必须想办法逃离比勒陀利亚，躲避分布在德兰士瓦数百英里土地上的卫兵和检查站，找到那条通往位于葡属东非海岸的德拉瓜湾的铁路，跳上一列火车，在漫长的旅途中隐藏自己，祈祷没有人会在火车上进行搜查。[28]

让情况更加复杂的是，这两个人很快就将面临另一个问题：温斯顿·丘吉尔。在他自己的逃跑计划被制止后，丘吉尔立刻开始搜罗另一个计划。他无时无刻不在眼观六路耳听八方，寻找新的机会，很快就发现他的两个室友已经联合起来，正在策划出逃。丘吉尔知道，布罗基肯定会反对他加入他们的计划。但霍尔丹会很难拒绝他。

194

＊　　　＊　　　＊

对于埃尔默·霍尔丹，丘吉尔了解一些几乎没有其他任何人知道的事情。出于某种原因，在他们建立友谊后不久，霍尔丹决定向丘吉尔吐露自己的一个秘密。事实上，他透露的是他人生中最大的秘密，也是最大的负担：他已经结婚了。

十几年前，在还是一名驻扎在爱尔兰贝尔法斯特（Belfast）的 26 岁中尉时，霍尔丹结识了一位名叫凯特·斯图尔特（Kate Stuart）的年轻酒吧女招待。两人在 1888 年 7 月 13 日结婚，但霍尔丹显然在当时就已经知道自己犯了一个错，因此坚持要求将这段婚姻保密。不久后，他就回到了英格兰，把他在爱尔兰的生活留在了身后，同样被留下的还有他的新婚妻子。[29]

不过，凯特拒绝就这样成为过去。在不耐烦地等待了好几年，写了无数封没有回复的信件后，她终于在 1893 年来到英格兰，在参谋学院（Staff College）找到了她的丈夫。这是一座位于萨里郡坎伯利（Camberley，Surrey）的军事学院，霍尔丹当时在那里短暂负责军官食堂的工作。[30]她对他说，她想要更多的钱，不仅如此，她还想要一个家。[31]由于担心其他军官会发现他有妻子，于是霍尔丹对她说，他会设法给她寄更多的钱，但他拒绝与她一起生活。第二年，他就去了印度，并且在那里结识了丘吉尔，在感到绝望和苦恼的时候，他把这一秘密告诉了他的新朋友。

丘吉尔对他非常同情。丘吉尔在听说霍尔丹的故事后给母亲写信说："她骗了他，就像《无名的裘德》（*Jude the Obscure*）里的桥段一样。善良的他非常'高尚'，从那时起就一直很痛苦。他从未与她住在一起——而且讨厌见到她。他曾经提出把他在这个世界上的财产分一半给她，只求能跟她离婚。但是这没有用。"[32]丘吉尔用微妙的言辞向母亲透露，凯特"本来就不

195

是'处女'（virgo intacta）"，而且想要得到的不只是金钱。她想要成为一名贵妇。然而，只要他们的婚姻还在维持，霍尔丹就无法在英国军队的等级体系中晋升，这种情况对丘吉尔来说不仅非常可怕，而且需要采取极端行动来应对。他带着一种实用主义者的怜悯之情写道："我问过他，她的健康状况如何。她非常健康。恐怕，我没有比谋杀更好的建议了——当然，这种建议肯定会遭到反对。"

在他和霍尔丹离开印度、分道扬镳之后，丘吉尔还曾试图在通信中表达他的担忧，但最后只是让他的朋友感觉更加糟糕。丘吉尔在 1898 年给霍尔丹写信说："这一切令人感觉非常难过。我也看不到任何光亮。如果好运在你这一边的话，谁又知道这种刺激源不会消失呢……不过这只是在一团漆黑的云雾中试图寻找一丝亮光。"[33]他在几个月后写道，很遗憾这个问题没办法用暴力来解决。他写道："我希望你的重担现在有所减轻。你不能因为被它的绳索勒住了脖子就感到绝望。很遗憾你不能一举把绳索斩断。但这种绳索可以被人们用来干很多事。"[34]

*　　　　*　　　　*

如今，霍尔丹不是唯一脖子上套有绳索的人了。对所有战俘，尤其是对丘吉尔而言，战俘营在变幻莫测的战争中不仅危险，而且是一个令人无法忍受的重担，让他无法享受战斗的荣耀以及赢得认可和晋升的机会。这一次，他不打算让霍尔丹斩断自己脖子上的绳索却对他不管不顾。

霍尔丹知道丘吉尔肯定会坚持要求带他一起逃跑，但霍尔丹不知道该怎么办。他写道："我不想显得很小气，但如果我不带他走的话，就会是这样。"[35]他对丘吉尔的同情和友谊非常感激，也赞赏丘吉尔在装甲火车遇袭时表现出的勇气。他曾竭尽所能帮助丘吉尔获释，甚至写了一封公开信，为丘吉尔的非战斗人员身份做出担保。他在抵达国立示范学校的那天写道："我以自己的荣誉证明，《晨邮报》记者温斯顿·丘吉尔先生在 11 月 15 日作为非战斗人员登上了装甲火车，没有携带武器，也没有参与火车的防御作战。"[36]

不过，虽然割舍不下丘吉尔，但霍尔丹对于试图与他一起逃跑有强烈的保留意见。如果他们设法安然无恙地逃出战俘营的话，将不得不走上一段艰苦的旅程，而仅仅让丘吉尔翻越围墙就很困难了。多年以前在印度时，丘吉尔有一次试图从一艘摇船上跳上陆地，在他脚下的船弹起的那一刻，他抓住了石墙上嵌着的一根铁栏杆，却不小心把肩膀弄脱臼了。丘吉尔后来写道，这一伤痛"将伴随我一生……在危急时刻会是一个巨大的累赘"[37]。

除了肩膀受伤以外，丘吉尔还有些体力欠佳。自从被俘以来，霍尔丹注意到，丘吉尔完全失去了对运动的兴趣。在战俘营中的其他人积极从事各项运动——包括与壁球类似但没有拍子的墙手球以及圆场棒球等——努力保持身体健康的时候，丘吉尔却始终坐在棋盘前，或者闷闷不乐地盯着一本没有翻开的书。霍尔丹写道："这让我得出结论，他的灵活性肯定受到了影响。"[38]

比丘吉尔的体能更让霍尔丹担心的是他的不谨慎。霍尔丹担心，这位"健谈的朋友"无法把他们的计划藏在心里。[39]甚至连丘吉尔都承认自己喜欢说话。事实上，他在马拉坎时就曾对同住一顶帐篷的伙伴说，他唯一的担心是"嘴巴受伤，让他无法开口说话"[40]。

对丘吉尔来说，很少有哪个讨论话题会比越狱更加令人难以抗拒，尤其是能够成功越狱。在试图说服霍尔丹带他一起出逃的时候，他向这位朋友许下承诺，如果他们能够活着出去的话，他一定会与霍尔丹分享公众的关注。霍尔丹后来回忆说，

197 丘吉尔向他保证，他的"名字不会被掩盖——换句话说，我会与你分享'胜利的光芒'"[41]。

霍尔丹还知道，丘吉尔的消失会比他自己或者布罗基，或者战俘营中的其他任何人更快地被注意到。丘吉尔不仅是伦道夫勋爵的儿子，而且还坚持不懈地让自己成了德兰士瓦所有高级官员都耳熟能详的人物。霍尔丹写道："当我说此刻我对能否成功逃脱所感受到的焦虑主要源于丘吉尔的加入时，我绝不是在夸张。如果布罗基是我唯一的伙伴的话，那没什么好担心的，但带着第三个伙伴，而且那个伙伴还是话说个没完的丘吉尔，情况就完全不同了。"[42]

最后，在丘吉尔坚持不懈的施压下，霍尔丹终于对丘吉尔说，由于这个计划是与布罗基一起制订的，他在做出决定前必须先和布罗基商量。霍尔丹在开口之前就已经知道了布罗基会有什么反应，但还是在一个没有别人在场的日子去找了他。布罗基与霍尔丹有同样的反对意见——丘吉尔体力不佳，太过出名，而且无法保守秘密——而且他的反对态度更加强烈。他不想跟丘吉尔扯上任何的关系。[43]

然而，霍尔丹的良心还是对他产生了巨大影响。他对布罗基说，丘吉尔之所以会登上装甲火车，全是因为他，他不能"用临危抛弃来回报他"[44]。他会向丘吉尔明确说明，他和布罗基都不希望丘吉尔跟随，但他会将最终决定权留给丘吉尔。

　　当霍尔丹把丘吉尔拉到一边时，他非常直言不讳。他后来写道："我没有躲着他。在我看来，他的出现会极大地增加我们被抓的风险。"不过，无论是霍尔丹和布罗基的不情愿，还是丘吉尔所带来的额外危险，都没能让丘吉尔有丝毫的犹豫。他会与他们一起逃跑。霍尔丹知道，计划的这一突然变化可能会带来灾难性后果，但他也没办法摆脱这一困境。他写道："酒已打开，不得不喝。"45

第18章 "我将独自继续"

　　　尽管霍尔丹和布罗基缓慢而仔细地计划着他们的出逃，但他们对日期的选择却是出于一时冲动。当他们在 12 月 11 日早上醒来时，他们决定，这就是他们出逃的日子了。丘吉尔的理解是："这种事情一般是一时冲动去做时效果最好。"[1]

　　　丘吉尔非常迫切地想要回到战争中，而且他一直侃侃而谈的不仅是逃脱，还有全面暴动，但是真的到了这一刻，他的心中却充满了焦虑。他讨厌"像犯罪的窃贼一样在夜里偷偷摸摸地行动"，脑海中挥之不去的是南非共和国警察们手中极为精准的李－梅特福步枪，这种步枪在仅仅 15 码的射程内不可能错失目标。丘吉尔还开始思考逃亡路上的生活会是什么样的。如果他们活着翻过栅栏的话，他知道，自己将要面临的一定是"极度的痛苦和苦难"。更糟糕的是，他现在开始愿意承认，成功的希望非常渺茫。他写道："整个下午，我都在满怀希望的恐惧中度过。"[3]

　　　丘吉尔还一直怀疑，霍尔丹和布罗基没有告诉他一切。尽管多疑是铁丝网综合征最常见的症状之一，但至少在这个问题上，丘吉尔的感觉是对的。他的逃跑伙伴们故意向他们这个"多嘴的朋友"隐瞒了计划的全部细节。霍尔丹对丘吉尔非常明确地说，希望他能够遵从指令，随后向他"介绍了计划的梗概，而不是细节，因为他将一直陪在我身

／／温斯顿·丘吉尔出生于布莱尼姆宫,那是一座奢华的宫殿,位于牛津郡,由第1代马尔伯勒公爵约翰·丘吉尔(上图)建于18世纪初。马尔伯勒不仅是家族地位的来源,在很大程度上也是丘吉尔立志要获得成功的原因。丘吉尔在谈及自己这位著名祖先时写道:"他从未以除胜利者以外的其他身份离开过战场。"／

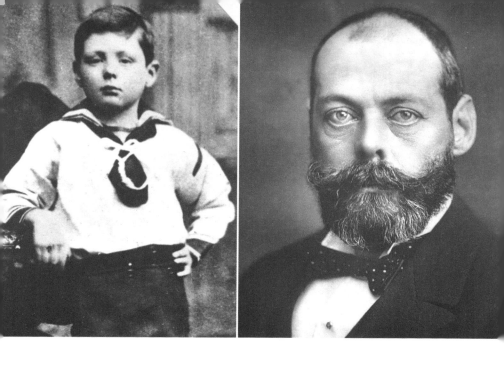

／／出生于英国贵族体系中最高阶层家庭之中的丘吉尔即使在 7 岁时就
已经有了一种高傲自信的气质。然而，他最渴望得到的是父亲伦道夫·丘
吉尔勋爵（右图）的爱和关注，伦道夫曾任英国财政大臣，很少有时间
陪自己的长子。丘吉尔人生中最大的遗憾之一就是伦道夫去世得太早且
太过悲剧性，剥夺了他了解自己父亲的机会。／

／／丘吉尔的美国母亲本名珍妮·杰罗姆，是一位举世闻名的美女，据说她"看起来更像是一只豹子，而不是一名女子"。尽管丘吉尔的母亲曾利用自己在高层男性中的影响力为儿子赢得了军事任命，但他就像她生命中的大部分男性一样，不得不"在远处"崇拜她。／

／／让丘吉尔失望的是，他那位守寡的母亲即使已经45岁，仍然美丽动人、不甘寂寞，与一位名叫乔治·康沃利斯－威斯特的年轻贵族陷入了爱河，而后者的岁数仅仅比丘吉尔大两周。尽管遭到了她两个儿子以及乔治父母的坚决反对，珍妮和乔治还是在布尔战争结束前结了婚。／

／／（左图）在启程前往南非时，丘吉尔在皮夹中带了这张铅笔素描画，画上这位美貌的年轻社交名媛名叫帕米拉·普洛登，是他人生中的初恋。在印度第一次见到普洛登后，他曾给母亲写信说："我必须说，她是我见过的最美丽的女孩。"／

／／（下图，左）1899 年 10 月 9 日，德兰士瓦总统保罗·克留格尔发出最后通牒，要求大英帝国撤出军队并停止对布尔共和国事务的干涉，否则就将诉诸战争。当英国人轻蔑地让通牒的最后期限过去后，克留格尔知道，战争不可避免了。他点了点头，说道："就这样吧。"／

／／（下图，右）宣战后不久，雷德弗斯·布勒爵士就被任命为南非英军指挥官。他曾在 20 年前的南非祖鲁战争期间赢得维多利亚十字勋章，人们给他起了"蒸汽压路机"的绰号，希望他能够迅速铲平布尔人。／

／／英国人估计自己会轻而易举就取得胜利，从没有考虑过布尔人卓越的作战技巧，这种技巧突出体现在路易斯·博塔（上图，左）身上，他是布尔人队伍中最年轻的指挥官。近6英尺高、有着紫蓝色眼睛的博塔拥有沉着的自信，这很快让他在自己人中赢得了尊敬和信任，而他对敌人的无情进攻则让喜欢自吹自擂的英国军队溃不成军。／

／／布尔人不仅以他们强烈的独立性而闻名，还以他们对待非洲原住民和印度裔居民的粗暴态度而闻名。南非这些族群中最有效的倡议者之一名叫所罗门·普拉杰（上图，右），他是一名杰出的年轻记者和语言学家，后来成为非洲人国民大会的首任秘书。另一名杰出倡议者名叫莫罕达斯·甘地，他领导一队担架兵参与了战争中最血腥的一些战斗。／

／／丘吉尔在宣战仅仅两天后就启程前往南非。作为《晨邮报》记者，他迅速来到了战争中心，与另外两名记者住进了一顶钟形帐篷里。与他共用一顶帐篷的一名记者后来这样描写丘吉尔："我以前从来没有见到过这种雄心壮志，丝毫不加掩饰，坦率地以自我为中心，极力展示它令人兴奋之处，并且要求获得他人的支持。"／

//抵达南非不久后，丘吉尔就与老朋友艾尔默·霍尔丹（左图）重逢，后者在这场战争最初的战斗中受了伤。霍尔丹被任命指挥一列装甲火车执行一次侦察任务，并邀请丘吉尔同行。丘吉尔不假思索地同意了，尽管任务非常危险。/

//（下图）丘吉尔写道："没有什么比一列装甲火车看起来更加令人生畏和印象深刻，但也没有什么更加脆弱和无助。"士兵们挤进敞开的车厢里，除了高高的头盔外没有什么能够保护他们的东西，对布尔人来说，他们就是活靶子。布尔人需要做的仅仅是等待他们沿着铁轨轰隆隆地走进视线。/

／／（左图）1899 年 11 月 5 日，就在丘吉尔抵达南非的一个月后，路易斯·博塔对搭载了丘吉尔和霍尔丹及其手下的装甲火车发动了一次毁灭性的袭击。在枪林弹雨中，列车脱了轨，造成多人死亡，数十人重伤。布尔人从周围的山上冲下来，俘虏了大约 60 人，其中包括温斯顿·丘吉尔。／

／／（下图）在装甲火车遇袭三天后，丘吉尔来到了布尔首都比勒陀利亚，同行的还有其他英国战俘。好奇的布尔人急切地想要一睹这些新战俘，把他们团团围住，而丘吉尔则用一种不加掩饰的仇恨和憎恶的眼神回敬他们。尽管他尊重战场上的敌人，但一想到普通的布尔人也能掌控他的命运，他就愤怒不已。／

／／丘吉尔与大约 100 名英国军官一起被关押在国立示范学校。这栋大楼在战前曾被用作教师培训学院，如今却被瓦楞铁栅栏和全副武装的布尔人团团围住。丘吉尔憎恨自己被囚禁的经历，他后来写道："这种仇恨要胜过我对整个人生中其他任何阶段的憎恨。"／

／／丘吉尔对于战争如火如荼进行之时自己却被囚禁感到既愤怒又沮丧，他向德兰士瓦陆军大臣路易斯·德苏扎寻求帮助。尽管德苏扎与丘吉尔建立了友谊，甚至将一瓶威士忌藏在水果篮里带去给了他，却没法给予这名年轻记者他想要的唯一一样东西——他的自由。／

／／（右图）最后，丘吉尔终于意识到，只要战争还在进行，布尔人是永远也不会将他释放的，于是他决定越狱。让布尔人感到愤怒的是，他不仅从他们的指缝间逃脱了，还留下了一张极为自负的字条，字条是直接写给德苏扎的。他在翻越战俘营栅栏前写道："很遗憾，由于情势所迫，我无法向您亲自道别。相信我，您真诚的，温斯顿·丘吉尔。"／

State Schools Prison
Pretoria.

Dear Mr. de Souza,

I do not consider that your Government was justified in holding me, a press correspondent and a non combatant as a prisoner, and I have consequently resolved to escape. The arrangements I have succeeded in making in conjunction with my friends outside are such as give me every confidence. But I wish in leaving you thus hastily & unceremoniously to once more place on record my appreciation of the kindness which has been shown me and the other prisoners by you, by the commandant and by Dr. Gunning and my admiration of the chivalrous and humane character of the Republican forces. My views on the general question of the war remain unchanged, but I shall always retain a feeling of high respect for the several classes of the burghers I have met and, on reaching the British lines I will set forth a truthful & impartial account of my experiences in Pretoria. In conclusion I desire to express my obligations to you, and to hope that when this most grievous and unhappy war shall have come to an end, a state of affairs may be created which shall preserve at once the national pride of the Boers and the security of the British and put a final stop to the rivalry & enmity of both races. Regretting that circumstances have not permitted me to bid you a personal farewell, Believe me

Yours vy sincerely

Winston S. Churchill.

Dec. 11th 1899.

//在独自越狱后，丘吉尔试图在没有地图、指南针、武器以及食物的情况下穿越数百英里的敌国领土，不过他误打误撞地来到了德兰士瓦与德拉瓜湾煤矿。他不顾一切地冒险想要在那里寻求帮助，强迫自己走出了藏身之所，走出了"草原上的阴影，踏入熔炉的火光之中"。/

//（上图，左）运气好到令人难以置信的丘吉尔敲开了煤矿经理约翰·霍华德的房门，他是获准在战争期间留在德兰士瓦的少数几个英国人之一。丘吉尔后来写道，当霍华德同意帮助他时，"我感觉就像是一个快要淹死的人被从水里拽了出来"。/

//（上图，右）在把丘吉尔藏到一个老鼠丛生的煤矿通风井里后，霍华德最终找到了一个将他秘密送出国境的办法——藏在煤矿商店店主查尔斯·伯纳姆的羊毛运输车厢里。伯纳姆不仅同意让丘吉尔藏在他的货运车厢里，甚至还与丘吉尔一路同行去往葡属东非，在每一站都向看守和检查员行贿。/

／／在丘吉尔最终抵达葡属东非首都洛伦索－马贵斯后，他很快就来到了英国领事馆。尽管英国人和布尔人都在急切地想要找到他，不过当他满身煤灰地抵达领事馆时，馆里的秘书甚至都无法认出眼前站着的这个衣衫褴褛的年轻人来。秘书轻蔑地说："滚开。总领事今天没法见你。"／

／／成功越狱的消息刚刚为人所知，丘吉尔就成了国家英雄，在英属纳塔尔的最大城市德班受到了欢呼人群的热烈欢迎。他后来回忆说："我几乎被热情的善意给撕成了碎片。我被人群扛在肩膀上送上了市政厅的阶梯，除了演讲以外没有什么能够让他们满意。"／

／／在德班发表完演讲后，丘吉尔回到了他被俘的地方，探查了他曾竭力挽救的装甲火车的残骸，并且在一个帐篷里度过了圣诞夜，这个帐篷就搭在他被迫投降的那段铁路路基边。／

／／这份在丘吉尔越狱后张贴的悬赏告示为抓捕他提供了赏金，"死活不论"。当丘吉尔看到这份悬赏告示后，他唯一的抱怨是，赏金怎么这么少。他给悬赏告示的作者写信说："我认为你应该把赏金提高到 50 英镑，不用定得过高。"／

£25

(Twenty-five Pounds stg.) REWARD is offered by the Sub-Commission of the fifth division, on behalf of the Special Constable of the said division, to anyone who brings the escaped prisioner of war

CHURCHILL,

dead or alive to this office.

For the Sub-Commission of the fifth division,

(Signed) LODK. de HAAS, Sec.

／／刚获得自由，丘吉尔就想要参战。在说服布勒给予他加入南非轻骑兵团的任命后，他参与了多场关键战斗，之后才回到比勒陀利亚，他和自己的表亲、第9代马尔伯勒公爵一起让一群欢呼的英国人获得了自由，他们直到最近都曾是丘吉尔的战俘狱友。／

／／在成功越狱 6 个月后，丘吉尔第二次参与议会竞选。这一次他赢
得了竞选，没有出乎任何人的预料，至少没有出乎他自己的预料。在
给首相的信中他写道："在我看来，从数字可以明显看出，不外乎是
在刚刚结束的南非战争中获得的名气把我送进了议会。" ／

边"。就丘吉尔所知，整个计划只有逃跑的部分，别无其他。他写道："在这之后的一切都非常模糊和不确定。"[4]

虽然只有有限的信息，但正如霍尔丹和布罗基所担心的那样，丘吉尔根本无法将他们的计划保密。他立刻开始告诉其他战俘，他即将逃跑。霍尔丹在日记中失望地写道："丘吉尔处在极为兴奋的状态，让每个人都知道了他打算当晚逃跑。"[5]霍尔丹希望悄悄执行他们的计划，不仅是为了降低被守卫发现的风险，还因为他知道有些军官会心生嫉妒，担心如果他们成功逃脱的话，留下的人会受苦。

霍尔丹和布罗基还担心，丘吉尔会突然采取一些可能非常危险的行动，破坏整个计划，尤其在他当前的紧张状况下，这种情况更有可能发生。尽管从未质疑过丘吉尔的勇敢，但霍尔丹知道，他的这个朋友并不像他曾希望的那么明智，或者说不如他们的逃跑计划所需要的那么明智。霍尔丹写道："我见过丘吉尔身处其他人闻所未闻的巨大危险之中，我可以肯定地说，他至少从他的伟大祖先身上继承了一点特质。他有时会显得极为大胆，但有时却大胆得不是时候。"[6]在这里，他指的是丘吉尔因为勇气非凡而著名的祖先，第 1 代马尔伯勒公爵。

* * *

丘吉尔痛苦地消磨着时间，想要熬到晚餐时分，也就是他们计划逃跑的时候。他试着下棋，却"毫无希望地被击败"[7]。他试着阅读自己最喜欢的作家 W. E. H. 勒基（W. E. H. Lecky）的作品，这位爱尔兰历史学家撰写了大量作品，从乔纳森·斯威夫特的传记到欧洲道德史等，不一而足。丘吉尔想

200　方设法搞到了一套勒基所著的《十八世纪英国史》（*History of England in the Eighteenth Century*），但即使是这套书，也无法让他集中注意力。他写道："我生平第一次觉得这位博学的作家让我感到厌烦。"

时间终于到了。天色变暗，晚餐铃声响起，战俘们开始百无聊赖地列队走进走廊尽头宽敞、空旷的食堂。这是丘吉尔在国立示范学校一天里最痛恨的一段时间。他写道，每天晚上，他们"都挤进令人窒息的餐厅，享受沉闷无趣的一天里最后一顿味同嚼蜡的晚餐。同一个悲惨的故事被反复诉说……直到我对其他人如何沦落至比勒陀利亚的故事已经熟悉到如同我自己的故事一样"[8]。

当天晚上，丘吉尔第一次在日落时感到了一阵激动之情。在 6 点 50 分的时候，他和霍尔丹悄悄溜了。他们身边还跟着少数几名其他军官，这些军官知道他们打算做什么，也愿意提供帮助。布罗基一旦从这些人那里听说他的同伴翻越了栅栏，就会马上赶来跟上他们。

来到庭院后，一行人径直走向盥洗室，一栋低矮的圆形建筑，就在铁栅栏的旁边，而且就位于霍尔丹和布罗基打算藏身的那片阴影之中。尽管夜色已经降临，但电灯却开着，整个营区都处于蓝白色的灯光中，只留有少数几块天鹅绒般的黑色阴影。他们一行人穿过草坪，先后经过了勤务兵及南非共和国警察的帐篷，没有受到任何人的阻拦。[9]

他们若无其事地走进盥洗室，迅速关上大门，通过铁质窗框边的一道缝隙偷偷往外看。从他们的藏身之所，他们能够看到一名警察正好站在盥洗室对面，就在他们打算攀爬的那段栅栏的边上。大多数夜晚，守卫们都会最终沿着盥洗室背侧栅栏边的两排树木离开。不过，在这个晚上，他们似乎非常满足于待在这个角落里，着实令人恼火。

其他军官一个接一个离开了盥洗室，希望守卫能够以为盥洗室已经空了，因此转移到营区的其他地方。霍尔丹和丘吉尔屏住呼吸，心脏狂跳，默默地等待着，在霍尔丹看来，时间似乎过了一刻钟，而对丘吉尔来说，似乎有两个小时那么长，但那名守卫始终没有挪动过。最后，两人交头接耳了一番。他们最终认定，已经没有办法了，只能改天再试。[10]

那天晚上，丘吉尔回到他位于国立示范学校的宿舍，爬到床上，心中充满的不是愤怒或者沮丧，而是"一种差强人意的解脱感"[11]。他禁不住开始庆幸，一整天的紧张和不确定感终于从他的肩上卸下。与此同时，他坚定了自己的决心，准备好在天亮后再次带上那套绳索。他写道："我下定决心，没有什么能够阻止我第二天再次冒险一试。"[12]

＊　　　＊　　　＊

当丘吉尔在 12 月 12 日的早上醒来的时候，他甚至比前一天更加紧张。他写道："又一个令人恐惧的日子。但是这种恐惧越来越具体化，成为一种绝望。任何事都比更多的悬念要好。"[13]那天傍晚，丘吉尔没有像往常一样百无聊赖地在建筑周围绕圈，而是在栅栏前面沿着一条直线焦虑地来回踱步。霍尔丹紧张地看着丘吉尔，很清楚他的激动之情显露得非常明显，让营区里的每个人都看在眼里。丘吉尔恶狠狠地低声说道："我们必须今晚走。"霍尔丹冷静地回应说："我们有三个人要走，如果时机有利，我们当然会今晚走。"[14]

太阳落山后，丘吉尔的焦虑情绪更加严重了。他寸步不离地跟随在霍尔丹和布罗基的左右，下定决心随时准备逃离。霍尔丹在日记里写道："W. C.① 从来没有让我和布罗基离开他的视线，就好像他担心我们会不带他走一样！"[15]

那晚 7 点，他们又一次聚集在建筑背面的走廊上，盯着栅栏和守卫。丘吉尔和霍尔丹再一次在几个自愿帮忙警戒的军官
202 的陪同下开始向盥洗室走去，布罗基被留在后面等待信号。不过，就像前一晚一样，那名站在盥洗室对面的守卫没有挪动位置。在确保安全的前提下，他们等了尽可能久的时间，但是不得不再次推迟逃跑计划，穿过庭院重新来到走廊上布罗基的身边。

在霍尔丹开始向布罗基解释他们的决定后，布罗基很快就表现出一种讽刺的态度。他冷笑道："你们害怕了。我可以在任何一个夜晚溜走。"此时已经对两个伙伴都感到十分愤怒的霍尔丹回应说："很好，那你就自己去看看吧。"布罗基立刻就朝着盥洗室的方向扬长而去。霍尔丹静静地站着，看着他离去的背影，不过丘吉尔可无法忍受被留下。他突然间转身对霍尔丹说："我要再去试试。不要立马跟着我。"[16]

当霍尔丹最初同意带上丘吉尔的时候，他把他们计划的至少一个方面说得非常清楚。尽管他们无法三个人同时翻越栅栏，但他和丘吉尔会一起行动，布罗基紧随其后。至少在霍尔丹的脑海中确信无疑的是，无论发生什么，丘吉尔都不会单独行动。他相信，丘吉尔对这一问题的理解与他一样。如今，看着这个年轻的朋友慢慢走开，霍尔丹只能从背后干瞪着，不知

---

① 即温斯顿·丘吉尔。

如何是好。[17]

丘吉尔没走多远，布罗基就突然从盥洗室回来了。霍尔丹看到，两人走到一起，停了一小会儿，显然进行了激烈的讨论，随后朝着相反的方向继续前行。当布罗基来到走廊上霍尔丹的身边时，布罗基已经怒不可遏了。他吐了口口水说道："那个混蛋傻瓜丘吉尔想要在守卫能够听到的距离停下来说话。我告诉他现在再试一次根本没有用。"[18]

这时，丘吉尔已经消失在盥洗室里了。霍尔丹自信地认为，丘吉尔非常理解他们的计划，不会在独自一人时尝试任何事，于是转身离去，决定在再次尝试之前抓住机会赶紧吃一顿。在他和布罗基进入建筑内、走向餐厅的时候，他们以为丘吉尔就在身后不远处跟着他们。

*　　　*　　　*

大约 20 年后，一位名叫斯图尔特·孟席斯夫人（Mrs. Stuart Menzies）的英国作家写了一本题为《如他人般看待我们》（As Others See Us）的书，她在书中将丘吉尔比作著名的苏格兰国王罗伯特·布鲁斯（Robert the Bruce）。根据传说，在 1306 年至 1329 年统治苏格兰的布鲁斯一直到他躲在山洞里、看到一只蜘蛛屡败屡战地编织一个蜘蛛网后才在班诺克本战役（Battle of Bannockburn）中击败了英格兰军队。在沃尔特·司各特爵士所讲述的版本《爷爷的故事》（Tales of a Grandfather）中，布鲁斯决定，如果那只蜘蛛尝试第 7 次并且成功的话，他就"进行第 7 次冒险，试一试我在苏格兰的运气"。如果蜘蛛失败的话，他将"再也不会回到我的祖国"[19]。

孟席斯夫人相信，丘吉尔甚至比那位国王以及那只蜘蛛还要意志坚定。他会尝试的次数没有上限。他永远也不会放弃。她写道："与罗伯特·布鲁斯不同的是，温斯顿在坚持不懈方面没什么可以从蜘蛛身上学习的东西。蜘蛛只尝试了7次，但我可以对你们说，丘吉尔会尝试70个7次，所以不如省掉这么多麻烦，让他一次成功。"[20]

丘吉尔独自一人站在战俘营盥洗室里，再一次紧张地透过窗框的缝隙观察看守。他们似乎永远也不会挪动分毫。半个小时过去了，他们仍然"固执又碍事地"站在那里。随后，突然之间，其中一名守卫转身了，走到另一名守卫身边，开始与他交谈。至少在这一刻，两个人都背对着丘吉尔。

一瞬间，霍尔丹和布罗基的计划以及丘吉尔向朋友许下的承诺都完全被他抛到了脑后。丘吉尔脑海中唯一的想法是"机不可失"。他冲出盥洗室，跑到栅栏边，距离看守只有15码。在这温暖的夜里，丘吉尔能够听到看守的声音就在他身后。他用尽全身力气，爬到了铁栅栏的顶端。他后来写道："因为力道不够，我两次都没能爬上去，在第三次的时候，我一鼓作气爬了上去。"[21]

204　　当丘吉尔最终爬到顶上时，他最后向下看了一眼守卫。随后，他悄悄地从另一侧爬了下去。在国立示范学校的背后有一栋私人住宅，战俘们相信这栋房子无人居住，而丘吉尔如今就在这栋房子的花园里，蜷缩在栅栏旁的一排灌木丛中。这很难称得上是完美的藏身之所，但一直到霍尔丹和布罗基得到他已经翻越栅栏的消息并赶来与他会合之前，也就只能凑合一下了。

丘吉尔在短而尖的枝杈中静静地藏着,听着战俘营栅栏内传来的南非共和国警察的声音,突然产生了一个令人震惊的想法。尽管这种突然之间的情况变化令人激动,但它也是不可逆转的。在无人察觉的情况下爬出战俘营已经很艰难了,而要想再爬回去,简直是不可能完成的任务。[22]

*　　　*　　　*

与布罗基一起坐在餐厅里的霍尔丹开始奇怪丘吉尔到哪里去了。大约 10 分钟后,他终于起身,去房间看看丘吉尔没有跟着他们去吃饭是不是因为回了宿舍。他不仅没有在宿舍里找到丘吉尔,而且更令他担心的是,他连丘吉尔的帽子也没有找到。[23]

对国立示范学校的战俘们来说,帽子是一件具有无可估量价值的物品——十分有用,而且几乎不可能获得。霍尔丹写道,如果某个人运气好到能够找到一顶帽子的话,那他肯定会对它"细心呵护"[24]。在要求布尔人允许他在定做西服的同时订购一顶帽子未果后,丘吉尔说服阿德里安·霍夫迈尔——也就是那位因为同情英国人而被关押的牧师——把帽子借给他用。那是一顶他梦寐以求的帽子——柔软、耷拉下垂,能够盖住他的脸,让他看起来与比勒陀利亚街上的任何一名布尔人几乎都没什么区别。而且它还很容易隐藏。[25]

霍尔丹知道,丘吉尔一拿到这顶帽子,就开始把它藏在枕头下面。他看了看丘吉尔的床铺,首先映入眼帘的是枕头上放着的某样东西——一封信。丘吉尔感到没办法在逃跑时不留下一两句有关这段被俘经历的话,于是给德兰士瓦陆军大臣路易斯·德苏扎写了一封信，就放在肯定不会被人错过的地方。这是一种鲁莽甚至危险的行为，但霍尔丹暂时也管不了这些了。他迅速把手伸到枕头下面，寻找霍夫迈尔的帽子。但他能够摸到的只有枕头下面粗糙、冰凉的床单。

就在他站在丘吉尔床边，思考着丘吉尔可能在哪里，为什么会带着帽子一起的时候，另外一名战俘走进了房间。他告诉霍尔丹，丘吉尔逃跑了。随后，又有一个人出现了，声称他已经透过栅栏与丘吉尔说过话了。就在霍尔丹完全理解这两个消息之前，他收到了另一个消息：守卫从盥洗室旁边的岗位上离开了。他写道："如果布罗基和我打算逃跑的话，我们必须不惜一切代价争分夺秒地进行。"[26]

霍尔丹迅速带着另外三名军官从后门溜了出去，尽可能快地跑向盥洗室。他认为那名守卫还没回来，于是伸长胳膊开始攀爬栅栏。就在这时，月光照在了他的脸上。一名藏在阴影里的守卫走了出来，把步枪抬到肩上，瞄准霍尔丹的脑袋，大喊道："回去，你个……蠢货。"[27]

*　　　　*　　　　*

丘吉尔跪在围栏另一侧的灌木丛里，不耐烦地等待着霍尔丹和布罗基。他感到很疑惑："其他人去哪儿了？他们为什么没有尝试逃跑？"[28]月光让围栏另一侧的霍尔丹显露在看守的眼前，但对丘吉尔来说却是一个好伙伴，因为他的藏身之处正是因为月光才处在一片阴影之中。不过，他还是担心自己会被发现。旁边的那栋房子只有 20 码远，而且他震惊地意识到，那栋房子是有人居住的。不仅如此，里面还有很多人。

透过树叶，丘吉尔能够看到房子的窗户里照射出的灯光，而在那一片明亮的背景中，他能看到有黑色的人影来回移动。随后，让他感到恐惧的是，一个男人打开了大门，灯光从房子里溢出来，照在花园里。他走进月夜之中，穿过草坪，径直停在丘吉尔的面前。他距离丘吉尔只有 10 码远，而且丘吉尔非常肯定的是，他正在看向丘吉尔的方向。丘吉尔后来写道："我无法描述那一阵几乎将我击垮的恐慌。我肯定被发现了，一动都不敢动。我的心脏跳得非常快，我差点就要晕倒。"[29]

恐惧的丘吉尔意识到，唯一有可能保证自己不被发现的机会是阴暗的灌木丛提供的隐蔽性。他后来写道："在那一阵情绪波动之中，稳坐王座之上的理智悄悄对我说：'相信黑暗的隐蔽处。'"[30]他一度想要开口对那名男子说话，悄悄告诉后者他是一名刑警，正在等待抓捕一名他相信会在当晚逃脱的战俘。不过，他及时制止了自己，因为他意识到，一名布尔刑警肯定会说荷兰语，但他不会说这种语言。

尽可能保持一动不动的丘吉尔突然看到另一个人离开了那栋房子，径直朝他走来。那名男子点燃一根雪茄，来到站在丘吉尔眼前的那个人身边，不过让丘吉尔如释重负的是，他们开始渐渐走开。就在此时，一条狗追着一只猫来到了灌木丛里，那只盲目地在灌木丛底部穿梭的猫撞到了静静地蜷缩着的丘吉尔的身上。受到惊吓的猫"发出了一声'喵'的警告声"，然后跑出了灌木丛，在往外跑的过程中还带动树枝，发出了一阵巨大的响声。[31]那两名已经走开的男子在听到动静后停了下来，不过看到那只猫从他们身旁跑过后，他们又接着往前走了。他们穿过花园大门走到镇上，丘吉尔看着他们渐渐离开，满心希望他自己也能在不久后走上那条路。

灾难暂时得以避免，丘吉尔看了一眼手表，意识到从他翻越围栏时起已经过去了一个小时。[32]霍尔丹和布罗基在哪里？就在这时，他听到了一个声音，一个英国人的声音，就在栅栏的另一侧。"失败了。"那个声音简洁地说。丘吉尔爬得近了些，能够听到有两个人在用一种混合了英语、拉丁语和一些废话的语言说笑，就在他的眼前来回走动。随后，他远远地听到他们说出了他的名字。丘吉尔咳嗽了一声，让他们知道他在那里，随后专心地听着，其中一名男子继续叽里咕噜地说话，另一名男子则用一种缓慢而清晰的语调说话。那是霍尔丹。

霍尔丹说："出不去。看守起了疑心。这事儿失败了。你能爬回来吗？"身处围栏的另一侧，孤身一人、担心被发现的丘吉尔知道，没有人也没有什么东西能够帮得了他，他真的只能靠自己了。不过，他非但没有恐慌，反而突然感到了解脱。他写道："我的所有恐惧立刻消失了。回去是不可能的……命运指引我继续向前。"现在没有别的事情可做，只能试试他的运气了。他透过铁栅栏，最后一次低声对霍尔丹说："我将独自继续。"[33]

第五部分

←——→

身处敌国腹地

第 19 章　永远勇敢

丘吉尔爬出藏身的灌木丛，直了直身子，转身朝花园大门
走去。只有一件事是他确信无疑的：他肯定会被抓住。他对自
己说："当然，我会被重新抓住，但我至少竭尽全力了。失败
几乎是肯定的，我没有任何成功的机会。所有的危险都不如这
种必然性那么笃定。"[1]

丘吉尔把霍夫迈尔的帽子从口袋里拿出来戴在头上，闲
庭信步地走进花园，就像是一个比勒陀利亚的普通人。他走
过那栋闪着灯光、窗户传出说话声的房子，丝毫没有试图隐
藏，甚至都没有留在阴影里。他写道："我告诉自己，
'Toujours de l'audace'。"这里他引用的是最终死在断头台的
法国大革命领袖乔治·丹东（Georges Danton）的名言，意为
"永远勇敢"[2]。

丘吉尔走过那道几分钟前那两名男子在他眼前穿过的花
园大门，然后左转走上街道。他得意地想，自己"在比勒陀
利亚已经是逍遥法外的状态了"。5 码外就有一个看守，但
丘吉尔没有看他第二眼。尽管大多数警察一眼就能认出他
来，但他走起路来非常自信，以至于那名看守虽然看到了
他，但没有产生任何怀疑。从外表上看，丘吉尔是在平静地
走他的路。但在内心里，他一直在"竭力抵制想要奔跑的
冲动"[3]。

丘吉尔走在比勒陀利亚的街道上，身上穿着他在战俘营里订购的棕色法兰绒西服，帽子压得很低，遮住了眼睛，街上没有任何人注意到他。他沿着路中央闲庭信步地走着，由于讨厌吹口哨，于是哼起了小曲。他看起来是在既安逸又轻松地沿着斯金纳大街一直向东走，一直到他在比勒陀利亚最担心和最害怕的一切（也就是代表了他深恶痛绝的监禁状态的一切）渐渐在身后消失，这些地方包括克留格尔总统的府邸、近一个月前他刚刚抵达这里时下车的那座火车站，以及——最重要的——国立示范学校。

即使以相对轻松的速度在行走，丘吉尔也很快就来到了比勒陀利亚的郊区。这里的石制建筑较少，更多的是棚屋和普通的村舍，远处可以看到一条低矮、泥泞的河流——阿皮斯河（Apies），河流两侧的堤岸坡度很陡。这条河的名字在南非荷兰语中意为"幼年黑猩猩"，它由南向北汇入皮纳尔河（Pienaars），那是长达 1000 英里的林波波河（Limpopo）的一条支流。既窄又浅的阿皮斯河很容易就能蹚过去，但在丘吉尔接近这条河的时候，他注意到河上建起了一座小桥。他走到桥上坐了下来，思考下一步应该做什么。

尽管从很多方面来说，他都是一个乐观主义者，甚至是一个梦想家，但他同时也是一个现实主义者。对于逃离比勒陀利亚的难易程度，他没有过丝毫的幻想，更别提还要穿越数百英里的敌方领土了。他写道："我身处敌国腹地，所有出口都被堵住了。城市到处都有人警戒，乡村到处都有人巡逻，火车经常被搜查，铁路线也被严密看守。"[5]

他还痛苦地意识到，自己完全准备不足。[6]与霍尔丹和布罗基一起逃跑是一回事，他自己一个人逃跑则完全是另一回事。

他的朋友们不仅有指南针和地图，还准备了阿片片①甚至是肉含片。肉含片是一种用干肉制成的听装含片，一家英国企业在广告中称它是"装在背心口袋里的大餐……专供游客、运动员和伤残人士食用"，它可以让一个饥饿的人在草原上坚持数天之久。在翻找了口袋后，丘吉尔除了找到 75 英镑外，还找到了 4 块正在融化的巧克力和 1 块已经碎了的饼干，除此以外就什么都没有了。他想，就算自己没有很快被抓到，又怎样才能找到通往自由的道路，或者在这一路上活下来呢？

213

只有一个方向能够给他带来成功的希望。他与布勒一同抵达的英属开普殖民地与他相距甚远，即使是最近的一个城市也在南方近 500 英里开外。罗德西亚（Rhodesia）——也就是现在的津巴布韦（Zimbabwe）——距离近一些，大约在比勒陀利亚东北方 300 英里处，但布尔人在其边境线上展开了严密巡逻。事实上，位于边境线上的城市马弗京如今也像莱迪史密斯一样正在遭遇围城之困。西方，位于卡拉哈里沙漠以南的英国保护国贝专纳（Bechuanaland）到处都是布尔人。丘吉尔知道，他必须往东走，去往葡属东非。不过他不知道的是，如何才能到达那里。

丘吉尔绝望地思考着目前的形势，双脚在阿皮斯河上来回晃着，这时，他抬起头，看到了夜空中的一个老朋友：猎户星座。一年前在埃及时，他曾经与自己的部队走散，并且在沙漠中迷了路。越来越迫切地想要找到水源的他发现了猎户星座，位于天空北方的最亮星座之一，并且追随着它找到了尼罗河。如今，身处南非而非北非地区的他再一次寻求猎户星座的帮

---

① 一种止咳祛痰的药片。

助。他写道："他曾经给了我水源。如今，他要带领我走向自由。这两样东西我一样都不能少。"[7]

由于有了这个天空路标的帮助，丘吉尔终于鼓起了继续前行的勇气。他走过小桥，继续向前走，仍然是朝着东方，不过这次有些偏南，稳步地远离城市中心。比勒陀利亚周围的土地与他从埃斯特科特向这里眺望时看到的景象十分不同。这里的景观并非连绵不绝的平坦草原，而是间或点缀着山丘、林间谷地和山谷，甚至是树林和灌木丛。这里的气候也更加温和，不过他知道，夜晚也会更加寒冷。

在走了半个小时后，丘吉尔突然来到了一排铁轨前。这是一个机会，但也预示着危险。他可以沿着铁轨行走，但他不可能确定地知道这些铁轨通向哪里。有三条铁轨从比勒陀利亚通过。只有一条铁轨通向丘吉尔需要前往的方向——东方，即印度洋沿岸的葡萄牙殖民地。其他铁轨通往北方一个名叫彼得斯堡（Pietersburg）的城市，就在罗德西亚和那条严密巡逻的边境线南方。

丘吉尔站了一会儿，望向远方，试图确定他身旁的铁轨到底去往哪个方向。与相对而言景色较为单调的纳塔尔——也就是他被俘的地方——境内的铁轨不同，德兰士瓦境内的火车不得不攀爬低矮的山丘、绕过深邃的山谷，很少沿着一个方向走很远。如果没有指南针的话，一个人会很容易在不知情的情况下沿着一条铁路线走向错误的方向。就丘吉尔所能看到的情况而言，他脚下的铁轨是向北走的。不过他还是乐观地想："它仍然有可能只是在绕过这些山丘而已。"[8]

无论如何，丘吉尔在这个问题上没有什么选择的余地。这是他逃跑以来看到的唯一一条铁轨，他也不知道自己能在哪里找到或者说到底能不能找到另一条铁轨。他唯一能做的就是一边沿着铁轨前行，一边希望铁轨能够最终带着他走向正确的方向。

＊　　　　　＊　　　　　＊

尽管从来没有像现在这么脆弱或者身处过如此巨大的危险，但丘吉尔仍然坚守着带领他翻越栅栏、走出花园并穿越比勒陀利亚的那句名言：永远勇敢。他写道："当希望离开的时候，恐惧也离开了。"[9]他沿着铁轨向前走，完全不在意在夜空下明亮闪烁的警戒篝火，毫无畏惧地从驻扎在桥梁上的哨兵身边走过。

陶醉于拂面而来的凉爽夜风，倾听着自己的靴子走在红土地上发出的嘎吱声，丘吉尔对成功逃脱了牢笼自豪不已。他知道自己随时有可能被抓，但至少现在他是自由的。即使只有一个小时的独处时间，但是能够走出关押他的围墙，似乎对他来说也值得冒险。

比自由更让丘吉尔感到高兴的是冒险带来的刺激感，这是他自从战争开始以来就一直梦想的东西。他写道："一种强烈的兴奋之情占领了我的内心。"[10]逃跑计划的第一步取得成功让他激动不已，因而他勇敢地开始计划下一步。他知道，如果他打算去往葡属东非的话，肯定不能靠走着去。那地方太远了。最显而易见，也是唯一的办法就是坐火车。他想："我要爬上一列行进中的火车，藏在座位下、车顶或者连接处——任何地方都可以。"[11]

这将是一场伟大的冒险，一个最值得大书特书的功绩。他

215

236 / 帝国英雄：布尔战争、绝命出逃与青年丘吉尔

立刻就把自己想象成了 1882 年出版的小说《反之亦然》（*Vice Versa*）里的主角之一。在这本书里，一对父子在触摸了来自印度的一块魔法石后互换了身体。儿子负责维持父亲公司的运转，而作为父亲的保罗·巴尔蒂图德（Paul Bultitude）却不得不去儿子的寄宿学校上学，后来藏在一列火车上逃之夭夭。丘吉尔写道："我想起了保罗·巴尔蒂图德从学校逃跑的经历，想象自己从座位下爬出来，通过收买或者劝说的方式让某个头等舱的胖乘客帮我。"[12]

尽管他没办法跳上一列全速行驶的火车，但丘吉尔认为，如果火车速度降到足够慢的话，他也许能够成功。霍尔丹和布罗基曾经担心他的体力和肩伤，但他已经在没有他们的帮助的情况下翻越了国立示范学校的栅栏。他很年轻、很瘦，而且最重要的是，他意志非常坚定。

在接下来的两个小时里，丘吉尔一直沿着铁轨向前走，却没有看到一列火车。最后，他终于在远方看到有某个东西在岩石、尘土和树木的背景下凸显出来——明白无误地闪着红绿两色的信号灯。他找到了一座车站。

丘吉尔决定，当下最好的策略是藏起来，这还是他自逃跑以来第一次做出这样的决定。很快，他从车站背后绕到另一侧，找到一条距离铁轨 200 码的沟渠，他溜到沟渠里，耐心等待火车的到来。他问自己："我应该上什么火车？"他立刻就给出了答案："当然是第一列。"

*　　　　*　　　　*

216　　　在战争开始时，南非共有约 4600 英里长的铁路线，其中

约 1300 英里位于德兰士瓦与奥兰治自由邦两个布尔共和国境内。在和平时期，铁路系统得到了认真维护，其准时性和协调程度与欧洲不相上下。然而，用铁路建造专家和战争记录者爱德华·吉鲁阿尔爵士（Sir Édouard Girouard）的话说，由于战争，一切都"突然而彻底地变了"[13]。

每一天，铁路线都有可能发生巨大且完全无法预测的变化，这些变化对列车的准时运营造成了灾难性影响，甚至导致列车完全停运。例如，在维持蒸汽机车运行方面与煤炭同等重要的给水站是否存在，是不是在战斗中被不小心摧毁或者被故意破坏，这些事情完全无法预见到。这些火车不再是乘载少量的乘客，而是带着成千上万的士兵穿越两个布尔共和国，经常会进行计划外的停靠，以卸下大量给养。这些火车本身乘坐起来也变得很危险。火车司机因为过度工作而筋疲力尽，而即使是最不牢靠的机车也无法得到休息，很少停运维修。[14]

在丘吉尔蜷缩在车站附近的沟渠里的时候，他还不知道这些。他只知道，等了一个小时还没有看到任何火车的影子。每过一分钟，他内心的急躁都在加重。他不仅急于试一试自己的运气，而且时间越来越紧。即使国立示范学校里还没有人发现他的消失，但只要太阳升起，他们肯定会发现他已经不见了。他写道："我的逃跑一定会在清晨被人发现。追兵很快就会到来。"[15]

丘吉尔竖着耳朵等待火车的声音，突然间，他听到了某些声音：一台蒸汽机车的低沉呼啸声，以及车轮在铁轨上发出的沉重而有节奏的哐啷声。他在沟渠里抬头看过去，两个巨大的黄色车头灯映入了眼帘。在等待了一个小时之后，他现在只有几分钟，甚至是几秒钟的时间来采取行动。

217

随着火车越来越近，丘吉尔爬出沟渠，爬到铁轨旁边匍匐在地上。他写道："我觉得那列火车会在车站停车，因此等它到我身边时，速度不会太快。"他一直告诫自己要耐心，等到火车从他身边经过时再跳上去，以免被人发现，并且在脑海中反复演练了接下来要采取的行动。他的想法是，等到火车经过时，他就"冲向车厢"。

不过，就像在丘吉尔的年轻生命中经常发生的那样，一切并不像他计划中那么顺利。当机车从车站驶出时，"伴随着巨大的噪音和蒸汽"，它很快就把速度加上来了，比丘吉尔预计的要快得多。[16]似乎就在一次心跳的时间，耀眼的车头灯就已经到他眼前了，悦人的哐啷声已经变成了雷霆般的呼啸声，而他正在凝神注视着机车"黝黑而巨大的身躯"。一切都猛然地以不可抵挡的高速向他逼近——"火车司机的身影映在燃烧的火炉上，机车显出黑色的轮廓，蒸汽飘散成云"。

丘吉尔趴在铁轨边上，他知道，这又是一个机不可失、失不再来的机会。没有时间犹豫和思考的他立刻就纵身跳了上去。接下来发生的就是一阵夹杂了车轮、烟雾和恐惧的混乱了。他写道："我纵身跳上火车，抓住了某样东西，然后脱手了，再次试图抓住它，然后再次脱手，最后抓住了某个把手，这时我的双脚已经悬空——脚趾不断撞到铁轨。"最后，他一鼓作气爬上火车，来到第5节车厢的连接处。

这时的丘吉尔身体里充满了恐惧和肾上腺素，他迅速爬到了一节货车车厢里面。这是一节货运车厢，车厢里堆满了覆盖着煤灰的麻布袋。它们很脏，但丘吉尔毫不在乎地走到车厢深处。仅仅几分钟，他就蜷着身子藏在温暖、柔软的袋子中间完全看不见了，很舒服，而且暂时很安全。

　　就在丘吉尔躺在藏身处，呼吸着煤灰，满身大汗地感受着 218
压在他腿上以及在他身下的大麻布袋时，他的脑子里充满了疑
问。他跳上火车并且挣扎着爬上连接处的时候被火车司机发现
了吗？他们会不会在下一个车站卸货？会不会搜查车厢？这列
火车会把他带向哪里？是去德拉瓜湾还是去彼得斯堡？

　　最后，他对自己说："哎，无所谓了。今天的运气已经足
够好了。"他躺在这个脏兮兮的小窝里，聆听着火车在铁轨上
发出的令人欣慰的哐啷声，这列火车正载着他以每小时 20 英
里的速度远离比勒陀利亚。筋疲力尽、得意扬扬且心满意足的
他很快就进入了梦乡。

＊　　　　＊　　　　＊

　　当几个小时后丘吉尔突然惊醒时，他与之前那个在麻布袋
中入睡的自己相比已经完全不同了。兴奋感、重获自由带来的
刺激感以及无往不胜的心情已经全部消失了。他写道，剩下的
只有"对自身困境的清醒认识"[17]。

　　既失去了方向感又害怕的丘吉尔完全不知道自己到底睡了
多久，也不知道火车已经开到了哪里。他从货车车厢里偷偷往
外看了一眼，欣慰地发现外面仍然一片漆黑。夜晚让不敢招摇
过市的他感到安慰，也让他得以在跳车时能够不被人发现，他
知道，他不得不跳下来。

　　丘吉尔不愿冒险在下个车站被人发现，而且急切地想要喝
水，于是不情愿地从他"温馨舒适的藏身处"爬了出来，爬
回到几个小时前救了他一命的那个火车连接处。[18]火车仍然开
得很快，但他知道他没有时间等它减速了。他用左手抓着货车

背后的一个铁把手，用尽全力拽着它，然后跳了下去。他重重
地落在地上，趔趄了两大步，然后四仰八叉地躺在了铁轨边的
219 一条沟渠里。他抬头看着火车——"我最忠实的夜间盟
友"——渐渐离他而去，很快就消失在黑暗中。

　　丘吉尔站起身，试图看清周围的环境，这时他的腿还在不
断颤抖。他正站在一片宽阔的山谷里，四周被低矮的山丘所环
绕，地面上覆盖着沾满露水的草丛。他不知道自己在哪里，不
过他自我安慰地想，其他人也不知道他在哪里。令他感到更加
欣慰的是，他还注意到，自己选择的这条铁轨正朝着日出的方
向延伸。在他睡着的某个时候，那列火车已经从正北转向了正
东，带着他前往葡属东非，也就是自由的方向。

　　感到渴得难受的丘吉尔脑海中冒出的第一个想法就是喝
水。他在山谷里找到了一个干净的水塘，先是喝了超出自己需
要的水量，然后又再多喝了一点。他知道，在太阳升起后，他
必须一整天都把自己隐藏起来。他走向周围的小山丘，草丛的
露水打湿了他的裤腿，在一个很深的峡谷边，他找到了一片小
树林。在太阳再次落下之前，他只能在此藏身了。

　　这时是凌晨4点。从他逃跑开始算，已经过去了大约9个
小时，但他还得等待至少14个小时才能重新上路。刚从火车
上跳下来时，他还能感受到寒冷的夜风打在手上和脸上，从单
薄的法兰绒西服里吹过。由于空气湿度很低，太阳落山后气温
很难保持。不过，丘吉尔知道，等到太阳升起后，他很快就会
怀念夜间的寒冷。

　　以前他也经历过极端的炎热。在印度时，他曾经以一种生
动、几乎拟人化的语言来描述这种高温。他写道："你能够用
双手把热气举起来。它就像背包一样压在你的肩上，像梦魇一

样萦绕在你的头上。"[19]现在的高温不仅是压迫性的，而且对他来说是生命的威胁。他在日出前喝水的那个水塘现在距离他只有约半英里，正在吸引着他，但是即使距离他这么近，在大白天走过去也太危险了。到 10 点时，即使在树荫处，丘吉尔也感觉自己在被炙烤，口渴的感觉再次袭来，让他愈加难以忍受。由于从前一天晚餐前开始就什么也没吃，因此他吃了四块珍贵巧克力中的一块，但这丝毫没能消除他的饥饿感，还让他感到更加口渴。

220

在这种折磨中感到筋疲力尽的丘吉尔在树林里躺下，想要睡一觉，但是实在太热了，而且他感到非常焦虑。他写道："虽然我之前睡得很少，但这时我的心脏跳得非常剧烈，我也感到非常紧张，对于未来感到非常迷茫，因此我无法入睡。我思考着眼前的一切可能性；对于有可能被抓住并被拖回比勒陀利亚的前景，我感到一种语言无法表达的恐惧和厌恶。"

即使是在这里，一个人迹罕至的地方，丘吉尔被抓甚至是被击毙的可能性也很大。尽管他距离比勒陀利亚很远，也远离战场，但他并非孤身一人。从藏身处，他可以看到穿越山谷的人影，有些人徒步走着，有些人骑着马。有一个正在猎鸟的人径直来到了他藏身的这片树林前。那人开了两枪，然后就转身离开了，没有看到这名在树杈间安静观察他的英军逃犯。

此时此刻，唯一全神贯注盯着丘吉尔的生物是一只身材巨大、看起来凶神恶煞的猛禽，他后来写道，这只猛禽"对我当时的状况表现出了极大的兴趣"。丘吉尔相信那是一只秃鹫，不过无论它是什么，它都"发出了可怕又不祥的咕咕声"，紧紧地盯着站在它眼前的这个倍受惊吓的年轻人。[20]

在丘吉尔藏身树林间的时候，被追捕的紧迫感、当前形势的绝望和危机感变得几乎太过沉重，无法忍受。他最为著名的自信已经离他而去，剩下的只有不可能找到自由，甚至会在路上死去的绝望。他后来写道："某些人在心情轻松、内心强大和安全无虞的时刻所炫耀的哲学思维对我没有任何安慰作用。我痛苦地意识到，我浅薄的智慧和力量没办法将自己从敌人手中解救出来。"最后，感到绝望和几乎被击败的丘吉尔只能寻求仅剩的力量源泉的帮助：他的上帝。

221　　丘吉尔不是一个笃信宗教的人。他在两年前曾给母亲写信说："如果人类达到某个发展阶段，即宗教不再能够为人类提供协助和抚慰，那么基督教就会被搁置到一边，就像是一根再也用不着的拐杖一样，而人类则会凭借理性的双腿坚强站立。"[21]孩童时，他曾被迫花费很长时间待在教堂里，后来他说，他十分感激那段经历，仅仅是因为除了婚礼和葬礼外，他感觉没有必要再回到教堂里了。他曾写道："在那些年里，我在'教规银行'里积攒了大量的盈余，以至于从那时起，我一直在自信地从中提取盈余。"[22]

　　不过，丘吉尔不仅在心中，而且在思想上也给上帝留了位置。他从来都无法理解为什么自己的智慧和灵魂必须产生冲突。他曾写道："让思维在思考和逻辑的道路上尽可能远地向前探索似乎是一件好事，而祈祷帮助和救援，并且在它们来到时心生感激似乎也是一件好事。我感觉，即使造物主发现他赋予我们的思维与灵魂无法和谐共存，也不会对此感到生气。毕竟，他肯定从一开始就预见到了这一结果，而且理所当然地，他会理解这一切。"[23]

　　如今的丘吉尔没有了任何的新主意或者巧妙计划，对自己的头脑和身体也没有了不可一世的自信，不得不对自己承认，他需要帮助。他写道："那个至高力量干预万物因果的次数比我们愿意承认的要更多，没有至高力量的帮助，我永远也无法成功。"他只在这个意义上不是孤身一人，于是他做了自己能够想到的唯一一件事。他开始"进行漫长又诚恳的祈祷"。

第 20 章 "就此告辞"

当太阳在国立示范学校上空升起的时候，警报声并没有像丘吉尔以为的那样响起。事实上，只有少数几个人知道有人失踪，但他们什么也没说。当丘吉尔还在比勒陀利亚街头闲逛，尽可能假装自己是一个享受夏夜的普通男子的时候，霍尔丹和布罗基一直在竭力为他争取时间。尽管连提到温斯顿·丘吉尔的名字都让他们愤怒不已，但他们还是选择了这么做。

自从前一夜丘吉尔逃走后，这两人震惊地发现，他们已经被踢出了自己的计划。曾坚决反对丘吉尔加入逃跑计划的布罗基简直无法控制自己的怒火。霍尔丹写道，他发泄式地骂出了"自己熟练掌握的所有脏话"。事实上，丘吉尔遭到了"齐声谩骂"，因为这两个原本想要自己加入逃跑计划的人现在确定地感到，他们现在的逃跑难度大大增加了。霍尔丹一方面在忍受布罗基"冷嘲热讽式的暗示——'你那个可靠的朋友，真是个正派的绅士'"，另一方面还在压制自己的怒火。他写道："我没说什么，一直在尽可能地吞咽我自己的委屈。"[1]

木已成舟。他们没办法把丘吉尔弄回来，也没办法再用同样的计划了。他们别无选择，只能另找出路，与此同时，他们还在试图帮助丘吉尔取得成功。霍尔丹和布罗基尽可能迅速地做了一个"假人"塞到丘吉尔的床铺上，假人的脑袋压在曾经藏着霍夫迈尔帽子的那个枕头上。

这显然是一个很有效的伪装。当第二天早上一名勤务兵端着一杯咖啡走进他们的房间时，他还对在他看来裹着被子、在床上一动不动的丘吉尔说话。在没有得到回应后，他只是把咖啡放在了椅子上，然后就走开了。[2]

不过，丘吉尔的下一个访客就不这么好糊弄了。在国立示范学校时，丘吉尔不仅购买了从衣物到酒类的各种商品，还经常预约本地小贩上门服务。在过去的一个月里，他一直接受一名布尔理发师的理发和刮脸服务。在为逃跑而兴奋不已的时候，他显然已经忘了自己在 12 月 13 日的早上有一个预约服务。

＊　　　＊　　　＊

在霍尔丹和布罗基最初不愿带上丘吉尔一起逃跑的诸多原因中，其中一项就是，他在战俘营中不仅因自己的贵族背景，还因为自己的贵族品位而知名。无论是在布莱尼姆宫还是在战场上，丘吉尔都希望能获得一定的舒适待遇，而且他不认为仅仅因为自己在战俘营中，这种舒适待遇就应该消失。在抵达比勒陀利亚的第一天，他就给母亲写信，要求她确保他的信用在德兰士瓦的首都也一样良好。他向她解释说："考克斯公司应当被要求兑现我开具的任何支票。他们的支票是这里最容易兑现的。"[3]

似乎从刚出生起，丘吉尔就产生了一种对美好事物的品位，丝毫不在乎它们要花多少钱。年仅 15 岁时，他就在给母亲的信中强烈抱怨自己不得不乘坐二等火车车厢旅行。他抱怨说："天哪，我再也不会坐二等车厢了。"[4]第二年，他的开销变得非常巨大，以至于他的父亲曾经因为他挥霍无度而对他严厉斥责。伦道夫曾给儿子写信说："你实在是太奢侈了。即使你是个百万富翁，也不可能比现在更奢侈。"[5]

即使在参军后，丘吉尔也没有改变肆意挥霍的生活方式。在印度时，尽管受到过警告，但他与许多年轻军官一样都接受过贷款服务。丘吉尔多年以后回忆说，他们需要的任何资金都"不得不以高利贷的利率从十分热情的本地银行家手里贷款，你所需要做的只不过是签几份文件，然后就能像变戏法一样变出一匹马球赛事用马。银行家笑盈盈地站起身，用手捂住脸，换了双拖鞋，心满意足地走了，直到三个月后"[6]。

当理发师 12 月 13 日早上 8 点抵达国立示范学校时，他径直来到丘吉尔的房间，并且像以往一样身边陪着一名看守。霍尔丹试图将他拒之门外，跟他说丘吉尔当天不需要他的服务了，但理发师坚持不肯走。霍尔丹写道："遗憾的是，他是一个喜欢刨根问底、坚持不懈的家伙，不愿意在挣到预期的钱之前就离开。"[7]

由于在房间里没有找到丘吉尔，这名理发师在走廊上到处寻找，向每一个人询问是否见过丘吉尔，而那名南非警察就跟在他身后。霍夫迈尔后来回忆说："有的人没有回答他，只是上下打量了他一下。另一些人则把他指向最不可能的角落。"[8]最后，与丘吉尔一同被俘并且与他同住一间寝室的汤姆·弗兰克兰出面解围，对理发师说丘吉尔正在洗澡，希望能够借此把理发师打发走。然而，理发师却不打算这么轻易地放弃。他和那名如今有些感兴趣的看守急忙赶到浴室，守在门外，耐心地等待丘吉尔出现。半个小时后，理发师敲了敲门，起初"还很温柔，略带歉意"，随后越敲越大声。[9]听不到任何回应的他

和看守开始猛敲大门。最后,他们决定进去。看守扭动把手,　225
缓慢而紧张地把门推开。霍夫迈尔写道:"他们一点点地推
门,小心翼翼地向里面窥视。那人死了吗?是不是割了自己的
喉咙?我会看到什么可怕的景象?他把门推开了些。里面没有
一个人。"

在发疯似的搜索了这个 8 英尺长、3 英尺宽的狭小房间的
每一个角落,察看了椅子下方和门背后,仔细地检查了浴巾和
香皂后,那名警察不得不承认,丘吉尔并不在那里。这个最初
看来似乎微不足道的神秘事件突然间变得十分严重。霍夫迈尔
写道:"起初的措手不及如今已经变成了恐慌。典狱长收到了
消息;守卫进入警戒;营区内一片喧闹和困惑。"[10] 战俘们一个
接一个地遭到问讯。他们最晚什么时候见过温斯顿·丘吉尔?
一次又一次,他们给出了同样的答案:昨晚。

丘吉尔预计会出现的大范围警戒如今快速扩散,不仅波及
整个战俘营,还波及整个比勒陀利亚。国立示范学校很快就挤
满了政府官员和警务督察。一名民兵队长在听说丘吉尔失踪后
急忙跑到战俘营,而且——用霍夫迈尔的话说——"怒发冲
冠"[11]。他拖着奥珀曼和许宁冲入霍夫迈尔的房间,质问这位
牧师最晚什么时候见过丘吉尔。在霍夫迈尔给出了每一个战俘
都给出的答案——"昨晚"——后,他开始对奥珀曼和许宁
大发雷霆。他盯着他们,直到他们因为恐惧而开始颤抖,然后
对他们低声呵斥道:"你们必须把丘吉尔找出来,否则朱伯特
将军会把你们吊死的!"

对奥珀曼和许宁,以及任何曾经向战俘们展示过仁慈和善
意的看守来说,情况似乎没法变得更糟了。丘吉尔失踪了,但
他还会被找到。他肯定走不远。这时,他们找到了那封信。

那封用丘吉尔独特的小字书写的信件是直接写给德兰士瓦陆军大臣的。

公立学校监狱

226　　比勒陀利亚

亲爱的德苏扎先生：

　　我认为贵政府扣留我有失公允，我是作为一名记者，也是作为一名非战斗人员被俘的，因此我决心逃离这里。我成功地与外面的朋友共同安排了这一计划，这让我非常有信心能够获得成功。虽然此次出逃既仓促又唐突，但我还是想再次向您表达我的感谢，感谢您、典狱长和许宁先生对我和其他战俘表现出的善意。对于德兰士瓦共和国军队的骑士精神及人道主义品质我表示由衷赞赏。对于这场战争的一般性问题，我的看法没有发生变化，但我将始终对我所见到的诸多布尔自由民怀有崇高的敬意，在抵达英国防线后，我将真实、公平地记述我在比勒陀利亚的经历。总而言之，我想向您表达我的感激之情，希望当这场痛苦而悲惨的战争结束时，布尔人的民族尊严和英国人的安全能够同时得到维护，从而结束两个民族之间的斗争和敌意。很遗憾，由于情势所迫，我无法向您亲自道别，相信我。

您真诚的，

温斯顿·丘吉尔

1899 年 12 月 11 日

在信封上，丘吉尔情不自禁地添加了一小段扬扬自得的附言——p. p. c.，即"pour prendre congé"，这段法语意为"就此告辞"，英国贵族成员经常在他们的名片上写上这几个字母，丢在桌子上或者贴身男仆的白手套里，然后走出大门。[12]丘吉尔很清楚，这段附言所代表的正是布尔人鄙视的那种养尊处优的贵族做派。

227

尽管丘吉尔后来承认自己"非常高兴"写了这封信，但它并没有起到他所想象的作用。布尔人既没有为他的聪明所折服，也没有因为他的奉承而得到安抚，想要迅速结束这场"痛苦而悲惨的战争"，反而被完全激怒了。被伦道夫·丘吉尔勋爵的儿子羞辱对布尔人来说绝对无法忍受。他们下定决心，任何事情都无法阻止他们找到温斯顿·丘吉尔，即使是战争本身都不行。

事实上，德兰士瓦政府对丘吉尔的出逃感到如此震惊和愤怒，以至于追踪他的下落立刻就成了第一要务。霍尔丹写道："政府……想要抓获［丘吉尔］的愿望如此强烈，以至于整个国家机器都陷入了停滞。"[13]对霍夫迈尔来说，布尔官员们似乎已经愤怒到几乎完全瘫痪了。他写道："在我看来，似乎连战争都已经被遗忘了。"[14]

尽管丘吉尔试图保护他的朋友们，但布尔人的怒火仍然首先倾泻到了与他最为亲近的人身上。他曾经希望，自己所提到的"外面的朋友"能够让人觉得他在战俘营里没有得到过任何帮助，无论是来自其他战俘还是来自看守的帮助。然而，这封信却带来了更多麻烦。对于被丘吉尔抛在身后的战俘们来说，生活立刻发生了巨大变化。霍夫迈尔写道："如今，我们遭到了报复。每个人、每件事都遭到了怀疑。"[15]他们无法再见访客，也无法在晚上 8 点半以后外出散步，无法购买报纸或者在炎热的夜晚睡在走廊上。布尔人给予他们的几乎一切优待如今都被剥夺了。霍尔丹写道："我们在很多微不足道的小事上被他们找了麻烦，这体现出我们的看守所具备的狭隘和恶毒的本质。"[16]

不过，霍尔丹和布罗基担心的是，现在逃跑的难度增加了 1000 倍。不仅庭院里增加了额外的看守，连战俘营周边的院子里都有看守。[17]有几个被控收受贿赂的看守已经被赶出了战俘营。甚至连德苏扎的妻子玛丽都相信他们是有罪的，她在自己的日记中写道，丘吉尔"肯定贿赂了看守，那些可是警察啊！"[18]与以前相比，新来的警察显得更加愤怒、更为警惕，也更加不容易被分散注意力。他们可不打算再次遭到羞辱。

战俘们也无法再依赖比勒陀利亚的少数友好人士提供的帮助或者信息了。布尔人开展了一次大规模的搜查行动，尤其是搜查那些有任何英国背景的人家。[19]甚至连国立示范学校的副监狱长许宁博士也受到了住所遭警察搜查的羞辱，因为他的妻子是英国人。第一刑事检察官 P. 马里茨·博塔（P. Maritz Botha）在逮捕令中写道："有理由相信，W. 丘吉尔……正藏在城里特定关系人的住所内。在此，我以南非共和国政府的名义授权你们在白天进入上述住所，仔细搜索 W. 丘吉尔的物品，一旦找到此类物品，立即逮捕所在房屋内的相关人员，检察官将对他们依法处置。"[20]

警察们在城里快速行动，敲开一扇又一扇大门，寻找丘吉尔或者他的任何痕迹。当时只有 6 岁的凯瑟琳·霍姆斯（Catherine Homes）余生一直都记得，她在半夜醒来，听见父母紧张地讨论这次出逃事件的情景。她多年以后写道："那时实施了晚上 7 点钟宵禁，没人能在外面待到很晚。我的表亲偷偷从窗户爬到我们的房子里来，警告我们布尔士兵将会来搜寻温斯顿先生。"[21]

当布尔人来到一个英国家庭的住所时，这个家庭里懂得荷兰语的女儿轻声告诉父亲不要说话，站着别动。她打开大门，冷静地用高地荷兰语对面前的警察说话。她说："先生们，我能为你们做什么？"其中一名警察对她说，一名英国战俘逃跑了，他们有理由相信他正藏在她的家中。他粗暴地说道："因此，以国家的名义，我们要求进去。"在转身用英语向父亲解释了即将发生的事情后，她把大门敞开，然后说道："请跟我来，先生们。"警察们搜索了房子的每一个角落，用佩剑刺穿睡袍，掀开床铺，拉开抽屉，推开书架并且察看背后，甚至还爬上了屋子的阁楼，让这个女孩感到好笑的是，等他们从阁楼上下来时，身上沾满了灰尘。没有任何迹象显示丘吉尔当下或者曾经在这座房子里，或者在比勒陀利亚的任何房子里，但搜索行动仍在继续。[22]

尽管在丘吉尔出逃后，许多比勒陀利亚人都蒙受了苦难，有些人甚至被赶出了德兰士瓦，但没有人遭受过比路易斯·德苏扎——丘吉尔的信件所呈送的那个人——更加严重的猜疑和敌意。已经因为是天主教徒和一对英国夫妇的女婿而遭到巨大猜疑的德苏扎立刻成了布尔人怒火的宣泄对象。那位倍受厌恶的看守——克留格尔总统的外孙汉斯·马兰——一看到丘吉尔的信件，就立刻怒发冲冠地指责德苏扎协助丘吉尔逃跑。[23]尽管德苏扎愤怒地否认了这一指责，而且尽一切所能协助调查，但这一传言在马兰的怂恿下很快就传开了。最后，德苏扎不得不在总统面前捍卫自己的荣誉。玛丽在那晚的日记中写道：

"路易斯与总统先生发生了严重的争吵。路易斯已经决心要递交辞呈了，但他觉得他们可能会说他是个懦夫。"[24]

不过，布尔人真正想要贬损的是丘吉尔。光是重新抓获他还远远不够。他们打算在这一过程中对他进行羞辱。很快就有传言说，他是打扮成一名女子逃跑的。布尔人印制的一张悬赏告示不仅为抓获他开出了赏金，"死活不论"，还用了布尔人能够想到的最恶劣的词来描述他。除了对丘吉尔的身高、肤色、发色进行基本描述外，这份悬赏告示还包括了一些显然是用来羞辱这个狂妄自大的英国年轻人的细节。告示上说，丘吉尔"走起路来弯腰驼背，有着几乎看不见的八字胡，用鼻音说话，无法完整发出字母's'的音，而且完全不懂荷兰语"。在此之前，在丘吉尔逃跑的第二天总司令部发出的一份电报中也提到，丘吉尔"时不时会用喉咙发出嘎嘎的噪音"。

最后，迫切想要捍卫自身名声、控制潜在伤害的德兰士瓦政府声称，在丘吉尔逃跑前，他们已经打算放他走了。尽管几周以来，从雷茨到朱伯特的所有人都坚决拒绝了丘吉尔不断提出的获释请求，要求在战争结束前都对他严加看管，但在丘吉尔逃跑后，朱伯特突然拿出了一封准许丘吉尔获得自由的信件。朱伯特声称，在读到报纸上对丘吉尔协助防御装甲火车的精彩描述前，他对这位战地记者没有任何了解。他耸耸肩说，如果丘吉尔否认这些描述，那他也只能相信丘吉尔的话了。他写道："如果我接受他的说法，那我对他获释的反对也将停止，我将不再反对他获释。"[25]这封信的写就时间被恰如其分地安排在12月12日，也就是丘吉尔翻越国立示范学校栅栏的那一天，并且在第二天被公布于众。丘吉尔后来写道："这份命令在我逃跑以后才被公布于众，显然是一个奇怪的巧合。"[26]

*　　　*　　　*

在比勒陀利亚被怒火和沮丧所笼罩，发动一场声势浩大的搜寻温斯顿·丘吉尔的行动时，在南方数百英里外战争最激烈的前线，路易斯·博塔正在做一件大英帝国曾以为不可能的事：取胜。站在科伦索郊区的搭扣山（Hlangwane Hill）——一座 500 英尺高、灌木丛密布、位于埃斯特科特与莱迪史密斯半道上的山丘——上，博塔正在策划一次新的战斗。对英国人来说，这将是迄今为止损失最为惨重的一次战斗。

连丘吉尔的朋友兼记者同行约翰·阿特金斯都能感受到战斗即将到来。当时他正身处弗里尔，那个见证了丘吉尔被俘的小镇，在布勒终于来到前线后，英国军队也开进了这里。他们现在已经有两万人，布勒希望，他们能够最终解救莱迪史密斯。不过，博塔的手下差不多也有这么多人，他还有着让整个欧洲都艳羡的武器库以及身后的一连串胜利。甚至连布勒——他在南非的作战经验与英军里的任何一个人都差不多——也不知道接下来会发生什么。阿特金斯在丘吉尔逃跑前一周写道："在弗里尔，我们正处在一个深沉而诡异的平静时期，这种平静之所以很重要，是因为它本身就是暴风雨将至的征兆。这是一个准备期——战争机器正在被不断完善——如果布尔人继续留在科伦索附近的现有阵地的话，那么这个准备期将以一场伟大的战斗结束，这或许是整场战役里最伟大的一次战斗。"[27]

阿特金斯追随着英国军队将阵地从埃斯特科特转移到弗里尔，谨慎地向北移动，在这一过程中，他们穿越了布尔人留下的遍地废墟。他们的敌人炸毁了弗里尔的小型铁路桥。阿特金斯不得不承认："他们的手法很漂亮。桥梁整体与石墩脱离，

231

躺在河床里，铁质框架和主梁像森林里的藤蔓一样纠缠在一起。"[28]他们还破坏了图盖拉河上通往科伦索的一座 600 英尺长、耗资 8 万英镑才建成的桥。

科伦索本身就是一片灾难后的景象，每一栋房屋都遭到了洗劫和破坏，似乎不是为了防止这个镇子上占大多数人口的英国人帮助敌军，而只是要惩罚他们。阿特金斯写道："他们把抽屉从柜子里拉出来然后砸坏；他们将褥垫划破，以惊人的精力把棉絮撕扯在地面和楼梯上。他们烧毁照片、打破相框和窗户上的玻璃；他们把钟表上下颠倒地塞进花盆里；他们把花园里的花拽出来，丢在窗户上。"[29]

不过，没有哪个遭到破坏的场景比装甲火车的残骸更让阿特金斯感到震撼。那列火车就位于弗里尔火车站以北一英里处，已经成了"一堆令人悲伤的废旧机器"[30]。自从他和埃默里震惊地看着机车跟跟跄跄地独自返回埃斯特科特——车体伤痕累累，车上装满伤兵——沾满血迹的破旧货车车厢浓烟滚滚地被留在后面的那天起，一切几乎没有发生过变化。翻倒在一侧的那节车厢——它与煤水车之间还嵌着第三节车厢——如今成了一名军队补鞋匠的驻地，这名补鞋匠在被毁坏了的车厢内部建起了一个小商铺。在撞到巨石上后就翻下铁轨的第一节车厢仍然上下颠倒地躺在地上，它的轮子像一只死去的动物的僵硬四肢一样竖在空中。无论是在铁轨上还是在铁轨下，所有的车厢都遍布巨大的弹孔，这些弹孔来自穿过车厢的布尔炮弹——阿特金斯写道，"炮弹射入的位置非常光滑，而射出的位置却参差不齐、裂口密布"。火车残骸边上有一个小坟堆，那是布尔人为在战斗中阵亡的英国士兵挖掘的坟墓。布勒麾下边防兵团的士兵后来为坟堆添加了一圈石边以及一块墓碑，上面刻着如下文字:"这里长眠着在 1899 年 11 月 15 日的装甲火车袭击中遇难的士兵。"

在布尔人埋葬了英军士兵的遗体并且囚禁了丘吉尔之后的一个月里,博塔从未停止过战斗的脚步。在那段时间,他不仅赢得了战斗,还赢得了手下的尊重和忠诚。对大多数布尔将领来说,说服那些桀骜不驯的自由民遵守命令甚至是留在部队里,而不是成百上千地骑着马离开部队返回家园,是每天最让人头疼的事。为了博塔,他们留了下来。尽管 37 岁的他对大多数布尔人来说似乎连指挥一个团都有些过于年轻,甚至有些可笑,更别提指挥整个南方军队了,但大多数见过他的人都能明显地感受到,他是一个天生的领袖。他身边的人,无论是那些他直接领导的人,还是那些他应该追随的人,都对他十分喜爱。年轻而杰出的德兰士瓦国家检察官扬·史末资曾写道,博塔有一种天生的同感力,这使他可以"与其他人走得非常近,解读他们的思维并且十分精准地预测他们的个性。这给了他一种非常罕见的直觉,可以很好地理解和欣赏他人"[31]。

博塔身上所具备的另一种素质即使在英军将领身上不是闻所未闻的,也是极为罕见的:真正的谦逊。他的帐篷欢迎每一个人的造访,无论军衔、成就或者社会地位如何。那是一顶普通得不能再普通的帐篷。他是在佩恩·西蒙斯位于邓迪的营地里找到这顶帐篷的,里面除了一个箱子和一把椅子外别无其他。博塔本人很少坐在椅子上,始终坚持把椅子让给前来拜访的任何一个更为年长的自由民,而他则会安静地席地而坐。[32]

博塔很清楚,在接下来的几个月里,他需要依靠自己的实力和谦逊带来的所有善意。事实上,就连他也很难让手下坚守图盖拉河畔的阵地,因为布勒正带领着 16 个营的步兵向他们进军，这是 15 年来英国军队向战场派遣的最大规模部队。[33] 12 月 13 日，也就是丘吉尔逃跑的第二天，布尔人从搭扣山撤退，那里对于他们的防御有着至关重要的作用。博塔向比勒陀利亚发去电文，寻求建议，但他收到的回复只有一些宗教式的狂热言辞和来自克留格尔的严正警告。总统向他的年轻将领保证说："上帝会为你而战的。因此，在任何情况下都不许放弃阵地……不论生死。" 第二天早上，克留格尔发去了第二封电文，再次敦促博塔和他的手下固守阵地。他写道："请理解，如果你放弃那里的阵地，就等于把整片土地拱手让给敌人。以上帝的名义战斗……畏惧上帝，但不要畏惧敌人。"[34]

那天夜晚，博塔凭借区区 800 人重新占领了搭扣山。他的部队正在那里静静等待，紧张地看着布勒指挥的那支身着卡其色军装的部队在山下出现。[35] 布勒知道他们在那里，这座山是他行军道路上唯一真正的障碍物。阿特金斯写道："我们只知道，在这个平静期结束后，我们将向前进军，以解救莱迪史密斯，而布尔人正在山上等着我们。"[36]

第 21 章　孤身一人

就在博塔寻求上帝的帮助，以期在即将到来的科伦索之战 中取得胜利之际，丘吉尔正孤身一人在北方的草原上双膝跪地，祈祷自己能够在这场孤独的磨难中幸存下来。在他抬起头的时候，太阳刚开始落山。他写道："西方的云朵染上了火焰的色彩，山丘的阴影笼罩着整片山谷。"[1]

即使对布尔人来说，丘吉尔所在的地方也算是不毛之地，要知道，在布尔人的概念里，所谓近邻指的是坐马车至少要一天才能到的邻居。从国立示范学校逃跑以来，他一直沿着德拉瓜湾铁路前进，那是一条连接比勒陀利亚与位于印度洋沿岸德拉瓜湾的葡萄牙港口城市的铁路，四年前刚刚通车。如果他有地图、铅笔和尺子，能够坐下来查看下地图的话，他可以在比勒陀利亚与葡属东非首都洛伦索 - 马贵斯（Lourenço Marques）之间大致沿着南纬 25 度线画出一条几乎是直的线。即使在搭乘火车长达数小时后，丘吉尔也不过走了不到三分之一的路程。他跳车的地方名叫威特班克（Witbank），是一个位于比勒陀利亚以东约 70 英里处的小型农业和矿业社区，但是距离洛伦索 - 马贵斯仍有 200 多英里。

丘吉尔谨慎地走出藏身的小树林，每个方向上他都有一定 的视野。不过，没有多少值得看的东西。往西大约三英里的地方有一个小镇，落日的最后一丝余晖正照射在镇子的屋顶上。

一辆笨重的布尔马车正吃力地向镇子的方向前进。在半道上间或点缀着几个农场，农场上的小树林十分显眼，丘吉尔写道，这些小树林"让高低起伏的土地看起来不那么单调"[2]。

在山脚下，除了那个镇子以外，还坐落着一个土人村社（kraal）。"Kraal"这个词是布尔人从葡萄牙语单词"curral"吸收来的，后者与西班牙语单词"corral"同源——"corral"后来也成为英语单词，意为畜栏。非洲的土人村社是由土墙或者通常用荆棘枝条编成的栅栏包围的圆形畜栏或者村庄。丘吉尔可以看到村庄里的人，这些远处的细小人影正在把牛群和羊群赶到一起，回家过夜。偶尔会有只言片语或者一阵哭声随风飘到他的耳边，但声音很快消散，只留下他一如既往地孑然一身、孤立无援。

丘吉尔仔细地观察着村社里的每一个人，把任何一个人都当作潜在的危险，无论是布尔人还是非洲土著。不过，他的大部分注意力都放在山下横穿而过的一条铁路线上。整个白天，他都在数路过的火车的数量，有四列火车向东开，四列火车向西开。他对自己说，既然白天有这么多的火车，那晚上很可能也有相同数量的火车在运行。他打算在日出前爬上其中一列火车。

丘吉尔一直等到太阳完全落山、天上"一片漆黑"才从藏身处出来，终于开始下山走向铁轨。夜幕本身就是一个恩赐，因为它意味着丘吉尔终于可以冒险出去找水了。在被口渴折磨了漫长而炎热的一天后，他终于找到了一条小溪，甚至在多年以后，他都能记得，这条小溪有着"冷冽、香甜的水"。他在小溪边停下，喝足了水，然后才继续前行。

丘吉尔没有走向山谷，而是走向了附近一座山的山顶，因为在山谷里，火车会沿直线行进，速度很快。前一天夜里，他注意到，在距离自己不远的地方，铁轨开始攀爬这座山的陡峭山坡。在山坡上，火车爬山的速度慢得就像是一头拴着重轭的公牛，尤其是那种又长又重的货运列车，比如他前一天晚上躲藏的那列火车。他颇为满意地注意到，"有时，火车的速度都赶不上步行"。在火车艰难爬山的时候跳上火车当然比它在全速行驶时要容易得多。

计划很快在丘吉尔的脑子里成型。他写道："我仿佛看到自己在夜间坐着火车行进了六七十英里，在天亮前再次跳下火车。这样距离边境线就只有不到 150 英里了。"[3] 在那之后，他将搭上另一列火车，然后是另一列，尽可能多地搭乘火车，以便安全而成功地进入葡萄牙领土。他想："这个计划的缺陷在哪里？我当时看不到。"

丘吉尔爬到山顶，在铁轨拐弯处找到了一处树丛，坐在树丛后面。这处树丛将在他等待的过程中成为他的藏身之所，此外，他还希望，铁轨的这处拐弯能够在他跳上火车时遮挡火车司机的视线，让他不被发现。他写道："我可以在火车拐弯时从外侧爬上一节货车车厢，那时机车和守卫乘坐的车厢都已经拐过去了。"[4] 自从他睡醒以来，一直担惊受怕、心情沮丧的他第一次对于火车感受到了一种相对乐观的情绪。他甚至还剩下少量食物，虽然不多，但是足以帮助他"在紧要关头保持身心协调"[5]。他还有几块巧克力，身上的一个口袋里还塞着已经碎了的饼干。这些不可能像霍尔丹的肉含片一样维持他那么久，但至少他不必冒着被抓的风险去偷窃食物。

这似乎是一个完美的计划。的确如此，但是有一个问题：没有火车。丘吉尔等了一个小时，他的精神还很好，仍然满怀希望。然后，第二个小时过去了，铁轨依然没有震动，汽笛声

依然没有响起，丝毫没有火车的迹象。他无法理解。在整个白
天，他都看到有火车沿着这条线路行驶，而且他一直仔细记录
着它们通过的时间。最后一列火车是六个小时前经过的。一定
是出什么事了。又过了两个小时，没有一列火车出现。随着时
间的流逝，丘吉尔慢慢地从困惑变成了绝望。他写道："我的
计划开始失败，希望开始消散。"[6]

237

*   *   *

最后，在铁道边坐了四个小时却没有看到一列火车的丘吉
尔决定，他已经别无选择，只能放弃这个计划，开始步行。在
太阳升起后，如果还留在山顶上的话，由于只有一片树丛可以
藏身，这么做无异于投降。他想要藏在货车车厢里快速而安全
地向前行进的愿望破灭了。

刚踏上旅程，丘吉尔就意识到，这趟路程将比他预想的花
上更长时间。尽管这片地区人烟稀少，偶尔会有一些茅草屋、
村社，甚至是小镇，但他必须远远地绕过去。满月将整片草原
照得宛如白昼，因此对他来说，想要沿着铁路线前进，甚至是
跨越桥梁，都变得非常危险，因为这些地方都被全副武装的布
尔人重重把守着，他们被派到这里几乎可以肯定是为了搜寻丘
吉尔的。他在又高又湿的草丛里匍匐前进，蹚过河流、沼泽和
泥塘。没过多久，他从腰部往下就全湿透了，而且正如霍尔丹
和布罗基此前曾预料的那样，他完全筋疲力尽了，因为在过去
的一个月里，他所进行的体育锻炼不过是在国立示范学校的四
周缓慢绕行而已。他还有 200 英里的敌方领土需要穿越，而且
他完全不知道自己怎样才能在孤身一人、没有食物的情况下徒

步做到这一点。[7]

　　丘吉尔强迫自己继续向前艰难跋涉，躲避路上的屋子和桥梁，蹚过河流，最后终于看到前面出现了一座火车站。这座火车站与他之前看到的小镇一样朴素，不过是由几栋建筑和几间小屋包围的月台而已。火车站旁边停着三列纹丝不动的火车，很显然是在夜里被停运了。丘吉尔盯着这几列火车，突然间明白了为什么他在山顶上等了好几个小时却没有看到一列火车。在他的出逃被人发现后，布尔人停止了夜间的铁路运输。

　　随着战事日趋激烈，甚至连英国人的火车都被迫停止在夜间运行。皇家工程师协会（Royal Engineers Institute）分发的一份手册称，除了极少数特殊情况，"任何火车都不能在晚上7 点至第二天日出前运行，直到下达许可……交通才能继续"[8]。这么做是因为火车在白天行驶比晚上要更加安全，尽管丘吉尔所乘坐的装甲火车发生脱轨的事件是数十起布尔人在大白天发动的袭击之一。

　　丘吉尔看着这几列火车，想起前一天晚上自己制订的计划曾经显得如此完美、如此无懈可击，再想到尽管自己获得了自由，但距离掌握自身命运还非常遥远，这让他倍受打击。无论他的计划有多么聪明，多么"巧妙而可靠"，都无法保证这些计划能够奏效。[9]相反，计划失败的可能性更大。有太多的事情不在他的掌控中。有太多的因素他无法控制，甚至连预料都预料不到。

　　甚至连他眼前的这些"在月光中一动不动"的火车，都包含着一箩筐无法解答的问题。他不知道它们会驶向哪里，会在哪些车站停车，或者它们是否会装载货物。他可以随便选择一列火车，爬上去藏起来，等着它载他远去，但他知道，如果他真的这么做的话，那就等于在冒极大的风险。他写道："一旦我进入一节车厢，我的命运就定了。"在爬上车厢前，他必须尽可能多地搜集有关这些火车的信息。不过即使是这项似乎十分简单的任务，也蕴含着无法估量的风险。

丘吉尔弓着身子溜进了火车站，在火车之间迂回前进。他在寻找标志牌，要么是在货车上，要么是在货车所装载的货物上，只要是能够显示火车目的地的东西就行。就在他研究其中一列火车上的记号时，他突然听到了很近的地方传来的声音。239 他不是很确定，但是那个声音听起来像两个非洲土著正在大笑，还有一个布尔人在和某个人争论，或者也许是在下达命令。无论他们是谁，无论他们在那里做什么，丘吉尔都已经听得足够多了。他尽可能迅速地悄悄离开了车站，溜回到草丛里，虽然当前的情况并不比此前更好，但至少他仍然没被人发现。

他想："如今别无选择，只能继续走下去了，越来越没有目标和希望。"[10]他开始感到自己快被击垮了，不仅是因为当前处境的绝望，还因为他的孤独。在他路过草原上间或出现的小房子时，他会一脸渴望地看着它们的窗子，窗子里透出温暖、惬意的光芒。虽然他非常希望获得帮助、安慰，甚至仅仅是陪伴，但他知道，自己所遇到的任何一点人类居住或者工业生产的痕迹"都意味着危险"。

甚至在这个德兰士瓦的偏僻角落，丘吉尔都能在四周看到人类生活的痕迹。远处正闪烁着灯光，他猜想那肯定是另一个火车站，要么是威特班克，要么是米德尔堡（Middelburg）。在摇摆不定的地平线上，有 8 盏灯并排闪烁着，就像是闪亮的外星人眼睛。随后，他看到近处有某个东西，是较为柔和的火光。

他能看到有两三处火光在夜里闪烁着。他说不清它们到底有多远，但他敢肯定，这些火光不是从房子里透出来的。他突然满怀希望地想，或许它们是另一个土人村社的火光。

丘吉尔知道，与其他人进行的任何接触都是在冒险，而且自从逃跑以来，他已经千方百计地避免这么做。但如果在比勒陀利亚与葡属东非之间数千英里的路途上有任何安全地带的话，那一定是非洲土著的村社。他想起，"我曾经听说，非洲土著憎恨布尔人，对英国人很友好"[11]。尽管丘吉尔所听说的的确是实情，但这并不是因为英国人已经成了非洲人的捍卫者，或者甚至是他们的保护者。英国人仅仅是两害之中较轻的那一个。

$$*\qquad*\qquad*$$

半个多世纪前，大英帝国做了一件事，让它在非洲人眼中 240
实现了自我救赎，也让它成了布尔人的眼中钉、肉中刺：它废除了奴隶制。这一决定激起了布尔人的怒火，而且这项法律在南非的实施导致了大迁徙（the Great Trek）的发生。著名的苏格兰传教士兼探险家戴维·利文斯通（David Livingstone）不断在奴隶问题上与布尔人发生冲突，他在非洲的大部分时间都用于与他所谓"这个世界的疮口"作斗争。伦道夫·丘吉尔曾公开批评布尔人对待非洲土著的做法，他在从德兰士瓦传回的报道中写道："布尔人不认为土著人与低等动物有任何意义上的不同。他们对于英国人的永恒仇恨主要源自这样一个事实，那就是英国人至少在理论上坚持为有色人种赋予与白人同等的权利。"[12]

近 20 年后，伦道夫勋爵的儿子也得出了同样的结论。在抵达国立示范学校前，丘吉尔曾经与一名布尔守卫进行了一番兴致勃勃的长谈，但这番谈话很快就变成了对于平等权利的辩论。这名守卫对英国法律为黑人公民赋予的权利公开表示厌恶，并且对英国人希望布尔人也这么做感到震惊。他啐了一口唾沫，说道："兄弟！平等！啊呸！自由！没戏。"丘吉尔相信，他终于触及了布尔人为什么会令人困惑地坚决反对英国人的统治这一问题的核心。他写道："那是因为他们心中对于试图把土著人放在与白人同等地位的政府有着历久不渝的恐惧和仇恨。在布尔农民的脑海里，英国政府与剧烈的社会变革是相关联的。黑人将被宣称与白人一样。仆人将被抬到与主人同等的地位……居于主导地位的种族将丧失优越地位；在这个方面，甚至连一只被夺走幼崽的母老虎的愤怒都不如布尔人那般强烈。"[13]

尽管布尔人坚决反对通过立法给予非洲土著人自由或者任何权利，但改变已经开始在非洲土著社群里出现了。在整个德兰士瓦，由于非洲人不愿坐等一个别有用心的盎格鲁－撒克逊帝国来拯救自己，也不愿坐等布尔人最终找到他们启蒙和理性的道路，所以非洲人决定把命运掌控在自己手里。在他们之中，所罗门·切基绍·普拉杰的影响力无人能及，他杰出的智慧、谦逊的勇气和内心不容置疑的尊严比任何人都更加突出。

尽管布尔战争开始时他只有23岁，但普拉杰已经在布尔人和非洲人中具备了相当的知名度。他在一个路德教会的教堂长大，只接受了三年的正式教育，但通过自学不仅学会了非洲所有的主要方言，还学会了8门欧洲语言，包括荷兰语、英语和德语。事实上，在所参加的任何一门考试里——从打字考试到公务员考试，不一而足——普拉杰都无一例外地得到了最高分，尽管其他应试者都是欧洲人，而且考试是以他们的母语进行的。[14]

在布尔战争开始时，普拉杰被派往马弗京担任法庭翻译。在这一岗位上，他不仅为布尔人和英国人，还负责为土著被告翻译庭审内容，因为他的存在，这些土著人第一次真正知道了自身所受指控的内容。普拉杰在教会度过的童年和他所取得的杰出成就保护他免于面对土著生活的残酷现实，但在担任法庭翻译期间，他目睹了土著人在布尔人的统治下所遭受的残酷不公。在通过担任打字员和外国记者的助手挣到了一些外快后，普拉杰开始在土著人刊物上自己撰写文章，并且在不久后创办了属于自己的报纸《贝专纳报》（Koranta ea Becoana），这是第一份同时用英语和茨瓦纳语（Setswana）印制的报纸，茨瓦纳语是普拉杰所在的巴罗隆部族（Barolong）使用的语言。

在战争期间，普拉杰认为，如果他和他的非洲土著同胞打算选择一个盟友的话，那只能选大英帝国，但是他从来不幻想能够信任英国人。尽管布尔人持之以恒地把土著人当成奴隶，最多也只是把他们当成上帝在这片土地上播撒的瘟疫，但英国人也没有好到哪里去。在位于比勒陀利亚以北 200 英里处的马弗京遭遇围城期间，普拉杰目睹了英国军队在苦日子开始后让非洲土著最先承受苦难。后来创建童子军的罗伯特·巴登－鲍威尔将军（General Robert Baden-Powell）大幅削减了分配给非洲人的口粮，不仅是为了把口粮留给自己的手下，还是为了留给与他们一起被困在城里的白人平民。他的计划是让土著人承受饥饿，直到他们被迫突破重围寻找食物为止，从而减少需要喂养的人口数量。[15]

普拉杰目睹了巴登－鲍威尔对待城中黑人居民的残酷手段。有一次，他看到近 1000 个骨瘦如柴的人在连续数周仅靠用燕麦壳熬成的粥维生后狼吞虎咽地吃掉了一匹被宰杀的马。普拉杰写道："它看起来就像普普通通的肉。不过他们第三次来到屠宰场时，发现那里已经没有任何肉剩下了，于是带走了马头和马蹄，那长长的耳朵和肥大的马头让我动容，这些就是人们将要吃的东西。不过，得到这些马头的人都非常高兴，几乎没怎么处理就直接生吃了。"[16]

尽管英国人正在输掉这场战争，而且对待非洲人的态度仅仅比布尔人好那么一点而已，但各个非洲土著部族都明确表示，如果他们被迫挑边站的话，那他们一定会挑英国人那边。这种形势让布尔人感到越来越紧张，他们知道自己不仅人数比非洲人少得多，而且还遭到非洲人的深深憎恨。记者乔治·沃灵顿·斯蒂文斯早在战争开始前就曾写道："土著人的态度［在布尔人之中］引起了一些不安。每一个巴苏陀人（Basuto）……都回到了他的部族，其中一个人说：'这是为了确保我们不伤害我们的母亲英国女王。'"[17]

＊　　　　＊　　　　＊

丘吉尔孤零零地站在草原上，远处的火焰似乎触手可及，他一直在思考，如果实在无路可走的话，是否可以在一个土人村社寻求帮助。他知道非洲土著对布尔人充满了仇恨，觉得他们至少不太可能逮捕他然后交给他们共同的敌人。他不敢要求太多东西。事实上，由于没有布罗基给他居中翻译，他甚至连提要求都办不到。他想起口袋里还有 75 英镑，思忖着能不能说服村民卖给他一匹小马驹，以及帮他雇一个向导。然而，他真正想要的仅仅是一个能够停留一小会儿的安全的地方。他带着一丝希望，心想："他们也许会给我一些食物和一个干燥的角落睡觉。只要能休息、够温暖、有食物就行。"[18]

尽管丘吉尔迫切地想要走进那个村社寻求帮助，但他还是犹豫了。隐藏自己已经成了他的本能，对他的生存至关重要，他发现几乎不可能抛弃这个本能。如果从藏身处出来，出现在任何人的面前，即使对方比他更有理由憎恨布尔人，这么做也会显得有些轻率，甚至是鲁莽。

丘吉尔朝着火焰的方向继续走了大约一英里的路程，艰难地与自己的恐惧和怀疑作斗争，然后他停下了，无法忍受这一计划的"缺陷和轻率"。他转过身，沿着来时的路向铁路线的方向走。在走到中间某个地方的时候，他再次停了下来，对下一步行动拿不定主意的他最后坐了下来。他后来写道，当时的他"陷入了完全的困惑之中，对于该做什么或者该向哪里求助没有任何头绪"。

他成年后的整个生命大致是由一系列一场接一场的战争组成的，在这一过程中，丘吉尔也有过担心、害怕甚至绝望的时刻。不过，他从来没有过犹豫。他曾经无所畏惧地骑着白色马驹冲进战场；在没有任何授权的情况下面对布尔人的枪林弹雨立刻负责起装甲火车的防御；在距离一名武装守卫仅仅一英尺远的地方翻越战俘营栅栏，只身走向未知。每一次，他都本能地知道该做什么。但是这一次，或许是他生命中第一次，他因为犹豫不决而感到不知所措。

坐下后不久，情绪低落、孤身一人待在草原上的他思路突然变得清晰了。困惑和怀疑的阴云来时让他措手不及，走时也让他意想不到。他写道："突然间，我的所有疑虑都无缘无故地消失了。[19]它们的消失完全不符合任何逻辑。"[20]他想起了多年

244 前手里拿着一块占卜写板（planchette）的感觉。"Planchette"
这个词源于法语，意为"小木板"，指的是一种放置在黄铜小
脚轮上的盾形木板，轮子通常是用骨头制成的，这种占卜写板
一般在通灵活动中使用，似乎会自己移动，而它的使用者相信
是有神明在引导他的手移动。丘吉尔写道："当时我就像现在
一样无意识或者说下意识地在行动。"

　　他站起身，再次朝着火光走去，这一次他走得很快，有了
一种明显的目标感。不过，即使以尽可能快的速度行走，他也
花了好几个小时才来到火焰附近，这些火焰的实际距离比看起
来要远多了。凌晨 3 点左右，他终于来到了一个足够近的地
方，能够看清那些火焰了，不过他所看到的东西让他不由得停
了下来。在他面前的不是一个友好的非洲土人村社，而是一座
煤矿。

　　丘吉尔走近了些，建筑的轮廓逐渐出现。前方有许多小型
建筑，少数独栋宅邸，以及一个用来转动提升机的大轮子。他
现在还能看到，曾在几英里外召唤他前来的温暖亮光并非来自
野外的篝火，而是来自巨大的工业熔炉。

　　丘吉尔巧妙地站在熔炉火光的外面，藏身在草原上的阴影
处，仔细考虑着自己所面临的选择。他对自己说，不必非得这
么做。走进一个土人村社就已经足够艰难了，而煤矿则完全是
另一回事。他可以立刻掉头，继续他的孤独旅程，或许能够在
远处找到一个真正的土人村社。

　　然而，他的体力正在下降。巧克力和饼干没法支持他更久
了，尤其是因为他现在知道自己必须再走几百英里的路程才能
获得自由。丘吉尔回想着自己已经走过的路，所能看到的
"只有更多徒劳无功的流浪，最终会因为饥饿、发烧、被发现

或者投降而终结"。

丘吉尔再次朝煤矿的方向转身，他的视线落在了一栋距离他最近的房子上。那是一栋小房子，用石头建成，似乎有两层楼高，但实际上只有一层楼，坐落在一个山坡上。除了这些基本细节外，丘吉尔看不到其他东西，而且这栋屋子的外表也无法向他透露里面的情况。他思考着："这栋阴森而神秘地对着我皱眉的房子里面到底有些什么？"他的 75 英镑以及更多酬劳的许诺能买到别人的帮助吗？他会被立刻逮捕并被送回比勒陀利亚吗？他知道，出现后一种结果的可能性要大得多，但他又有什么选择呢？这座沉睡中的煤矿以及这栋阴森、险恶的房子是他唯一的希望。

最后，他鼓起仅剩的所有勇气，走出了"草原上的阴影，踏入熔炉的火光之中"，他后来写道，"我朝着那栋静谧的屋子走去，用拳头敲了敲房门"[21]。

245

第 22 章　"谁在那里？"

246　　　丘吉尔站在月光下，紧张地等待着敲门引起的回应，不过没有人前来开门。过了一会儿，他又敲了一次门。几乎刹那间，头顶上的一个房间里出现了一缕灯光，然后窗子打开了。一名男子的声音打破了夜晚的寂静。他问道："Wie is daar?"（谁在那里？）[1]

　　　听到这名男子的声音让丘吉尔猛地一震，他后来写道，他能感觉到这个声音在他的体内不停回响，一直到他的指尖。最后他终于开口说："我需要帮助。我遭遇了事故。"他能听到那名男子咕哝着什么走出房间，然后传来了脚步声。不久后，传来了门闩被拉动的沉重金属声。门锁转动了一下，随后大门打开了。

　　　站在丘吉尔面前狭窄、昏暗的门厅里的是一个身材高挑、满脸皱纹的男子。丘吉尔很难看清他的相貌，但是能够看到他有着深色八字胡和一张苍白的脸，而且看起来似乎穿衣服有些匆忙。那名男子换成敲开他房门的这名陌生男子所使用的语言问道："你想要什么？"

247　　　面对面站在这名男子面前，丘吉尔突然意识到自己完全没有准备好回答这个问题，或者说任何问题。当他坐在草原上，痛苦地犹豫着是应该暴露自己还是应该继续藏身时，他从来没有真正思考过如果身处这种情况应该说些什么。不过，让他自己都感到惊讶的是,他轻而易举地就编造了一个完整的故事。

丘吉尔对这名男子说:"我是一个自由民,刚刚遭遇了一场事故。"从这开始,随着他的不断讲述,整个故事似乎就像是有了生命一般逐渐展开,细节越来越丰富,毫无疑问可信度也变得越来越低。他继续说道:"我正准备与我的突击队在科马蒂普特(Komati Poort)[德兰士瓦最后一座火车站]会合。我从火车上摔下来了。当时我们正在开玩笑。我不省人事了几个小时。我猜我的肩膀脱臼了。"

丘吉尔禁不住对自己编故事的能力赞叹不已。他后来写道:"一个人竟然能想到这些事情,简直令人震惊。这个故事从我嘴里脱口而出,就像我对它已经烂熟于心了一样。然而,我对于自己打算说什么完全没有丝毫的概念,不知道我下一句话会说些什么。"他甚至设法在故事里提到了自己受伤的肩膀,他的肩伤是真的,不过他的肩膀是多年以前在另一块大陆上脱臼的。

丘吉尔最希望得到的仅仅是一个在这名男子的家中与他悄悄谈话的机会。他想,如果他能够说服这名男子邀请他进入室内,那他也许还有机会把这名男子争取到自己身边。在这里,夜幕之中,他们所说的一切都能被好奇的邻居听到,这名男子更有可能把他赶走,甚至有可能拉响警报。

在经过片刻的停顿,仔细打量了一番丘吉尔后,这名男子最后说:"那么,进来吧。"他转身走入暗处,沿着走廊走到一侧的门前,把门打开,悄悄用手势示意丘吉尔进去。丘吉尔走进房间,思忖着自己会遭遇些什么。这个地方究竟会成为他的救星还是监狱?

进了房门,首先映入丘吉尔眼帘的是房间正中放置的一张大桌子。他走到桌子远端，看着那个男人擦亮火柴，点亮了一盏灯，一缕微弱、摇摆的光线，让这个房间的其他陈设显露出来。在丘吉尔看来，这个房间肯定既是一间办公室，又是一间餐厅。在大桌旁边放着一张带有活动盖板的办公桌、几把椅子和一个奇形怪状的设备——两个带有金属网的玻璃球垂直堆在一起——他猜测这个设备是用来制作苏打水的。不过，房间里有一样东西吸引了他的注意力。在紧跟着丘吉尔走进房间后，男子将一把左轮手枪放在了桌上。丘吉尔现在意识到，他刚才一定是一直把手枪带在身上的。

手枪静静地躺在桌上，男子在手枪前坐下，最终还是打破了沉默。他说："我想知道更多有关你这次火车事故的事情。"丘吉尔立刻意识到，不管眼前的这个人是谁，他都不可能骗过对方。他没有经过任何思考就脱口而出地讲出了他的故事，他知道，如果他试图继续编下去的话，很快就会穿帮。还有一个事实他不可能掩饰，那就是他说自己是一个自由民，但他连荷兰语或者南非荷兰语的一个词都不会说。

已经没有任何回旋余地了。最后，丘吉尔说道："我想，我最好对你说实话。"男子回答说："我以为你之前说的就是实话。"

一旦下定决心要向这个素昧平生的人吐露实情，丘吉尔就没什么好保留的了。他迅速坦白说："我是温斯顿·丘吉尔，《晨邮报》的战地记者。昨晚我从比勒陀利亚逃跑。现在我正在去往边境。我有不少钱。你能帮我吗？"男子一言不发地盯着丘吉尔，那一刻显得既漫长又紧张。最后，他推开椅子，缓缓站起身，转身锁上房门。丘吉尔写道，这一举动"让我觉得似乎没有希望了"[2]。

男子转过身面对丘吉尔,朝他走了几步。不过,让丘吉尔感到意外的是,他没有伸手去拿放在桌上的手枪,而是突然伸出了手。他把丘吉尔的手握在自己手心,说道:"感谢上帝你来了这里!这是 20 英里范围内唯一不会把你交出去的房子。我们这里都是英国人,会帮你渡过难关的。"

*　　　*　　　*

撞了大运的丘吉尔误打误撞地走进了德兰士瓦 11 万平方英里国土内少数的几个仍然能找到英国人的地方之一。自从德兰士瓦近两个月前发布公告命令所有英国公民离开该国以来,已经有成千上万的人被迫抛弃了在南非的家园和生活,其中大多数人都在采矿业工作。他们经过艰难跋涉,成群结队地去往开普殖民地,并且从那里乘船前往英格兰。乔治·沃灵顿·斯蒂文斯曾写道:"他们被炒了鱿鱼,挤在装牲畜的货车车厢里,顶着白天的烈日和夜晚的寒风饥肠辘辘地来到这里,准备再次返回家乡。船只载人离开的速度根本赶不上火车载人抵达这里的速度。"[3]

被迫离开的不仅是那些煤矿工人,连煤矿老板也一样。他们也震惊而愤怒地游荡在开普敦的大街上,苦涩而且通常是醉醺醺地向任何一个愿意聆听的人大声抱怨。斯蒂文斯写道:"他们谈论着无法忍受的委屈和心中积郁的复仇情绪,谈论着寂静无人的煤矿、锈迹斑斑的机器以及被人偷走的黄金。"

尽管布尔人急于把英国人赶走,但他们也知道,这种被迫的人口大规模出走是要付出代价的。如果主要由英国人管理的采矿业陷入停顿的话,他们是不可能赢得战争的。此外,他们所担心的并不是吸引了一波又一波英国人来到南非的闪闪发亮的黄金和钻石，而是埋藏于地表以下数百英尺深的史前沼泽植物的黑色遗骸。

由于战争大部分是在纳塔尔进行的——战场从邓迪一直延伸到莱迪史密斯——所以布尔人如今不得不严重依赖德兰士瓦的煤矿。丘吉尔在跳车后来到的威特班克是南非煤炭矿藏最丰富的地区之一，煤层既厚又浅，深度仅为不到 300 英尺。事实上，这一地区后来因煤炭而变得极为有名，以至于一个多世纪后，它将被重新命名为伊玛拉雷尼（eMalahleni），这个词在祖鲁语里是"煤炭之地"的意思。[5]

丘吉尔在草原上走几英里的路所追随的亮光来自德兰士瓦与德拉瓜湾煤矿（Transvaal and Delagoa Bay Colliery）的熔炉。尽管这座煤矿只运营了四年时间，但由于是预计到比勒陀利亚与葡属东非之间的铁路即将完工才开设的煤矿，所以它此时已经成为威特班克产量最大的煤矿之一。该煤矿的老板尤利乌斯·布尔莱因（Julius Burlein）是个德国人，但他雇了一个英国人来管理煤矿。[6]这个名叫约翰·霍华德（John Howard）的英国人如今正在与温斯顿·丘吉尔握手。

* * *

丘吉尔对霍华德热情伸出的援助之手感到十分震惊，以至于他感到一阵"如释重负的抽搐"。这个男人不仅不打算对他开枪或者逮捕他，甚至还打算帮助他。丘吉尔再也不是孤身一人了。他后来写道："我感觉就像是一个快要淹死的人被从水里拽了出来。"[7]

在对丘吉尔做了自我介绍后，霍华德向他解释自己是如何在大部分英国人被迫离开的情况下设法留在德兰士瓦的。霍华德不仅拥有独一无二的技术，使煤矿保持完美的运营状况，以便在战争结束后能够再次开足马力生产，而且非常受布尔人信任。他在德兰士瓦居住了很多年。他会说他们的语言，而且已经成了一名归化公民。

不过，霍华德成为一名布尔公民的决定如今有可能给他带来预料之外的后果。他原籍英国，因此布尔人免除了他参战的义务，但他如果被发现窝藏逃犯的话，是不可能得到任何宽恕的。他会因叛国罪受审，而且很可能被枪毙。帮助丘吉尔不仅会让霍华德面临失去自由的风险，而且甚至有可能让他丢掉性命。

此外，他们两人所面临的生命威胁甚至比丘吉尔所了解的更加紧迫。这位疲惫不堪的逃犯并不是霍华德那天接待的第一位访客。就在丘吉尔敲响这位煤矿经理房门的几个小时前，一位布尔民兵队长来过这里寻找丘吉尔的踪迹。那位民兵队长说，布尔人正在搜索整片草原，寻找一个逃跑的战俘，如果霍华德发现他的任何踪迹，应当立刻报告。霍华德对丘吉尔说："他们把通缉令贴满了整个铁路沿线和整个地区。"[8]

在意识到光是来到这里就已经让霍华德处于巨大的危险之中后，丘吉尔表示，他当晚就会离开。他说，如果他能够有"一些食物、一把手枪、一名向导，以及如果可能，再有一匹马的话，我会自己想办法去海边"[9]。霍华德不想听这些。凭借另外四名同样获准在煤矿居住和工作的英国公民的帮助——他们分别是一名秘书、一名工程师以及两名苏格兰矿工——他会想办法把丘吉尔给送出去。他对面前这个筋疲力尽的年轻人安慰说："别在意，我们会想办法解决这个问题的。"

251

尽管霍华德已经决心要帮助丘吉尔了，但他并不是一个莽撞的人。他警告说，他们必须格外小心。"探子无处不在。"即使在这栋房子里，也有两名荷兰女仆正在睡觉。丘吉尔在敲门时没把她们吵醒简直是个奇迹。[10]

在思考完他们面临的危险后，霍华德突然想起，他的这位客人已经逃跑两天了。他说："你肯定饿坏了。"他让丘吉尔用威士忌酒瓶和苏打水机给自己弄一杯喝的，然后就从房间消失了，不久后，他带着足够好几个人吃的食物再次出现。在丘吉尔心存感激地啃着一只冰冷的羊腿时，霍华德再次离开了，这次是从后门溜出去的。

近一个小时后，他带回了好消息。他对丘吉尔说："已经谈妥了。我去见了那些人，他们都愿意帮忙。"其他几个在煤矿工作的英国人也承诺在战争期间"严守中立"，但他们不打252 算让这件事阻挠他们帮助温斯顿·丘吉尔。当下最紧迫的问题是如何把丘吉尔藏起来，直到他们制订好计划为止。霍华德说："我们今晚必须把你放进矿坑里，你必须在那里待到我们想好怎么把你带出国为止。"

*　　　*　　　*

一吃完饭，丘吉尔就跟着霍华德走出屋子，穿过一个小院。太阳刚刚开始升起，眼前的世界看起来与几个小时前大相径庭。他在多年后写道："日落传递的信息是悲伤，而日出传递的信息是希望。"[11]

对丘吉尔来说，希望就是一座位于德兰士瓦腹地的煤矿。刚一打开大门，他就能看到煤矿的加工厂在上方淡粉色的光线里若隐若现，那是一栋大约 50 英尺高、风化严重的建筑，有一排竖向长窗。屋顶上有一个巨大的转轮，那是他走出草原时第一眼在煤矿看到的东西。

丘吉尔和霍华德一起来到矿井附近，看到一个矮胖的男人正在等他们。霍华德向他介绍说，这是煤矿的工程师迪尤斯纳普先生（Mr. Dewsnap）。让丘吉尔感到惊讶的是，他发现迪尤斯纳普不仅是英国人，而且还恰好来自奥尔德姆，也就是他在议会大选中竞选失利的那个选区。尽管那似乎已经是上辈子的事情了，但实际上那次选举仅仅是不到 6 个月前举行的，而且即使身处南非，迪尤斯纳普也听说过选举的事情。如今，他"强劲有力"地抓着丘吉尔的手，侧着身子低声对丘吉尔说："下一次他们都会投票给你的。"[12]

他们三人一同走进建筑内，来到一个巨大的铁笼子前，这个铁笼子将带着他们下到矿井里。他们走进这个足以容纳 14 个人的笼子，能够感觉到笼子在他们的靴子踩上去的时候晃了晃。[13] 笼子门"咣"地一声关上了，丘吉尔写道，"我们就这样深入了地球的内部"[14]。

煤层仅有 90 英尺深，但随着他们逐渐深入矿井，他们进入的看起来不像是一个煤矿，而是地狱。每下降一英尺，光线就变暗一分，就像是有一顶斗篷越来越紧地围绕在铁笼子四周。等他们到达底部的时候，光线暗得就像黑夜一样，而且没有南非夜空的星星能够给他们指引方向。[15]

尽管矿井里没有星星，但有提灯。丘吉尔能够看到两盏提灯在两名苏格兰矿工手里摇晃着，他们分别是乔·麦克纳（Joe McKenna）和乔·麦克亨利（Joe McHenry），霍华德之前对他说起过他们俩。在铁笼子咔嗒一声停下来后，两个苏格兰

253

人各自拿着一个巨大的包袱和一盏提灯，带着这一小群人走进了隧道。

他的四个向导对这个黑暗、阴森的世界与对地面一样熟悉。不过对丘吉尔来说，任何他看得见或者看不见、听得见或者听不见的东西都是陌生而新奇的。丘吉尔后来写道，随着他在矿井里越走越深，他发现自己处在一个"漆黑的迷宫之中，迂回曲折，时高时低"[16]。不过，隧道里的空间却出奇地大。他们在隧道里行走时没有必要弯腰，因为隧道有 8 英尺到 10 英尺高。它还足够宽，能够让两个人轻松地并行通过，不必非得排成一列。[17]

虽然空间很宽敞，但对丘吉尔来说还是很容易迷路。矿井里不仅一片漆黑，而且隧道两侧和顶上排列的木桩完全无法分辨，每一个看起来都一模一样。不仅如此，矿井里还静得出奇。除了他们的脚步声在隧道里回响外，丘吉尔只能听到轻微的水滴声和偶尔出现的骇人撞击声，那是一片页岩掉落砸在隧道地面上的声音。[18]

丘吉尔脚下的地面十分光滑、坚硬，原有的凸起都被磨平了，不是被靴子，而是被马蹄磨平的。随着布尔人发现更多煤炭，隧道变得越来越长，他们开始饲养马匹来帮他们在地下拖拽矿车。这些马匹变得如此重要，以至于配有食槽和水槽的马厩就建在通风井附近。这些马匹通过丘吉尔之前乘坐的铁笼子被带到井下，每次在井下连续待五天半，然后是仅仅一天半的时间在地面上度过。

由于有很多马匹，所以需要有很多人来清理粪便，而在矿井里工作的人们早就已经习惯了那个味道。[19]不过，对像丘吉尔这样从来没到过煤矿的人来说，那股恶臭令人无法招架，轻而易举地就掩盖了煤矿里自然形成的潮湿、发霉的味道。

在丘吉尔的向导们停下脚步的时候,他完全不知道自己正身处哪里,而且如果他命悬一线的话,他甚至没法找到出去的路,不过他们都希望不会出现这样的情况。他们来到了某个空气格外清新的房间,这里比隧道里要凉爽许多。矿工们认为,他待在其中一个马厩里肯定是最舒服的。对丘吉尔来说幸运的是,这间马厩刚刚建好,还未投入使用。直到他们想好下一步做什么之前,这将是他的居所。[20]

与此同时,他们承诺会不断给他提供所需的一切物资。麦克纳和麦克亨利所携带的大包袱其实就是一个床垫和几床毯子。[21]霍华德从屋子里带了几根蜡烛、一瓶威士忌和一盒雪茄,并且把它们全都交给了丘吉尔。他说:"拿这些东西过来没什么困难,我都是拿锁把它们锁好的。"真正的麻烦在于食物,或者用霍华德的话说,是"skoff"①。虽然食物充足,足够所有人吃,但如果少了总会有人发现。霍华德对丘吉尔说:"那个荷兰女孩了解我吃的每一口食物。厨娘会很好奇她的羊腿去哪儿了。我要在夜里想出一个说法来。"

说完这些,并且警告过丘吉尔"无论发生什么"都必须待在原地后,这些人就离开了。[22]丘吉尔站在马厩里的一小堆物资旁,看着他们离开。他的生命突然间发生了彻底的意料之外的反转,他的命运如今正掌握在一群他虽然不了解,但必须完全信任的人手中。他看着他们提着灯消失在迷宫似的隧道里,把他一个人留在"昏暗的矿井中"。

255

---

① 南非荷兰语,意为"食物"。

第23章 看不见的敌人

　　12月15日，在丘吉尔敲响约翰·霍华德房门的约24个小时后，天还没亮，身处科伦索的约翰·布莱克·阿特金斯就被人们准备作战的声音吵醒了。在帐篷里，作为《曼彻斯特卫报》记者的阿特金斯能够听到马匹的喘息声和马蹄声，土著人车夫正在呼喊他们的骡子，而士兵们静静地集结在一起，等待面对即将到来的一天。阿特金斯写道："整个营地充斥着一种稳定、持续、无所不在的噪音，就像是某种形式的寂静一样。这是大战爆发前的早晨。"[1]

　　士兵们在平地上走着，偶尔调整一下头盔，并且把步枪搭在肩上，脚步在身边带起一阵灰尘。阿特金斯写道："一队士兵从我帐篷门前的灰尘里走过，就像是在高至胸口和马腹的白色浪潮中涉水一样。"[2]他们眼前的平原向着蜿蜒曲折的图盖拉河缓缓倾斜。尽管这条位于科伦索附近的河流既不深也不宽，但有300多英里长，由西向东流入印度洋。这是唯一将布勒与布尔人阻隔开的障碍，而莱迪史密斯就在布尔人的身后。

　　阿特金斯跑着赶上部队，发现步兵们正以行军顺序整齐地坐在平原上。从许多方面来说，他眼前的这些年轻人都与他的朋友温斯顿·丘吉尔十分相似——闪耀着年轻、兴奋和自信的光芒，而且他们觉得自己会毫发无损。阿特金斯写道，他们

"抽着烟打着趣，用胳膊肘撑着自己，询问'游戏'什么时候开始"[3]。

＊　　　　＊　　　　＊

　　几个小时前，在河流的另一边，一名信使走进了路易斯·博塔的帐篷，带来消息说，敌人正蠢蠢欲动。过了几分钟，在命令营区进入警戒后，这位年轻的布尔指挥官站在了一座山脊上，把战地望远镜放在眼前，开始扫视图盖拉河的对岸。[4]

　　太阳开始升起，博塔所看到的是一支规模庞大的敌军部队，约有 1.6 万人，就像图画书里的军事游行一样在他面前伸展开。布尔人扎营的河流北侧显得支离破碎，充斥着沟壑和山丘，远处还有灰暗模糊的德拉肯斯山脉。河流南侧却是一片开阔的草原，零星地点缀着低矮的山丘。一列又一列的英军士兵和军官在这片平原上排开，虽然穿着卡其色制服，却仍然非常显眼，他们组成了一条两英里宽、一英里深的战线。[5]

　　尽管单单是在过去的一周里，英国军队就已经在两场战斗中输给了一拨看不见却极富破坏力的敌人，但他们仍然在以行列编队作战。甚至连阿特金斯都对编队的排列整齐、分毫不差赞叹不已。他写道："每个人都与旁人保持着固定距离，每一列都与下一列保持着固定距离。"[6]对布尔人来说，这一景象十分令人困惑，同他们此前与祖鲁人的战斗没有任何相似之处，而他们正是在与祖鲁人的战斗中学习到如何隐藏自己的。

　　布尔人被眼前的景象迷住了，他们看着这支世界上最受人尊敬也最令人憎恨的军队缓缓地在草原上前进。如今，布勒的军队的人数已经比博塔手下的人数多了三倍以上，跟随布尔人

一起作战的爱尔兰记者迈克尔·达维特写道，布勒的军队
258 "就像无法抵挡的洪水一样以庄重的姿态横扫整片草原。这支
由农民和初出茅庐的年轻人组成的军队正待在图盖拉河的背后
用令人着迷且勇敢无畏的眼神注视着前方，在他们看来，这是
一场显得尤为荣耀的战争"[7]。

　　尽管英国人的武力展示令人印象深刻，但布尔人没有采取
任何类似的行动予以回应，甚至都没有显露自己的存在。博塔
明确下令，在他发出信号前一枪都不许开——他的信号是一发
在山间回响的榴弹炮，榴弹炮就放在他旁边，用沙袋包围着，
做好了发射准备。在榴弹炮发射前，他们必须耐心等待敌人来
找他们。

　　突然间，一阵低沉的声音响彻山丘。它并非来自英军的山
地炮——这些山地炮就在英军士兵阵列的背后，布尔人看得很
清楚——而是来自布尔人的大本营。一群一生中大部分时间都
在同强敌作战的布尔自由民开始唱起他们的晨祷，为即将爆发
的战斗"祈祷上帝的帮助"。深沉而震撼人心的祈祷声像一阵
浓雾一样掠过河流和草原。达维特写道，它似乎"是从山峰
背后传出的对某种巨人颂歌的回声，随后，这种回声就渐渐消
逝，只留下清晨空气里死一般的寂静"[8]。

＊　　　　＊　　　　＊

　　为了能够一览无余地观察即将打响的战斗，布勒爬到了舰
炮山（Naval Gun Hill）的山顶上，凝视着布尔人的方向。舰
炮山是一座低矮的小山丘，拥有河这一侧为数不多的几个制高
点之一。尽管他仔细地注视着北方，却什么也看不见。那里没

有任何生命迹象，没有头盔，也没有马匹。阿特金斯写道："多么狡猾的隐蔽阴谋！"

　　就像在整场战争中所表现的那样，如今包围着科伦索的布尔人完全没有踪迹，而他们的敌人却显得十分显眼。布尔人不仅拥有地形上的优势，而且本能地知道如何隐身于单调的景色中。每一样东西都得到了伪装。他们在河流附近连绵的草丛中挖掘战壕，精心抛撒挖掘出的土壤，避免出现明显的土堆。英国人闪耀的灯光早在太阳升起前就在河流的另一边显露出了他们的意图，相比之下，布尔人严格禁止在日落后生火，连抽烟都不允许。[9]布尔人甚至用瓦楞铁或者树干制作假冒的大炮，置于山顶指向南方，好让英国人在战斗开始后无法弄清炮火究竟来自哪里。

　　布勒不仅不了解博塔和他的手下究竟在哪里，而且没有采取任何努力去弄清楚这一点。在博塔将侦察兵派到草原各处以及图盖拉河两岸，好向他日夜汇报敌军动向的同时，连一张该地区的可靠地图都没有的布勒却对侦察行动没有任何兴趣。丘吉尔在哈罗公学时的同学、伦敦《泰晤士报》记者利奥·埃默里写道："尽管有数十名年轻军官愿意付出一整个季度的薪水以求能够获准在夜里游过图盖拉河，爬到布尔人的阵地上，但英军几乎没有采取任何努力去搜集有关这条河本身或者河流背后的情报。"[10]

　　布勒的确有一个计划，但是这个计划是以拥有几百年历史的军事战略而非对土地、河流或者敌人的了解为基础制订的。正如博塔所预料的那样，这位英军总司令决定采取正面进攻。在亨利·希尔德亚德将军（General Henry Hildyard）的带领下，进攻部队将得到数支侧翼部队的支援，分别在左翼、右翼、前方和背后。尽管任何一位英军将领都会完全支持这一策略，但该策略有一个灾难性障碍：布勒派去作战的功勋卓著的

259

军官们完全不知道敌人在哪里。后来的一位布尔战争历史学家写道："布勒的进攻计划就像是一位被蒙住双眼的拳击手朝着对手的大致方向乱挥拳头。对于面前的这条河和负责守卫河流的布尔自由民，他只有一些大致的了解。"[11]

太阳照亮了山下的平原，布勒可以看出，这将是极其美丽的一天。天上没有一片云彩，草原上也没有一丝风。他的手下似乎不是在真实场景中，而是在一幅描绘美丽景色的画作中前行。大多数英军士兵都把外套放在了缓慢跟在部队后面的马车里，他们把子弹带挎在肩上，任由弹药袋在皮带扣上来回晃动，步伐从容地走着，就好像对这个世界毫不关心一样。

*　　　*　　　*

在布勒的手下感到轻松自在、对自己固有的优势和指挥官的智慧满怀信心的同时，布勒本人却在看着他们走向似乎空无一人的山丘时感到十分紧张。在经历了连续一周的巨大损失后，他仍然没有缩小与莱迪史密斯之间的距离，而且他知道，他的每一个行动、每一次误判、每一句失言或者每一次失手，不仅被布尔人和英国人看在眼里，而且还被大部分西方国家看在眼里。

很少有欧洲国家支持英国赢得这场战争，这对英国人来说已经不是秘密了。尽管大多数殖民大国的政府表面上都对英国十分友好，但在表面之下，仇恨和憎恶的情绪已经沸腾。大英帝国是世界上疆域最大、实力最强的国家，每个人都等着看布尔人暴露出英国最微小的脆弱迹象。黑色星期的胜利已经大大超出了这些旁观者的期待。埃默里写道："英军失败的浪潮在每个地方都引起了喧嚣的狂喜。所有国家都在说，大英帝国即将解体，以坚固和强硬的形象屹立于世界的巨大泡沫即将被戳破。"[12]

其他一些国家支持布尔人的动机与其说是对英国人的仇恨，不如说是对布尔人的同情。尽管美国总统威廉·麦金莱曾经保证不会干预这场战争，但许多美国人却在战争中看到了美国独立战争以及他们自己为摆脱英国的统治、赢得自由而奋斗的影子，而这段历史仅仅过去了 100 多年。甚至连时任纽约州州长的西奥多·罗斯福也无法将视线从南非挪开。他在给好友、后来任英国驻美国大使的塞西尔·斯普林·赖斯（Cecil Spring Rice）写的信中承认，他已经"陷入了对布尔战争的关注之中"[13]。

尽管无论是英国人还是布尔人都很希望得到美国人的帮助，但对布尔人而言最重要的却是德国的看法。布尔人不仅从德国采购了许多武器，而且还在第一场战斗打响前几天就公开、积极地寻求德国的帮助。时任德兰士瓦国务秘书的威廉·约翰内斯·莱兹博士（Dr. Willem Johannes Leyds）① 曾在 10 月中旬前往柏林，请求德国政府站在布尔人的立场干预这场战争。[14]尽管作为维多利亚女王长女之子的德皇威廉二世拒绝了布尔人的请求，但在看到英国人一次又一次地战斗失利后，他不得不给自己的祖母发去了一份私人信息。他警告她说："我不能永远坐在安全阀上。我的人民要求进行干预。你们必须赢得一场胜利。"[15]

然而，英国人距离图盖拉河越近，胜利似乎就显得越遥不可及。阿特金斯在舰炮山上站在距离布勒不远的位置，俯瞰着平原那一侧的整个战场，并且被所看到的景象惊呆了。他写道："山峰重叠、层峦叠嶂，每一座山峰都能俯瞰到前面的山

261

---

① 原文如此。资料显示，莱兹已于 1898 年卸任国务秘书一职，在布尔战争爆发时担任德兰士瓦驻欧洲特命全权大使。

顶。简直令人绝望！"[16]他知道，布尔人就在山里的某个地方，成千上万的布尔人正藏在山后面的战壕里。他无法看到他们这个事实让他们显得更加可怕。

*　　　*　　　*

随着部队开始行进，计划准备就绪，布勒别无选择，只能开始作战，无论能不能看到敌人都是如此。5 点 30 分，在他们来到距离河流三英里的地方时，他的手下突然停下了脚步。[17]野战炮也在他们身后停了下来，并且二话不说地开了火。突然间，图盖拉河对岸的山丘像一座咆哮的火山一样被引爆，激起一阵红色灰尘，一排灰色烟雾腾空而起，飘到几百英尺的高空，同时升起的还有一道绿色烟雾，来自英军炮弹中所使用的爆炸物立德炸药。阿特金斯写道："炮弹的响声划破空气；硝烟伴着泥土和灰尘升起。这些景象将牢牢刻在你的心里，成为以后长夜难眠时反复回想的画面。"[18]

如果英国人相信他们的开场炮击所展现的怒火和庄严气势会让布尔人最终现身的话，那他们就错了。埃默里写道："没有任何以示还击的枪声。没有迹象显示烟幕所遮蔽的究竟是支离破碎的尸体，还是光秃秃、杳无人烟的土石堆。"[19]对布勒来说，这种寂静无声是解释不通的。他所使用的炮弹数量甚至比在马赫斯方丹之战中所使用的还要多，布尔人在四天前的那场战斗中虽然取得了胜利，但是损失了数百条人命。[20]博塔的手下为什么不还击呢？他想，或许他们已经逃走了。

在山下的平原上，布勒的计划仍在继续展开。尽管他将多个旅投入了战斗，就像张开的手指一样伸向河流，但他很快就惊骇地用望远镜望向了两个旅。第一个旅由阿瑟·菲茨罗伊·哈特少将（Major General Arthur Fitzroy Hart）率领，他得到的命令是强行渡过一段较为宽阔的浅滩，并且沿着河流左岸行进。第二个旅由查尔斯·隆上校率领，他就是那个因为在一个月前把装甲火车从埃斯特科特送到布尔人手里而遭到斥责的英军将领。

　　布勒后来在军事调查法庭上表示，装甲火车灾难的责任应由"隆上校完全承担"[21]。而在科伦索，他给隆下达了非常清楚的命令。负责指挥炮兵部队的隆受命带领 500 名士兵和 18 门炮到正面进攻部队的右侧，并且与河流保持一定距离。布勒预计隆和他的手下不会有太多行动，因此风险会很小。

　　不幸的是，隆有一套自己的理论。他相信，自己距离敌人越近越好。阿特金斯与丘吉尔在跟随隆一起乘坐"达诺塔城堡"号前往南非的途中亲耳听到了隆的理论，许多其他人也是如此。人们经常听到这位上校说："要想摧毁那些乞丐，唯一的办法就是冲向他们。"[22]

　　隆对自己的理论深信不疑，而且对负责掩护的步兵部队反复要求他等待他们跟上的请求不予理睬，反而要求他的手下迅速穿越平原，远远超过了布勒要求他停下等待的位置。在他到达距离河流 700 码的位置时，他命令手下停下脚步。随后，急于将自己的理论付诸实践的他下达了进攻的命令。

　　隆刚一下令，河流另一侧就响起了一声炮响。那是博塔的信号。几秒钟后，尽管英国人仍然看不到敌人的踪影，但他们已经不再疑惑敌人是不是在那里了。这一阵炮弹和子弹在隆的部队头上来得如此突然和猛烈，以至于他们甚至还没明白过来发生了什么，就被撕成了碎片。阿特金斯写道："士兵和军官们……似乎在某种致命的热风中融化进了土地里。"他在这里用了来自撒哈拉沙漠、具有飓风般威力的狂风来类比。他写道："它们是短兵相接、威力巨大的子弹，它们势如破竹、连续不断，如雨点般落下。"[23]

隆本人是第一批倒下的人之一。他被子弹射穿了肝脏，但仍然躺在地上大声地发号施令，在枪林弹雨中鼓励部下。在部下请求他丢下野战炮撤退时，他喊道："丢弃个鬼！我们从来不丢弃大炮！"即使被拖拽到一个挤满了死伤者的壕沟后，隆仍然在不断大喊，就好像精神错乱了一样。他喊道："啊！我的炮手们！我的炮手们太棒了！快看他们啊！"[24]

*   *   *

进攻一开始，就有一群既没有步枪也没有军衔的与众不同的人开始勇敢地在平原上飞奔，尽可能躲避着子弹。这些人戴着白边帽子，穿着简单而宽大的卡其色制服，左臂上带着白底红十字的袖标，被布勒的军队称作"担架兵"的他们不仅负责从战场上抬回尸体，还要——他们希望——把年轻人从死神手中拽出来。当天在科伦索总共约有 800 名担架兵，率领他们的是 30 岁的印度律师兼民权活动家莫罕达斯·卡拉姆昌德·甘地。

在布尔战争开始时，甘地已经在南非居住了 6 年时间，而且已经开始形成他的非暴力不合作思想。他之所以来到非洲，是迫切地想要拯救他岌岌可危的律师生涯。但在这里，他对布尔人对待印度人和非洲土著人的不公和残忍感到震惊，就在两年前，他差点因为在印度裔社区积极招募人员、组织活动和领导民众而被愤怒的布尔暴民处以私刑。

在战争爆发时，甘地强烈地感到，由于他一直在主张自己作为英国公民的权利，所以捍卫大英帝国是他的职责所在。尽管他的信仰不允许他参与作战，但他拉拢 1000 多人组成了一支担架兵部队。布勒听说甘地的举动后，不仅大为赞赏，还请求甘地的手下在敌人的射击范围内服务。甘地后来在自传中写道："布勒将军传信说，尽管我们没有义务冒这个风险，但如果我们选择这么做，从战场上抬回伤者的话，政府会非常感激。我们没有任何犹豫。"[25]

如今，甘地和他的担架兵部队在博塔的强大攻势下飞奔穿越草原，却面对着数量超过他们搬运能力的伤兵。阿特金斯看着他们与并肩工作的护士和医生一次又一次地冒着生命危险冲上战场，对他们的英勇无畏赞叹不已。他写道："在炮火中的每一个地方，你都能看到他们跪在地上快速地进行小型手术，这种手术需要的是灵巧和镇定的双手。"[26]

那些在布尔人的大炮下活了下来，至少撑到被抬到大炮射程之外的英国士兵会发现，医疗帐篷与战场一样恐怖。阿特金斯看到，成百上千的伤兵被从各个方向抬着、推着、拽着送进了医疗帐篷里。他写道："有的人面色苍白，被沾满血的绷带裹着；有的人对自己的朋友露出微笑，却立刻因为一阵剧痛而面孔扭曲；有的人命悬一线；有的人在被送来的路上就已经死了，因此搬运的时候速度很快也很颠簸，因为这些都无关紧要了；……有的人不过是一团了无生气、拿布盖着的肉而已，担架上还向下滴着某种深色的东西。"

265

*　　　　*　　　　*

尽管隆遭遇了如此压倒性的突然失败，但这并不是当天唯一的灾难。他的部队在右翼遭遇炮轰的同时，哈特的部队也在左翼遭遇屠杀。受命越过图盖拉河的哈特做出了一个灾难性的决定：让手下走进河流的一个弯曲处。就哈特而言，这是一个令人不解的错误，他已经在陆军里服役 25 年，肯定知道曲流的突出部或者说开口部是战场上最危险的地方之一。后来的一位布尔战争历史学家写道："走进一个防备森严的突出部就好像是把你的脑袋伸进套索里一样。"[27]

这一举动的后果来得既迅速又猛烈。没过多久，博塔的手下就意识到，哈特的部队被困住了。那段曲流的宽度只有1000 码，但哈特有 4000 名手下被困在那里，当枪林弹雨落在他们头上时，他们无处可逃。阿特金斯写道："没有什么能够把他们从侧翼的弹幕和前方的炮火中拯救出来。最后，终于有人到达了岸边——但已经没多少人还活着。"[28]

即使是那些活着从曲流蹒跚地走出来的人也会发现，死亡正在河边等着他们。他们期望找到的那段浅滩并不在那里，而是已经被水淹没了，英国人后来了解到，是布尔人阻断了河流，才把那段浅滩给淹没了。这些疯狂逃命的士兵唯一的希望就是试图游过这条河，不过他们身上沉重的弹药和武器却成了累赘。阿特金斯写道，他们大多数人并没有在一场英勇的战斗中死去，而是"像狗一样被淹死的"[29]。

*　　　　*　　　　*

266　　布勒在舰炮山上眼睁睁地看着这两场悲剧几乎同时上演，于是准备下令全面撤退。距离他下达过河的命令仅仅过去了两个小时多一点儿的时间，这场战斗就已经失败了。

不过，虽然布勒不得不承认再次败给了布尔人，但他不愿意在撤退时把 12 门野战炮留给敌人。尽管隆曾经狂热地宣称永远不会抛弃自己的大炮，但布勒却看到它们正孤零零地停在平原上，周围只有逃命或者战死的英军士兵掉落的物品以及一群受惊且显然已经被抛弃的马匹。阿特金斯更仔细地看了看这些马匹，意识到它们的骑手并没有抛弃它们，而是已经战死，从马鞍上摔了下来，马匹正拖着这些仍然拴在马上的骑手绕着大炮疯狂地奔跑。[30]

布勒骑上他那匹用"达诺塔城堡"号从英格兰运来的战马，离开了舰炮山，朝着那些被抛弃的野战炮冲了过去。在他抵达后不久，博塔的手下显然就认出了这位英军总司令的派头，加强了攻击势头。负责指挥舰炮部队的戴维·奥格尔维中尉（Lieutenant David Ogilvy）在看到布勒后气喘吁吁地说："您不应该来这里。"布勒回答说："我没事，孩子。"[31]

虽然落在地面上的枪林弹雨让他的声音很难被听清，但布勒仍然对手下大声喊道："现在，我的小伙子们，这是你们拯救那些大炮的最后机会；你们是否有人自愿前去把它们带回来？"一阵紧张的沉默过后，有一名下士站了出来，随后，又有六个人站了出来。这是一场令人难以置信的勇气展示。但人数还远远不够。战场上停着 12 门大炮，如果布勒想要有任何把它们带回来的希望的话，那他还需要更多的人。

他转身对着跟随他从舰炮山过来的随从们说："你们之中有些人应该去帮忙。"有三个人自愿参加这次极为危险的任务，其中一位就是弗雷迪·罗伯茨中尉（Lieutenant Freddy Roberts），他是著名战斗领袖、英军中最受敬仰的军官之一弗雷德里克·斯雷·罗伯茨勋爵（Lord Frederick Sleigh Roberts）

267 的独子。年仅 27 岁的弗雷迪·罗伯茨并不具有他父亲赖以闻名的那种军事精确度和严肃认真的奉献精神。他英俊潇洒、无忧无虑且颇具魅力，这些特点也许无法给他的指挥官留下深刻印象，却让他的军官同僚和手下颇为欣赏。罗伯茨骑上战马，去往野战炮的方向，回望了一眼英军防线，大笑着挥舞手中的马鞭，试图说服他的战马冲入枪林弹雨之中。阿特金斯写道："他情绪高涨，就像一个即将外出打猎的人。"[32]

随着他们渐渐接近那些野战炮，这群人很快就在炮火中被分隔开了。布尔人意识到他们打算做什么之后，很快就加大了射击力度。伤亡立刻就出现了，1 名士兵和 12 匹马战死，5 名士兵受伤。弗雷迪·罗伯茨似乎是面带微笑地在一阵混乱的马蹄声和炮弹声中消失了。到下午 3 点，最后一个人也撤退了，战争的声响已经消失。人们再次听到了河流的声音，河水仍然在两侧被鲜血染红的河岸之间湍急地流淌，两军仍然被分隔在河流两岸。甚至连鸟儿都回来了，虽然有些鸟儿给战斗的恐怖带来了些许宽慰，但有些鸟儿却加重了这种恐怖氛围。阿特金斯写道："南非秃鹫越聚越多。"他所指的是一种拥有钩状喙的秃鹫。"它们盘旋在头顶，紧紧盯着下方的可怕盛宴。"[33]

在一片寂静中，南非的炎炎烈日炙烤着死伤者，英国人终于找到了弗雷迪·罗伯茨。他虽然不省人事，但还活着。他身中三枪，其中一枪击中了腹部，孤身一人躺在草原上。他的朋友急忙跑到他身边，把他拽到隐蔽处，用自己的外套遮住他的脑袋，让他免受无情烈日的炙烤。不过在两天后，他还是死去了。[34]

甚至连布勒本人也无法在布尔人的枪林弹雨中幸免。他与手下站在一起，看着炮火的轰炸，一颗子弹从他身上擦过，将他的肋骨严重擦伤。当他的随行医生——一个深受布勒喜爱并且将在几分钟后死去的人——问他有什么能够帮到他的时候，他安慰医生说，他很好，子弹"仅仅让他稍稍有些喘不过气而已"[35]。阿特金斯看到布勒返回营地时，还不知道他已经受伤了，因为布勒拒绝告诉任何人，不过，布勒的样子给阿特金斯留下了深刻印象，他"像一个垂垂老者一样从他的马上四肢无力、疲惫不堪地爬了下来"[36]。

268

在河的另一边，路易斯·博塔悄悄地离开了山丘，向科伦索进发。在这里，他向克留格尔总统发出了捷报。他写道："我们先辈的上帝今天给我们带来了一场杰出的胜利。我们从各个方向、三个不同的位置击退了敌人……敌人的损失肯定非常大。他们的尸体都摞在一起。"[37]在签发前，博塔请求宣布举行为期一天的全国性祈祷，以感谢"赐予我们胜利的上帝"。两天后，也就是弗雷迪·罗伯茨死去的那个周日，德兰士瓦全国举行了为期一天的祈祷活动。

第24章　希望之光

269　　当科伦索之战的消息传到开普敦的时候，当地总督阿尔弗雷德·米尔纳爵士正在政府大楼举办一场午餐会。参加了这次午餐会的利奥·埃默里后来写道，他"精神饱满，对我们的失利毫不在乎，不断激励着每一个人"。不过，在私下里，曾经极力鼓动同布尔人开战并且对任何失败的危险嗤之以鼻的米尔纳却感到心烦意乱。一找到机会，米尔纳就把埃默里拽到一边，带他到图书室，并且告诉他科伦索发生了什么。埃默里写道："快乐的面具从他脸上消失了，他跟我说，布勒误入了一个陷阱，不仅人员损失惨重，还把大炮遗弃在开阔地就撤退了。"[1]

　　不过，埃默里和米尔纳都不知道的是，布勒不仅输掉了这场战斗，还似乎输掉了所有希望。与博塔发出的获胜电报相比，布勒在战斗结束后给伦敦发去的电报显得忧郁至极。他写道："我遗憾地报告一次严重的失败。"[2]尽管又一次失败的消息让陆军部感到十分担忧，但比布勒的失败更让人感到担心的是他明显的沮丧情绪。他不仅在战斗刚刚进行了几个小时就选

270　择了放弃，而且还敦促仍然与1.3万名士兵一起被困在莱迪史密斯的怀特将军也放弃抵抗。

　　布勒在给怀特发去的电文中说："昨天我试着进攻科伦索，但是失败了。敌人对我的部队来说太过强大了。我建议你

尽可能多地发射弹药，然后谈成尽可能好的投降条件。"[3]怀特对于布勒建议他向布尔人投降感到怒不可遏，并且明确表示他不打算这么做，而布勒表现出的似乎彻底的崩溃在陆军部引起了一阵恐慌。

　　布勒的绝望具有危险的传染性。埃默里写道："陆军部被接二连三的灾难压垮了，几乎差一点就要默许了布勒的绝望。"[4]不过，陆军部最终还是决定解除他的职务。在战斗的几天后，布勒收到了一份来自伦敦的加密电文。他被降职为驻纳塔尔英军指挥官，并被解除了总司令的职务。陆军部已经选好了继任者：弗雷德里克·罗伯茨勋爵。

　　罗伯茨与布勒有着天壤之别。虽然已有 67 岁高龄，但他仍然与 30 年前因镇压印度叛乱而赢得维多利亚十字勋章时一样身手矫健。布勒给人留下的是一个慈祥大叔的印象，而罗伯茨则有着一种坚韧不拔的作风，这是大部分英国人期望在总司令身上看到的。纳塔尔野战旅代理副官长伊恩·汉密尔顿（Ian Hamilton）这样描写罗伯茨："我以前从来没有见过拥有如此独特的双眼的人。他始终不露声色，但眼神却传递出最强烈的情绪。有时眼里喷射着怒火，你仿佛能看到那背后黄色的火焰。这时，最好的办法就是清楚地坦白，让结局早点到来。"[5]

　　然而，即使是罗伯茨也无法降低英军已经蒙受的损失，更无法拯救那些已经失去的生命，包括他自己儿子的生命。当布勒收到伦敦通知他被解职的电报时，他已经给罗伯茨发去了他自己的电报，并带去了弗雷迪的死讯。电报简洁地说："你英勇的儿子今天阵亡了。请节哀，布勒。"[6]在罗伯茨收到这份电报时，英国陆军大臣亨利·兰斯多恩就在他身边。兰斯多恩后

271 来写道："这一打击几乎让他无法承受，有那么一刻，我甚至以为他要崩溃了，不过他还是再次振作了起来。我永远无法忘记他所展现出的勇气。"

*　　　　*　　　　*

如果说有什么事情英国人很擅长的话，那一定是在悲剧面前展示勇气。黑色星期尤其需要一种格外的坚定沉着。他们不仅对已经阵亡的年轻人数量感到震惊，还不敢相信大英帝国有可能输给任何国家，更别提是一个地处遥远大陆、既渺小又与世隔绝的共和国了。伦敦的一名记者写道："雷德弗斯·布勒爵士失败的消息所引起的震惊简直无法描述。他被寄予了太多期望，他的成败将关系太多的结局，以至于人们很难相信他遭到了如此惨重的失败。"[7]

英国人迫切地想要从黑色星期的冲击中振作起来，以便自我安慰他们的国家仍然是世界上最强大的帝国，因此，他们狂热地展现出爱国主义的自豪感。埃默里写道："'黑色星期'带来的忧郁气息如此浓厚，失败感和挫折感如此令人感到耻辱，人们可能会想，整个帝国疆域内所迸发出的以共同感受和共同目标为特点的狂热氛围可能比一些轻而易举取得的胜利还要珍贵。"[8]商店橱窗里张贴着画着方下巴的将领和年轻帅气的军官的海报。那些年龄太大或者太小无法参军的男人和男孩翻领上别着徽章，呼喊着"只有一个命令，前进！"以及"英格兰期待每一个男人履行职责"，或者狂妄自大地激励说，"我们的帝国比以往都要幅员辽阔"。[9]父母会给孩子购买书籍、漫画、玩具兵甚至桌面游戏，以教他们有关战争的知识。[10]其中一种技巧游戏被宣传为"新式南非战争游戏"，游戏盒子是红色的，盒面上画着一个布尔自由民和一名英军士兵，游戏的名字是"布尔人或英国人"——这个名字也是横亘在每个人脑海中的问题。

　　甚至连维多利亚女王也尽了自己的力量。她不仅为"南非战役中最优秀的普通士兵"亲手织了 8 条卡其色羊毛围巾，还给所有在战场上的英军士兵送来了一份礼物，以迎接新年和新世纪。[11]那是一个小巧的红金相间的方盒子，盒子正面印着女王的肖像，一侧印着"南非 1900"字样，底部还印着女王亲手书写的一句话："祝你新年快乐。"盒子里除了两层硬纸板和一层闪亮的金属薄片外，还有 6 块巧克力，不过大多数巧克力在送到身处炎热平原上的英军士兵手里时已经融化了，那里与正处于冬季的英格兰有着天壤之别。

　　到 1900 年时，需要由女王来填饱肚子的英军士兵数量已经超过了 1899 年的。科伦索之战的消息一传到伦敦，英国军队就被想要参军与布尔人作战的人群给淹没了。阿瑟·柯南·道尔爵士写道："为了这场千里之外的战争，这场由看不见的敌人和致命伏击构成的战争，有太多的人志愿参军，以至于政府对他们的数量之多、意志之顽强而感到尴尬。看到戴着高帽、身着礼服的年轻人排成长队等着进入征兵办公室真的令人兴奋不已，他们都怀有急切的心情，就好像坚硬的干粮、在草原上席地而卧以及布尔人的子弹是生命中仅有的值得期待的东西一样。"[12]

　　不过，随着 1899 年即将迎来令人沮丧的结尾，英国最需要的既不是宣扬爱国主义的海报，也不是来自女王的巧克力，甚至不是成千上万的额外士兵。它最需要的是一个英雄。布尔人有他们的英雄。在科伦索之战后，博塔似乎在一夜之间声名鹊起。在德兰士瓦各地，他成了国家骄傲的象征，一个布尔人

272

想要呈现给世界的战争面孔。他既年轻又聪明，既英俊又勇敢，而且还完成了引人注目的壮举，激励了自己的人民，巩固了他们继续作战的决心。

英国人现在沮丧地意识到，他们之中没有一个博塔式的人物。伟大的"蒸汽压路机"布勒本应轻而易举地在圣诞节前结束这场战争，却遭到了耻辱的失败，并且在刚刚进入南非三个月后就遭解职。战场上从不缺少勇敢而令人心碎的死亡，许多冲劲十足的年轻人都按照自己从儿时起就被灌输的那样为帝国献出了生命。但是，迄今为止却没有出现任何一个激动人心的成功故事，没有任何一个令人震惊的英勇壮举或者冒险行为真正奏效，它们无一例外地都以悲剧或者失败收场。

*　　　*　　　*

在大英帝国自开战以来遭受的这一系列似乎永无止境的灾难之中，唯一的例外是温斯顿·丘吉尔的逃跑。他从国立示范学校勇敢出逃的故事吸引了两个国家的共同关注。他让这个世界记起了英国人究竟是什么样的——顽强、机智，而且即使面对极端的危险也完全镇定自若。丘吉尔的报社编辑奥利弗·博斯威克在丘吉尔逃跑后给他母亲写信说："我感到，他一定知道该如何为他的著作添加一个额外的篇章，并且会在几天里完成这个篇章。"[13]

尽管博斯威克在写信给珍妮时竭力显示出信心，但无论是在伦敦还是在比勒陀利亚，都很少有人真正相信丘吉尔能安全逃脱。《曼彻斯特信使报》（*Manchester Courier*）的一名记者写道："尽管温斯顿·丘吉尔先生的逃跑实施得很聪明，但他成功穿越边境的可能性却很小。"[14]不仅如此，他们还担心，等到丘吉尔被抓住时，他不仅要为他的大胆和给布尔人带来的羞辱付出自由的代价，甚至还要付出生命的代价。伦敦的一家报纸报道称："关于温斯顿·丘吉尔先生从比勒陀利亚的逃亡，人们担心他可能会在不久后再次被抓住，如果真的是这样的话，他很可能会被枪毙。"[15]

这时距离圣诞节只有不到一周的时间，很难想象这场战争还会糟糕到何种程度。英国已经遭受了一连串的失败，伤亡名单长得令人瞠目结舌，总司令遭到羞辱且一蹶不振，仅有的英雄却消失在了南非的草原上。一名记者写道："我们正处在人们记忆里最悲惨的圣诞节前夕。伯利恒之星是希望之星，是救赎的标志，而在这个英国历史上最黑暗的日子里，我们前所未有地需要希望之光。"[16]

274

＊　　　＊　　　＊

数千英里外，在距离地表 90 英尺深的德兰士瓦与德拉瓜湾煤矿矿井里，温斯顿·丘吉尔在一片漆黑中醒来，眼前的一切比他曾经了解的任何一个夜晚都要黑。他伸出一只手，想要摸黑寻找霍华德给他留下的那根蜡烛，却发现蜡烛已经不见了。[17]他不知道自己睡了多久，也不知道现在几点，而且他也没办法知道这些，独自进入迷宫一样的隧道内而不带任何光源简直太危险了。

在丘吉尔前一晚躺在那两个苏格兰矿工麦克纳和麦克亨利留给他的床垫上沉沉睡去的时候，他所感受到的不仅是解脱，而且是得意扬扬。他写道："生活似乎沐浴在美好的灯光下。我再一次看到自己凭借着英勇事迹重新加入军队，并且充分享受着自由以及对冒险的热忱追求，这对一个年轻人来说是心中的向往。"[18]如今，在昏暗的矿井中，他意识到自己是如此依赖这些前一晚刚刚认识的陌生人，以至于他甚至没办法离开他的床。他写道："我不知道这些坑道里会有些什么陷阱，因此我想最好还是躺在床垫上，等待事态的发展。"[19]

丘吉尔躺了好几个小时，听着矿井里沉重的寂静，盯着眼前无法穿透的黑暗。最终，他看到一丝暗淡的灯光，像一颗流星一样在黑暗中向他走来。在灯光靠得足够近的时候，他看到它照亮了约翰·霍华德友善的面庞，后者正举着一盏提灯，并且问他为什么没有点蜡烛。当丘吉尔告诉霍华德自己没找到的时候，霍华德问道："你是不是把它放在床垫下面了？""没有。"丘吉尔回答说。"那么，"霍华德耸耸肩说道，"肯定是给老鼠偷走了。"[20]

275 丘吉尔终究不是独自一人度过这一夜的。多年前，霍华德给这座矿井带来了一种白鼠，用丘吉尔的话说，那是一类"杰出的清道夫"。这些老鼠在矿井的阴暗角落里大量生长，数量很快就大幅增加，以至于现在已经有了成群的老鼠，它们既聪明又敏捷，能够以任何它们能找到的东西为食，包括丘吉尔的蜡烛。

幸运的是，霍华德随身又带来了半打蜡烛，还有一只已经烹熟的鸡。霍华德在丘吉尔进食的时候坐下来陪着他，并且对他说，这只鸡来得可不容易。正如霍华德所担心的那样，那只被吃了大半的羊腿引起了他的荷兰女佣的怀疑。为了避免招致更多的疑问，他一路走到20英里外一位英国医生的家里才得到这只丘吉尔正在吃的鸡。如果他在第二天很难再搞到另一只鸡的话，那他将不得不要求吃双份的食物，然后在女佣们不注意的时候把食物塞到袋子里。

霍华德绝不是在过度谨慎。布尔人不仅没有放弃对丘吉尔的搜索，而且他们知道米德尔堡和威特班克是整个国家少数几个还有英国人居住的地方，因此他们把搜索范围缩小到了丘吉尔正在藏身的这片地区。和在比勒陀利亚一样，每一个英国裔居民都遭到了怀疑。丘吉尔写道：“他说，整个地区都有布尔人在询问我的下落。比勒陀利亚政府对我的逃跑太过小题大做了。”[21]事实上，布尔人印制并分发了 3000 张丘吉尔的照片，以便让每一个布尔人都能立刻认出这名逃犯。[22]

尽管霍华德向丘吉尔保证说，只要他还待在矿井里，就是“绝对安全的”，但即使是这一点也并不完全正确。[23]霍华德知道，布尔人可能——甚至是非常有可能——搜索这座煤矿，尽管如果这种事情真的发生的话，他已经有了应对的计划。他对丘吉尔说：“麦克知道所有没有用过的工作区，其他人连想都想不到。”他所说的麦克指的是两名苏格兰矿工之一，不过丘吉尔不知道到底是哪一个。霍华德还说：“这里面有一个地方，水位会碰到洞顶，这段坑道的长度达到一两英尺。如果他们搜索煤矿的话，麦克会带着你潜到水里，去往被这片水域隔断的工作区。不会有人想到要去那里察看的。”

276

即使布尔人不乘坐电梯下到矿井里来搜索他，也会时刻有工人进进出出，他们的行动是难以预料或者控制的。为了解决这个问题，霍华德计划更多地借助这些工人自身的恐惧，而不是矿井里的隐蔽角落。他告诉他们说，这座煤矿正在闹鬼，甚至有可能住进了一个“托科洛希”（Tokoloshe）。[24]托科洛希是祖鲁神话中最令人害怕的生灵之一，是一种小巧而恶毒的精灵，据信它不仅无论去到哪里都会带来祸害，还会带来身体上的伤害，甚至有可能是死亡。霍华德希望，一个托科洛希会让他的工人们不敢在矿井里深入太远，并且收起他们的好奇心。

＊　　　＊　　　＊

第二天早上，在经过整整一夜不断驱赶那些试图从他枕头底下抢走蜡烛的老鼠后，丘吉尔很高兴地看到又有一盏提灯在渐渐靠近，这次来的是两名苏格兰矿工，麦克纳和麦克亨利。他们问丘吉尔"想不想在老工作区转一转，随便看看？"[25]丘吉尔迫切地想要在矿井里走走，或者做任何能让他离开他那个如今已经很脏的床垫几小时的事情，因此很快就同意了，于是他们开始沿着隧道向前走。

他们所看到的大部分都是老鼠。幸运的是，丘吉尔"一点儿都不怕老鼠"，还觉得这些在矿井里到处乱跑的家伙"是些挺可爱的小动物"。他很喜欢它们光滑的白色毛皮和深色的眼睛。不过，他的向导们向他保证说，如果他能在自然光下看到这些老鼠的话，会发现它们的眼睛实际上略带粉色。它们都是白化病患者，因此视力比大多数老鼠都要差，而且对光线尤其敏感，所有这些特点都让它们非常适合在矿井里生活，显得与丘吉尔格外不同。

在丘吉尔所谓的"地下长廊"里游览了一个多小时后，三个人最终来到了矿井的底部，距离地面 200 英尺的地方。其中一个麦克曾对丘吉尔说，在矿井的某些地方，可以通过一些没有用过的通风井看到日光。正如他们所保证的那样，在他们到达底部后，丘吉尔能够站在一个通风井处一窥外面的世界。他在那里站了一刻钟，被黑暗所包围，而他却渴望地看着"灰暗而模糊的……阳光和外面的世界"，那是一个他不得不抛在身后的世界，也是一个他迫切地想要返回的世界。[26]

第 25 章　计划

接下来的两天里，这些老鼠一直陪伴着丘吉尔。尽管它们从未让他感到恐惧或者恶心，但他很快就对驱赶它们感到了厌烦。他写道："这些小东西的脚步声以及一种能够感受到的骚动和匆忙感一直持续不断。"只要他点着蜡烛，它们就一直藏在暗处，但他一熄灭火焰并躺下睡觉，它们就向他跑来，试图抢走他拥有的任何东西。丘吉尔写道，有一次，他在睡梦中被一阵疼痛惊醒，因为他感觉到有一只老鼠"在我身上跑"[1]。

丘吉尔允许自己享受的少数几个乐趣之一是霍华德给他带来的雪茄。但即使是这些也有着潜在的危险。这种类型的雪茄味道尤其重，有一天，一名年轻矿工闻到了烟味，随后跟着味道找到了丘吉尔藏身的地方。没过多久，他就发现了这名逃犯，点燃的雪茄照亮了丘吉尔苍白的脸。不过，霍华德和那两名苏格兰矿工在工友中散布的故事一定给这个年轻矿工留下了深刻印象，因为他一看到丘吉尔就恐惧地逃走了。矿井里闹鬼的传言很快就传开了，而丘吉尔终于可以放心地一个人待着了。事实上，霍华德后来写道："后来的很长一段时间里，我们都没办法让任何年轻人去到那个区域附近。"[2]

尽管霍华德还不知道怎样才能把丘吉尔偷渡出国，但他已经开始担心这个年轻人的心理健康了。霍华德后来写道："我注意到他的神经变得越来越脆弱，这很可能是因为他始终独处。"虽然白天也很孤独，但夜晚更加难熬。因为老鼠的存在，丘吉尔很难睡着，他曾对霍华德的一个朋友说，那些老鼠围绕着他玩"蛙跳和捉迷藏"，不断地蹦蹦跳跳。[3]霍华德最终决定，他们必须把他带出矿井，即使只有几小时也行。

那天晚上，丘吉尔被允许来到地面，这是他下到矿井里之后的第一次。他与霍华德一起走在草原上，能够完整无遮挡地看到夜空中的星辰，不可思议的是，与他在矿井底部看到的过滤过的苍白阳光相比，它们显得更加明亮。丘吉尔"在清新空气中和月光下好好地徜徉了一番"，但这还不够。[4]他无法忍受重新下到黑暗之中的想法。

霍华德对这个年轻朋友感同身受，霍华德告诉丘吉尔，尽管他仍然需要藏好自己，但他们会把他带到地面上的一个安全地点。布尔人仍然分散在这片地区的各处，不懈地搜索着丘吉尔，但他们大多数人相信他从未离开比勒陀利亚。他们认为，他一定还藏在首都，无疑是在一名英国人或者一个英国的同情者家里藏着——后一种情况让他们更加反感。

不久后，霍华德就在自己办公室背后的一个空房间里为他打造了一个小型藏身处，就在一排可以阻挡视线的货箱背后。霍华德给了他一把钥匙，他们还约好了一个秘密的敲门方式。除非听到敲门声，否则丘吉尔会一直藏着，门也会一直锁着。

*　　　　*　　　　*

尽管如今已经出了矿井，但日子对丘吉尔来说仍然过得很慢，他心中充满了有可能会被发现的恐惧，以及对于自身命运无能为力的沮丧。尽管他曾反复试图说服霍华德给他一匹马和一个向导，让他自己出发，但霍华德拒绝听他的，决心无论有多大风险都要帮助他。霍华德和他的朋友们摒弃了一个又一个要么太过困难要么太过危险的计划，与此同时，丘吉尔则在试图控制自己越来越按捺不住的不安情绪。每天晚上，他都会偷偷溜到外面，与霍华德或者他的某个朋友一起在草原上散步。每天，他都在货箱背后等着，试图通过沉浸在书页中暂时忘记自身处境的绝望，那是一本借来的罗伯特·路易斯·史蒂文森（Robert Louis Stevenson）的《绑架》（*Kidnapped*）。

　　人生的大部分时间里，丘吉尔都喜欢在书本中寻求安慰。他从来没有喜欢过学校，觉得那是一种残忍又无趣的煎熬，而且他经常处在班级垫底的位置。他不太受其他男孩的待见，而他的父母也已经几乎要放弃他了，因此他只有在少数几个地方能够得到慰藉和友谊。他后来写道："在那些日子里，我最大的乐趣就是阅读。"[6]他尤其喜爱翻阅《金银岛》（*Treasure Island*），那是在他年仅 9 岁时父亲罕见地送给他的礼物。他写道："我的老师们觉得我既早慧又后进，我会去读超出我那个年龄的书籍，成绩却一直处在垫底的位置。"

　　当他成为驻印英军的一名年轻军官后，他再次沉浸于书本之中，希望它们能够填补在他看来自身教育的缺口。每个月，他都要求母亲寄来更多书，涵盖历史、哲学、经济学和进化论等领域。他每天阅读 4 个小时到 5 个小时，从柏拉图的《理想国》到亚里士多德的《政治学》再到叔本华、马尔萨斯和达尔文等人的著作，不一而足。在历史学方面，他首先阅读的是爱德华·吉本的著作。丘吉尔后来回忆说："有人曾告诉我说，我的父亲曾经十分喜爱阅读吉本的著作；他对于书中的所有篇章都烂熟于心，他的演讲和写作风格受到了吉本的极大影响。因此，我立刻开始阅读迪安·米尔曼（Dean Milman）编撰的 8 卷本吉本著作《罗马帝国衰亡史》。"[7]

如今，在史蒂文森的《绑架》中，丘吉尔找到的不只是慰藉或者知识。他还找到了一种共识。尽管《绑架》中的主人公戴维·鲍尔弗是一个虚构的角色，但通过他，史蒂文森传递出了一种悲观、无力甚至是耻辱的情感，而这正是丘吉尔独自坐在霍华德的办公室里所感受到的东西。他写道："那些令人激动的书页唤醒了我太过熟悉的情绪。成为一名逃犯，一个被追捕的人，一名'通缉犯'，本身就是一次心理体验。在战场上所冒的风险，以及子弹或者炮弹横飞的混乱局面是一回事，被警察追捕又是另一回事。隐藏和欺骗的需要催生了一种负罪感，非常打击人的斗志……这是执法人员随时都会出现的感觉……不断折磨着人的自信。"[8]

光是在新藏身处，丘吉尔就有大量的时间神经处于紧绷状态。有一天，他以为自己听到了和霍华德约好的秘密敲门声。于是，他从货箱背后走出来，把钥匙插在锁孔里开了门。然而，霍华德并没有出现在他面前，相反，他看见了一个霍华德雇来打零工的年轻人。那个年轻人当时正在办公室外打扫地面，要么是把扫帚靠在了墙上，要么是不小心让它倒在了地上，反正发出了在丘吉尔听来似乎是霍华德的信号的声音。当他看到丘吉尔站在敞开的门前时，那个年轻人的惊讶程度不亚于之前那名矿工，他立刻转身逃跑，急忙告诉老板有一个陌生人正藏在办公室里。霍华德很快就了解到发生了什么，霍华德把那个年轻人拽到一边，向他承诺说，如果他保守秘密的话，就能得到一套新衣服。霍华德后来说，他同意了，也按时得到了衣服。[9]

281

＊　　　＊　　　＊

一天早上，在与丘吉尔一同散步时，霍华德突然想到了一个主意。[10]尽管他、丹·迪尤斯纳普和煤矿秘书约翰·亚当斯（John Adams）过去几天里一直在讨论如何才能把丘吉尔弄出德兰士瓦，但他们所提出的计划似乎没有一个显得可行。不过，就在霍华德独自与丘吉尔坐在一起的时候，他想起了一件事：煤矿的商店老板查尔斯·伯纳姆（Charles Burnham）有一个小型副业——从一家德国公司购买羊毛，然后将它们运送到海岸。当下，伯纳姆正有几捆羊毛等着送往葡属东非海岸的德拉瓜湾。那些羊毛足以填满 7 节大型货运车厢，在霍华德看来，丘吉尔似乎能够藏在其中一节车厢里。

对这个主意想得越多，霍华德就越觉得可行。他们可以在煤矿的铁路支线装载货运车厢，在摆放羊毛时，他们可以在其中一节车厢的中间留下一个洞，让丘吉尔爬进去待上 16 个小时，由列车把他带往边界。在装货完成后，他们可以在每节车厢的顶上捆上防水帆布，这样一来，如果列车被迫停下接受检查的话，检查人员会很明显地发现，帆布在被捆牢后就没被动过手脚。[11]

接下来就只剩下跟伯纳姆谈谈了。[12]尽管这名店主完全不知道温斯顿·丘吉尔就藏在煤矿里，但霍华德有信心他们可以仰仗他。尽管伯纳姆的家族已经在南非待了好几代人，但他也是英国裔。[13]事实上，他的外祖父杰里迈亚·卡林沃思（Jeremiah Cullingworth）给德班带来了第一台印刷机，并且用它来印刷自己在 1852 年协助创办的《纳塔尔信使报》（*Natal Mercury*）。伯纳姆足智多谋，而且从来不会在小小的冒险面前退缩。

一了解情况，伯纳姆就立刻同意帮忙。在经过四个紧张的日夜，时刻担心他们的秘密客人不够隐蔽、其食物不够充足，时刻避免回答好奇雇员的问题，时刻祈祷布尔人不会搜查矿井后，他们终于有了一个计划。唯一没有因为情况突然出现转机而感到完全轻松的人是丘吉尔自己。

尽管丘吉尔也认同这是他们的最大希望，但霍华德的计划非但没有缓和，反而加重了他的焦虑感。自从翻越国立示范学校的栅栏以来，丘吉尔就始终处在对被重新抓获的恐惧之中。他曾经浑身湿透，冻得瑟瑟发抖，饿得饥肠辘辘。他曾经在一片漆黑之中独自躺了好几个小时，赶走成群的老鼠。尽管过去的经历十分痛苦，但他至少还是自由的。霍华德的计划让这种自由处在迫在眉睫的危险之中。丘吉尔后来写道："我对这个计划的担心要胜过迄今为止在我身上发生的几乎任何事。当某个人极其好运地获得了某种优势或者奖励，并且把它握在手里的时候……有可能会失去它的想法几乎让人难以忍受。"[14]

如果这个计划能够让丘吉尔拥有少许的控制权的话，他也许会以较少的恐惧感去接受这一风险。当他独自一人待在草原上，藏身于灌木丛、栖息于火车连接处，随时准备一看见危险迹象就跳车的时候，他至少还能掌控自己的命运，即使只有那么一点点。一旦他像一只受惊的兔子一样钻到羊毛袋子中间，他就不得不完全依赖运气或者——对他而言更加糟糕——其他人的聪明和狡猾。与他如果再次独自上路所要面临的危险相比，这种情况对他的吸引力要小得多。他写道："一想到不得不让自己处在一个完全无能为力、无法采取任何行动，命运任由边界检查人员决定的位置，我就感到非常不安。"[15]

丘吉尔知道，他的新朋友们为了他不怕麻烦、甘冒风险，他不能用像在比勒陀利亚那样在太阳下山后溜走的行为来回报他们的慷慨。不过，知道自己别无选择并没有让他的处境变得更加轻松。他写道："我对等待着我的每一丝苦难感到恐惧，但如果我想要成功从敌国逃脱的话，我必须无力而被动地忍受这种苦难。"[16]

＊　　　＊　　　＊

在霍华德解释完他的计划的几天后，丘吉尔独自一人坐在霍华德的办公室里，一边艰难地读着《绑架》，一边对自己的无力感到痛苦不已，这时，他听到了枪声。枪声就在附近，而且一声接一声，紧接着传出了一系列罐子破摔的声音。丘吉尔脑海中出现的第一个念头是布尔人已经发现了他正藏在煤矿里，而霍华德和他的朋友拒绝把他交出来，于是"在敌国腹地发动了一场公开叛乱"[17]。

由于曾被反复警告无论外面发生什么都必须待在藏身处，因此丘吉尔始终趴在货箱背后，绝望地想要听到另一个能够告知自己命运的声音——更多的枪声、一声大喊、粗暴地转动门把手的声音等。相反，他听到了一阵冷静又从容的说话声，随后传来了一阵笑声。几分钟后，外面再次归于沉寂，丘吉尔听到一阵门锁转动的声音，随后，他的门被推开了。他从货箱边上偷偷望过去，看到了约翰·霍华德苍白的面孔。

霍华德把背后的门锁上，轻轻地走向丘吉尔，脸上洋溢着微笑。他说："民兵队长来过了。不，他没在找你。他说他们昨天在上瓦特法尔（Waterval Boven）抓到你了。"尽管这名布尔人的造访毫无恶意，而且他还坚称丘吉尔已经被抓到了，但霍华德还是希望他尽快离开。霍华德觉得，实现这一点的最佳

284

方法是与他来一场步枪射击比赛，射击目标是玻璃瓶子，而且让他获胜。霍华德愉快地对丘吉尔说："他赢了我两英镑，满意地走了。"[18]

在离开前，就像是突然想起什么一样，霍华德再次转身对丘吉尔说："一切都准备好了，就在今晚。"丘吉尔意识到，他一直感到恐惧的那个时刻终于要来了。他问道："我该做什么?"霍华德回答说："什么也不用做。等我来找你的时候，你跟我走就行。"[19]

第 26 章 红与蓝

12月19日凌晨2点，丘吉尔藏身房间的门再次打开。已经着装完毕、正在耐心等待的丘吉尔抬起头，看到霍华德站在走廊里。霍华德什么也没说，示意丘吉尔跟上，两人安静地走到他藏身处外面的办公室，然后走出大门。[1]

走到外面明亮的月光下，丘吉尔能够看到远处的铁路支线，车厢已经在铁轨上等着了。附近有三个人在草原上向不同的方向走着。尽管丘吉尔在这么远的距离无法确认，但他相信那一定是迪尤斯纳普、麦克纳和麦克亨利，他们在他藏在矿井里时向他展示了巨大的善意。与他们在一起的还有一群土著工人，他们正忙着把一大捆羊毛装到最后一节车厢里。

丘吉尔和霍华德穿过矿井办公室和铁轨之间低洼的绿色草原，很快就来到了火车旁。霍华德在丘吉尔前面沿着铁轨一直走，经过了第一节货运车厢，然后从它背后绕了过去，一言不发地用左手指了指那节车厢。意识到这就是信号后，丘吉尔爬上了车厢连接处。一爬到车厢侧壁上，他就看到，在大捆羊毛和车厢侧壁之间，有一个刚刚好够他爬进去的洞。有一个狭窄的通道从洞的开口处向内延伸，从羊毛之间穿过，最后在车厢中部停止。丘吉尔在这个狭小的空间里蜿蜒爬行，来到了一小片空地，他的朋友们专门为他留好了这片空地，高度刚刚够他坐起来，长度则刚刚够他躺下。他写道："在这里，我将暂时停留。"

外面，查尔斯·伯纳姆，也就是丘吉尔所藏身的这些羊毛的主人，爬上了警卫车厢，那是挂在列车尾部的一节小型车厢。在同意帮助霍华德后，伯纳姆决心不仅会在丘吉尔爬进他的其中一节货运车厢时假装没看见，而且还会与他乘坐同一列火车，确保他能到达目的地。火车将在路上停靠数个车站，而且伯纳姆知道，货运车厢肯定会被武装警卫搜查。必须有人进行干预。

除了准备在路上帮助丘吉尔以外，伯纳姆还试图提前为他铺平道路。伯纳姆认为，保护这个偷渡者的最好办法就是确保他能迅速抵达目的地。为了达到这个目的，在申请完旅行许可后，伯纳姆找到了当地铁路部门的官员，向他们解释说，这趟货运旅程非常紧急。他后来解释说："我对铁路部门的人说，必须立刻把羊毛运走，因为市场很可能会出现价格下跌。"[2] 他说，他有可能承受巨大损失，因此敦促他们帮助他避免任何不必要的拖延，并且可能的话，还要避免那些不必要的检查。

丘吉尔离开煤矿已经好几个小时了。丘吉尔蜷缩在狭窄的藏身处，除了所在车厢的内壁外，其他什么也看不到，他耐心地等待有什么事情发生。终于，稀疏的阳光从墙壁和地板的缝隙处照射进来。天亮了，随之响起了机车沿着铁轨行驶的声音。不久后，丘吉尔感觉到自己所在的车厢颠簸了一下，被连接到了隶属于煤矿的机车上。

287　　接下来又停顿了一下，随后就出现了一种与众不同、令人内脏翻滚的运动感，列车开始向前开动了。缓缓地，火车将煤矿抛在了身后。远处的矿井开始渐渐变得模糊，转轮仍然赫然耸立在被煤染黑的处理厂上方；霍华德的办公室以及里面的密室如今已经漆黑一片、空空如也了；那些对丘吉尔几乎没什么了解，而且也不会再见到他，却甘愿冒着生命危险帮助他的人如今正安静地站着，看着火车渐渐消失。

＊　　　＊　　　＊

丘吉尔在藏身处安顿好，四周看了看，开始察看他的朋友们偷偷塞到车厢里的给养。他注意到的第一样东西来自丹·迪尤斯纳普，那个来自奥尔德姆，并且正确预言了他将在下一场大选中胜利的工程师。迪尤斯纳普送给了丘吉尔一样他认为丘吉尔在逃跑的最后阶段可能会用到的东西：一把左轮手枪。尽管丘吉尔对这个礼物非常感激，但他无法想象自己会真的用到它。他写道："这是一种精神上的支持，尽管很难看出来它能如何帮助我解决可能会遇到的任何问题。"[3]

在左轮手枪边上，丘吉尔还发现了足以支撑他度过两倍旅程的食物。除了两只由伯纳姆的母亲烹制的烤鸡、一长条面包和一个瓜以外，他的朋友们还在车厢里塞了肉片、三瓶茶水以及一瓶来自霍华德的威士忌。霍华德后来解释说："抽烟是大忌。"[4]他担心雪茄的烟味有可能会让丘吉尔在火车上暴露自己，就像在矿井里那样。不过，威士忌没什么害处，还可以增强他的勇气。

霍华德还给了丘吉尔一个指南针。尽管看不到自己究竟在往哪里行进，但丘吉尔至少可以持续记录火车的行进方向。他还碰巧知道火车在去往海岸的路上所要经过的每一座车站。

在国立示范学校时，丘吉尔和霍尔丹记下了德拉瓜湾铁路沿线的每一座车站。[5]这对丘吉尔来说是小菜一碟，他一直有着

288　杰出的记忆力。当他还在哈罗公学上学时，他就能熟记麦考莱（Macaulay）所著《古罗马叙事诗》（*Lays of Ancient Rome*）中的 1200 行诗句。如果哪篇演讲让他感兴趣的话，他可以把它整篇都背下来，而且即使是在布尔战争结束的几十年后，他仍然能一口气按顺序说出德兰士瓦所有火车站的名字，从米德尔堡到贝赫达尔（Bergendal）、贝尔法斯特、达尔马努萨（Dalmanutha）、马哈多多普（Machadodorp）、上瓦特法尔、下瓦特法尔（Waterval Onder），等等，一直到边境小镇科马蒂普特。[6]

当列车在威特班克第一次停下时，丘吉尔所在的铁路支线与主干线实现了会合。在等着货运列车与另一列火车相连接的时候，伯纳姆看到有一个铁路部门官员向他走来。他知道这不太可能是一个好消息，而且他的感觉是对的。那名男子对伯纳姆说，当天他不可能继续旅程了。他的货运车厢必须在支线上等到第二天上午。

伯纳姆已经预计到，在他和丘吉尔到达最终目的地之前，他得贿赂几个人，不过他现在意识到，甚至还没离开威特班克，他就得打开钱夹。伯纳姆找到那个人，使用了"一点温和的劝说手段"，然后偷偷塞给他一些现金——"一份圣诞礼物"，他后来回忆道："因为圣诞假期快到了。"[7]这招奏效了。不久后，那名男子回来了，这次带来了一个好得多的消息。他说："好吧，伯纳姆。我会把你的羊毛挂到下一列通过的火车上。"

伯纳姆没办法在不让丘吉尔被发现的情况下与这个偷渡客进行沟通，因此，丘吉尔不得不安静地等待，希望货运车厢在威特班克车站停靠的时候不要出任何问题。最后，在大约一个小时后，丘吉尔感觉到自己所在的车厢被挂到了一列火车上。随后，让他感到欣慰的是，他终于可以感觉到火车不仅再次开动了，而且正在以在他看来似乎是"极快且令人满意的速度"前进。[8]

在下一个车站米德尔堡，再次出现了短暂拖延，伯纳姆不得不贿赂另一个铁路官员，好让他的货运车厢继续前进，在那之后，他们终于开始迅速穿越乡村。在羊毛茧居中，丘吉尔错过的是他在过去三个月里已经看了无数遍的东西。连绵几英里的平坦草原，连接着远处凹凸不平的山丘，在他们身后渐次展开。

丘吉尔在车厢地板上被撞来撞去，被覆盖着一切的煤灰弄得越来越黑，他试图想象自己胜利地返回外部世界的场面，以缓解心中的恐惧。在脑海中，他描绘了"一幅幅明亮的画面，表现出重获自由的喜悦、重返军队的兴奋以及成功逃脱的欢欣"[9]尽管把自己想象成每一个画面中的主人公给他带来了无比的满足感，但他仍然无法忘记这样一个事实，那就是他的磨难还远远没有结束。无论他做了什么，都无法摆脱"对边境搜查的焦虑感，那个无法避免的考验正在不断逼近"。

晚上 6 点到 7 点的某个时刻，火车驶入了下瓦特法尔车站。伯纳姆走出警卫车厢，这时的他像丘吉尔一样也拿着一瓶威士忌，他向站在附近的一名布尔警卫提出请后者喝一杯。那名男子心怀感激地接受了，而已经再次听说他的货运车厢会被扣留的伯纳姆抓住这个机会向那名男子寻求帮助。这名警卫是否可以把他的车厢挂到下一趟驶入车站的火车上呢？遗憾的是，这名男子告诉伯纳姆，他办不到，因为当晚他不会再向前走了。不过，他可以把伯纳姆介绍给接他班的人。如果伯纳姆

289

碰巧手上还有一瓶威士忌的话，他们应该能够把问题解决，让所有人都满意。[10]

在被告知有足够的时间在附近的一家旅馆吃晚餐后，伯纳姆抓住机会为那名新的警卫买了更多的威士忌。让他惊讶的是，在坐下来准备吃晚餐的时候，他无意间听到旅馆老板在谈论温斯顿·丘吉尔。伯纳姆仔细地听着这名旅店老板对一脸诧异的顾客说，丘吉尔不仅还在逃跑，而且已经在两天前就伪装成一名天主教神父经过了他们这个名叫下瓦特法尔的小镇。吃完饭后，伯纳姆心情愉快地看着这名旅店老板的故事被众人所接受并开始在布尔人之间广泛流传。他写道："只要人们相信这个故事，我就不担心丘吉尔会被人发现或者在车厢里被打扰。"[11]

* * *

如果伯纳姆和下瓦特法尔那家酒店的老板知道，布尔官员们在那个时候不仅相信丘吉尔已经不再处于在逃状态，而且已经落在了他们手上，正在被押回比勒陀利亚的话，他们一定会感到非常吃惊的。在丘吉尔那天早上离开煤矿后不久，霍华德登上了一趟去往相反方向的列车。他在距离威特班克以西不到10英里的布勒格斯普雷特（Burgspruit）上车，想要一直乘车去往比勒陀利亚。走进列车车厢后，他惊讶地发现乘客之中有一名英国战俘。其中一名乘客或许知道霍华德是英国人，于是兴奋地向他解释说，这可不是一名普通的战俘。他对霍华德说，这个人正是温斯顿·丘吉尔。

霍华德没有纠正这个错误，而是在列车颠簸地驶向比勒陀利亚的途中一直把想法留在心中。当他们终于抵达德兰士瓦首都时，他看到一名布尔官员靠近列车，将这位著名的逃犯收押。布尔人或许因为这位令人厌恶的英国年轻贵族的逃跑而倍感羞辱，但他们相信，他的再次被捕能够纠正这个错误，并且恢复他们在世人眼里的尊严。

　　霍华德永远无法忘记那名官员在"比勒陀利亚车站接车、期待接收那名显赫的囚犯时"的表情。对过去 5 天里一直在为丘吉尔提供食物、保护和藏身处的霍华德来说，没有什么能够比巧合地在这里见证布尔人意识到抓错了人的那一刻更加令人感到愉快了。他知道，如果他们对他帮助丘吉尔逃脱的经历有任何了解的话，他会立刻被逮捕，因此，他只能板着脸看着这场闹剧在眼前上演。他后来写道："我真想不顾一切尽情大笑一番。"[12]

291

＊　　　　　＊　　　　　＊

　　尽管丘吉尔已经克服了重重困难，但霍华德和伯纳姆都知道，他距离真正的自由仍然很远。虽然伯纳姆已经设法用新买的威士忌与下瓦特法尔的这名新警卫交上了朋友，但当这列火车第二天早上驶入距离边境不到 50 英里的卡普梅登（Kaapmuiden）时，他看到了一个令人心惊肉跳的景象。[13]他刚刚走出警卫车厢，开始向丘吉尔的车厢走去，就恐惧地看到，已经有人赶在了他的前面。一个面容粗糙的老年布尔自由民正靠在车厢边上，手上拿着一把步枪，胸前挎着一根子弹带。

　　此时的伯纳姆感受到一阵恐惧，担心丘吉尔已经被发现了，他使出最大努力掩饰自己的这种恐惧，向那名警卫走去。

他强作镇定，若无其事地问那名男子，是否知道哪里能够喝杯咖啡。那名警卫盯着伯纳姆看了一会儿，就像看个傻子一样，然后说道："噢，在那里。"接着，他把目光转向了他们正对面的一个咖啡摊。伯纳姆回应说："好的，伯伯（Oom）。"这里，他用的是一个南非荷兰语中意为"伯伯"的词，这是布尔人之间表示尊重的标志。紧接着，寄希望于能够吸引那名警卫远离车厢的伯纳姆向他问道，他是否愿意一起前去喝咖啡。让伯纳姆感到宽慰的是，他接受了，于是两个人一起走向咖啡店，显然洋溢着轻松的同志情谊。在列车准备离开时，伯纳姆迅速道了个歉，然后就溜走了。

他们抵达科马蒂普特时已经临近傍晚时分，丘吉尔对这座车站的恐惧比其他车站要严重得多。[14]这是进入葡属东非之前的最后一站，而且他知道，如果布尔人打算在什么地方抓住他的话，那肯定是这里。他从车厢墙壁的缝隙向外偷偷瞄了过去，对这座车站仔细审视了一番。它比其他车站要大得多，而且目光所及的任何地方都能看到人、火车、铁轨以及一派繁忙的景象。车站也比较吵，大声的喊叫以及蒸汽机车响彻云霄的汽笛声充满了整座车站。丘吉尔什么也做不了，只能完全信任伯纳姆，并且尽可能地把自己藏好。他挪到车厢中间，拽了一块麻袋布出来盖在身上，然后一动不动地躺着。

伯纳姆迅速从火车上下来，立刻去找了车站的海关总长，一个名叫莫里斯（Morris）的人。[15]与铁路沿线的其他车站官员不同，莫里斯对伯纳姆而言不是陌生人。[16]事实上，伯纳姆已经与他讨论过自己的顾虑，想要尽快将羊毛运往葡属东非首都。在伯纳姆提醒莫里斯他们进行过的那番对话后，这位海关总长命令他的手下不要搜查这位店主的私人物品。不过，伯纳

292
·

姆对此还远远不满足。他希望这些布尔自由民尽可能远离的并不是他自己的行李箱，而是他的货运车厢。他写道："为了让这些车厢能够保持原样，我给出了一个合理的理由。我说这是因为我希望它能在经历最低程度拖延的情况下尽快运往目的地。"[17]最终，他向莫里斯问道，他能否与车站站长谈一谈，或许能用他的影响力来确保这批羊毛通关。莫里斯同意了。虽然这列火车的其他部分都遭到了仔细搜查，但伯纳姆的车厢始终未被动过。

在伯纳姆用尽一切手段避免检查的同时，丘吉尔孤身一人躺在麻袋布下面，像他自己曾经担心的一样脆弱又无助。时间不断流逝，太阳已经落山，而他仍然在令人痛苦的悬念中等待着。他写道："在已经成功跨越了几百英里之后还要在危险状态下被扣留这么久，简直令人干着急。现在我距离边境就只有几百码了。"[18]

丘吉尔在无法获得外界消息的情况下等待了好几个小时，他的恐惧变得越来越强烈。他想："或许他们正在彻底搜查这趟列车，因此才会有这么长时间的拖延。又或许我们是被遗忘在了支线上，会被留在这里好几天甚至好几周。"[19]尽管他迫切地想要从藏身处向外窥视，以消除自己的恐惧或者甚至是证实自己的猜测——任何事情都比什么都不知道要好——但他还是竭力抵挡住了诱惑，始终隐藏着自己，终于，在经过漫长的等待后，他感觉到车厢被连接到其他车厢上，继续向前行进。

尽管靠着他和霍尔丹记在脑海中的有关铁路线和火车站的知识，丘吉尔认为自己已经穿越了边界，正在葡萄牙领土内，但他没办法确切知晓。在持续数天的逃亡之后，时刻需要藏身、始终感到恐惧的他已经充满了对自己的怀疑。他担心自己弄错了，也许数错了车站，火车还未离开德兰士瓦。他想：
"或许在到达边境前还要遇到另一个车站。或许搜查还会
出现。"[20]

一直到火车抵达下一个车站，丘吉尔的恐惧才真正消失。
透过车厢墙壁的裂缝，他看到了两样让他欣喜若狂的东西：拥
挤的车站里时隐时现的葡萄牙官员独一无二的制服帽，以及墙
壁上写着的几个大字"雷萨诺加西亚"（Ressano Garcia），这
是列车进入葡属东非停靠的第一个火车站。

丘吉尔一直悄无声息地蜷伏在藏身处，直到火车完全出站
为止。不过，他刚一确定没有人能够看到或者听到他，就把脑
袋探出了防水帆布，感受着风吹拂他的头发，看着列车轰隆隆
地开往洛伦索 - 马贵斯。他把迪尤斯纳普的左轮手枪举在手
中，突然意识到他终于能够用上这把枪了。他将枪口指向天
空，一次又一次地扣响扳机，并且开心地大声欢呼。他后来写
道："我……用尽全力大声歌唱、喊叫、欢呼，因为感激和愉
悦而不能自已。"[21]

*　　　　*　　　　*

即使是在庆祝自己逃离德兰士瓦的时候，丘吉尔也知道，
他还没有完全逃出敌人的掌控。除非他踏进英国驻洛伦索 - 马
贵斯领事馆的大门，否则他仍然有可能被抓住。这个葡属东非
首都的街道上到处都是布尔人，他们一心想要把这个年轻逃犯
用最近的一趟列车一路押回比勒陀利亚。

294　　　丘吉尔所不知道的是，他的处境甚至比他在煤矿里爬上这
节塞满羊毛的货运车厢时还要凶险。两天来一直照看着他，让

他得以到现在都没被发现的那个人已经不在这趟火车上了。

凭借着贿赂和威士忌的帮助，伯纳姆的好运一直持续到了他们穿越边界，但在雷萨诺加西亚，他的好运就到头了。多年以后，他对丘吉尔解释说："那里的车站站长是整个旅途中唯一拒绝任何贿赂的人。"[22]那名站长对伯纳姆说，乘客不允许乘坐货运列车在葡属东非旅行，而且客运列车也无法运载货物。伯纳姆请求他破个例，但那名站长回答说："如果让你这么做的话，我会被处罚的。"[23]即使伯纳姆提出给他大大超出他可能遭受的罚金数目的 20 英镑酬劳，他也不为所动。伯纳姆写道："我的一切恳求和引诱都徒劳无功。但他诚恳地向我承诺，会把这些货运车厢接到下一趟货运列车上，而下一趟货运列车将在下午 4 点抵达洛伦索－马贵斯。"虽然对丘吉尔深感担忧，但伯纳姆没办法在不暴露他们两个人的情况下做任何事，因此不得不独自前往首都。

在伯纳姆的列车驶入洛伦索－马贵斯后，他迅速下车并来到了货运列车的进站区域。[24]他知道如果他被发现在这个闲人免入的区域徘徊的话很可能会被逮捕，因此打算找一个人来当耳目。在火车站里，他找到了一名土著劳工，并且谋取了后者的帮助。他给那名劳工递去了一枚半克朗①的硬币，并解释说，一趟运送羊毛的货运列车很快就会抵达。如果他看到一名男子从其中一节货运车厢中出来的话，不要告诉任何人，应该迅速把那个人带到伯纳姆身边，就在货场大门处。伯纳姆向那人许诺说，如果他一切照办的话，就能得到另一枚半克朗的硬币，紧接着，伯纳姆偷偷溜回货场，坐在堆得摇摇欲坠的货物中间。

---

① 英国旧银币名，合 2 先令 6 便士。

伯纳姆刚坐下，就看到一名葡萄牙士兵向他走来。[25] 正如他所担心的那样，这名士兵命令伯纳姆跟着走，打算因为他在这里游荡而逮捕他。那名负责留意丘吉尔的土著劳工看到了这一切，就在伯纳姆即将被带出车站的时候，急忙跑了过来。紧接着发生了一阵葡萄牙语的争吵，伯纳姆听不懂他们到底说了什么。在争吵结束后，伯纳姆被释放了，但被命令立刻离开车站，不许回来。

庆幸自己没有被逮捕的伯纳姆离开了，但他没有走远。他就站在货场大门外面，仔细观察着一切。下午 4 点，正如他得到的许诺一样，他看到他的 7 节货运车厢被调度到了车站货场里。伯纳姆知道，如果那名士兵看到他回去的话，他肯定无法逃脱被逮捕的命运，但他还是悄悄从大门溜了回去，快速走向货运车厢，在车厢之间蜿蜒穿行，终于来到了丘吉尔所在的那节车厢。

在丘吉尔从车厢里跳出来的时候，车厢甚至还没有停稳，他的身上沾满了煤灰，伯纳姆觉得，他看起来"全身漆黑"。丘吉尔后来写道，从那个"庇护与惩戒之所"出来的时候，他"疲惫不堪、蓬头垢面、饥肠辘辘，但又一次获得了自由"[26]。他已经设法丢掉了垃圾和剩下的食物，并且竭尽所能地整理了车厢内部，以避免让人一眼就看出有人曾在里面住了近三天时间。[27] 伯纳姆走到丘吉尔身边，低声咕哝着让他跟上，随后，两人迅速沿着伯纳姆刚刚进来的路离开了车站。[28]

*　　　　*　　　　*

作为一名居住在距离葡属东非不远的德兰士瓦的英国人，

伯纳姆非常了解洛伦索－马贵斯的重要性。这是一个拥有 300年历史的海边小镇，以 16 世纪在这片地区探索的葡萄牙航海家的名字命名。在这座小镇存在的大部分时间里，它都非常贫穷，而且基本上无人关注，狭窄的街道上和茅草屋里人烟稀少。

然而，随着通往比勒陀利亚的铁路线建成通车，洛伦索－马贵斯摇身一变，成了一个欣欣向荣的大都市，对葡萄牙人来说显得尤为重要，对居于内陆的布尔人来说更是如此。记者霍华德·希莱加斯在战争之初写道："作为出海口和供运送人员、军火和支援物资的外国船只停靠的港口，它的价值无法估量。如果没有它，布尔人不可能与外国有任何交集，无法派遣任何特使，也没有任何志愿者能够进入该国，他们会对世界舆论一无所知。"[29]

丘吉尔跟着伯纳姆走在洛伦索－马贵斯的街道上，见到了一个又一个发展与进步的迹象。码头上到处都是高耸的拱形起重机和巨大的装卸仓库。城里有许多旅馆和仓库，宽阔的街道两侧种植着树木，安装了电气化路灯，地上还有窄窄的有轨电车轨道。

不过，自从战争开始以来，这座城市涌入了大量难民，日益感到绝望的英国人正以越来越大的规模来到这座城市。在位于市中心的英国领事馆，总领事亚历山大·卡内基·罗斯（Alexander Carnegie Ross）在他的办公室里感到既烦恼又疲惫，不知道该拿他们怎么办。他在 10 月中旬给纳塔尔总督发去的电报中写道："没有收容所，食物不足，人员拥挤。当地政府不耐烦。军人被要求维持秩序。昨晚发生多起冲突。民众和警察都有受伤。"[30]

296

随着战争的进行，情况变得越来越糟。如今，罗斯不仅没有从纳塔尔、开普殖民地或者位于伦敦的陆军部得到任何帮助或者甚至是一次同情性的发言机会，还接二连三地收到坏消息。又一次损失，又一场失利，数千人死亡，数百万资金被浪费。布勒遭到羞辱。罗伯茨甚至还没有踏上南非的土地。似乎没有人知道该干什么，或者说如何遏止来自德兰士瓦的灾难浪潮。

伯纳姆和丘吉尔如今所走的街道挤满了葡萄牙人、英国人、布尔人和非洲人，就像是一种融合了各个种族、各门语言、各类偏见和各种野心的烈性鸡尾酒。丘吉尔跟着伯纳姆穿过这一片混乱，两人没有相互说一句话，甚至没有对对方的存
297 在做出任何反应。丘吉尔完全不知道自己究竟在哪里，他拐了好几个弯，经过了许多小房子，穿过了一条又一条街道，终于，伯纳姆突然间停下了脚步。他静静地站着，眼睛盯着街对面一栋高大建筑的屋顶。那是一栋白色的两层建筑，上下两层都有宽敞的走廊，门前还有一片宽阔的草坪。它远离主干道，位于一道金属围栏的后面，丘吉尔突然间感到一阵哽咽，因为他注意到，大楼屋顶上飘着一面红蓝相间的旗帜，那正是大英帝国的米字旗。

丘吉尔穿过街道，走过大门，穿越花园来到大楼正门。瘦弱而疲惫的他浑身上下被煤灰给染得一片漆黑，只有眼睛还闪烁着热忱的胜利光芒。他提出要见总领事。罗斯的秘书完全不知道眼前这个脏兮兮的疯子到底是谁，试图把他赶走。他一脸鄙夷地对丘吉尔说："滚开。总领事今天没法见你。如果你想要什么的话，明天早上 9 点再来他的办公室。"[31]

瞬间恼羞成怒的丘吉尔甚至没有理会这位秘书已经开口说话的事实。他大声喊叫着，又重复了一遍他的要求，坚持要

"立刻见到总领事本人"[32]。他的愤怒是如此强烈，声音是如此洪亮，以至于他的叫声通过一扇打开的窗户传进了领事馆的二楼。神经已经十分紧张的总领事感到很奇怪，不知道谁会这么大喊大叫，于是把脑袋探出了窗子。

片刻之后，总领事走下了楼梯，从秘书身边走过，站到门口的这个年轻人面前，问起了他的名字。这是温斯顿·丘吉尔的漫长人生中最后一次有人需要向他问出这个问题。

尾 声

刚一重获自由，丘吉尔就想要参战。对他来说，从布尔人手里逃脱还远远不够，他想要帮助自己的国家赢得这场战争，如果可能的话，最好给自己也赢得一两块奖章。不过，首先，他得离开洛伦索－马贵斯。

丘吉尔抵达英国领事馆的消息很快就传开了，总领事震惊地发现，就在丘吉尔出现在他门前的几小时后，他在晚餐期间向窗外望去，能够看到有许多人拿着武器聚集在他的草坪上。[1] 他们并非如罗斯所担心的那样是前来抓捕丘吉尔的布尔人。相反，他们是英国人，来这里是要确保他们的新英雄安全抵达英国领土。在丘吉尔吃完晚饭后，这些人护送他沿着他曾经跟随伯纳姆走过的部分街道来到码头，并且关切地看着他登上了去往英国殖民地纳塔尔的轮船。

让丘吉尔感到大为惊讶的是，当他于12月23日抵达纳塔尔最大城市德班时，有一个盛大、喧嚣的欢迎仪式在等着他。一开始，他还不能理解为什么港口里挤满了船只——有些抛着锚，有些则在等着被拖入港口时不停地绕圈——码头上也挤满了人。目力所及，到处都是欢呼的人群和挥舞的旗帜，甚至还有一个乐队在演奏。他写道："一直到上了岸，我才意识到自 己就是这场光荣的欢迎仪式的主角。"[2] 一名海军上将、一名陆军将军以及德班市长都在现场庆祝丘吉尔成功逃脱，但他们没办法把他久留。丘吉尔写道："我几乎被热情的善意给撕成了碎片。我被人群扛在肩上送上了市政厅的阶梯，除了演讲以外没有什么能够让他们满意。"[3]

在"勉强推辞一阵"后，丘吉尔同意在人群面前发表讲话。[4]他身穿干净的新西服，摘下帽子，双手放在屁股上，凝视着面前的男男女女。他说："对于你们在这里欢迎我所表现出的巨大善意，我心中的感激之情无须赘言。目睹这场伟大的集会，我所看到的不仅是对我个人的善意，也不仅是为一个陌生人举办的热情集会［这时他被一句大喊'你不是陌生人！'所打断］，还有这片殖民地全身心投入这场战争的坚定不移、始终不渝的决心。"他只讲了几分钟，声称"已经无法用语言来表达"，随后在欢呼的人群中蜿蜒前行——他后来写道——"带着胜利的光辉"去往前线。[5]

在第二天清晨日出前，丘吉尔已经经过了埃斯特科特，并在拂晓时分抵达弗里尔，就是一个月前他被俘时所在的那个小镇。他走下火车，沿着铁轨走去，在经过一番询问后找到了分配给他的帐篷，就位于他一个月前被迫举起双手投降的那个地方。那晚是平安夜，丘吉尔整晚都在"与许多朋友庆祝我的好运"[6]。

丘吉尔之所以回到被俘的地方，并不是要陶醉于他个人的胜利，而是要与雷德弗斯·布勒爵士见面，在科伦索的灾难之后，布勒再一次试图解救莱迪史密斯。自从他们一同乘坐"达诺塔城堡"号来到开普敦之后，丘吉尔已经失去了早前对布勒的部分崇拜之情。他写道："我很怀疑，一个在年轻时凭借勇气赢得维多利亚十字勋章的人已经不适合在 20 年或者 30 年后指挥一支军队。"[7]丘吉尔的勇敢行为给布勒的手下带来了

301

急需的激励，也给布勒留下了深刻印象，因此他十分愿意与丘吉尔见一面。布勒在给一位朋友的信中写道："温斯顿·丘吉尔从比勒陀利亚逃了出来，昨天在这里出现。他真的是一个好小伙，我必须说，我非常欣赏他。我希望他能指挥正规军，而不是为一份狗屁报纸写文章。"[8]

布勒很快就会知道，其实丘吉尔想要两件事都做——既给他的报纸写文章，也为他的国家战斗。在要求这位年轻记者介绍他在逃跑过程中所目睹的敌国领土上的一切后，布勒终于问出了丘吉尔一直在等待的问题。他说："你做得很好。我们能为你做些什么吗？"丘吉尔的回答早就准备好了。他想要一份军事任命。布尔人曾经差点杀了他，把他囚禁了一个月，还不断追捕他。如今，他想要反击。

布勒显然对丘吉尔的请求感到很吃惊，他停顿了一会儿，问道："可怜的老博斯威克怎么办？"丘吉尔知道这位将军所说的是他在《晨邮报》的编辑。他还知道，陆军部有一条规定：禁止记者担任士兵，也禁止士兵担任记者。丘吉尔对这条规定尤其了解，因为它的设立主要就是因为他。对于批评军事领袖，他从来没有退缩过，但在一年前的苏丹战役期间，他对赫伯特·基奇纳的评估尤其苛刻。当时他曾给母亲写信说："恩图曼的胜利因为对伤兵的无情杀戮而蒙羞，基奇纳要对此负责。"[9]正是在丘吉尔的书《河上的战争》出版后，陆军部终于采取行动。再也不许有士兵兼任记者了。

丘吉尔知道，要求布勒给他一份任命实际上是将这位将军放在了一个十分"尴尬"的位置。丘吉尔后来写道："当时有一条神圣不可侵犯的新规，要求他为了我而破例——要知道我正是设立这条规定的首要原因——是一个很令人为难的提议。"[10] 不过，以丘吉尔的风格，他两项工作都想干，而且他不打算仅仅因为不想让布勒难办就收回请求。布勒在房间里来回踱步了几圈，仔细打量着这个不知天高地厚的年轻人。终于，他想好了。他说："好吧，你可以得到任命……你必须尽可能好地完成两项工作。但你从我们这里得不到任何薪水。"就这么定了。

*　　　*　　　*

丘吉尔被任命为南非轻骑兵团的中尉，甫一获得任命，他没有浪费任何时间，直接走进了战场中心。一个月后，他参与了整场战争中最臭名昭著的战斗之一，斯皮恩山（Spion Kop）之战，并就此撰写了新闻报道。斯皮恩山之战在俯瞰莱迪史密斯的一座1400英尺高的岩石山丘上展开，有近600人阵亡，约1500人受伤。战斗造成的伤亡如此惨烈，以至于双方都感到极为震惊，宣布暂时停火，以便能够收殓死者。丘吉尔在写给帕米拉·普洛登的一封信中承认："斯皮恩山上的景象是我这一生中见过的最陌生、最可怕的景象。"[11]

事实上，来自南非的消息是如此恐怖，以至于帕米拉甚至恳求丘吉尔回来。在听说他安全抵达洛伦索-马贵斯的消息后，她给丘吉尔的母亲发去了一封电报，里面只有三个词："Thank God—Pamela."（谢天谢地——帕米拉。）[12] 如今，在经历了他被俘、逃脱和参与了战争中最血腥的一场战斗后——在斯皮恩山之战中，一颗子弹擦着他的脑袋飞过，击中了他帽子上的装饰羽毛——她终于受够了。[13]

尽管深爱着帕米拉，但丘吉尔仍然对于她竟然以为他会放弃战争而感到惊讶。他给她写信说："我认真地阅读了你建议并敦促我回家的信件。但你肯定不会以为我有可能离开战场吧……如果我试图靠着躲在这份轻而易举获得的勇敢名声背后来保护自己的话，就会永远丧失自尊……我真的非常享受自我，如果我能活下来的话，我会怀着无比愉悦的心情回顾这一切。"[14]

当然，毫不令人感到意外的是，在身处南非的剩余时间里，只要有机会参与一场史诗般的战斗、赢得英雄般的胜利或者经历伟大的故事，丘吉尔就会出现在那里。就在斯皮恩山之战的一个月后，他意气风发地骑着马走在救援队伍的前列进入了莱迪史密斯。他永远无法忘记自己既同情又欣喜地看着那些衣衫褴褛、骨瘦如柴、弱不禁风的人跑在街道上，有些在大笑，有些在大哭，所有人都在欢呼救援部队的到来以及持续四个月的灾难性围城的结束。丘吉尔写道，这是"我人生中最快乐的记忆之一"[15]。

不过，即使是亲自参与解救莱迪史密斯也无法与三个月后比勒陀利亚被英国人攻陷的那一天相比。那天早上，丘吉尔和他的堂兄第 9 代马尔伯勒公爵桑尼一起以胜利者的姿态骑马进入德兰士瓦首都。这是丘吉尔从国立示范学校逃跑以来第一次来到这里，他的第一个念头是去找那些被他抛在身后的战俘。

丘吉尔知道，在他翻越战俘营栅栏后不久，布尔人将英国战俘转移到了一个新的地点。在问过方向后，他和桑尼骑着马走过几乎被废弃的街道，寻找战俘营。最后，他们找到了：一栋被铁丝网栅栏包围的狭长、低矮的铁皮建筑。

在战俘营内，来自第 18 轻骑兵团的军官查尔斯·伯内特（Charles Burnett）正在从窗子向外观察。[16]从第一次听到德兰士

瓦首都外响起炮声，目睹遍布比勒陀利亚的恐慌情绪——许多
商店都遭到抢劫，一个又一个的家庭疯狂逃离这座城市——以
来，他和其他战俘已经兴奋了好几天。既愤怒又恐惧的看守们
曾经威胁要把这些战俘转移到另一个地点，但最终什么也没有
发生。如今，伯内特觉得他能够从窗口看到远处的英国军队。　304
早上雾很大，他不敢确定。

　　突然间从浓雾里出现的既不是一支大军，也不是一个兵
团，而是只有两个骑在马背上的人。伯内特写道："只有在那
个时候，我们才知道，我们的获释即将来临。"[17]一看到这座战
俘营，丘吉尔就把帽子举在空中，发出了一声响亮的欢呼。瞬
间，他感觉到这声欢呼在战俘营的墙壁之间回响。伯内特写
道："无数的帽子在空中飞舞，我们所有人都像疯子一样欢呼
雀跃。"[18]片刻之后，虽然他们正被 52 名全副武装的布尔看守
包围，而且只有 2 个人前来释放他们，但战俘营的大门却被猛
地打开了，180 名战俘潮水般跑出大门进入庭院，丘吉尔和桑
尼瞬间被欢呼雀跃的疯狂人群所包围。丘吉尔写道："有的穿
着法兰绒长裤，有的没戴帽子，有的没穿外套，但所有人都非
常兴奋。"[19]

　　布尔看守们向他们不可避免的命运屈服，很快就放下了武
器，并被迫待在战俘营里。那些曾经的人质如今拎着看守的步
枪和子弹带，心情愉悦地承担起了看管布尔人的角色。丘吉尔
满意地看着这种转变的发生，唯一的遗憾是那位"胖到无法
上前线参战"、以宣泄对英国人的仇恨为乐的典狱官奥珀曼和
克留格尔邪恶的外孙汉斯·马兰已经跑了，他们在英军向比勒
陀利亚进军时就已经恐惧地逃离了这座城市。

　　随着混乱的庆祝活动的展开，一名战俘扯下了战俘营的旗

帜，升起了英国的米字旗。[20]那是一面手工缝制的旗帜，是用一面在战俘营柜子里找到的德兰士瓦旗帜秘密缝制而成的，一直被小心地藏着。看到自己的旗帜飘扬在布尔战俘营的上空，丘吉尔仔细地记下了这个瞬间。多年以后，他仍然能够极为精确地回忆起："时间：6月5日8点47分。多么生动的画面！"[21]

*　　　　*　　　　*

305　　　引人注意的是，在战俘营庭院里欢呼雀跃地簇拥着丘吉尔和桑尼的战俘中，有两个人缺席了——亚当·布罗基和艾尔默·霍尔丹。他们两人与另一名战俘、来自都柏林火枪兵团的弗雷德里克·勒梅热勒中尉（Lieutenant Frederick Le Mesurier）已经在三个多月前一道逃离了国立示范学校。在丘吉尔逃走后，他们不得不制订另一个逃跑计划，这时，他们的关注点从战俘营栅栏变成了脚下的地板。

　　在了解到布尔人准备转移战俘营之后，霍尔丹提议，他们可以充分利用在一张床底下找到的地板门。[22]他们可以藏在地板下面的那个狭窄空间里，希望看守们以为他们已经逃跑了。在战俘营转移后，他们再从藏身处出来，踏上重获自由之路。2月底，由于相信战俘营将在几天内转移，他们打开了地板门，溜进了国立示范学校黑暗潮湿的地下空间里。

　　刚爬进去，三人就意识到，他们完全没有为等待着他们的一切做好准备。他们的室友们同意帮助他们，会给他们提供食物和情报，但这丝毫无法改变他们的新家比酷刑室好不到哪里去的事实。地下空间只有 2.5 英尺高，还被分割成 5 个狭窄的隔间，每个隔间有 18 英尺长。他们没办法坐起来，只能低声说话，也没办法清洗自己。地下没有灯光也没有清新空气，而且下面的环境如此潮湿，以至于他们的皮靴子很快就变绿了。他们唯一能够忍受这一切的办法就是不断提醒自己，这不会持续太久。

第二天上午，他们的消失就被发现了。三人专心地聆听着地板上的声音，听着布尔人进行了一场一无所获的搜查。他们没有被发现，但是让他们感到绝望的是，布尔人转移战俘的计划被推迟了。随后，这一计划一次又一次地被推迟，一直到——用霍尔丹的话说——他们"注定要在这个地下空间里待上近三周时间"[23]。

当战俘们终于被转移走，三个人能够蓬头垢面、身体虚弱地从地板门里出来后，他们用来逃往葡属东非的时间甚至比藏在地板下的时间还要短。就在两周后，其中两个人——霍尔丹和勒梅热勒——从洛伦索－马贵斯的一列火车里爬了出来。他们几乎是沿着三个月前丘吉尔所选择的路线，得到了非洲土著的帮助，并且最终与约翰·霍华德组织起来帮助他们那个前狱友的英国人地下网络取得了联系。在第一次临时准备的计划取得成功后，霍华德和他所信任的邻居们倍受鼓舞，再一次重复了他们的冒险，将逃犯们藏在矿井里，并且塞在查尔斯·伯纳姆的羊毛车厢里偷运出了边界。

在离开空无一人的战俘营后不久，霍尔丹和勒梅热勒就与布罗基分开了。尽管布罗基后来说，他找了这两个英国军官四天之久，但这个精力旺盛的爱尔兰士兵很可能已经下定决心，觉得还是没有他们比较好。[24]熟练掌握荷兰语和祖鲁语并且非常熟悉地形的他设法来到了卡普梅登（Kaapmuiden），那是通往葡属东非的铁路线上最后的几个车站之一，他甚至还短暂地

306

在火车站的酒吧里工作过。在霍尔丹和勒梅热勒乘坐轮船去往
德班时，布罗基已经在船上了。[25]

当他们三人抵达这个位于纳塔尔的港口城市时，没有人组
织欢迎仪式，也没有乐队和欢呼的群众在等着庆祝他们的逃
脱。不过，霍尔丹收到了一封来自温斯顿·丘吉尔的信。丘吉
尔写道："我对你的杰出功绩表示衷心祝贺，这表明你是所有
军人中最勇敢、坚韧和足智多谋的一个。想到你已经安全无虞，
我感到十分高兴。我还担心他们已经在草原上把你杀了呢。"[26]

他们在草原上活了下来，但在抵达德班后不久，霍尔丹和
勒梅热勒都差点被病魔夺去了生命。勒梅热勒立刻就因为伤寒
症而作为伤员被送回国，几天后，霍尔丹则因为疟疾而在彼得
马里茨堡入院接受治疗。只有布罗基似乎完全未受影响，霍尔
丹惊讶地写道："他在我们的冒险过程中完全没有受任何苦。"[27]

*　　　*　　　*

307　　1900 年 6 月，在比勒陀利亚陷落一周多之后，参与了最
后一场战斗的丘吉尔决定，是时候回家了。他写道："我们的
行动已接近尾声。这场战争已经变成了一场游击战，注定会非
常难看，而且会无休止地进行下去。"[28]如今，即使是最坚定的
英国人也不得不承认，这场战争还远没有结束。更糟糕的是，
很快，有一个事实变得显而易见，那就是这场战争最后将无法
以壮丽、精确与勇气来终结，而是要以最为冷酷和现代的残忍
行为来终结。

在丘吉尔离开南非半年后，作为总司令的罗伯茨勋爵自己
也乘船回到英格兰，宣布战争结束，或者说距离战争结束已经

足够近了。他把基奇纳勋爵——就是那个曾因在苏丹战役中的残忍做法而受到丘吉尔抨击的人——留下负责指挥。基奇纳指挥着拥有绝对优势的火力，却被布尔人无休止的游击战术弄得十分沮丧，因此，他采取了一个能够加速战争结束的策略，尽管代价十分高昂。

为了防止草原上的布尔平民为不断骚扰英军的神出鬼没的布尔自由民提供庇护和给养，基奇纳报复式地拓展了罗伯茨制定的焚烧农场政策。基奇纳的手法非常极端，以至于到战争结束时，大约有3万个布尔农场被烧成了一片黑黢黢的废墟。接下来的问题就是如何处理无家可归的平民，他们大多数是女人和孩子。让布尔人以及在不久后让全世界感到恐惧的是，英国人想出了一个令人震惊的解决方案：集中营。

集中营这种做法背后的那套思想并不新颖，但这是第一次有人使用这个术语。[29]不仅如此，这也是第一次针对整个国家，并且以减少整个地区的人口为目的设立这种营地。尽管英国人并没有故意杀害俘虏，但他们所采取的是路易斯·博塔所谓的"慢性谋杀"。集中营的数量快速增加，最终，共有45个集中营遍布整个南非。[30]它们没有足够的食物提供给成千上万的俘虏。医疗保障几乎不存在，卫生条件不仅骇人，而且十分致命。

到战争结束时，有超过2.6万名布尔平民在集中营中丧生，其中约2.2万人是儿童。然而，这一统计数字都还没有包括在分别设立的黑人集中营里丧生的约2万名非洲黑人——他们被迫参与了一场根本不属于他们的战争。

怒不可遏的博塔反复给英国对手写信，对集中营提出抗议，但都徒劳无功。博塔在给基奇纳的信中写道："在我们在

308

米德尔堡的会谈中，我口头抗议了强制迁移布尔家庭的做法，以及强制迁移的残暴实施方式。这些家庭没有机会从他们的住所和财产中带走充足的必需品，以应对长途跋涉和居住环境的彻底改变；相反，虽然天气十分寒冷，但他们大部分都被用敞篷货车运送，并在这一过程中承受了各种不适和痛苦，与此同时，他们的住宅还在被英国士兵劫掠……这使我相信，在总司令阁下的领导下，英国军队将竭尽所能让我们无依无靠的妇女和儿童承受尽可能多的痛苦。"[31]基奇纳的反应仅仅是耸了耸肩而已。5 天后，他在给博塔的回信中说："正如我在米德尔堡对阁下说的那样，鉴于阁下过去和现在从事敌对行为所采取的非常规方式……我别无选择，只能采取这种令人非常不快和反感的措施，将妇女和儿童抓捕起来。"[32]

一直到一个名叫埃米莉·霍布豪斯（Emily Hobhouse）的英国社工访问了这些集中营，并且将它们的不人道之处公之于世，情况才慢慢开始改善。对单薄的帐篷、露天的污水和饥饿的儿童感到惊骇不已的霍布豪斯回到英国，将南非正在发生的事情一五一十地告诉了英国人民以及他们在议会中的代表。那年晚些时候，在 1905 年成为英国首相的亨利·坎贝尔 – 班纳曼（Henry Campbell-Bannerman）严厉抨击了使用集中营手段的英军将领。他问道："什么时候战争不是战争？当它在南非以野蛮的方式进行的时候。"[33]

*　　　　*　　　　*

309　　　虽然基奇纳的手段应该受到谴责，但它的确给桀骜不驯的布尔人造成了巨大损失。连博塔都不得不承认，这种焦土战略很有效。虽然布尔人在开阔的草原上作战时行动迅速、善于藏身且技巧娴熟，但即使是能够自食其力的自由民也无法在没有农场提供食物和住处的情况下生存下来。由于他们无力保护自己的妻子和孩子免受这种战术的伤害，即使是最坚强的布尔战士也变得绝望。一名布尔将领问道："战斗到最痛苦的结局？难道最痛苦的结局还没到来吗？"[34]

最后，在1902年秋天，也就是战争爆发两年半之后，一个包括路易斯·博塔在内的10人代表团在比勒陀利亚会见了基奇纳，并签署了《弗里尼欣和约》（Treaty of Vereeniging）。布尔人被迫做出的让步包括德兰士瓦和奥兰治自由邦将被大英帝国吞并。作为回报，英国人承诺给予布尔人300万英镑，以赔偿在基奇纳的掠夺行动中被毁坏的成千上万的农场。英国人还承诺，布尔人最终将获准再次实现自治。

在《弗里尼欣和约》的签署人中，有一个人的缺席十分引人注目，那就是德兰士瓦总统保罗·克留格尔。由于担心被俘，他在1900年9月11日逃到了欧洲，这时距离比勒陀利亚陷落仅过了三个月多一点的时间。尽管他在法国受到了英雄般的欢迎，但德国皇帝却连见他一面都不愿意。德皇的祖母、倍受尊崇的英国维多利亚女王在《弗里尼欣和约》签署的一年多前已经以81岁的高龄去世，结束了英国历史上在位时间最长的一位君主的统治。德皇威廉如今不得不与他的表兄搞好关系，那位花花公子王储终于在59岁的年纪加冕为英国国王爱德华七世。

在被德皇拒绝后，克留格尔带着妻子和8个孙辈在荷兰找到了庇护所。这些孩子此前一直与他们的母亲，也就是克留格尔的16个孩子之一共同生活在一座集中营里。他们的母亲在

310　集中营残酷的条件下没有幸存下来，这些孩子也病得很重，以至于其中 5 个孩子在来到位于欧洲的祖父母身边后不久就不幸夭折了。没过多久，克留格尔的妻子也去世了，留下半聋半瞎的他独自面对战争的结局。他又活了两年半，但再也没有踏足过非洲的土地。

＊　　　　＊　　　　＊

克留格尔曾经领导的那个国家最终还是将自己从英国的统治下解放了出来，但这一过程如此缓慢，以至于许多为独立而战的人都无法活着看到南非成为一个主权国家。在战争结束 8 年后，被克留格尔抛在身后的两个布尔共和国——德兰士瓦和奥兰治自由邦——才最终与纳塔尔和开普殖民地统一，组成南非联邦（Union of South Africa）。联邦虽然比殖民地要好，但仍然是大英帝国的领地。一直到 1931 年，大英帝国不情愿地变成了英联邦，南非才最终甩掉了英国统治的最后残余。即使在那之后，维多利亚女王戴着丝质手套的手仍然要继续放在布尔人的后背上长达 30 年。她的玄孙女伊丽莎白二世女王将保留南非女王的头衔一直到 1961 年，也就是南非联邦正式成为南非共和国的那一年。

对大部分南非居民——包括祖鲁人和科萨人、混血的"有色人种"，以及其他非白人族群，甚至包括甘地所属的规模庞大的印度裔族群——来说，要想在他们自己的国家赢得最基本的自由和平等权利，还要花上更久的时间。在战争期间，英国人曾经承诺，一旦布尔人被打败，非白人族群的生活将发生巨大变化。他们将终于被视作公民，享有尊重、权利，以及最重要的选举权。然而，情况却变得越来越糟。

在抵抗英国人的斗争中，布尔人狭隘保守、目空一切的世界观体现得淋漓尽致。由于有着这种价值观，布尔人非但没有抛弃他们以种族为基础的严苛的社会观，反而还极力将这种社会观加以拓展和制度化。在《弗里尼欣和约》签署仅仅几年后，布尔人开始采取一次协调一致的种族隔离行动，组建了南非土著事务委员会（South African Native Affairs Commission），该委员会提出将整个共和国的农村与城市土地划分成黑人区域与白人区域。1913 年，臭名昭著的《土著土地法》（Natives Land Act）获得通过，迫使所有非白人的非洲人靠着仅占总量 7% 的耕地生存，而这部分族群的人口占总人口的比例高达 67%。

一定程度上受到这场战争给南非带来的前所未有的国际关注的鼓舞，这些政策所针对的族群开始建立自己的力量。不过他们所面对的是一场漫长而艰难的斗争，对手是一个组织严密的政权，这个政权开始将如今带有贬义的布尔人的身份转换成了一个新的形象，即南非白人（Afrikaners）。1912 年，也就是那项法案获得通过的前一年，黑人族群的领袖聚集在位于比勒陀利亚以南不到 300 英里处的布隆方丹，成立了南非土著人国民大会（South African Native National Congress），该组织后来成为非洲人国民大会（African National Congress），简称非国大（ANC）。所罗门·普拉杰是非国大的创始成员之一，也是该组织的首任秘书长，他就是那个从非洲人的视角记录了布尔战争的杰出的年轻语言学家兼记者。凭借着惊人的语言天赋，普拉杰四处游历，帮助非洲土著人在海外阐述他们的立场。不过，在游历过英格兰和美国后，普拉杰回到了一个由南非白人掌控且为南非白人服务的南非。

311

对政府强硬的种族政策进行的抵抗最初是自发进行的，而且在很大程度上是和平的，尤其是在印度裔社区，莫罕达斯·甘地利用他在布尔战争的战场上所领会到的结合了人道主义和勇气的策略，定义了一种以非暴力抗议为基础的全新的运动形式。一项逼迫印度裔民众在政府注册的新法律于 1906 年获得通过后，12 年前创立了纳塔尔印度人大会（Natal Indian Congress）的甘地组织了一场大型会议以抗议这项法律。在接下来的 7 年里，南非的印度裔居民遵循甘地的非暴力抵抗策略，公然反抗这项法律，并且承受了相应的后果。成千上万的人因为反抗行为遭到囚禁、殴打甚至杀害，但什么也没有改变。当扬·史末资听说甘地已经离开时，他感到的只有欣慰。他写道："那个圣人已经离开了我们的海岸，我希望是永远。"[35]

在南非白人中，广泛的歧视变得日益合理化和制度化，首先是通过史末资的联合党（United Party），该党从 1934 年一直执政到 1948 年，后来是通过国民党（National Party）。由南非白人主导的国民党推行了一项正式的、由国家主导的种族隔离政策，名为"apartheid"，在南非荷兰语中意为"隔离"。然而，种族隔离政策与生俱来的公然歧视和危险的不平等只能助长对非国大的支持，尽管政府采取了日益强硬的政策来压制非国大，但该组织在民众中获得的支持却越来越广泛。

最后，在 20 世纪 60 年代，在颇具领袖魅力的年轻律师纳尔逊·曼德拉的领导下，非国大的一个派系抛弃了和平手段，宣布将采用武装斗争，将其作为赢得改变的唯一现实手段。作为回应，国民党禁止了非国大在南非的活动，并且将曼德拉监禁了 27 年，引发了一场针对本国大部分公民的艰苦而不断升级的冲突，并且将自己变成了一个被国际社会所唾弃的国家。

一直到 1990 年，即布尔战争结束的近 100 年后，以及新世纪开始的 10 年前，新当选总统 F. W. 德克勒克（F. W. de Klerk）才取消禁令并释放了曼德拉。四年后，南非人终于赢得了普选权，而纳尔逊·曼德拉成了南非首任黑人总统，这一刻让全世界所有种族的人民都感到激动不已、满怀希望。

＊　　　　＊　　　　＊

1900 年夏天，另一个将在世界历史上留下印记的人离开了非洲，返回英格兰，并在那里受到了英雄般的欢迎。丘吉尔首先造访的地方之一是奥尔德姆，也就是一年前他在第一次议会竞选中失利的地方。如今，他在一列由 10 辆马车组成的车队中巡游奥尔德姆的街道。他在给弟弟杰克的信中写道："一万多人前来观看……举着旗子，打着鼓，并且大声呼喊了两个小时。"[36] 车队在皇家剧院门前停下，就是那个他在上一次竞选活动中曾发表演讲的剧院，他如今将在这里向奥尔德姆的居民讲述他的逃跑故事。[37]

在此之前，丘吉尔已经讲了很多遍这个故事，但这是第一次他可以提到那些帮助过他的人的名字。截至此时，英国人已经占领了威特班克，因此他不需要再担心他们会遭到报复了。[38] 在他描述那座煤矿以及他所藏身的矿井时，丘吉尔提到，来自奥尔德姆的丹·迪尤斯纳普曾与其他人一起冒着生命危险保护他。他一说出这个名字，听众们就轰动了。他们喊道："他妻子就在旁听席。"丘吉尔后来写道："到处都在欢呼。"

丹·迪尤斯纳普是对的。在下一次大选中，他们都把选票投给了丘吉尔，或者说至少有足够多的人这么做，确保他赢得

313

了大选。在皇家剧院发表完第二次演讲的两个月后，丘吉尔赢得了在议会中的首个议员席位，选票数量仅比自由党候选人阿尔弗雷德·埃莫特少 16 票，屈居第二位。丘吉尔在选举后的第二天给首相索尔兹伯里的信中写道："在我看来，从数字可以明显看出，不外乎是在刚刚结束的南非战争中获得的名气把我送进了议会。"[39]

丘吉尔还在不借助母亲帮助的情况下赢得了这场选举。尽管已经有了自己的名气，他已经不再需要借助她的名望，但他还是恳求她来到奥尔德姆。他在选举前不久给母亲的信中写道："我再次给你写信，是为了让你知道，你来这里会有多大的作用。"[40]不过，珍妮却丝毫不为所动。毕竟，她当时正在度蜜月。

尽管遭到双方家人的坚决反对——或许正是因为这一点——珍妮还是在当年 7 月与乔治·康沃利斯 - 威斯特结了314 婚，当时温斯顿刚刚从南非返回不久。约 3000 人涌入那座位于伦敦的教堂，只是为了看一眼新娘的样子。[41]丘吉尔在给仍在非洲作战的弟弟的信中写道："婚礼非常完美，乔治终于得偿所愿，看起来非常快乐。我们知道彼此在这个问题上的看法，我就不赘述了。"[42]

丘吉尔自己的感情生活却没有这么顺利，至少短期来说是这样。尽管他曾对母亲说，帕米拉·普洛登是"唯一我能够与之快乐生活的女性"，但他似乎并不是这位光彩照人的年轻社交名媛注定要与之结合的那类人。[43]大选后不久，丘吉尔的一个朋友在提及帕米拉的时候写道："她应该成为某个富人的太太。"[44]就在一年内，她真的成了一个富人的太太。1902 年春天，帕米拉嫁给了第 2 代利顿伯爵（2nd Earl of Lytton）、维多利亚女王的教子维克多·布尔沃－利顿（Victor Bulwer-Lytton）。《每日纪事报》的一位记者写道："经常有传言说普洛登小姐已经订婚，不过，如今她将要进行的联姻证明她的等待是值得的。"[45]

丘吉尔将在 6 年后与克莱门蒂娜·霍齐尔（Clementine Hozier）结合。与丘吉尔一样，帕米拉也有着长久而幸福的婚姻生活，而她与丘吉尔之间的友谊将持续终生。事实上，她是丘吉尔向克莱门蒂娜求婚后第一批收到他的信件的人之一。他告诉她说："周六之前请保密，我将与克莱门蒂娜结婚……你一定要永远是我最好的朋友。"最终，帕米拉与丘吉尔之间的信件往来持续了 63 年的时光，从他的第一封情书到她祝贺他当选首相——"这辈子我一直都知道你会成为首相，从双座马车的时代起我就知道这一点"——再到他在帕米拉的一个儿子在二战中战死后向她表达哀悼。

多年以后，帕米拉对丘吉尔的私人秘书爱德华·马什解释说："第一次见到温斯顿，你就能看到他的所有缺点，而你在整个余生中都会不断发现他的美德。"[46]

＊　　　　＊　　　　＊

丘吉尔不是一个会忘记老朋友的人。即使是在他成功逃跑后令人陶醉的日子里，他也从来没有忘了那些让这一切成为可能的人。在返回英格兰后不久，他就给霍华德写了一封信，告诉霍华德说，他给霍华德寄了一个包裹，里面有 8 块金表，这是送给那些冒着生命危险帮助他的人的礼物。他写道："我希望你们都能赏光接受这些微不足道的纪念品，以纪念我们非凡的冒险，并且请相信，它们还代表了我对你们提供的帮助所表达的真诚感谢。"[47]在手表的背面，丘吉尔还刻上了他们每个人的名字，以及如下几个字："来自温斯顿·丘吉尔，以向他在1899 年 12 月 13 日南非战争期间从比勒陀利亚逃跑的过程中得到的及时帮助表示感谢。"[48]

丘吉尔在威特班克的朋友们当然有资格得到他的感谢。当这位年轻贵族在德班被声势浩大的庆祝活动所淹没的时候，查尔斯·伯纳姆和他的英国邻居们仍然毫无保护地身处布尔人的腹地，隐藏着丘吉尔的秘密，甚至还冒着新的风险帮助霍尔丹和勒梅热勒沿着丘吉尔的轨迹出逃。其结果是，伯纳姆和约翰·霍华德差一点就被疑心越来越重的布尔政府逮捕甚至是处决了。

当丘吉尔所藏身的车厢继续前行，来到购买伯纳姆的羊毛的公司手上时，有人在羊毛捆上发现了油腻的手指印，这说明车厢里装的不只是羊毛。当丘吉尔逃跑成功的消息为人所知时，有人想起，曾看到伯纳姆在洛伦索 - 马贵斯的大街上与一名陌生人走在一起。伯纳姆遭到了审问，但他坚称，即使有人溜进了他的某节车厢里，他也完全不知情。尽管布尔人深表怀疑，但他们没有任何证据，因此不得不放他走。[49]

对霍华德来说，情况甚至更加危险。在他帮助霍尔丹和勒梅热勒踏上前往洛伦索 - 马贵斯的旅程后，他听到有人敲响了他的办公室房门，开门后，他发现门口站着 1 名布尔人指挥官和 5 个自由民。[50]他们是来逮捕他，把他带到比勒陀利亚接受审讯的。霍华德意识到，如果他去了比勒陀利亚的话，可能就再也回不来了。因此他决定，他应该试图贿赂这些人。就算这招不管用，他也不打算不做任何抗争就被带走。霍华德的儿子多年后解释说："如果他们不接受他的建议的话，那就是要么他死要么他们亡的事情了。他会与他们爆发一场枪战。"

霍华德邀请他们来到餐厅，也就是丘吉尔抵达煤矿的那晚被他带去的那个房间，为他们提供了食物和威士忌，然后告诉他们说，他要去收拾一个背包。几分钟后，他回来了，口袋里装着两把左轮手枪。他站在餐厅唯一的门前，身边摆放着这些人的步枪，紧接着，他向他们提议：如果他们放他走的话，他会立马给他们 50 英镑，然后在战争结束后再给他们 200 英镑。他们同意了，不过他们不知道的是，如果他们拒绝这一提议，霍华德已经准备好对他们开枪了。不久后，他们返回了比勒陀利亚，向他们的上级解释说，约翰·霍华德从他们的手上溜了。

*　　　*　　　*

丘吉尔对他的老朋友们非常感激，也同样对他的老对手们十分尊敬和大度。尽管在战争期间，他曾经为基奇纳的焦土政策辩护，并且在给弟弟的信中写道，烧掉几座农场就有可能使更多的自由民待在家里而不是出来战斗，但他同样也强烈主张只要赢得战争，英国人就应当像在战斗中保持果敢一样在胜利后保持同情心。[51]他在 1900 年底的一篇文章中提醒读者："我们之所以参与这场暴风雨般的战争，是为了实现真正的和平。应当谨防把人逼入绝境……那些要求'以眼还眼，以牙还牙'的人应当扪心自问一下，为了这种毫无益处的战利品，我们花费了 5 年时间进行血腥的游击战，并造成了南非的贫穷，这是否值得。"[52]丘吉尔的建议在他的英国同胞中不太受欢迎，但他不在乎，而且永远都不会在乎。

在他的余生里，每当英国进行完一场战争，丘吉尔都会劝
317 诚他的国家"向战败国伸出友谊之手"。他强调，对布尔人来
说，"真正明智和正确的做法是镇压一切抵抗者，直到剩下最
后一个人，但是不能向任何愿意投降的人吝啬我们的谅解甚至
友谊……这是通往'光荣的和平'最便捷的路径"[53]。

丘吉尔本人不仅对布尔民族伸出了友谊之手，还向亲手造
成英军在战场上的诸多败绩、让战争拖了这么久的那个人——
路易斯·博塔——伸出了友谊之手。

两人在 1903 年首次见面，那时布尔战争刚刚结束没多久，
博塔正在访问英格兰，请求他的前对手帮助重建他的国家。尽
管博塔亲自发动了那场针对装甲火车的袭击，导致丘吉尔被俘
且被囚禁，但两人很快就成了朋友。[54]

丘吉尔多年后写道："在我认识的人中，很少有人比路易
斯·博塔更令我感兴趣。一次陌生环境中的相识凭借一次几乎
令人难以置信的引荐发展成了我极为重视的一段友谊。"丘吉
尔和博塔对彼此的理解或许比他们认识的其他任何人都更深。
尽管他们有着迥异的童年，但他们的青年生涯都充斥着战争，
而且他们似乎都注定要带领自己的国家进入新世纪。

1907 年，即博塔骑在马上伫立在大雨倾盆的弗里尔山腰、
看着丘吉尔乘坐的列车驶向他布下的陷阱的 7 年多后，博塔当
选为德兰士瓦总理。[55]如今，作为他曾经竭力反抗的大英帝国
的一名高级官员，博塔来到英格兰参加大英帝国会议，一场由
自治殖民地的领袖参加的会议。时任殖民地事务部次官的丘吉
尔也参加了在威斯敏斯特大厅（Westminster Hall）举行的宴
会，那是威斯敏斯特宫中历史最悠久的建筑，之所以设计了大
厅里 6 英尺厚的石壁、巨大的空间和精美的雕像，就是为了切

实证明大英帝国的强大实力从而震慑参观者。

　　这位前布尔总司令大步穿过大厅，向为他预留的位置走
去，但在看到伦道夫·丘吉尔夫人时，他停了下来，因为她身
边站着的那个人曾经是他在战场上抓获的俘虏。凭借着自由民
的直率和国际政治家的礼貌，博塔向珍妮坦承了他和她的儿子
共同经历的奇妙而又相互交织的历史。博塔说道："我俩什么
世面都见过。"[56]

318

致　谢

321　　撰写丘吉尔的生平，即使只是他生命中很小的一部分，也既令人激动，又令人生畏。我的勇气来源于，在这一过程中，我从来都不是一个人。有许多不仅是丘吉尔研究而且是历史学领域的最伟大学者已经在我之前迈出了脚步，揭示了丘吉尔的杰出、勇敢、真实和对生命的渴望。在花费多年时间阅读图书馆里日益增加的有关丘吉尔的书籍后，我需要向许多历史学家和作家表达郑重的感谢。尽管在这里我不可能把他们全部列举出来，但如果不能至少把那些对这本书产生最大影响的人列出来，就是我的不负责任。

　　我的第一份也是最大的感谢要献给去年刚刚去世的马丁·吉尔伯特爵士（Sir Martin Gilbert），他的死是他的诸多好友和崇拜者的巨大损失。吉尔伯特不仅是最受信赖和敬仰的丘吉尔传记作家，还是一位技艺娴熟、著作等身的历史学家，我从他那里所了解到的远远不仅是丘吉尔的生平。吉尔伯特第一次接触到丘吉尔这一话题是在他还是一名年轻的牛津大学研究生时，他的引路人是丘吉尔的儿子伦道夫，后者招募他成为一名研究助理。伦道夫在父亲死后仅 5 年就去世了，享年 57 岁。去世前，伦道夫完成了具有权威性的丘吉尔传记的前两卷，随后由吉尔伯特续写完成了这部传记。这两卷内容，以及相关的

322　档案，涵盖了丘吉尔的早期生活，因此在我进行我自己的研究

时是非常宝贵的资源、指引和朋友。

虽然我对马丁·吉尔伯特和伦道夫·丘吉尔非常感激，但我第一次接触温斯顿·丘吉尔这个题材却是几十年前通过威廉·曼彻斯特（William Manchester）的著作。我很少见到有作家能够像曼彻斯特一样用令人眼花缭乱的细节来描述一个场景，或者如此自信而权威地从语焉不详的历史中想象一个瞬间。他的作品绝对令人难以抗拒，即使在他死后十几年，他那令人难忘的三部曲系列《最后的雄狮》（*The Last Lion*）——这部书最终凭借着保罗·里德（Paul Reid）的杰出技巧和不懈努力才得以完成——仍然能够让老读者激动不已，并且不断吸引着新读者。

在理解布尔战争的错综复杂和层出不穷的各种事件方面，我无法想象还有哪位导师比托马斯·帕克南（Thomas Pakenham）更为自信、可靠和吸引人。或许帕克南最著名的作品是《瓜分非洲》（*The Scramble for Africa*），但他的著作《布尔战争》（*The Boer War*）也具有同样的力量和影响力，在我看来，这本书是关于那场战争的最权威的现代史学作品。它不仅经过了深入的调查研究，而且读起来引人入胜、文采斐然、内容丰富、极有说服力。我之所以读这本书，既是因为工作需要，也是因为能给我带来乐趣。

要想获得有关丘吉尔的尤为亲密和深入的视角，那么不可能有什么比阅读丘吉尔的外孙女西莉亚·桑迪斯（Celia Sandys）的作品更好了。通过著作［最著名的是《丘吉尔：悬赏捉拿，不论死活》（*Churchill：Wanted Dead or Alive*）］、演说和电视访谈，桑迪斯用一种其他人无法实现的方式讲述了丘吉尔的故事。桑迪斯不仅十分了解她的外祖父，还曾经沿着他的足迹一路旅行，这项个人使命带着她走遍了全世界，极大地丰富了她的作品以及我们对丘吉尔的了解。我非常感激桑迪斯，不仅因为她对丘吉尔研究的贡献，而且还因为她在我开始自己的研究时对我表现出的善意和慷慨。

我非常幸运能够与本书中的几个关键人物的家属进行交谈。我想要感谢基思·伯吉斯（Keith Burgess），他是在德兰士瓦与德拉瓜湾煤矿帮助丘吉尔躲藏的两名苏格兰矿工之一乔·麦克纳的曾外孙；尼古拉斯·伍德豪斯（Nicholas Woodhouse），他是丘吉尔的初恋帕米拉·普洛登即后来的利顿夫人的外孙；朱迪斯·克罗斯比（Judith Crosbie），她是曾经与艾尔默·霍尔丹一道制订计划，让丘吉尔得以逃出国立示范学校的亚当·布罗基的侄孙女。克罗斯比为《爱尔兰时报》（*The Irish Times*）写过一篇有关她叔祖父的颇具洞见的文章，并且十分大度地与我分享了一些额外的信息。

我还要特别感谢乔纳森与贝斯·德苏扎。乔纳森是路易斯·德苏扎的孙子，路易斯·德苏扎就是那位在丘吉尔被布尔人囚禁期间曾向他展示出巨大善意的德兰士瓦陆军大臣。乔纳森和他的妻子不仅邀请我去了他们位于约翰内斯堡的精美住宅，还允许我完整拷贝了路易斯之妻、乔纳森的祖母玛丽·德苏扎的日记。这本日记极为重要，不仅因为它有助于我理解丘吉尔在国立示范学校的生活以及他与德苏扎的关系，还有助于我理解战争之前和期间比勒陀利亚的整体氛围。德苏扎一家还向我推荐了乔纳森的堂兄弟弗朗西斯·休·德苏扎（Francis Hugh de Souza）的作品，休研究了他们的祖父在战争期间的生活，撰写了一本发人深省的著作，题为《叛国问题》（*A Question of Treason*）。休还慷慨地与我分享了他祖父母的照片以及丘吉尔在逃跑时给路易斯·德苏扎所留信件的一份复印件。

在进行研究时，我有幸与英格兰、南非和美国的丘吉尔和军事研究领域最优秀的专家和档案工作者共事。在这个类别中首屈一指的是牛津大学丘吉尔档案中心（Churchill Archives Centre in Cambridge），任何有关丘吉尔的著作都极大地得益于这个机构，如果没有该机构，我会完全迷失方向。这些保存完整、条理分明的档案由该中心主任艾伦·帕克伍德（Allen Packwood）负责管理，而帕克伍德在研究丘吉尔的学者和学生中倍受尊敬。我还要感谢该中心的档案管理员切奇·汉弗莱斯（Ceci Humphries）、萨拉·卢尔里（Sarah Lewery）和苏菲·布里奇斯（Sophie Bridges），他们为我提供了巨大的帮助，除了在档案方面，后来我还曾反复给他们打电话、写电子邮件，向他们请教问题并请求获得更多材料。我还要感谢为我的研究提供过指导的国立军人博物馆（National Army Museum）的档案管理员、位于基尤（Kew）的国家档案馆、纳贝沃思庄园（Knebworth House）的克莱尔·弗雷克（Clare Fleck）以及丘吉尔家族宅邸布莱尼姆宫运营经理约翰·霍伊（John Hoy）。在布莱尼姆宫，我尤其要感谢约翰·福斯特（John Forster），他不仅亲自带我游览了整个宅邸及其档案室，参观了丘吉尔的坟墓，还慷慨地同意阅读我手稿中的部分章节。最后，我还要特别感谢非同凡响的丘吉尔博物馆（Churchill War Rooms）馆长菲尔·里德（Phil Reed）。菲尔给我提出了宝贵的意见，推荐了多份档案以及多位专家，甚至还邀请我品尝了一份美味且分量极大的英式早餐。

在南非，我有很多技艺娴熟、知识渊博的档案工作者需要

324

感谢，从布伦特赫斯特图书馆（Brenthurst Library）的詹妮弗·金布尔（Jennifer Kimble）到约翰内斯堡战争博物馆（War Museum in Johannesburg）的艾尔·克卢蒂（Isle Cloete），位于金伯利的索尔·普拉杰博物馆（Kimberley's Sol Plaatje Museum）的约翰·克龙涅（Johan Cronje）和埃尔斯赫·范德梅韦（Elsje van der Merwe），金山大学（University of Witwatersrand）历史文件管理员加布里埃尔·莫哈莱（Gabriele Mohale），非洲文献研究图书馆（Africana Research Library）的伯尼斯·纳热尔（Bernice Nagel），位于德班的基利·坎贝尔博物馆的档案工作者。

不过，我在南非的博物馆外所了解到的东西几乎与博物馆内一样多。肯·吉林斯（Ken Gillings）是一位学识渊博、极富魅力且幽默风趣的向导，带领我参观了南非的布尔战争战场。通过肯，我还十分幸运地结识了对南非铁路系统尤为熟悉的桑迪·布坎南（Sandy Buchanan）以及不仅对南非煤矿开采史有着深入了解，还对丘吉尔的逃跑及其作为通缉犯在威特班克的岁月有着比世界上任何人都更为深入研究的约翰·伯德（John Bird）。肯、桑迪和约翰在持续数年的时间里回复过我无数次的提问，并且是本书手稿最重要的审阅者中的三位。

约翰·伯德还把我引荐给了两位南非矿业顾问，约翰·沃灵顿（John Wallington）和约翰·斯派洛（John Sparrow），他们就丘吉尔有可能在矿井中看到、闻到和听到的东西提供了至关重要的细节。我还要感谢采矿史学家杰德·达文波特（Jade Davenport），他在我研究南非的采矿业时提供了指导，而且他经过认真研究写就的引人入胜的著作《深入挖掘》（*Digging Deep*）对我来说是一个宝贵的资源。我还要感谢莫桑比克马普托历史档案馆馆长若昂·达斯内维斯（João das Neves），他带领我游历了这座曾经名为洛伦索－马贵斯的海滨城市，以及至今仍然是英国领事馆的那栋两层白色建筑。我还要感谢允许我走进领事馆院内——院子里面有一块纪念丘吉尔逃脱的精美饰板——甚至参观建筑内部部分区域的领事馆官员。

在美国，我要向位于密西西比州富尔顿的国立丘吉尔博物馆（National Churchill Museum）表示感谢，丘吉尔于 1946 年在那里发表了著名的铁幕演讲，而且这座世界级的博物馆曾经接待了许多世界上最受敬仰的丘吉尔研究学者。我尤其要感谢该博物馆的两名前馆长，詹姆斯·威廉斯（James Williams）和罗布·哈弗斯（Rob Havers）。我还要感谢卡伦·方特（Karen Font），她为这本书进行了出色的事实核查工作。

我还要特别感谢位于芝加哥的丘吉尔研究中心（Churchill Centre），从我 5 年前刚刚着手写作这本书开始，该中心就一直提供支持和鼓励。我尤其要感谢该中心主席劳伦斯·盖勒（Laurence Geller）和执行主任李·波洛克（Lee Pollock）。李将我介绍给了许多学者和档案工作者以及丘吉尔的家庭成员。他为我打开了无数扇门，大大降低了我早期研究工作的难度。我还要感谢李将我介绍给阿拉斯加大学安克雷奇分校（University of Alaska, Anchorage）政治学教授兼著名丘吉尔研究学者詹姆斯·穆勒（James Muller）。在审阅这本书的手稿时，詹姆斯凭借他的博学多识为我提供了巨大帮助。

我还要十分感激那个天赋异禀的出版团队，能够与他们共事我感到既荣幸又愉快：我的编辑比尔·托马斯（Bill Thomas）；我的文稿代理人苏珊·格拉克（Suzanne Gluck）和艾丽西亚·戈登（Alicia Gordon）；我的宣传人员托德·道蒂

（Todd Doughty）。这是我们在 15 年里出版的第三本书，在这期间，他们不仅是我的顾问和盟友，还已经成了我的好友。

我还要感谢我的侄女托丽·谢弗（Tori Shaffer）与侄子艾伦·谢弗（Aaron Shaffer）；我的密友斯塔茜·本森（Stacy Benson）和乔迪·刘易斯（Jodi Lewis）；天赋异禀、创意非凡的艺术家布雷特·麦圭尔（Brett McGuire）；我所认识的人中最聪明、最出色的两个人，苏茜和德尼斯·廷斯利（Susie and Denis Tinsley），他们在我在伦敦做研究期间邀请我住在他们漂亮的房子里。最后，我永远都要感激我挚爱的双亲拉里与康妮·米勒德（Larry and Connie Millard），以及岳母多丽丝·乌利希（Doris Uhlig）；我的三个优秀的姐妹，凯莉·桑维（Kelly Sandvig）、安娜·谢弗（Anna Shaffer）以及妮科尔·米勒德（Nichole Millard）；我亲爱的孩子们，埃默里（Emery）、彼得拉（Petra）与康拉德（Conrad），我全身心地爱着他们。我最诚挚、最衷心的感谢要献给我的丈夫马克·乌利希（Mark Uhlig），他是我认识的最不平凡的人。

注 释

原稿来源

AHD，埃尔默·霍尔丹文集（Aylmer Haldane Papers），苏格兰国家图书馆（National Library of Scotland）

BHL，布伦特赫斯特图书馆（Brenthurst Library），约翰内斯堡

CAC，丘吉尔档案中心，剑桥

KCM，基利·坎贝尔博物馆，德班

LOC，美国国会图书馆（Library of Congress），手稿区，马尔伯勒文集（Marlborough Papers）

NAM，国立军人博物馆（National Army Museum），伦敦

NAR，南非国家档案馆（National Archives Repository），比勒陀利亚

NAS，英国国家档案馆（National Archives），萨里

SPM，索尔·普拉杰博物馆，金伯利

WIT，路易斯·德苏扎文集（Louis de Souza Papers），金山大学，约翰内斯堡

第 1 章　与死亡擦肩而过

1. WSC to Jack, Dec. 2, 1897, CAC.

2. Winston Churchill, My Early Life, 76.

3. Ibid., 44.

4. WSC to Lady Randolph Churchill, Aug. 29, 1897, CAC.

5. Scott, *Winston Spencer Churchill*, 11.

6. Cowles, Winston *Churchill*, 55; Scott, *Winston Spencer Churchill*, 15; Winston Churchill, *My Early Life*, 162.

7. Winston Churchill, *My Early Life*, 162.

8. Winston Churchill, *My Early Life*, 74.

9. Ibid. , 83.

10. WSC to Lady Randolph Churchill, April 14, 1897, CAC.

11. WSC to Lady Randolph Churchill, Oct. 14, 1896, in Churchill and Gilbert, *Churchill Documents*, 2 : 688.

12. Winston Churchill, *My Early Life*, 105.

13. Randolph S. Churchill, *Youth*, 14, 96.

14. WSC to Jennie, Oct. 14, 1896, in Churchill and Gilbert, *Churchill Documents*, 2 : 688.

15. Winston Churchill, *My Early Life*, 122.

16. WSC speech in the House, Nov. 11, 1942, Quoted in Coote and Batchelor, *Maxims and Reflections of Winston Churchill*, 34.

17. Winston Churchill, *My Early Life*, 151 – 52.

18. Winston Churchill, *Story of the Malakand Field Force*, 73.

19. Winston Churchill, *My Early Life*, 123.

20. Winston Churchill, *Story of the Malakand Field Force*, 18, 99.

21. Ibid. , 97.

22. 帕坦人在英语里指的就是普什图人。

23. Coughlin, *Churchill's First War*, 210 – 11.

24. Winston Churchill, *Story of the Malakand Field Force*, 100.

25. Ibid. , 101.

26. WSC to Jack, Dec. 2, 1897, CAC.

27. *Harper's*, July 1900.

28. WSC to Lady Randolph Churchill, Sept. 5, 1897, in Churchill and Gilbert, *Churchill Documents*, 2 : 784.

29. Coughlin, *Churchill's First War*, 150.

30. WSC to Lady Randolph Churchill, Sept. 19, 1897, in Churchill and Gilbert, *Churchill Documents*, 2 : 792.

31. Winston Churchill, *My Early Life*, 138.

32. Ibid. , 180.

33. Ibid. , 139.

34. Winston Churchill, *Story of the Malakand Field Force*, 103.

35. Winston Churchill, *My Early Life*, 140.

36. Winston Churchill, *Story of the Malakand Field Force*, 103.

37. Winston Churchill, *My Early Life*, 141.

38. WSC to Lady Randolph Churchill, Sept. 19, 1897, in Churchill and Gilbert, *Churchill Documents*, 2：792.

39. WSC to Lady Randolph Churchill, Dec. 22, 1897, CAC.

第 2 章　不可磨灭的掌纹

1. Newspaper clipping of review from "Our Library Table," Sir Winston Churchill Archive Trust, CHAR 28/24.

2. WSC to Lady Randolph Churchill, Jan. 26, 1898, quoted in Randolph S. Churchill, *Youth*, 64.

3. Winston Churchill, *My Early Life*, 193.

4. WSC to Lady Randolph Churchill, Sept. 4, 1898, in Churchill and Gilbert, *Churchill Documents*, 2：973.

5. Ibid. , Quoted in Randolph S. Churchill, *Youth*, 415.

6. WSC to Charles Spencer-Churchill, Sept. 29, 1898, LOC.

7. WSC to Charles Spencer-Churchill, Jan. 24, 1899, LOC.

8. 英国议会著名的钟楼如今被称作伊丽莎白塔（Elizabeth Tower），以纪念 2012 年女王伊丽莎白二世即位 60 周年。

9. Winston Churchill, *My Early Life*, 46.

10. Ibid. , 32.

11. WSC to Lady Randolph Churchill, June 24 and July 8 ［?］, 1887.

12. Scott, *Winston Spencer Churchill*, 10.

13. Quoted in Randolph S. Churchill, *Youth*, 86.

14. *Isle of Wight Observer*, March 5, 1898.

15. 王尔德在监狱里写了一封信，题为《深渊书简》（De Profundis），获释后，他写了最后一首诗，题为《雷丁监狱之歌》（The Ballad of Reading Gaol）。

16. Ibid.

17. WSC to Mrs. Robinson, May 3, 1899, in Churchill and Gilbert, *Churchill Documents*, 2：1023.

18. WSC to Mrs. Robinson, May 6, 1899, in Churchill and Gilbert, *Churchill Documents*, 2: 1024.

19. "Court Circular," *Times*, June 15, 1899.

20. WSC to Lady Randolph Churchill, June 25, 1899, CAC.

第 3 章　贵族子弟

1. N. J. Frangopulo, *Tradition in Action: The Historical Evolution of the Greater Manchester County* (Wakefield: EP, 1977), 154.

2. *Morning Post*, June 28, 1899.

3. Winston Churchill, *My Early Life*, 206.

4. Randolph S. Churchill, *Youth*, 293.

5. Winston Churchill, *My Early Life*, 69.

6. 就在四年后，丘吉尔将在下议院假装发表即兴演讲时遭遇一次灾难性的经历。在仅仅讲了几句话后，他就忘记了计划中下面该说的内容，被迫在没有完成演讲的情况下就坐了下来。这种情况让下议院中的其他成员感到非常震惊，他们都把他看成一名伟大的演说家，而对丘吉尔来说，这也是灾难性的。他再也不曾试图在没有笔记的情况下发表演讲。

7. Nicholas Soames, "Sweat and Tears Made Winston Churchill's Name," *Telegraph*, May 4, 2011.

8. WSC to Charles Spencer-Churchill, June 29, 1899, CAC.

9. WSC to Pamela Plowden, July 2, 1899, CAC.

10. Winston Churchill, *My Early Life*, 223.

11. *Manchester Evening News*, June 26, 1899, Quoted in Churchill and Gilbert, *Churchill Documents*, 2: 1029.

12. John Hulme, "Mr. Churchill: A Portrait from 1901," *Finest Hour*, no. 49 (Autumn 1985).

13. *Morning Post*, June 28, 1899.

14. *Harper's New Monthly Magazine*, 1900, clipping without further information, CAC.

15. *Morning Post*, June 28, 1899.

16. WSC to Lady Randolph Churchill, July 2, 1899, in Churchill and

Gilbert, *Churchill Documents*, 2: 1035.

17. Winston Churchill, *My Early Life*, 4 – 5.

18. Sebba, *American Jennie*, 223.

19. Prince of Wales to Lady Randolph Churchill, Feb. 25, 1898, Quoted in Ridley, *Bertie*, 315.

20. Ibid.

21. Prince of Wales to Lady Randolph Churchill, March 30, 1898, quoted in Sebba, *American Jennie*, 814.

22. Quoted in Manchester, *Visions of Glory*, 320.

23. Winston Churchill, *My Early Life*, 5.

24. Randolph S. Churchill, *Youth*, 340.

25. Ibid. , 426.

26. Sebba, *American Jennie*, 882.

27. *Sheffield Evening Telegraph*, July 7, 1899.

28. Winston Churchill, *My Early Life*, 225.

29. Ibid. , 226.

30. Ibid.

31. WSC to Lady Randolph Churchill, Jan. 11, 1899, CAC.

第 4 章 吹响号角

1. Mrs. George Cornwallis-West, *The Reminiscences of Lady Randolph Churchill*, 236 – 47.

2. Duchess of Marlborough to Lord Randolph, Jan. 23, 1888, in Randolph S. Churchill, *Youth*, 104.

3. Forster and Bapasola, *Winston and Blenheim*, 2.

4. WSC to Lady Randolph Churchill, Aug. 13, 1899, in Churchill and Gilbert, *Churchill Documents*, 2: 1040.

5. Winston Churchill, *Marlborough*, 15.

6. WSC to Charles Spencer-Churchill, Jan. 24, 1899, LOC.

7. WSC to Lady Randolph Churchill, Aug. 16, 1895, CAC.

8. 1908 年，在参加热恩夫人的另一次聚会活动时，丘吉尔结识了后来的妻子，克莱门蒂娜·霍齐尔。

9. www. kosmoid. net/lives/jeune.

10. Winston Churchill, *My Early Life*, 227.

11. Ibid.

12. 维特沃特斯兰德如今被称作"兰德"（Rand），而这个词同时也指代南非货币"兰特"。

13. Winston Churchill, "Our Account with the Boers," 8, CAC.

14. Winston Churchill, *My Early Life*, 99.

15. Winston Churchill, "Our Account with the Boers," CAC.

16. Chamberlain to the House of Commons, May 1896, Quoted in Pakenham, *Boer War*, 27.

17. Winston Churchill, *My Early Life*, 227.

18. Winston Churchill, "Our Account with the Boers," CAC.

19. "Conservative Fete at Woodstock," *Oxford Journal*, Aug. 19, 1899.

20. *Manchester Evening News*, Aug. 18, 1899.

21. "Conservative Fete at Woodstock."

22. *Manchester Evening News*, Aug. 18, 1899.

23. Winston Churchill, *My Early Life*, 229.

24. "The Ultimatum: Full Official Text," *Diamond Fields Advertiser*, Oct. 12, 1899.

25. Marie de Souza, diary, Oct. 11, 1899. 感谢乔纳森·德苏扎。

26. Winston Churchill, *My Early Life*, 75.

第5章 "常胜利，沐荣光"

1. *London Daily News*, Oct. 16, 1899.

2. Ibid.

3. Ibid.

4. *Lancashire Evening Post*, Oct. 16, 1899.

5. *London Daily News*, Oct. 16, 1899.

6. *Yorkshire Evening Post*, Oct. 16, 1899; *London Daily News*, Oct. 16, 1899.

7. *Dundee Courier*, Oct. 16, 1899.

8. *London Daily News*, Oct. 16, 1899.

9. Gilbert, *Churchill: A Life*, 101.

10. Randolph S. Churchill, *Youth*, 454.

11. Winston Churchill, *London to Ladysmith*, 7.

12. *Yorkshire Evening Post*, Oct. 16, 1899.

13. Winston Churchill, *London to Ladysmith*, 7.

14. 有关这些素描画和皮夹的照片和信息来自丘吉尔档案中心。

15. WSC to Lady Randolph Churchill, Nov. 4, 1896, CAC.

16. "Society News and Gossip," *New York Times*, Feb. 26, 1905.

17. WSC to Lady Randolph Churchill, Nov. 4, 1896, CAC.

18. WSC to Lady Randolph Churchill, May 3, 1899, CAC.

19. WSC to Plowden, June 28, 1899, CAC.

20. WSC to Plowden, Nov. 28, 1898, CAC.

21. Ibid.

22. WSC to Lady Randolph Churchill, Sept. 3, 1899, CAC.

23. WSC to Lady Randolph Churchill, Aug. 22, 1899, in Churchill and Gilbert, *Churchill Documents*, 2: 1043.

24. George to Lady Randolph Churchill, Aug. 24, 1899, CAC.

25. WSC to Lady Randolph Churchill, Sept. 18, 1899, in Churchill and Gilbert, *Churchill Documents*, 2: 1049.

26. Ibid.

27. Winston Churchill, *My Early Life*, 230.

28. National Army Museum, London.

29. National Army Museum, London.

30. National Army Museum, London.

31. *Evening News Post*, Dec. 6, 1899.

32. *Times*, Feb. 15, 1927, Quoted in "Finest of the Empire," *Finest Hour* (Summer 2012): 25.

33. WSC to Lady Randolph Churchill, April 25, 1898.

34. *Daily Mail*, Nov. 7, 1899, quoted in Randolph S. Churchill, *Youth*, 457.

35. WSC to Lady Randolph Churchill, April 25, 1898, CAC.

36. WSC to Lady Randolph Churchill, Sept. 18, 1899, in Churchill and

Gilbert, *Churchill Documents*, 2：1049.

　37. Randolph S. Churchill, *Youth*, 453.

　38. WSC to Lady Randolph Churchill, Oct. 17, 1899, in Churchill and Gilbert, *Churchill Documents*, 2：1055.

　39. Details taken from a sketch that appeared in the *Illustrated London News*, Oct. 1899.

　40. WSC to Lady Randolph Churchill, Oct. 17, 1899, in Churchill and Gilbert, *Churchill Documents*, 2：1055.

　41. Winston Churchill, *My Early Life*, 234.

　42. Ibid. , 235.

　43. Ibid. , 231.

　44. Quoted in Pakenham, *Scramble for Africa*, 567.

　45. Winston Churchill, *London to Ladysmith*, 8 – 9.

　46. Winston Churchill, *My Early Life*, 235.

　47. Amery, *My Political Life*, 119.

　48. Randolph S. Churchill, *Youth*, 456.

　49. WSC to Lady Randolph Churchill, Oct. 17, 1899, in Churchill and Gilbert, *Churchill Documents*, 2：1055.

　50. Winston Churchill, *London to Ladysmith*, 9.

　51. Atkins, *Incidents and Reflections*, 122.

　52. Winston Churchill, *My Early Life*, 231 – 32.

　53. Pakenham, *Boer War*, 117.

　54. *Daily Telegraph*, Oct. 9, 1899.

　55. Amery, *Times History of the War in South Africa*, 2：42.

　56. Quoted in Pakenham, *Boer War*, 118.

第 6 章　　"我们已经做得够多了"

1. Hillegas, *With the Boer Forces*, 37 – 38.

2. Pakenham, *Boer War*, 121.

3. Reitz, *Commando*, 23.

4. National Army Museum, London.

5. Amery, *Times History of the War in South Africa*, 2：28.

6. Francis de Souza, *A Question of Treason*, 40.

7. Winston Churchill, *My Early Life*, 96.

8. Quoted in Pakenham, *Scramble for Africa*, 569.

9. 关于博塔的祖先，目前略有争议，有些资料称他的祖先是德国人而不是胡格诺教徒。

10. Spender, *General Botha*, 14.

11. Amery, *Times History of the War in South Africa*, 1：25.

12. "卡鲁"（karoo）这个词可能源于桑语单词 garo，意为"沙漠"。

13. Spender, *General Botha*, 16.

14. Trew, *Boer War Generals*, 137.

15. 迪尼祖鲁曾许诺给博塔和他的手下 4000 多平方英里的祖鲁族土地，以换取他们的帮助。在 20 多年后的 1906 年，迪尼祖鲁因卷入一场叛乱而被英国人关押。博塔在 1910 年刚一成为南非总理，就释放了迪尼祖鲁，并且赠予他一座位于德兰士瓦的农场。

16. Meintjes, *General Louis Botha*, 14. 事实上，如果博塔那晚被杀的话，很少有人受到的影响会比迪尼祖鲁自己更大，他与博塔之间建立了深厚的友谊，一直持续到近 30 年后迪尼祖鲁去世为止。

17. *Liverpool Mercury*, Oct. 11, 1899.

18. Spender, *General Botha*, 58.

19. Meintjes, *General Louis Botha*, 27.

20. Rayne Kruger, *Goodbye Dolly Gray*, 74.

21. Reitz, *Commando*, 24.

22. Amery, *Times History of the War in South Africa*, 2：58.

23. Quoted in Pakenham, *Boer War*, 120.

24. Ibid. , 132.

25. Rayne Kruger, *Goodbye Dolly Gray*, 76.

26. Meintjes, *General Louis Botha*, 33.

27. Rayne Kruger, *Goodbye Dolly Gray*, 77.

28. Pakenham, *Boer War*, 155 – 56.

29. Ibid. , 156.

30. Ibid. , 158.

31. Amery, *Times History of the War in South Africa*, 2：62 – 63.

32. Rayne Kruger, *Goodbye Dolly Gray*, 80.

33. Davitt, *Boer Fight for Freedom*, 241.

第 7 章 最黑暗的日子

1. Winston Churchill, *London to Ladysmith*, 10.

2. Pakenham, *Boer War*, 190.

3. Winston Churchill, *London to Ladysmith*, 10.

4. Atkins, *Relief of Ladysmith*, 34.

5. Winston Churchill, *London to Ladysmith*, 10.

6. Winston Churchill, *My Early Life*, 237 – 38.

7. Winston Churchill, *London to Ladysmith*, 12.

8. Ibid. , 12; Atkins, *Relief of Ladysmith*, 37.

9. Winston Churchill, *London to Ladysmith*, 13.

10. WSC to Lady Randolph Churchill, March 7, 1898, CAC.

11. Ibid.

12. WSC to Haldane, Aug. 11, 1898, CAC.

13. WSC to Haldane, May 24, 1898, CAC.

14. WSC to Lady Randolph Churchill, March 7, 1898, CAC.

15. Winston Churchill, *London to Ladysmith*, 13.

16. *Grantham Journal*, Nov. 4, 1899; *Sussex Agricultural Express*, Nov. 3, 1899.

17. Mahan, *Story of the War in South Africa*, 95.

18. Ibid.

19. Reitz, *Commando*, 32 – 33.

20. Pakenham, *Boer War*, 196; Mahan, *Story of the War in South Africa*.

21. *Diamond Fields Advertiser*, Jan. 3, 1900; "Horses on Board Ship," *Baily's Magazine*, March 1903, 186.

22. http: //www. bwm. org. au/site/Horses. asp.

23. WSC speech to Parliament, Jan. 1902; *Yorkshire Evening Post*, Oct. 16, 1899; *London Daily News*, Oct. 16, 1899.

24. 这种电动汽车是 1899 年在美国制造的，而且只在 1899 年有生产。它有一个电动驾驶台，前轮驱动、后轮转向。

25. Steevens, *From Capetown to Ladysmith*, 5.

26. Griffith, *Thank God We Kept the Flag Flying*, 97.

27. Quoted in Pakenham, *Boer War*, 191.

28. Atkins, *Incidents and Reflections*, 123; Winston Churchill, *London to Ladysmith*, 16.

29. Winston Churchill, *My Early Life*, 241; Winston Churchill, *London to Ladysmith*, 16.

第 8 章　乱石荒草之地

1. Winston Churchill, *London to Ladysmith*, 16.

2. Steevens, *From Capetown to Ladysmith*, 8.

3. Winston Churchill, *London to Ladysmith*, 16.

4. Winston Churchill, *My Early Life*, 241.

5. Ibid.

6. Winston Churchill, *London to Ladysmith*, 19.

7. 尽管他是一名祖鲁酋长的儿子，但在他还是孩子的时候，他和他的母亲——一位失去双亲的兰吉尼部族公主——就被赶出了自己的部族，被迫与兰吉尼部族居住在一起，而兰吉尼部族不想接纳他们，让他们的生活十分痛苦。沙卡后来成长为一位强大而令人惧怕的战士，心中充满了仇恨与憎恶，迫切地想要复仇。他的机会终于在 1816 年到来，他的父亲在这一年死去。在杀掉自己同父异母的兄弟，去除了自己继位的唯一真正威胁后，沙卡掌控了祖鲁族的军队，并在不久后登上王位。

8. Morris, *Washing of the Spears*, 47.

9. Quoted in Greaves and Mkhize, *Zulus at War*, 14 – 15.
除此以外，沙卡还有着持久的记忆。在他掌权后不久，他就将所有曾辱骂或残酷对待过自己母亲的人全部处决，将他们插在他们自己的栅栏上，然后烧掉了他们的村庄。几年后，在他母亲去世时，整个祖鲁部落——当时已经有了好几千人的规模——被迫不仅要进行数周不停的哀悼，不断痛哭和打滚，还要进行大规模屠杀。至少有 7000 人被杀害，腐烂的尸体阻塞了溪流和村庄长达数月之久。在葬礼那天，沙卡命令 1.2 万个男人看守他母亲的坟墓，然后将 10 名年轻女子活埋，与他母亲埋在一起，这些年轻女子的胳膊和腿都被打断，这样她们就没法爬出来了。

10. Winston Churchill, *My Early Life*, 242.

11. Winston Churchill, *London to Ladysmith*, 20.

12. Reitz, *Commando*, 34.

13. Winston Churchill, *London to Ladysmith*, 23.

14. Amery, *Times History of the War in South Africa*, 2：113.

15. Atkins, *Relief of Ladysmith*, 60.

16. Romer and Mainwaring, *Second Battalion Royal Dublin Fusiliers in the South African War*, 15.

17. Winston Churchill, *London to Ladysmith*, 22.

第 9 章　死亡陷阱

1. Winston Churchill, *My Early Life*, 168.

2. Ibid. , 242.

3. Winston Churchill, *London to Ladysmith*, 22.

4. WSC to Lady Randolph Churchill, Nov. 3, 1899, CAC.

5. Atkins, *Incidents and Reflections*, 112.

6. Ibid. , 122.

7. Ibid.

8. Randolph S. Churchill, Youth, 354. 似乎无论他去到哪里，从哈罗公学到班加罗尔，丘吉尔都被认为太过聪明、太过自信了。丘吉尔在哈罗公学上学时担任校长的韦尔登主教曾经对丘吉尔的一个朋友说，他不得不鞭笞丘吉尔的次数超过了其他任何男孩，"这个顽劣、不负责任的学生……甚至胆敢指导他如何履行自己的职责"。

9. Winston Churchill, *My Early Life*, 17 – 18；Amery, *My Political Life*, 39.

10. Amery, *My Political Life*, 39.

11. Winston Churchill, *My Early Life*, 243.

12. Amery, *My Political Life*, 115.

13. Atkins, *Incidents and Reflections*, 123.

14. Riall, *Boer War*, 23.

15. Ibid.

16. http：//17thdivision. tripod. com/rationsoftheageofempire/id5. html.

17. Atkins, *Relief of Ladysmith*, 61.

18. 埃斯特科特的士兵们还有一个日光仪，看起来就像是一个铜边的圆形化妆镜立在一个三脚架上，架子的长臂上还支着另一面一模一样的镜子。它通常由一位名叫马尔科姆·里亚尔（Malcolm Riall）的年轻军官操作，这位军官在桑德赫斯特皇家军事学院时还额外接受了打信号的训练，他会冷静地坐在日光仪前，抽着烟，戴着用来遮阳的平檐帽，试着与怀特进行交流。这不是一个完美的系统。那段日子经常是多云或者暴风雨天气，位于莱迪史密斯南侧的图盖拉河北岸有一排山丘阻碍了他们的视线，不过里亚尔通常都能够让它起作用。他给自己的母亲写信说："幸运的是，我是一个很不错的信号员。就算碰到任何困难……我通常也能把信息传过去。"Riall, *Boer War*, 10.

19. "Carrier Pigeons in the British-Boer War," *Collier's Weekly*, Dec. 23, 1900, 15.

20. Winston Churchill, *London to Ladysmith*, 28.

21. Steevens, *From Capetown to Ladysmith*, 34.

22. Caidin and Barbree, *Bicycles in War*, 12.

23. Winston Churchill, *My Early Life*, 244.

24. Winston Churchill, *London to Ladysmith*, 14.

25. "Boers at Kraaipan," *Diamond Fields Advertiser*, Oct. 14, 1899.

26. T. A. Heathcote, *British Admirals of the Fleet*, *1734 - 1995: A Biographical Dictionary* (Barnsley, South Yorkshire: Leo Cooper, 2002), 80.

27. Atkins, *Relief of Ladysmith*, 65 - 66.

28. Haldane, *How We Escaped from Pretoria*, 6.

29. Atkins, *Relief of Ladysmith*, 65 - 66.

30. Haldane, *How We Escaped from Pretoria*, 6.

31. Winston Churchill, *Ian Hamilton's March*, 123.

32. Winston Churchill, London to Ladysmith, 23. "莫利先生"指的是约翰·莫利（John Morley），第 1 代布莱克本的莫利子爵（1st Viscount Morley of Blackburn），他曾任爱尔兰首席大臣，后来在 1905 年出任印度事务大臣。莫利最为著名的是他对帝国主义的反对，尤其是对布尔战争的反对，因此成为丘吉尔轻蔑和嘲笑的对象。

33. Winston Churchill, *London to Ladysmith*, 24.

34. Winston Churchill, *London to Ladysmith*, 24.

35. Ibid. , 25.

36. Amery, *My Political Life*, 117.

37. Ibid.

第 10 章　遗憾与失策

1. Winston Churchill, *My Early Life*, 243.

2. Haldane, *Soldier's Saga*, 137.

3. Winston Churchill, *Story of the Malakand Field Force*, 81.

4. Atkins, *Relief of Ladysmith*, 68.

5. Amery, *Times History of the War in South Africa*, 2：115.

6. Ibid.

7. Ibid.

8. Atkins, *Relief of Ladysmith*, 67 – 69.

9. Steevens, *From Capetown to Ladysmith*, 39.

10. "Notes on Lightning-Strike in South Africa," AngloBoerWar. com, Jan. 25, 1902, http：//www. angloboerwar. com/forum/13 – miscellany/4611 – notes – on – lightning – stroke – in – south – africa.

11. Stephen Adams, "Boer War Records Show 86 Were Struck by Lightning," *Telegraph*, June 24, 2010.

12. Steevens, *From Capetown to Ladysmith*, 25.

13. Atkins, *Relief of Ladysmith*, 69.

14. Atkins, *Incidents and Reflections*, 122.

15. Ibid. , 127.

16. Ibid.

17. Atkins, *Relief of Ladysmith*, 71.

18. Haldane, *Soldier's Saga*, 138.

19. Ibid. , 139.

20. Ibid. , 140.

21. Winston Churchill, *My Early Life*, 244.

22. Haldane, *Soldier's Saga*, 139.

23. H. W. Kinsey, "Churchill and Ladysmith," *Military History Journal*

7, no. 3 (June 1987).

24. H. W. Kinsey, "Churchill and Ladysmith," *Military History Journal* 7, no. 3 (June 1987).

25. Winston Churchill, *My Early Life*, 244.

26. Ibid.

27. Amery, *My Political Life*, 117.

28. Atkins, *Incidents and Reflections*, 128 – 29.

29. Winston Churchill, *London to Ladysmith*, 31.

30. Haldane, *Soldier's Saga*, 141; Winston Churchill, *London to Ladysmith*, 31.

31. Haldane, *Soldier's Saga*, 140.

第 11 章 落入虎口

1. Winston Churchill, *My Early Life*, 244.

2. Maurice, *History of the War in South Africa*, 47.

3. Amery, *Times History of the War in South Africa*, 2: 24.

4. Ibid. , 2: 38.

5. Letter to the editor, *Diamond Field Advertiser*, clipping, no date given, Africana Library, Kimberley, South Africa.

6. Amery, *Times History of the War in South Africa*, 2: 16 – 19.

7. Comaroff, *Boer War Diary of Sol T. Plaatje*, 38.

8. Steevens, *From Capetown to Ladysmith*, 39.

9. Winston Churchill, *London to Ladysmith*, 32.

10. Amery, *Times History of the War in South Africa*, 2: 115.

11. Reitz, *Commando*, 43 – 44.

12. Haldane, *Soldier's Saga*, 142.

13. Winston Churchill, *London to Ladysmith*, 32.

14. Winston Churchill, *My Early Life*, 244.

15. Hillegas, *With the Boer Forces*, 82.

16. Ibid. , 51.

17. Amery, *Times History of the War in South Africa*, 2: 116.

18. Ibid.

第 12 章 阴森而邪恶的死神

1. Haldane, *Soldier's Saga*, 141 – 42.

2. Ibid. , 142.

3. Ibid.

4. Ibid.

5. Steevens, *From Capetown to Ladysmith*, 34.

6. Haldane, *Soldier's Saga*, 142.

7. Ibid. , 143.

8. Winston Churchill, *My Early Life*, 245；Winston Churchill, *London to Ladysmith*, 32.

9. Winston Churchill, *My Early Life*, 245.

10. Steevens, *From Capetown to Ladysmith*, 36.

11. Winston Churchill, *London to Ladysmith*, 32.

12. Winston Churchill, *My Early Life*, 245.

13. Ibid. , 246.

14. Winston Churchill, *London to Ladysmith*, 33.

15. Winston Churchill, *My Early Life*, 246 – 47. 10 年后，当丘吉尔成为内政大臣时，他想起了自己给这位司机许下的诺言，并且向国王建议授予这位司机阿伯特勋章，这是英国公民能够得到的最高级别的勇气奖励。

16. Winston Churchill, *London to Ladysmith*, 34.

17. Winston Churchill, *My Early Life*, 247.

18. *A Soldier's Saga*, 143 – 44.

19. Winston Churchill, *London to Ladysmith*, 33.

20. Ibid. , 34.

21. Haldane, *Soldier's Saga*, 144.

22. Winston Churchill, *London to Ladysmith*, 34 – 35.

23. WSC to Lady Randolph Churchill, Dec. 22, 1897, CAC.

24. Atkins, *Incidents and Reflections*, 131.

25. Winston Churchill, *My Early Life*, 248.

26. Winston Churchill, *London to Ladysmith*, 35.

27. Ibid.

28. Haldane, *Soldier's Saga*, 145.

29. Winston Churchill, *London to Ladysmith*, 35 – 36.

30. Ibid. , 36.

31. Haldane, *Soldier's Saga*, 145.

32. Winston Churchill, *London to Ladysmith*, 36.

33. Steevens, *From Capetown to Ladysmith*, 28.

34. Winston Churchill, *London to Ladysmith*, 37.

35. Atkins, *Relief of Ladysmith*, 193.

36. Winston Churchill, *London to Ladysmith*, 36.

37. Ibid. , 37.

38. Ibid.

39. Winston Churchill, *My Early Life*, 252.

40. Winston Churchill, *London to Ladysmith*, 37.

第 13 章　投降、服从、忍耐

1. Atkins, *Relief of Ladysmith*, 73.

2. Amery, *My Political Life*, 117; Atkins, *Incidents and Reflections*, 129.

3. Atkins, *Relief of Ladysmith*, 73 – 74.

4. Ibid. , 75 – 76.

5. Winston Churchill, *London to Ladysmith*, 38.

6. Winston Churchill, *My Early Life*, 253.

7. Haldane, *Soldier's Saga*, 146.

8. Haldane, *How We Escaped from Pretoria*.

9. Winston Churchill, *My Early Life*, 257.

10. Winston Churchill, *London to Ladysmith*, 38.

11. Winston Churchill, *My Early Life*, 257.

12. Quoted in Randolph S. Churchill, *Youth*, 475.

13. Winston Churchill, *London to Ladysmith*, 38.

14. Ibid. , 39.

15. Ibid. , 40.

16. Winston Churchill, *My Early Life*, 258.

17. Winston Churchill, *London to Ladysmith*, 39.

18. "The African Diamond Mines," *Scientific American*, Aug. 22, 1891, 13042.

19. Randolph Henry Spencer Churchill, *Men, Mines, and Animals in South Africa*, 92.

20. Ibid. , 94.

21. Quoted in Manchester, *Visions of Glory*, 165 – 66.

22. Randolph Churchill to Lady Randolph Churchill, July 2, 1891.

23. WSC to Randolph Churchill, July [8?], 1891, CAC.

24. WSC to Randolph Churchill, Sept. 28, 1891, CAC.

25. Winston Churchill, *My Early Life*, 258.

26. Winston Churchill, *London to Ladysmith*, 40.

27. Ibid. , 40 – 41.

28. Ibid. , 40.

29. Haldane to Knutford, April 22, 1931.

30. Haldane, *Soldier's Saga*, 147 – 48.

31. Winston Churchill, *London to Ladysmith*, 42.

32. Ibid.

33. Haldane, *Soldier's Saga*, 148.

34. Winston Churchill, *London to Ladysmith*, 44.

35. Ibid. , 46.

36. Haldane, *Soldier's Saga*, 148.

37. Randolph S. Churchill, *Youth*, 475.

38. Winston Churchill, *London to Ladysmith*, 47.

39. Ibid.

40. Judith Crosbie, "The Great Escape: How My Fam-ily Gave Churchill a Leg Up," *Irish Times*, nd.

41. Brockie to his father, May 15, 1900, CAC.

42. Ibid.

43. Ibid.

44. Haldane, *Soldier's Saga*, 148.

45. Winston Churchill, *My Early Life*, 261.

46. Ibid.

47. Winston Churchill, *London to Lady-smith*, 51.

第 14 章　　"遗憾地通知您"

1. "The 'Maine's' Concert," *Daily Mail*, Nov. 20, 1899.

2. "Mrs. Brown Potter's Concert," *Gloucestershire Echo*, Nov. 20, 1899; "'Maine's' Concert."

3. "'Maine's' Concert."

4. Ibid.

5. Randolph S. Churchill, *Youth*, 475 – 76.

6. *Morning Post*, Nov. 18, 1899.

7. "Mr. Churchill's Heroism," *Yorkshire Eve-ning News*, Nov. 17, 1899.

8. Quoted in the *Morning Post*, Nov. 18, 1899.

9. Quoted in ibid.

10. Ibid.

11. "Mr. Winston Churchill," *Nottingham Evening Post*, Nov. 17, 1899.

12. Atkins, *Incidents and Reflections*, 130.

13. Quoted in the *Morning Post*, Nov. 18, 1899.

14. "The Capture of Mr. Winston Churchill," *York Herald*, Nov. 20, 1899.

15. Walden to Lady Randolph Churchill, Nov. 17, 1899, in Churchill and Gilbert, *Churchill Documents*, 1: 466.

16. *Daily News Weekly* editor to Lady Randolph Churchill, Nov. 21, 1899, CAC.

17. Quoted in Sebba, *American Jennie*, 241.

18. Quoted in ibid. , 230.

19. Ibid.

20. WSC to Lady Randolph Churchill, April 25, 1898, in Churchill and Gilbert, *Churchill Documents*, 2: 923.

21. George to Lady Randolph Churchill, Oct. 6, 1899, CAC.

22. George to Lady Randolph Churchill, Sept. 16, 1899, CAC.

23. Sebba, *American Jennie*, 237 – 38.

24. Ridley, *Bertie*, 315.

25. George to Lady Randolph Churchill, Aug. 24, 1899, CAC.

26. WSC to Lady Randolph Churchill, Sept. 3, 1899, CAC.

27. Mrs. George Cornwallis-West, *The Reminiscences of Lady Randolph Churchill*, 409.

28. *Gloucestershire Echo*, Nov. 20, 1899.

29. Sebba, *American Jennie*, 241.

30. Celia Lee, "90th Anniversary Talk on Jennie, Lady Randolph Churchill," June 29, 2011, http://www. winstonchurchill. org/support? catid = 0&id = 1205.

31. Quoted in Sebba, *American Jennie*, 243.

32. Quoted in ibid.

33. Lee, "90th Anniversary Talk on Jennie."

34. Winston Churchill, *My Early Life*, 259.

第 15 章　亡者之城

1. Winston Churchill, *London to Ladysmith*, 53.

2. Ibid.

3. Haldane, *How We Escaped from Pre-toria*, 22; Haldane, *Soldier's Saga*, 148 – 49.

4. Winston Churchill, *London to Ladysmith*, 53.

5. Ibid.

6. Haldane, *How We Escaped from Pretoria*, 22.

7. Ibid. , 23.

8. Randolph Churchill to Lady Randolph Churchill, July 2, 1891, CAC.

9. Amery, *My Political Life*, 105.

10. Ibid. , 112.

11. Hillegas, *With the Boer Forces*, 27.

12. Ibid. , 26.

13. Haldane, *How We Escaped from Pretoria*, 21.

14. Winston Churchill, *London to Ladysmith*, 53.

15. Haldane, *How We Escaped from Preto-ria*, 23.

16. Winston Churchill, *London to Ladysmith*, 53.

17. Ibid. , 56.

18. Buttery, *Why Kruger Made War*, 30; Winston Churchill, *My Early Life*, 264.

19. Haldane, *Soldier's Saga*, 150; Winston Churchill, *My Early Life*, 268. 在《我的早年生活》(*My Early Life*) 一书中，丘吉尔写道，铁栅栏有 10 英尺高，但另外两个资料来源，包括霍尔丹在内，都称铁栅栏是 6. 5 英尺高。

20. Hofmyer, *Story of My Captivity*, 116; Hal-dane, *How We Escaped from Pretoria*, 26.

21. Winston Churchill, *London to Ladysmith*, 54.

22. Burnett diary, http：//www. angloboerwar. com/books/27 – burnett – 18th – hussars – in – south – africa/ 696 – burnett – appendix – 1.

23. Winston Churchill, *London to Ladysmith*, 54.

24. *Sir Winston Churchill and Pretoria*: *Sixty Years Ago*. http：// repository. up. ac. za/bitstream/handle/2263/13262/007 _ p083 – 096 . pdf? sequence = 4.

25. Winston Churchill, *My Early Life*, 261.

26. Pakenham, *Boer War*, 172.

27. Rayne Kruger, *Goodbye Dolly Gray*, 87 – 88; Griffith, *Thank God We Kept the Flag Flying*, 98.

28. Steevens, *From Capetown to Ladysmith*, 27.

29. Amery, *My Political Life*, 106.

30. Smuts, *Memoirs of the Boer War*, 19. 此时，史末资已经当选为南非总理，并在一战期间出任英国战时内阁成员，协助建立了皇家空军。

31. 弗兰克兰还在国立示范学校的墙上画了两幅较小的漫画。由于它们所描绘的是克留格尔从拿着鞭子的南非共和国警察身边逃跑的画面，因此后来被毁掉了，不过这两幅漫画的照片还保留着。

32. Winston Churchill, *London to Ladysmith*, 54 – 55.

33. Churchill, *My Early Life*, 259.

34. Cockran to WSC, Nov. 30, 1899, CAC.

35. Churchill, *My Early Life*, 259.

36. De Souza archive, Witwatersrand University.

37. WSC to Lady Randolph Churchill, Nov. 18, 1899, CAC.

38. WSC to Plowden, Nov. 18, 1899, CAC.

39. Marie de Souza, diary, Jonathan de Souza notes, Oct. 23, 1899.

40. Marie de Souza, diary, Nov. 15, 1899.

41. Randolph S. Churchill, *Youth*, 480.

42. Ibid.

43. Ibid. , 479.

44. Ibid.

第 16 章　黑色星期

1. Marie de Souza, diary, Oct. 30, 1899.

2. Ibid. , Nov. 19, 1899.

3. Winston Churchill, *London to Ladysmith*, 54.

4. Hofmeyr, *The Story of My Captivity*, 117; Winston Churchill, *London to Ladysmith*, 55.

5. Hofmeyr, *The Story of My Captivity*, 117.

6. Winston Churchill, *London to Ladysmith*, 55; Hofmeyr, *Story of My Captivity*, 117.

7. Winston Churchill, *London to Ladysmith*, 55.

8. Francis de Souza, *A Question of Treason*, 49.

9. Marie de Souza, diary, Sept. 27, 1899.

10. Ibid. , April 2, 1900.

11. Ibid. , Sept. 30, 1899.

12. Ibid. , Oct. 13, 1899.

13. Winston Churchill, *London to Ladysmith*, 55.

14. Ibid.

15. Haldane, *How We Escaped from Pretoria*, 28.

16. Winston Churchill, *London to Ladysmith*, 56.

17. Ibid.

18. Amery, *Times History of the War in South Africa*, 2: 119.

19. Meintjes, *General Louis Botha*, 41.

20. Pakenham, *Scramble for Africa*, 570 – 71.

21. Ibid., 571; National Army Museum, London.

22. Winston Churchill, *London to Ladysmith*, 65.

23. Ibid.

24. Hofmeyr, *Story of My Captivity*, 117.

25. Ibid., 153.

26. Winston Churchill, *London to Ladysmith*, 56.

27. Marie de Souza, diary, Oct. 19, 1899.

28. Buttery, *Why Kruger Made War*, 45.

29. Winston Churchill, *London to Ladysmith*, 56.

30. Ibid., 55.

31. "A Captured Boer Spy," *Age*, Nov. 18, 1899.

32. Ibid.; Marie de Souza, diary, Nov. 30, 1899.

33. Joubert to Reitz, Nov. 28, 1899, quoted in de Souza, *No Charge for Delivery*, 90.

34. Theron to Reitz, Nov. 28, 1899, quoted in ibid. 达尼·西伦当时是德兰士瓦自行车兵团（Transvaal Cyclist Corps）的一名上尉。后来，他指挥了一支十分成功的侦察部队，名为"西伦侦察兵团"（Theron's Verkenningskorps）。感谢肯·吉林斯提供此信息。

35. Reitz, *Commando*, 49. 那天夜晚晚些时候，在读完这些文章后，雷茨对儿子说，丘吉尔是一个"十分聪明的年轻人"。德尼斯写道："在这一点上，他没有说错，因为不久之后，这位战俘就翻越围墙逃离了德兰士瓦。"

36. WSC to Stopford, Nov. 30, 1899, quoted in Randolph S. Churchill, *Youth*, 481.

37. Joubert to Acting Commandant General Pretoria, Haldane's journal, 14OE and 14OF, AHD.

38. Winston Churchill, *My Early Life*, 268.

第 17 章　一个绝望而大胆的计划

1. Burnett, diary, 1, angloboerwar. com.

2. Winston Churchill, *My Early Life*, 259.

3. Winston Churchill, *London to Ladysmith*, 57.

4. Vischer, *Barbed Wire Disease*, quoted in Walter Wood. *The Enemy in Our Midst* (London: 1906), 127.

5. Ibid.

6. A. J. Nathan, "Boer Prisoners of War on the Island of St. Helena," *Military History Journal* 11, no. 3/4 (Oct. 1999).

7. 当包括克龙涅将军在内的第一批布尔战俘抵达时，英国杂志《笨拙》(*Punch*) 周刊刊登了一幅漫画，画的是克龙涅向拿破仑的灵魂敬礼，并且说："同一个敌人，陛下，同一个结果！" Ibid.

8. Mike Dash, "The Secret Plot to Rescue Napoleon by Submarine," *Smithsonian Magazine*, March 8, 2013.

9. Winston Churchill, *London to Ladysmith*, 57.

10. Haldane, *Soldier's Saga*, 154.

11. Winston Churchill, *My Early Life*, 261.

12. Ibid., 268.

13. Ibid., 262.

14. Ibid., 264.

15. Ibid.

16. Burnett, diary, 6, angloboerwar. com.

17. Winston Churchill, *London to Ladysmith*, 55.

18. Mortimer Menpes, "Young Winston in South Africa, 1900," *Finest Hour*, no. 105 (Winter 1999 – 2000).

19. Winston Churchill, *My Early Life*, 266.

20. Ibid., 262.

21. Haldane, *How We Escaped from Pretoria*, 30.

22. Ibid., 31.

23. Crosbie, "Great Escape."

24. Haldane, *How We Escaped from Pretoria*, 30.

25. Winston Churchill, *My Early Life*, 263.

26. Ibid., 263 – 64.

27. Haldane, *How We Escaped from Pretoria*, 30.

28. Ibid., 30 – 31.

29. "Capt. Aylmer Haldane Divorced," *Glasgow Herald*, Dec. 21, 1901.

30. Haldane, *Soldier's Saga*, 59.

31. "Capt. Aylmer Haldane Divorced."

32. WSC to Lady Randolph Churchill, March 31, 1898, CAC.

33. WSC to Haldane, May 24, 1898, CAC.

34. WSC to Haldane, Aug. 11, 1898. 凯特·斯图尔特最后终于在 1901 年 12 月起诉霍尔丹要求离婚，CAC。

35. Haldane, *Soldier's Saga*, 155.

36. Quoted in Randolph S. Churchill, *Youth*, 481.

37. Winston Churchill, *My Early Life*, 102.

38. Haldane, *Soldier's Saga*, 155.

39. Ibid.

40. Douglas S. Russell, "Lt. Churchill: 4th Queen's Own Hussars," www. winstonchurchill. org.

41. Haldane, *Soldier's Saga*, 154.

42. Ibid. , 155 – 56.

43. Ibid. , 155.

44. Ibid.

45. Ibid. , 155 – 56.

第 18 章　"我将独自继续"

1. Winston Churchill, *London to Ladysmith*, 66.

2. Ibid.

3. Haldane, *Soldier's Saga*, 155.

4. Winston Churchill, *My Early Life*, 270.

5. Haldane, diary, Dec. 11, 1899, AHD.

6. Ibid, 140U.

7. Winston Churchill, *London to Ladysmith*, 66.

8. Winston Churchill, *My Early Life*, 57.

9. Ibid.

10. Haldane, *Soldier's Saga*, 150; Haldane, diary, 140H; Winston Churchill, *London to Ladysmith*, 66.

11. Winston Churchill, *London to Ladysmith*, 66.

12. Winston Churchill, *My Early Life*, 270.

13. Winston Churchill, *London to Ladysmith*, 66.

14. Haldane, diary, 140H.

15. Ibid. , 125.

16. Ibid. , 140H.

17. Haldane, diary, 140Q.

18. Ibid.

19. Walter Scott, *The Prose Works of Sir Walter Scott, Bart: Tales of a Grandfather*, 109.

20. Excerpt from Mrs. Stuart Menzies, *As Others See Us* (London: H. Jenkins, 1924) .

21. Winston Churchill, *London to Ladysmith*, 66.

22. Ibid. , 66 – 67.

23. Haldane, diary, 140H.

24. Ibid.

25. Hofmeyr, *Story of My Captivity*, 133; Haldane, diary, 140H.

26. Haldane, diary, 140I.

27. Ibid.

28. Winston Churchill, *My Early Life*, 271.

29. Winston Churchill, *London to Ladysmith*, 67.

30. Ibid.

31. Ibid.

32. Ibid. ; Haldane diary, 140I.

33. Winston Churchill, *London to Ladysmith*, 67.

第 19 章　永远勇敢

1. Winston Churchill, *My Early Life*, 271.

2. Ibid. , 271 – 72.

3. Ibid. , 272.

4. Winston Churchill, *London to Ladysmith*, 68. 有一个老故事称，丘吉尔在描述自己的这次逃跑时说，他游过了"宽阔的阿皮斯河"。这个故事遭到了南非人的取笑和嘲弄，因为他们知道这条河既窄又浅，不过丘吉尔本人称，这是记者夸张的结果，他从来没有用过那几个词来描述那条河。

5. Winston Churchill, *London to Ladysmith*, 68.

6. Ibid.

7. Ibid.

8. Ibid.

9. Ibid.

10. Ibid.

11. Ibid.

12. Winston Churchill, *My Early Life*, 273.

13. Girouard, *History of the Railways During the War in South Africa*, 9 – 10.

14. Ibid. , 10 – 11.

15. Winston Churchill, *London to Ladysmith*, 68.

16. Ibid.

17. Ibid. , 69.

18. Ibid.

19. Winston Churchill, *My Early Life*, 132.

20. Winston Churchill, *London to Ladysmith*, 70.

21. WSC to Lady Randolph Churchill, Jan. 14, 1897, CAC.

22. Churchill, *My Early Life*, 113 – 14.

23. Ibid. , 117.

第 20 章　"就此告辞"

1. Haldane, diary, 140I.

2. Haldane, *How We Escaped from Pretoria*, 33.

3. WSC to Lady Randolph Churchill, Nov. 18, 1899, CAC.

4. WSC to Lady Randolph Churchill, Dec. 27, 1891, quoted in Randolph S. Churchill, *Youth*, 171.

5. Randolph to WSC, March 29, 1892, CAC.

6. Churchill, *My Early Life*, 105.

7. Haldane, *How We Escaped from Pretoria*, 33.

8. Hofmeyr, *Story of My Captivity*, 134.

9. Ibid. , 134 – 35.

10. Ibid. , 135.

11. Ibid. , 135 – 36.

12. Sandys, *Churchill*, 95.

13. Haldane, *How We Escaped from Pretoria*, 34.

14. Hofmeyr, *Story of My Captivity*, 132.

15. Ibid. , 136 – 37.

16. Haldane, *How We Escaped from Pretoria*, 35.

17. Ibid. , 34.

18. Marie de Souza, diary, Dec. 13, 1899.

19. Marie de Souza, diary, Jonathan de Souza's notes, Dec. 15, 1899.

20. Churchill and Gilbert, *Churchill Documents*, 2: 1089.

21. Ibid. , 2: 1089 – 90.

22. Mrs. T. J. Rodda, "Memoires," *Pretoriana*, no. 20 (1956).

23. Marie de Souza, diary, Jonathan de Souza's notes, Dec. 15, 1899.

24. Marie de Souza, diary, Dec. 13, 1899.

25. Churchill and Gilbert, *Churchill Documents*, 2: 1086.

26. Winston Churchill, *My Early Life*, 300.

27. Atkins, *Relief of Ladysmith*, 121 – 22.

28. Ibid. , 122 – 23.

29. Ibid. , 124.

30. Ibid. , 125.

31. Quoted in Meintjes, *General Louis Botha*, 43 – 44.

32. Pakenham, *Boer War*, 268.

33. Ibid. , 267.

34. Ibid. , 269 – 70.

35. Ibid. , 270.

36. Atkins, *Relief of Ladysmith*, 133.

第 21 章　孤身一人

1. Winston Churchill, *London to Ladysmith*, 70.

2. Winston Churchill, *My Early Life*, 276.

3. Winston Churchill, *My Early Life*, 277.

4. Ibid.

5. Ibid.

6. Ibid.

7. Ibid. , 278.

8. *Detailed History of the Railways in the South African War*, 104.

9. Winston Churchill, *My Early Life*, 278.

10. Ibid. , 279.

11. Ibid.

12. Randolph Henry Spencer Churchill, *Men, Mines, and Animals in South Africa*, 92.

13. Winston Churchill, *London to Ladysmith*, 47 – 49.

14. South African History Online, Solomon Tshekisho Plaatje; Comaroff, introduction to *Boer War Diary of Sol T. Plaatje*.

15. Warwick, *Black People and the South African War*, 35.

16. Comaroff, *Boer War Diary of Sol T. Plaatje*, 124.

17. Steevens, *From Capetown to Ladysmith*, 14.

18. Winston Churchill, *My Early Life*, 279.

19. Ibid. , 280.

20. Ibid.

21. Ibid. , 281.

第 22 章　"谁在那里?"

1. Winston Churchill, *My Early Life*, 282.

2. Ibid.

3. Steevens, *From Capetown to Lady-smith*, 7.

4. Ibid.

5. Lang, *Power Base*, 41 – 43.

6. Sandys, *Churchill*, 126.

7. Winston Churchill, *My Early Life*, 283.

8. Ibid.

9. Winston Churchill, *My Early Life*, 283.

10. Ibid. , 284.

11. Ibid. , 81.

12. Ibid. , 284.

13. Interview with John Bird.

14. Winston Churchill, *My Early Life*, 284.

15. Interview with Bird.

16. Winston Churchill, *My Early Life*, 284.

17. Interview with Bird.

18. Ibid.

19. Ibid.

20. Lang, *Power Base*, 46.

21. Winston Churchill, *My Early Life*, 284 – 85.

22. Ibid. , 285.

第 23 章　看不见的敌人

1. Atkins, *Relief of Ladysmith*, 148 – 49.

2. Ibid. , 149.

3. Ibid. , 155.

4. Davitt, *Boer Fight for Freedom*, 258.

5. Barnard, *General Botha at the Battle of Colenso*, 6.

6. Atkins, *Relief of Ladysmith*, 155.

7. Davitt, *Boer Fight for Freedom*, 260.

8. Ibid.

9. Barnard, *General Botha at the Battle of Colenso*, 3.

10. Amery, *Times History of the War in South Africa*, 2：159.

11. Barnard, *General Botha at the Battle of Colenso*, 5.

12. Amery, *Times History of the War in South Africa*, 1：15.

13. "Taking Sides in the Boer War," *American Heritage*, April 1976.

14. "Leyds's Last Card," *Diamond Field Advertiser*, Oct. 26, 1899.

15. Quoted in Winston Churchill, *My Early Life*, 303.

16. Atkins, *Relief of Ladysmith*, 150.

17. Amery, *Times History of the War in South Africa*, 2: 165.

18. Atkins, *Relief of Ladysmith*, 155 – 56.

19. Amery, *Times History of the War in South Africa*, 2: 165.

20. Rayne Kruger, *Goodbye Dolly Gray*, 137.

21. *Reports from Commissioners, Inspectors, and Others*, 409.

22. Atkins, *Relief of Ladysmith*, 163.

23. Ibid. , 165.

24. Quoted in Rayne Kruger, *Goodbye Dolly Gray*, 139.

25. Gandhi, *Autobiography*, 215.

26. Atkins, *Relief of Ladysmith*, 179.

27. Pakenham, *Boer War*, 276.

28. Atkins, *Relief of Ladysmith*, 159.

29. Ibid. , 160.

30. Ibid. , 170.

31. Ibid. , 171.

32. Ibid.

33. Ibid. , 176.

34. Pakenham, *Boer War*, 289.

35. Barnard, *General Botha at the Battle of Colenso*, 9.

36. Atkins, *Relief of Ladysmith*, 169.

37. Davitt, *Boer Fight for Freedom*, 271 – 72.

第 24 章　希望之光

1. Amery, *My Political Life*, 118.

2. "British Disaster; Battle at Colenso," *Belfast News-Letter*, Dec. 16, 1899.

3. Quoted in Pakenham, *Boer War*, 292.

4. Amery, *My Political Life*, 119.

5. Winston Churchill, *Ian Hamilton's March*, 281.

6. National Army Museum, http://www. nam. ac. uk/exhibitions/online – exhibitions/dads – army/roberts – family/freddy – roberts.

7. *Sheffield Daily Telegraph*, Dec. 18, 1899.

8. Amery, *Times History of the War in South Africa*, 2: 174.

9. Boer War badges, British Museum.

10. National Army Museum.

11. National Army Museum.

12. Doyle, *Great Boer War*, 102 – 3.

13. Borthwick to Lady Randolph, Dec. 14, 1899, quoted in Randolph S. Churchill, *Youth*, 497.

14. *Manchester Courier*, Dec. 18, 1899.

15. Winston Churchill, *My Early Life*, 290.

16. *Gloucester Journal*, Dec. 23, 1899.

17. Winston Churchill, *My Early Life*, 286.

18. Ibid. , 285.

19. Ibid. , 286.

20. Ibid.

21. Ibid.

22. Winston Churchill, *London to Ladysmith*, 71.

23. Winston Churchill, *My Early Life*, 287.

24. Ibid.

25. Ibid. , 288.

26. Ibid.

第 25 章　计划

1. Winston Churchill, *My Early Life*, 287.

2. "Man Who Befriended Churchill," *Johannesburg Star*, Dec. 11, 1923.

3. Ibid.

4. "Winston Churchill's Escape," *Johannesburg Star*, Dec. 22, 1923.

5. Winston Churchill, *My Early Life*, 288.

6. Ibid. , 12 – 13.

7. Ibid. , 111.

8. Ibid. , 290.

9. "Man Who Befriended Churchill."

10. "Winston Churchill's Escape."

11. Winston Churchill, *My Early Life*, 289.

12. 在 1921 年接受《约翰内斯堡星报》（*Johannesburg Star*）采访时，伯纳姆说，他不仅知道丘吉尔待在煤矿里的事情有一段时间了，而且把丘吉尔藏在羊毛车厢里偷渡出境的主意也是他想出来的，不是霍华德的点子。我之所以选择霍华德对事件的叙述，是因为在《我的早年生活》一书中，丘吉尔支持了他的说法。

13. "Churchill Rescuer Gives Watch to Museum," newspaper clipping in the archives of the Killie Campbell Africana Library, Durban; http://www. superbrands. com/za/pdfs/NATALMERCURY. pdf.

14. Winston Churchill, *My Early Life*, 289.

15. Ibid.

16. Ibid. , 290.

17. Ibid. , 292.

18. Ibid.

19. Ibid.

第 26 章　红与蓝

1. Winston Churchill, *My Early Life*, 292 – 93.

2. "Winston Churchill's Escape. "

3. Winston Churchill, *My Early Life*, 293.

4. "Man Who Befriended Churchill. "

5. Randolph S. Churchill, *Youth*, 112; Winston Churchill, *My Early Life*, 18.

6. Winston Churchill, *My Early Life*, 293.

7. "Winston Churchill's Escape. "

8. Winston Churchill, *My Early Life*, 293.

9. Ibid. , 294.

10. "Winston Churchill's Escape. "

11. Ibid.

12. "Mr. Churchill's Escape," *Star*, March 9, 1907.

13. "Winston Churchill's Escape"; Burnham to WSC, March 8, 1908, quoted in Randolph S. Churchill, *Youth*, 503 – 4.

14. Winston Churchill, *My Early Life*, 294.

15. Burnham to WSC, March 8, 1908, quoted in Randolph S. Churchill, *Youth*, 503 – 4.

16. "Winston Churchill's Escape."

17. Burnham to WSC, March 8, 1908, quoted in Randolph S. Churchill, *Youth*, 503 – 4.

18. Winston Churchill, *My Early Life*, 295.

19. Ibid.

20. Ibid.

21. Ibid.

22. Burnham to WSC, March 8, 1908, quoted in Randolph S. Churchill, *Youth*, 503 – 4.

23. "Winston Churchill's Escape."

24. Ibid.

25. Burnham to WSC, March 8, 1908, quoted in Randolph S. Churchill, *Youth*, 503 – 4. ; "Winston Churchill's Escape."

26. Winston Churchill, *London to Ladysmith*, 72.

27. Winston Churchill, *My Early Life*, 296.

28. "Winston Churchill's Escape."

29. Hillegas, *With the Boer Forces*, 20.

30. Quoted in Cammack, *Rand at War*, 119.

31. Winston Churchill, *My Early Life*, 296.

32. Ibid.

尾　声

1. Winston Churchill, *My Early Life*, 297.

2. Winston Churchill, *London to Ladysmith*, 74.

3. Winston Churchill, *My Early Life*, 297.

4. Ibid.

5. Ibid.

6. Ibid.

7. Ibid. , 303.

8. Buller to Lady Londonderry, Dec. 26, 1899, in Churchill and

Gilbert, *Churchill Documents*, 2: 1093.

9. WSC to Lady Randolph Churchill, Jan. 26, 1899, in Churchill and Gilbert, *Churchill Documents*, 2: 1004.

10. Winston Churchill, *My Early Life*, 305.

11. WSC to Plowden, Jan. 28, 1900, CAC.

12. Churchill and Gilbert, *Churchill Documents*, 2: 1093.

13. WSC to Plowden, Jan. 28, 1900, CAC.

14. Ibid.

15. Winston Churchill, *My Early Life*, 318.

16. Burnett, *18th Hussars in South Africa*, 263.

17. Ibid.

18. Ibid.

19. Winston Churchill, *My Early Life*, 352.

20. Burnett, *18th Hussars in South Africa*, 263.

21. Winston Churchill, *My Early Life*, 352.

22. Haldane, *Soldier's Saga*, 168.

23. Haldane, *How We Escaped from Pretoria*, 38.

24. Brockie to his father, May 15, 1900, CAC.

25. Haldane, *How We Escaped from Pretoria*, 125.

26. WSC to Haldane, April 9, 1900, CAC.

27. Haldane, *Soldier's Saga*, 185.

28. Winston Churchill, *My Early Life*, 353.

29. South African History Online, http://www.sahistory.org.za/dated-event/523-people-die-black-concentration-camps-second-anglo-boer-war.

30. There were an additional sixty concentration camps for Africans.

31. Botha to Kitchener, April 11, 1901, National Archives, Kew.

32. Kitchener to Botha, April 16, 1901, National Archives, Kew.

33. "The Tempest in the Liberal Teacup," *Review of Reviews* 26 (July–Dec. 1901): 151.

34. Quoted in Pakenham, *Boer War*, 707.

35. 甘地现在成了其他人的麻烦。事实上，他会在未来某一天成为丘吉尔的麻烦。1942 年，当听说因抗议印度参加二战而被关在监狱里的甘地正在绝食，很可能被饿死时，丘吉尔耸耸肩说，如果自己说了算的话，会"让他继续待在那里，爱干嘛干嘛"。英国最终在 5 年后允许印度独立，但在独立一年后，甘地在走入一次祈祷会场时遭到一名印度民族主义分子开枪射杀。

36. WSC to Jack, July 31, 1900, *Churchill Documents*, 2：1188 – 89.

37. Winston Churchill, *My Early Life*, 356.

38. Ibid. , 356 – 57.

39. WSC to Salisbury, Oct. 2, 1900, *Churchill Documents*, 2：1204.

40. WSC to Lady Randolph Churchill, Sept. 21, 1900, CAC.

41. "Lady Randolph Churchill's Marriage," *York Herald*, July 30, 1900.

42. WSC to Jack, July 31, 1900, in Churchill and Gilbert, *Churchill Documents*, 2：1188.

43. WSC to Lady Randolph Churchill, Jan. 1, 1900, CAC.

44. Colonel J. P. Brabazon to Mrs. John Leslie, Oct. 1900, quoted in Churchill and Gilbert, *Churchill Documents*, 2：1209.

45. "Miss Plowden Engaged," *Daily Chronicle*, Feb. 2, 1902.

46. Quoted in Gilbert, *Churchill*, 174.

47. WSC to Howard, Feb. 26, 1901, quoted in Sandys, *Churchill：Wanted Dead or Alive*, 140.

48. 多年后，丘吉尔的外孙女西莉亚·桑迪斯——她曾经撰写了许多有关他的具有启发性的著作——会前往南非，并在那里找到了好几块金表的下落。她在《丘吉尔：悬赏捉拿，不论死活》一书中讲述了这个故事。

49. Haldane, *How We Escaped from Pretoria*, 106；"Winston Churchill's Escape."

50. "Man Who Befriended Churchill"；L. C. B. Howard to Randolph Churchill, May 31, 1963, quoted in Churchill and Gilbert, *Churchill Documents*, 2：1132.

51. WSC to Jack, June 28, 1900, CAC.

52. *Johannesburg Star*, Dec. 1900.

53. Winston Churchill, *My Early Life*, 329 – 30.

54. 丘吉尔后来在回忆录《我的早年生活》中写道，博塔坚称他不仅指挥了针对装甲火车的袭击，还亲手把丘吉尔抓为战俘。多年后，丘吉尔的儿子伦道夫在撰写父亲传记时发现，博塔当时不可能抓到丘吉尔。所有证据都显示出，是一个名叫萨雷尔·奥斯特伊岑的突击队员抓到丘吉尔的，他后来阵亡了。

55. 1910 年，博塔成为新成立的南非联邦的首任总理，而南非联邦是后来的南非共和国的前身。

56. Winston Churchill, *My Early Life*, 254.

原始资料选

Amery, L. S. *My Political Life*. Vol. 1. London: Hutchinson, 1953.

Amery, L. S., ed. *The Times History of the War in South Africa, 1899–1902*. Vols. 1–2. London: Sampson Low, Marston, 1900.

Atkins, J. B. *Incidents and Reflections*. London: Christophers, 1947.

————. *The Relief of Ladysmith*. London: Methuen, 1900.

Balsan, Consuelo Vanderbilt. *The Glitter and the Gold*. Kent: Gutenberg Press, 1973.

Barnard, C. J. "General Botha at the Battle of Colenso 15 December 1899." *Military History Journal* 1, no. 7 (Dec. 1970).

Beevor, Antony. *Inside the British Army*. London: Chatto & Windus, 1990.

Boyden, Peter B., Alan J. Guy, and Marion Harding. *Ashes and Blood: The British Army in South Africa, 1795–1914*. Coventry: Clifford Press, 1999.

Brendon, Piers. *The Decline and Fall of the British Empire*. New York: Alfred A. Knopf, 2008.

Brink, Elsabé. *1899, the Long March Home: A Little-Known Incident in the Anglo-Boer War*. Goodwood: National Book Printers, 1999.

Bryce, James, et al. *Briton and Boer: Both Sides of the South African Question*. New York: Harper & Brothers, 1900.

Buchan, John. *A Book of Escapes and Hurried Journeys*. London: Thomas Nelson & Sons, 1925.

Burnett, Charles. *The 18th Hussars in South Africa: The Records of a Cavalry Regiment During the Boer War, 1899–1902*. Winchester: Warren & Son, 1905.

Burnham, Frederick Russell, and Mary Nixon Everett. *Scouting on Two Continents*. New York: Garden City Publishing, 1926.

Buttery, John. *Why Kruger Made War; or, Behind the Boer Scenes*. London: William Heinemann, 1900.

Buxton, Earl. *General Botha*. London: John Murray, 1924.

Caidin, Martin, and Jay Barbree. *Bicycles in War*. New York: Hawthorn Books, 1974.

Cairnes, William Elliot. *Social Life in the British Army*. New York: Harper & Brothers, 1899.

Cammack, Diana Rose. *The Rand at War, 1899–1902: The Witwatersrand and the Anglo-Boer War*. London: James Currey, 1990.

Churchill, Peregrine, and Julian Mitchell. *Lady Randolph Churchill: A Portrait with Letters*. New York: Saint Martin's Press, 1974.

Churchill, Randolph Henry Spencer. *Men, Mines, and Animals in South Africa*. London: Sampson Low, Marston, 1895.

Churchill, Randolph S. *Youth, 1874–1900*. Vol. 1 of *Winston S. Churchill*. Hillsdale, Mich.: Hillsdale College Press, 1966.

Churchill, Sarah. *A Thread in the Tapestry*. New York: Dodd, Mead, 1966.

Churchill, Winston. *Ian Hamilton's March*. London: Longmans, Green, 1900.

———. *London to Ladysmith via Pretoria*. Wildside Press, 2005.

———. *Lord Randolph Churchill*. New York: Macmillan, 1906.

———. *Marlborough: His Life and Times*. Book One. Chicago: University of Chicago Press, 1933.

———. *My African Journey*. New York: W. W. Norton, 1989.

———. *My Early Life, 1874–1904*. New York: Touchstone, 1930.

———. *The River War*. London: Longmans, Green, and Co., 1902.

———. *Savrola*. London: Longmans, Green, 1899.

———. *The Story of the Malakand Field Force: An Episode of Frontier War*. London: Thomas Nelson & Sons, 1916.

———. *Thoughts and Adventures: Churchill Reflects on Spies, Cartoons, Flying, and the Future*. Edited by James W. Muller with Paul H. Courtenay and Alana L. Barton. Wilmington, Del.: ISI Books, 2009.

Churchill, Winston, and Martin Gilbert. *The Churchill Documents*, Vols. 1–3. Hillsdale, Mich.: Hillsdale College Press, 1967.

Clarke, Peter. *Mr. Churchill's Profession: The Statesman as Author and the Book That Defined the "Special Relationship."* New York: Bloomsbury Press, 2012.

Comaroff, John L., ed. *The Boer War Diary of Sol T. Plaatje: An African at Mafeking*. London: Macmillan, 1973.

Coote, Colin, and Denzil Batchelor, eds. *Maxims and Reflections of Winston Churchill*. Toronto: Collins Sons, 1947.

Cornwallis-West, Mrs. George. *The Reminiscences of Lady Randolph Churchill*. New York: The Century Co., 1908.

Coughlin, Con. *Churchill's First War: Young Winston and the Fight Against the Taliban*. London: Macmillan, 2013.

Cowles, Virginia. *Winston Churchill: The Era and the Man*. New York: Grosset & Dunlap, 1953.

Crossley, Alan, and C. R. Elrington, eds. *A History of the County of Oxford*. Vol. 12. London: Victoria County History, 1990.

Davenport, Jade. *Digging Deep: A History of Mining in South Africa*. Johannesburg: Jonathan Ball, 2013.

Davitt, Michael. *The Boer Fight for Freedom*. New York: Funk & Wagnalls, 1902.

Deacon, Janette, and Mike Wilson. "Peers Cave, 'the Cave the World Forgot.'" *Digging Stick* 9, no. 2 (Aug. 1992).

de Souza, C. W. L. *No Charge for Delivery*. Cape Town: Books of Africa, 1969.

deSouza, Francis. *A Question of Treason*. Hillcrest, South Africa: Kiaat Creations, 2004.

D'Este, Carlo. *Warlord: A Life of Winston Churchill at War, 1874–1945*. New York: HarperCollins, 2008.

Detailed History of the Railways in the South African War, 1899–1902. Chatham: Royal Engineers Institute, 1904.

Dickson, W. K.-L. *The Biograph in Battle: Its Story in the South African War*. London: T. Fisher Unwin, 1901.

Doyle, Arthur Conan. *The Great Boer War*. Lexington, Ky.: 2011.

——. *The War in South Africa: Its Cause and Conduct*. London: Smith, Elder, 1902.

Edgerton, Foster Hugh. *The History of the Boer War*. Vol. 1. London: Methuen, 1901.

Evans, A. J. *The Escaping Club*. Harmondsworth: Penguin Books, 1921.

Farrow, Edward Samuel. *A Dictionary of Military Terms*. New York: Thomas Y. Crowell, 1918.

Farwell, Byron. *Eminent Victorian Soldiers: Seekers of Glory*. New York: W. W. Norton, 1985.

——. *The Great Anglo-Boer War*. New York: W. W. Norton, 1976.

——. *Mr. Kipling's Army: All the Queen's Men*. New York: W. W. Norton, 1981.

——. *Queen Victoria's Little Wars*. New York: W. W. Norton, 1972.

Fincastle, Viscount, and P. C. Eliott-Lockhart. *A Frontier Campaign: A Narrative of the Operations of the Malakand and Buner Field Forces, 1897–1898*. London: Methuen, 1898.

Forster, John, and Jeri Bapasola. *Winston and Blenheim: Churchill's Destiny*. Woodstock: Blenheim Palace, 2005.

Forster, Margaret Elizabeth. *Churchill's Grandmama: Frances, 7th Duchess of Marlborough*. Stroud: History Press, 2010.

Fynn, Henry Francis. *The Diary of Henry Francis Fynn*. Edited by James Stuart and D. McK. Malcolm. Pietermaritzburg: Shuter and Shooter, 1950.

Gandhi, Mohandas K. *An Autobiography: The Story of My Experiments with Truth*. Boston: Beacon Press, 1957.

Gilbert, Martin. *Churchill: A Life*. New York: Henry Holt, 1991.

——. *Churchill: The Power of Words; His Remarkable Life Recounted Through His Writings and Speeches*. Boston: Da Capo Press, 2012.

——. *In Search of Churchill: A Historian's Journey*. New York: John Wiley & Sons, 1994.

Girouard, Édouard Percy Cranvill. *History of the Railways During the War in South Africa, 1899–1902*. London: Printed for His Majesty's Stationery Office, 1903.

Greaves, Adrian, and Xolani Mkhize. *The Zulus at War: The History, Rise, and Fall of the Tribe That Washed Its Spears*. New York: Skyhorse, 2013.

Griffith, Kenneth. *Thank God We Kept the Flag Flying: The Siege and Relief of Ladysmith, 1899–1900*. New York: Viking Press, 1974.

Gua, Ramachandra. *Gandhi Before India*. New York: Alfred A. Knopf, 2014.

Haldane, Sir James Aylmer Lowthrop. *How We Escaped from Pretoria*. Edinburgh: William Blackwood & Sons, 1900.

————. *A Soldier's Saga: The Autobiography of General Sir Aylmer Haldane*. Edinburgh: William Blackwood & Sons, 1948.

Hall, Darrell. *Halt! Action Front! With Colonel Long at Colenso*. Weltevreden Park: Covos-Day Books, 1999.

Haythornthwaite, Philip J. *The Colonial Wars Source Book*. London: Arms and Armour Press, 1995.

Herman, Arthur. *Gandhi and Churchill: The Epic Rivalry That Destroyed an Empire and Forged Our Age*. New York: Bantam Books, 2008.

Hillegas, Howard C. *Oom Paul's People*. New York: D. Appleton, 1900.

————. *With the Boer Forces*. London: Methuen, 1900.

Hofmeyr, Adrian. *The Story of My Captivity During the Transvaal War, 1899–1900*. London: Edward Arnold, 1900.

James, Lawrence. *Churchill and Empire: Portrait of an Imperialist*. London: Weidenfeld and Nicolson, 2013.

James, Robert Rhodes. *Lord Randolph Churchill*. London: Weidenfeld and Nicolson, 1959.

Jeal, Tim. *Baden-Powell: Founder of the Boy Scouts*. New Haven, Conn.: Yale University Press, 2001.

Jerrold, Walter. *Sir Redvers H. Buller, V.C.: The Story of His Life and Campaigns*. London: Edwin Dalton, 1908.

Keegan, John. *The Face of Battle*. New York: Penguin Books, 1976.

Kehoe, Elisabeth. *Fortune's Daughters*. London: Atlantic Books, 2004.

Kiley, Kevin F., and Digby Smith. *An Illustrated Encyclopedia of Military Uniforms of the 19th Century: An Expert Guide to the Crimean War, American Civil War, Boer War, Wars of German and Italian Unification, and Colonial Wars*. With Jeremy Black. Leicestershire: Lorenz Books, 2010.

Kipling, Rudyard. *Something of Myself*. Oxford: Benediction Classics, 2008.

Knight, Ian. *The Anatomy of the Zulu Army from Shaka to Cetshwayo, 1818–1879*. London: Greenhill Books, 1995.

Krige, Jan. *American Sympathy in the Boer War*. N.p.: Automatic Printing Press.

Kruger, Paul. *The Memoirs of Paul Kruger: Four Times President of the South African Republic, Told by Himself*. Capetown: Argus, 1902.

Kruger, Rayne. *Goodbye Dolly Gray: The Story of the Boer War*. London: Pimlico, 1996.

Laband, John. *The Rise and Fall of the Zulu Nation*. London: Arms and Armour Press, 1997.

Lang, John. *Power Base: Coal Mining in the Life of South Africa*. Johannesburg: Jonathan Ball, 1995.

Leakey, L. S. B., and Vanne Morris Goodall. *Unveiling Man's Origins: Ten Decades of Thought About Human Evolution*. Cambridge: Schenkman Publishing Co., 1969.

Lee, Celia, and John Lee. *The Churchills: A Family Portrait*. New York: Palgrave Macmillan, 2010.

Lee, Emanoel. *To the Bitter End: A Photographic History of the Boer War, 1899–1902*. Middlesex: Penguin Books, 1986.

Lelyveld, Joseph. *Great Soul: Mahatma Gandhi and His Struggle with India.* New York: Vintage Books, 2011.

———. *Move Your Shadow: South Africa, Black and White.* New York: Times Books, 1985.

Lovell, Mary S. *The Churchills: In Love and War.* New York: W. W. Norton, 2011.

Lukacs, John. *Churchill: Visionary, Statesman, Historian.* New Haven, Conn.: Yale University Press, 2002.

Mahan, Alfred Thayer. *Story of the War in South Africa, 1899–1900.* London: Sampson Low, Marston, 1900.

Manchester, William. *Visions of Glory, 1874–1932.* Vol. 1 of *The Last Lion, Winston Spencer Churchill.* Boston: Little, Brown, 1983.

Manchester, William, and Paul Reid. *Defender of the Realm, 1940–1965.* Vol. 3 of *The Last Lion, Winston Spencer Churchill.* New York: Little, Brown, 2012.

Marincowitz, Helena. *Prince Albert and the Anglo-Boer War, 1899–1902.* Cape Town: Gwynne-Plaka Press, 1999.

Maurice, Frederick. *History of the War in South Africa.* London: Hurst and Blackett Limited, 1906.

"Medical Aspects of the Boer War." *British Medical Journal: Reports and Analyses,* Dec. 2, 1899, 1556–57.

Meintjes, Johannes. *General Louis Botha: A Biography.* London: Cassell, 1970.

———. *President Paul Kruger.* London: Cassell, 1974.

Millin, Sarah Gertrude. *General Smuts.* London: Faber and Faber, 1936.

———. *General Smuts: The Second Volume.* London: Faber and Faber, 1936.

Morgan, Ted. *Churchill: Young Man in a Hurry, 1874–1915.* New York: Simon & Schuster, 1982.

Morris, Donald R. *The Washing of the Spears: The Rise and Fall of the Zulu Nation.* New York: Konecky & Konecky, 1965.

Muller, James W. *Churchill as Peacemaker.* Cambridge, U.K.: Cambridge University Press, 1997.

Mytum, Harold, and Gilly Carr, eds. *Prisoners of War: Archaeology, Memory, and Heritage of 19th- and 20th-Century Mass Internment.* New York: Springer Science+Business Media News, 2013.

Oliver, Roland. "The Problem of the Bantu Expansion." *Journal of African History* 7, no. 3 (1966): 361–76.

Pakenham, Thomas. *The Boer War.* London: The Folio Society, 1999.

———. *The Scramble for Africa: White Man's Conquest of the Dark Continent from 1876 to 1912.* New York: Perennial, 1991.

Pemberton, W. Baring. *Battles of the Boer War.* London: Pan Books, 1964.

Plaatje, Solomon Tshekisho. *Native Life in South Africa Before and Since the European War and the Boer Rebellion.* Whitefish, Mont.: Kessinger, 1998.

Pretorius, Fransjohan. *The Anglo-Boer War, 1899–1902.* Cape Town: Struik, 1998.

———. *Historical Dictionary of the Anglo-Boer War.* Lanham, Md.: Scarecrow Press, 2009.

Ratcliffe, Barrie M. *Great Britain and Her World, 1750–1914: Essays in Honour of W. O. Henderson.* Manchester: Manchester University Press, 1975.

Raugh, Harold E., Jr. *The Victorians at War, 1815–1914: An Encyclopedia of British Military History.* Oxford: ABC-CLIO, 2004.

Reitz, Deneys. *Commando: A Boer Journal of the Boer War.* London: Faber & Faber, 1929.

Reports from Commissioners, Inspectors, and Others: Forty-One Volumes. Sess. 2, Feb. 1904–15, Aug. 1904.

Riall, Nicolas, ed. *Boer War: The Letters, Diaries, and Photographs of Malcolm Riall from the War in South Africa, 1899–1902.* London: Brassey's, 2000.

Ridley, Jane. *Bertie: A Life of Edward VII.* London: Chatto & Windus, 2012.

Roberts, Brian. *Churchills in Africa.* London: Hamish Hamilton, 1970.

Robinson, Ronald, and John Gallagher. *Africa and the Victorians.* With Alice Denny. New York: St. Martin's Press, 1961.

Romer, C. F., and A. E. Mainwaring. *The Second Battalion Royal Dublin Fusiliers in the South African War.* London: A. L. Humphreys, 1908.

Rosslyn, James, 5th Earl of. *Twice Captured: A Record of Adventure During the Boer War.* Edinburgh: William Blackwood & Sons, 1900.

Roy, Andrew. *The Coal Mines: Containing a Description of the Various Systems of Working and Ventilating Mines.* Cleveland: Robison, Savage, 1876.

Russell, Douglas S. *The Orders, Decorations, and Medals of Sir Winston Churchill.* Hopkinton, N.H.: International Churchill Society of the United States, 1990.

———. *Winston Churchill, Soldier: The Military Life of a Gentleman at War.* London: Brassey's, 2005.

Sandys, Celia. *Churchill: Wanted Dead or Alive.* New York: Carroll & Graf, 1999.

———. *The Young Churchill: The Early Years of Winston Churchill.* New York: Dutton, 1994.

Scott, Alexander MacCallum. *Winston Spencer Churchill.* London: Methuen, 1905.

Sebba, Anne. *American Jennie: The Remarkable Life of Lady Randolph Churchill.* New York: W. W. Norton, 2007.

Seibold, Birgit Susanne. *Emily Hobhouse and the Reports on the Concentration Camps During the Boer War, 1899–1902: Two Different Perspectives.* Stuttgart: Ibidem, 2011.

Shelden, Michael. *Young Titan: The Making of Winston Churchill.* New York: Simon & Schuster, 2013.

Shirer, William L. *Gandhi: A Memoir.* New York: Washington Square Press, 1982.

Sibbald, Raymond. *The War Correspondents: The Boer War.* Dover: Alan Sutton, 1993.

Singer, André. *Lords of the Khyber: The Story of the North-West Frontier.* London: Faber and Faber, 1984.

Singer, Barry. *Churchill Style: The Art of Being Winston Churchill.* New York: Abrams, 2012.

Smuts, Jan. *Memoirs of the Boer War.* Edited by Gail Nattrass and S. B. Spies. Johannesburg: Jonathan Ball, 1994.

Soames, Mary. *A Daughter's Tale: The Memoir of Winston Churchill's Youngest Child.* New York: Random House, 2011.

Spencer-Churchill, Henrietta. *Blenheim and the Churchill Family: A Personal Portrait.* London: Cico Books, 2005.

Spender, Harold. *General Botha.* London: Constable, 1919.

Steevens, George Warrington. *From Capetown to Ladysmith: An Unfinished Record of the South African War*. London: William Blackwood and Sons, 1900.

Stevenson, Robert Louis. *Kidnapped*. New York: Modern Library, 2001.

Thomas, Antony. *Rhodes: The Race for Africa*. New York: St. Martin's Press, 1996.

Toye, Richard. *Churchill's Empire: The World That Made Him and the World He Made*. New York: St. Martin's Griffin, 2010.

Trew, Peter. *The Boer War Generals*. London: J. H. Haynes, 1999.

Warwick, Peter. *Black People and the South African War, 1899–1902*. Cambridge, U.K.: Cambridge University Press, 1983.

Wilson, Keith, ed. *The International Impact of the Boer War*. Chesham: Acumen, 2001.

Wilson, Lady Sarah. *South African Memories: Social, Warlike, and Sporting*. London: Edward Arnold, 1909.

Woods, Frederick. *A Bibliography of the Works of Sir Winston Churchill*. Dorking: Nicholas Vane, 1963.

———, ed. *Young Winston's Wars: The Original Dispatches of Winston S. Churchill, War Correspondent, 1897–1900*. London: Leo Cooper, 1972.

索　引

Page numbers beginning with 327 refer to notes.

图书在版编目（CIP）数据

帝国英雄：布尔战争、绝命出逃与青年丘吉尔／
（美）坎蒂丝·米勒德（Candice Millard）著；陈鑫译
. －－北京：社会科学文献出版社，2018.3
书名原文：Hero of the Empire：The Boer War, a
Daring Escape and the Making of Winston Churchill
ISBN 978 - 7 - 5201 - 1630 - 5

Ⅰ.①帝…　Ⅱ.①坎…　②陈…　Ⅲ.①丘吉尔（
Churchill, Winston Leonard Spencer 1874 - 1965）- 传记
Ⅳ.①K835.167 = 5

中国版本图书馆 CIP 数据核字（2017）第 257497 号

帝国英雄：布尔战争、绝命出逃与青年丘吉尔

著　　者／〔美〕坎蒂丝·米勒德（Candice Millard）
译　　者／陈　鑫

出 版 人／谢寿光
项目统筹／董风云　周方茹
责任编辑／周方茹　甘欢欢

出　　版／社会科学文献出版社·甲骨文工作室（010）59366551
　　　　　　地址：北京市北三环中路甲 29 号院华龙大厦　邮编：100029
　　　　　　网址：www.ssap.com.cn
发　　行／市场营销中心（010）59367081　59367018
印　　装／三河市东方印刷有限公司

规　　格／开　本：889mm × 1194mm　1/32
　　　　　　印　张：13.75　插　页：0.625　字　数：308 千字
版　　次／2018 年 3 月第 1 版　2018 年 3 月第 1 次印刷
书　　号／ISBN 978 - 7 - 5201 - 1630 - 5
著作权合同
登 记 号／图字 01 - 2017 - 1960 号
定　　价／78.00 元

本书如有印装质量问题，请与读者服务中心（010 - 59367028）联系